As astúcias
da enunciação

As categorias de pessoa, espaço e tempo

Conselho Acadêmico
Ataliba Teixeira de Castilho
Carlos Eduardo Lins da Silva
Carlos Fico
Jaime Cordeiro
José Luiz Fiorin
Magda Soares
Tania Regina de Luca

Proibida a reprodução total ou parcial em qualquer mídia
sem a autorização escrita da editora.
Os infratores estão sujeitos às penas da lei.

A Editora não é responsável pelo conteúdo deste livro.
O Autor conhece os fatos narrados, pelos quais é responsável,
assim como se responsabiliza pelos juízos emitidos.

Consulte nosso catálogo completo e últimos lançamentos em **www.editoracontexto.com.br**.

José Luiz Fiorin

As astúcias da enunciação

As categorias de pessoa, espaço e tempo

Copyright © 2016 do Autor

Todos os direitos desta edição reservados à
Editora Contexto (Editora Pinsky Ltda.)

Montagem de capa e diagramação
Gustavo S. Vilas Boas

Preparação de textos
Lilian Aquino

Revisão
Daniela Marini Iwamoto

Dados Internacionais de Catalogação na Publicação (CIP)
Vagner Rodolfo CRB-8/9410

F521a   Fiorin, José Luiz
As astúcias da enunciação: as categorias de pessoa, espaço e
tempo / José Luiz Fiorin. – 3. ed., 1ª reimpressão. – São Paulo :
Editora Contexto, 2021.
288 p.

Inclui Bibliografia.
ISBN: 978-85-7244-962-5

1. Língua portuguesa. 2. Análise do discurso. 3. Enunciação.
I. Título.

CDD 401.41   CDU 81'42

Índices para catálogo sistemático:
1. Línguas : Análise do discurso 401.41
2. Linguística e línguas : Análise do discurso 81'42

2021

EDITORA CONTEXTO
Diretor editorial: *Jaime Pinsky*

Rua Dr. José Elias, 520 – Alto da Lapa
05083-030 – São Paulo – SP
PABX: (11) 3832 5838
contexto@editoracontexto.com.br
www.editoracontexto.com.br

A meus pais,
que me ensinaram o sentido da palavra *dever*.

Sumário

No princípio era o Verbo 9

Dos princípios teóricos 23

    O objeto da Linguística 23

    A enunciação 26

        A atividade discursiva 26

        A instância linguística pressuposta 30

        A instância de instauração do sujeito
        (a instalação de pessoas, espaços e tempos) 35

Da pessoa 51

    A pessoa demarcada 51

    A pessoa multiplicada 53

    A pessoa transformada 63

    A pessoa subvertida 74

    A pessoa transbordada 90

    A pessoa desdobrada 91

Do tempo 113

    O tempo dominado 113

    O tempo demarcado 126

    O tempo sistematizado 132

        Dos tempos verbais 132

        Dos advérbios 145

        Das preposições 153

        Das conjunções 156

    O tempo transformado 158

    O tempo harmonizado 164

    O tempo subvertido 171

    O tempo desdobrado 207

Do espaço...229

O espaço dominado..229

O espaço demarcado...233

O espaço sistematizado..237

Dos demonstrativos e dos advérbios espaciais
linguísticos propriamente ditos...............................237

Dos advérbios espaço-aspectuais e das preposições..........243

O espaço transformado...253

O espaço subvertido...255

O espaço desdobrado..260

Atando as duas pontas...269

Bibliografia..273

Siglas do exemplário..277

Siglas do exemplário do projeto dup...................................279

O autor..283

No princípio era o Verbo

"O tempo é o pecado da Eternidade."
Paul Claudel

No princípio era o mito.[1] Depois surge a ficção. Mais tarde ainda aparece a ciência. À medida que esta vai ganhando especificidade, separa-se tanto do mito quanto da ficção. Começa a combatê-los. É o princípio da realidade em luta contra o do imaginário. No final do século XIX, havia uma crença absoluta na ciência, a certeza de que erradicaria os mitos do mundo; de que faria triunfar o princípio da realidade, afastando os erros e as superstições, associados ao mito; de que o estado positivo deixaria nas brumas da História os estados teológico e metafísico. Hoje, depois de os mitos terem sido declarados mortos, estão bastante vivos. Nos subterrâneos, nutrem a ficção, a utopia e a ciência.

Não se trata aqui de, em nome de um irracionalismo muito em voga mesmo na Universidade, criticar a ciência, desmoralizá-la, descrer dela, mas tão somente de reconhecer que a literatura, lugar por excelência de expressão dos mitos na modernidade, é uma forma tão boa de conhecimento quanto a ciência.[2] Não se quer fazer apologia do pensamento mítico, cuja principal característica, segundo Lotman, é ser incompatível com a metáfora (1981: 141). Com efeito, para um cristão, por exemplo, é uma blasfêmia dizer que o pão e o vinho simbolizam o corpo de Cristo, pois, para ele, eles o são verdadeiramente. O que se pretende é mostrar que o mito, extraído do meio em que ele é, constitui uma explicação do homem para aquilo que é inexplicável, o que significa que é uma súmula do conhecimento de cada cultura a respeito das grandes questões com que o ser humano sempre se debateu. Isso possibilita duas leituras do mito: uma temática, realizada pela ciência, e uma figurativa, feita pela arte. Dessa forma, o mito irriga o pensamento científico e a realização artística, ele continua a alimentar todas as formas de apreender a realidade.

Mas por que a permanência do mito como algo em que se crê e que dispensa a mediação da ciência e da arte? Explicitemos melhor uma ideia exposta no parágrafo anterior. O mito é uma explicação das origens do homem, do mundo, da linguagem; explica o sentido da vida, a morte, a dor, a condição humana. Vive porque responde à angústia do desconhecido, do inexplicável; dá sentido àquilo que não tem sentido. Enquanto a ciência não puder explicar a origem das coisas e o seu sentido, haverá

10 As astúcias da enunciação

lugar para o pensamento mítico. Será que esse ideal se tornará realidade um dia? Dificilmente. Como se dará conta dos novos anseios, dos novos desejos do ser humano? Precisamos das utopias, que, sendo uma espécie de mito pré-construído, têm a função de organizar e de orientar o futuro.

Depois dessa introdução um tanto ambígua, que reconhece a importância do mito como nutriente da ciência e da arte e seu papel na organização de uma sociedade com vistas a construir o futuro, mas, ao mesmo tempo, tem certa prevenção em relação a sua visão não metafórica, debrucemo-nos sobre o mito com que nossa civilização explica a origem da linguagem, para verificar quais são as questões que ele, até hoje, coloca para a Linguística.

Todas as sociedades têm uma narrativa mítica para explicar a origem da linguagem e a diversidade das línguas. Esse mito, no que concerne às civilizações que poderíamos chamar judaico-cristãs, está na Bíblia. Há quatro episódios nas Escrituras que tratam da questão da linguagem: três no Antigo Testamento (os relatos da criação, do dilúvio universal e da torre de Babel) e um no Novo (o milagre de Pentecostes).

As línguas e a linguagem inscrevem-se num espaço real, num tempo histórico e são faladas por seres situados nesse espaço e nesse tempo. No entanto, suas origens dão-se num tempo mítico, num mundo desaparecido e os protagonistas de seu aparecimento são os heróis fundadores.

No Gênesis, vê-se que a linguagem é um atributo da divindade, pois o Criador dela se vale, quando realiza sua obra. Há dois relatos da criação. No primeiro, Deus cria o mundo falando. No início, não havia nada. Depois, há o caos:

> No princípio, criou Deus o céu e a terra. A terra, contudo, estava vazia e vaga e as trevas cobriam o abismo e o Espírito de Deus pairava sobre as águas (I, 1-2).

A passagem do caos à ordem (= cosmo) faz-se por meio de um ato de linguagem. É esta que dá sentido ao mundo. O poder criador da divindade é exercido pela linguagem, que tem, no mito, um poder ilocucional, já que nela e por ela se ordena o mundo:

> Deus disse: Faça-se a luz. E a luz foi feita. E viu Deus que a luz era boa: e separou a luz e as trevas. Deus chamou a luz dia e as trevas noite; fez-se uma tarde e uma manhã, primeiro dia (I, 3-5).

Ao mesmo tempo em que faz as coisas, Deus denomina-as. No universo mítico, dar nome é criar. Até o quinto dia, o Senhor vai criando linguisticamente o mundo. No sexto, depois de fazer os animais da terra, cria o homem:

> Façamos o homem a nossa imagem e semelhança; e que ele domine os peixes do mar, e as aves do céu, e os animais da terra, e todo réptil, que se move na terra. E Deus criou o homem a sua imagem; à imagem de Deus criou-o, macho e fêmea criou-os (I, 26-27).

No princípio era o Verbo **11**

Na segunda narrativa da criação, o homem é feito de barro, portanto, não mais com a linguagem, mas com o trabalho das mãos:

> Então, o Senhor Deus modelou o homem com o barro da terra, e soprou-lhe no rosto o sopro da vida, e o homem tornou-se um ser vivo (II, 7).

O mito mostra que as duas categorias fundadoras do cosmo, do sentido, são a linguagem (primeiro relato da criação) e o trabalho (segunda narrativa). Aliás, nesta, não só o homem foi feito de barro, mas também os outros animais. O que diferencia aquele destes é que o homem é composto de dois princípios distintos: o barro da terra (corpo) e o sopro de Deus (alma). A mulher foi feita de uma costela de Adão. Quando o Criador leva a mulher ao homem, este realiza um ato de linguagem, um ato de denominação:

> Depois, o Senhor Deus transformou a costela, que tirara de Adão, numa mulher e levou-a para Adão. Este disse: Este é o osso de meus ossos, a carne de minha carne: será chamada mulher, porque foi tirada do homem. É por isso que o homem deixará seu pai e sua mãe e se unirá a sua mulher; e eles serão dois numa só carne (II, 22-24).

A língua adâmica é uma faculdade divina dada ao homem, para que ele, denominando cada uma das coisas criadas, apreenda o Universo. À proporção que Adão descobre o mundo, denomina os seres, pois uma coisa só existe na medida em que tem um nome, ou seja, entra no universo da linguagem:

> Disse também o Senhor Deus: Não é bom que o homem esteja só, façamos-lhe um auxílio semelhante a ele. Tendo formado o Senhor Deus do barro todos os animais da terra e todas as aves do céu, levou-os para Adão, para que visse como os chamaria; cada um deveria portar o nome que Adão lhe tivesse dado. E chamou Adão por seus nomes todos os animais, e todas as aves do céu, e todas as feras da terra (II, 18-20).

Depois disso, o homem é colocado no paraíso terreal, onde não precisa trabalhar, não sente dores, não morre, convive em harmonia com a natureza. É um estado natural. Depois de provar do fruto proibido, transita da natureza para a cultura. A marca do início da cultura é o aparecimento da vergonha, estado de alma específico do ser humano. Quando estavam no estado natural, "estavam um e outro, isto é Adão e sua mulher, nus e não tinham vergonha" (II, 25). Assim que provaram do fruto da árvore do conhecimento, "e abriram-se os olhos de ambos: como percebessem que estavam nus, costuraram folhas de figueira e fizeram para si uma veste" (III, 7). Comer da árvore do conhecimento é distinguir o bem e o mal, é entrar na cultura. Deus expulsa o homem do paraíso. A primeira queda implica que o homem terá de trabalhar para subsistir, que morrerá, que a natureza lhe será hostil:

12 As astúcias da enunciação

Maldita seja a terra por tua causa. Com o trabalho, tirarás dela subsistência todos os dias de tua vida. Ela produzirá para ti espinhos e cardos e comerás a erva da terra. Com o suor de teu rosto, comerás o pão, até que voltes à terra de que foste tirado, pois és pó e em pó te hás de tornar (III, 17-19).

A mulher foi ainda condenada a dar à luz em meio a dores e a estar sujeita ao homem: "Parirás os filhos na dor, e estarás sob o poder do homem, e ele dominar-te-á" (III, 16). A queda marca a entrada do homem na História, ou seja, no tempo e no espaço não míticos, em que o ser humano sofrerá a condição humana. O castigo do homem é passar a sofrer o tempo (morrerá), o espaço (a natureza lhe será hostil) e a actorialidade (comerá o pão com o suor do rosto, dará à luz em meio à dor). A História está, então, marcada pela temporalidade, pela espacialidade e pela actorialidade.

A narrativa do dilúvio (Gênesis, VII-IX) serviu de fundamento para a hipótese da monogênese das línguas. As primeiras famílias linguísticas descobertas receberam sua denominação a partir dos nomes dos três filhos de Noé, Sem, Cam e Jafé. Por isso, foram chamadas línguas semíticas, camíticas e jaféticas. Quando se constatou a impossibilidade de reduzir todas as línguas a uma língua-mãe, um autor como G. de Dubor levanta a tese de que o dilúvio não atingiu as raças negra, vermelha e amarela, o que comprova, segundo ele, que semitas, camitas e arianos formam uma grande família racial e linguística, provinda de Noé, a que não se vinculam as outras raças e línguas (apud Yagello, 1984: 29).

O episódio da torre de Babel explica o mistério da diversidade das línguas. Os homens pretenderam fazer uma torre que chegasse aos céus. Deus foi ver o que eles faziam e não aceitou sua pretensão. Como castigo, provocou a confusão das línguas:

> Todos se serviam da mesma língua e das mesmas palavras. [...] Disseram-se uns aos outros: Vinde, façamos tijolos e cozamo-los no fogo. Os tijolos serviram-lhes de pedra e o betume, de cimento. Disseram: Vinde, façamos uma cidade e uma torre, cujo cume atinja o céu. Celebremos nosso nome antes que nos dispersemos por toda a terra. Ora, Deus desceu para ver a cidade e a torre que os filhos de Adão edificavam e disse: Eis que todos são um só povo e falam uma única língua. Começaram a fazer isto e não desistirão, até que tenham completado sua obra. Vamos, desçamos e confundamos sua língua, para que um não entenda mais a voz do outro (II, 18-19).

No Novo Testamento, aparece o relato do chamado milagre de Pentecostes. A narrativa conta que o Espírito Santo desceu sobre os apóstolos sob a forma de línguas de fogo. Isso permitiu aos apóstolos seja falar todas as línguas de seus ouvintes, vindos de diferentes países ("[...] e começaram a falar em várias línguas", Atos, II, 4), seja serem compreendidos pelos ouvintes como se falassem a língua de cada um,

> porque cada um ouvia-os falar em sua própria língua. Espantavam-se todos e maravilhavam-se, dizendo: Por acaso todos estes homens que falam não são galileus? Como ouvimos cada um nossa língua materna? Os Partos, e os Medas, e

os Elamitas, e os que habitam a Mesopotâmia, a Judeia, a Capadócia, o Ponto e a Ásia, a Frígia e a Panfília, o Egito e a parte da Líbia, que é próxima de Cirene, e os Romanos que estão aqui, também os Judeus e os Prosélitos, e os Cretenses e os Árabes: ouvimo-los falar em nossas línguas as maravilhas de Deus (II, 6-11).

Pode-se ainda pensar que os apóstolos falavam numa espécie de "esperanto místico", numa língua que reconstitui a língua adâmica (Yaguello, 1984: 31). Esse episódio é muito importante, porque, se, com a morte de Cristo, os homens receberam a salvação e, assim, tiveram a possibilidade de anular as maldições da primeira queda, com o milagre de Pentecostes, põe-se um termo à maldição da segunda queda. À diversidade das línguas opõe-se aqui a unidade, e, dessa forma, o ciclo do mito completa-se.

Como esses mitos nutrem as ciências e as artes? Deixemos de lado aqueles a quem Marina Yaguello chamou *os loucos da linguagem*, ou seja, aqueles que inventaram línguas imaginárias para restabelecer a unidade rompida em Babel. A busca, seja da protolíngua universal, seja de uma língua que pudesse servir a todos os homens, está fora da ciência. No entanto, a procura dos universais linguísticos, quer realizada pela Gramática Filosófica, quer pela Gramática Gerativa, radica nessa ideia, que sempre esteve presente no espírito humano e que o mito da torre de Babel figurativizou, de que sob a diversidade quase infinita das línguas existe um princípio de unidade. No âmbito da arte da palavra, o sonho dos poetas é anular a arbitrariedade do signo linguístico, para que, operando com recursos fônicos, possam fazer que a expressão não somente seja um suporte do conteúdo, mas também o mostre com a homologia entre os dois planos da linguagem. Ora, esse anseio é o de reconstituir a característica básica da língua adâmica, a de ser homóloga à coisa. Também está no mito a ideia de que há famílias linguísticas. Portanto, também a ideia de reconstituição de estados anteriores num processo de unificação crescente radica no mito.

No entanto, mais que todas essas ideias com que nossos mitos de origem da linguagem nutrem nossa ciência, interessa-nos uma. A expulsão do paraíso foi a colocação do homem na História. No âmbito da linguagem, o que é da ordem da História é o discurso e não o sistema. Ora, como se passa deste àquele? Com a enunciação, ou seja, temporalizando, espacializando e actorializando a linguagem. O mito mostra que, com a maldição da primeira queda, o homem foi submetido às coerções dessas que são as três categorias enunciativas. Colocar o homem na História é enunciá-lo. A História, por sua vez, caracteriza-se pela instabilidade. Dizia Edgar Morin que

> desde que entramos na era das sociedades instáveis, isto é, na era histórica, vemos desencadearem-se a *hýbris* e a desordem, os antagonismos internos, as lutas pelo poder, os conflitos externos, as destruições, os suplícios, os massacres, os extermínios, a tal ponto que "o barulho e o furor" constituem o traço maior da história humana (1973: 123).

14 As astúcias da enunciação

Estão nos mitos fundadores, pois, duas teses centrais para qualquer Teoria do Discurso:

a) o discurso, embora obedeça às coerções da estrutura, é da ordem do acontecimento, isto é, da História;
b) não há acontecimento fora dos quadros do tempo, do espaço e da pessoa.

Isso conduz às seguintes consequências:

a) o discurso é o lugar da instabilidade das estruturas, é onde se criam efeitos de sentido com a infringência ordenada às leis do sistema;
b) compreender os mecanismos de temporalização, de espacialização e de actorialização é fundamental para entender o processo de discursivização.

Ademais, cabe lembrar ainda uma coisa. O homem, depois da queda, é um ser cindido, a ordem da linguagem passa a ser diferente da ordem do mundo. Essa cisão leva ao fato de que todo discurso se constrói numa relação polêmica, é constitutivamente heterogêneo, trabalha não sobre a realidade mesma, mas sobre outros discursos, como mostram os que se dedicam à Análise do Discurso de linha francesa. Só a palavra divina e a do homem antes da queda não se constroem na alteridade.

Diz Marina Yagello:

> O mito precede assim a ciência e a história e, enquanto a história avança e a ciência progride, o mito perpetua-se. Rejeitado para as margens, resta, no entanto, como pano de fundo do pensamento científico, aparecendo, assim, como o nível mais profundo e mais universal do pensamento, ao mesmo tempo que contribui para fazer a história. No fim das contas, o mito não diz *de outra maneira*, num outro plano, *a mesma coisa* que a ciência? Não revela uma outra face da mesma verdade, realizando, assim, a fusão do imaginário e da razão, do *mýthos* e do *lógos*? (1984: 32).

É preciso discutir um pouco mais a questão de que o discurso é o lugar da instabilidade.

Saussure, em seu *Curso de Linguística geral*, estabeleceu alguns princípios, que serviram de base para a constituição da Linguística moderna:

1. embora possa haver uma Linguística da fala, a Linguística propriamente dita é aquela cujo único objeto é a língua;
2. a língua é forma e não substância;
3. na língua há apenas diferenças;
4. há um ponto de vista sincrônico e um diacrônico na Linguística: é sincrônico tudo o que se relaciona com o aspecto estático de nossa ciência, diacrônico tudo o que diz respeito à evolução;
5. o estudo sincrônico é estrutural, o diacrônico, não.

A partir dessas posições, o estruturalismo buscou definir objetos autônomos e discretos, reconhecer e construir formas e representações estáveis. A estabilidade é, então, erigida em princípio de cientificidade.

É verdade que aqui e ali surgiram críticas a esses postulados. Jakobson, por exemplo, dizia em "Princípios de fonologia histórica":

> Seria grave erro considerar estático e sincronia como sinônimos. O corte estático é uma ficção. É apenas um procedimento científico de apoio, não um modo particular de ser. Podemos considerar a percepção de um filme não apenas diacrônica, mas também sincronicamente, contudo, seu aspecto sincrônico não é idêntico a uma imagem isolada tirada desse filme. A percepção do movimento está presente no aspecto sincrônico. E o mesmo sucede com a língua (1949: 333).

O linguista russo mostra que a oposição sincronia/diacronia tinha um valor mais heurístico do que ontológico. Cabe lembrar, porém, que o próprio Saussure já mostrara que a língua não é estática:

> Um estado absoluto define-se pela ausência de transformações e, como, apesar de tudo, a língua se transforma, por pouco que seja, estudar um estado de língua vem a ser, praticamente, desdenhar as transformações pouco importantes, do mesmo modo que os matemáticos desprezam as quantidades infinitesimais em certas operações, tal como o cálculo dos logaritmos (1969: 118).

Saussure indica que, embora a língua não seja estática, deve ser imobilizada pelo linguista, para que ele possa apreender sua organização sincrônica.

Quando a Escola de Praga mostra que a diacronia estuda a evolução do sistema e não fenômenos isolados, não nega a realidade da organização sincrônica, antes a reforça, pois a diacronia passa a ser interpretada como

> um conjunto de transformações situáveis e reconhecíveis entre dois sistemas tomados globalmente (ou entre dois estados de língua considerados como lugares de inscrição de dois sistemas distintos). Uma concepção como essa, que assimila a distância entre dois estados de língua à que existe entre duas línguas aparentadas, elimina de fato a diacronia e permite o exercício de um comparatismo acrônico (Greimas e Courtés, 1979: 97).

O objeto dinâmico transforma-se, então, num modelo estático, pois busca invariantes, que constituem o sistema, e relega as variantes ao extrassistêmico. Como já se disse, esse modelo coloca a estabilidade como elemento central da ciência da linguagem. Mesmo modelos linguísticos que se pretendiam pós-estruturalistas ou antiestruturalistas não abandonaram o que poderíamos chamar a *episteme* da estabilidade. São estáveis a sincronia, o paradigma, a isotopia, a coerência, a norma, o sentido primeiro, a denotação, etc. As teorias do desvio, ao trabalhar com o que fora marginalizado pela teoria saussuriana, reconhecem ainda a idealidade estável de uma norma. As gramáticas universais, sejam elas de princípios e parâmetros ou filosóficas, dando continuidade a uma tradição que vem da Idade Média, continuam a ter esse conceito no centro de sua teoria.

Poderíamos dizer que abstrair certos fenômenos pouco relevantes, isto é, simplificar o objeto é uma característica da ciência. Borges, na *História universal da infâmia*, desvela esse traço intrínseco da ciência por meio de uma bela alegoria:

> Naquele Império, a Arte da Cartografia conseguiu tal perfeição que o mapa de uma só província ocupava toda uma cidade, e o mapa do Império, toda uma província. Com o tempo esses mapas enormes não satisfizeram, e os Colégios de Cartógrafos levantaram um mapa do Império, que tinha o tamanho do Império e coincidia com ele ponto por ponto. Menos apaixonadas pelo Estudo da Cartografia, as gerações seguintes entenderam que esse mapa ampliado era inútil e não sem impiedade o entregaram às inclemências do sol e dos invernos. Nos desertos do oeste perduram despedaçadas ruínas do mapa, habitadas por animais e por mendigos; em todo o país não há outra relíquia das disciplinas geográficas (1954: 131-132).

O que mostra toda a complexidade do objeto é sua reprodução ponto por ponto. A ciência, assim como o mapa, só é útil porque o simplifica, permitindo, pois, que o entendamos em seu conjunto, a partir do ponto de vista adotado para descrevê-lo.

A estabilização do objeto produziu resultados consideráveis para a ciência da linguagem, pois permitiu entender os princípios que regem o sistema. No entanto, os modelos estáticos sobreorganizam o objeto e, por conseguinte, mascaram uma propriedade essencial da linguagem, seu dinamismo interno, pois eliminam de seu campo de estudo tudo o que seria do domínio da inconstância, da indecisão, da concorrência. A linguagem é uma relação de equilíbrio precário derivado de forças estabilizadoras e desestabilizadoras. Com efeito, uma das fontes do dinamismo do sistema é a atração do extrassistêmico para a órbita dos sistemas e a expulsão do sistêmico para o domínio do extrassistêmico (Lotman, 1981: 75). Por outro lado, sabemos que, por exemplo, a língua *standard* ou as estruturas mitológicas são "redes de força tecidas por variantes socioculturais"; que a coesão e a coerência se erigem sobre um fundo de dispersão e incoerência (Fontanille, 1992). É, por isso, que as teorias da coerência alertam para o fato de que essa propriedade "aparece como uma organização reticulada, tentacular e hierarquizada do texto" (Koch e Travaglia, 1990: 25). Na verdade, a questão é que as relações de equilíbrio entre as forças coesivas e as forças dispersivas são intrinsecamente significantes.

A tendência da Linguística para a estabilidade não é nova, não surge com a Linguística moderna. A Filologia, ao buscar o estabelecimento do texto definitivo ou de referência, e a Hermenêutica, ao tentar detectar o verdadeiro sentido do texto, operam já no interior dessa *episteme*.

No entanto, uma das tendências da ciência contemporânea, revelada pela importância que adquiriram as lógicas paraconsistentes e as teorias do caos e das catástrofes, é o estudo das instabilidades. A teoria das catástrofes, por exemplo, aparece como uma teoria das instabilidades, que, ao pesquisar suas formas, estuda também as condições de estabilidade.

Na Linguística, depois do império quase absoluto do sistema e da competência, aparecem novos objetos ou revitalizam-se os antigos: a mudança linguística, a variação linguística e, principalmente, o uso linguístico. Todos esses objetos tiveram que levar em conta a instabilidade. Enquanto as teorias anteriores insistiam no fato de que o que tinha valor significante era o que Fontanille (1992) denomina as figuras da estabilidade (categorias, elementos discretos, diferenças, descontinuidades, invariantes universais ou culturais, etc.), certas tendências mais recentes preocupam-se com os efeitos de sentido da instabilidade (a variação, a identidade, a continuidade, etc.). No âmbito da Semântica, como diz Jacques Fontanille (1992), em elegante fórmula, depois da fonologização, chegou a hora da prosodização.

Analisemos muito sumariamente alguns campos da Linguística para ver como essa tendência opera. As teorias da variação acentuam a indecisão, a concorrência e a heterogeneidade presente nas línguas. Ao mostrar esses fenômenos, revelam também as condições de estabilização das normas.

As teorias da mudança deixam de "postular *a priori* a existência de dois estados de língua antes de conhecer as transformações que seriam capazes de os definir", mas buscam estudar as transformações no interior do sistema, para, em seguida, considerar os pontos inicial e final do processo como estados (Greimas e Courtés, 1979: 97); revelam que as formas instáveis, ambivalentes e supérfluas, do ponto de vista da estabilidade, são razões de mudança, que um estado contém as condições de sua alteração (Lotman, 1981: 67-86).

A Análise da Conversação mostra que textos perfeitos do ponto de vista conversacional obrigam a repensar questões relativas à sintaxe, à coerência e à coesão textual. O ir e vir dos tópicos discursivos, a abundância dos anacolutos, os procedimentos de reformulação, as elipses, etc. deixam patente que é preciso levar em conta as figuras da instabilidade e seus efeitos de sentido. Embora a Linguística tenha afirmado de há muito a primazia da língua oral sobre a escrita, construiu seus modelos textuais com base na escrita, onde há uma estabilidade maior, e só com os estudos conversacionais incorporou de fato a especificidade da modalidade oral.

Os modelos estáticos levam em conta apenas os elementos indispensáveis para a realização de uma dada função, desconsiderando aquilo que, de um ponto de vista sistêmico, pode ser visto como supérfluo. No entanto, esse supérfluo constitui uma reserva estrutural do sistema. A pedra que os construtores rejeitaram torna-se a pedra angular (Lotman, 1981: 83-84).

18 As astúcias da enunciação

Foram as teorias do discurso que deram a maior contribuição para o entendimento da instabilidade. Como mostra Fontanille, quando se pensa a enunciação apenas como apropriação individual do sistema, concebe-se a língua como algo preexistente ao ato enunciativo, como algo independente dele, como algo autônomo que nada deve a ele. No entanto, se é verdade que a enunciação se vale de formas estereotipadas, de esquemas canônicos e de normas, também cria novos modos de dizer. É uma *práxis* que, ao trabalhar a língua, não só a emprega, mas também a constitui, num jogo de estabilidades e de instabilidades. Ela desestabiliza a língua e os usos, desfaz diferenças, cria outras, reinventa o universo de sentido, rompe certas coerções sintagmáticas, reconstrói paradigmas, faz e desfaz (1992). As pesquisas sobre a figuratividade, por exemplo, revelam que não só os percursos figurativos geram efeitos de sentido, mas que também a quebra de sua coerência é radicalmente significante. Como mostra Assis Silva, a base do sentido é a metamorfose, pois o que engendra a descontinuidade é a fragmentação da continuidade (1995). Muitas semânticas, ao buscar arquétipos e protótipos, enfatizaram a descontinuidade, a estabilidade, os tipos, deixando de lado os processos que conduzem a eles e os minam (Fontanille, 1992).

É preciso fazer uma ressalva muito importante. Instável não é desorganizado, caótico, sem qualquer princípio de ordem. Isso seria não significante. Instável é o que não é fixo, o que não é permanente e, sobretudo, o que muda de lugar. O discurso mostra que certas formas que o sistema apresenta como absolutamente estáveis mudam, dadas certas condições (de ordem discursiva, é evidente), de lugar, adquirem novos valores, geram novos significados, enfim engendram o que os que trabalham com discurso aprenderam a chamar efeitos de sentido. Essa instabilidade, para seguir um princípio da teoria do caos, não é aleatória, mas resultante de certos fenômenos. O estudo da instabilidade exige que se estabeleçam suas condições de realização e as matrizes semânticas dos efeitos de sentido que, num processo de concretização crescente, vão manifestar-se em cada texto.

Todas as linguagens oscilam entre os polos da instabilidade e da estabilidade. A História da Literatura mostra que as formas artísticas se aproximam ora de um polo, ora de outro. Ora seguem modelos rígidos e formas fixas, ora revelam um dinamismo muito grande, uma liberdade total, pois, quando a instabilidade gera o risco da incompreensão, ocorre a estabilização e, quando esta produz uma ossificação, acontece um processo de instabilização. Tudo o que um sistema considerava extrassistêmico e, portanto, inexistente, é atraído para a órbita do sistema (Lotman, 1981: 82-84). O que o parnasianismo via como não poesia (cf., por exemplo, "Profissão de fé", de Bilac, 1942: 5-7) se torna poesia no modernismo. Às descontinuidades de um sistema opõem-se as continuidades e ambivalências de outro. Já Bakhtin, em seu estudo sobre a obra de Rabelais (1970b), mostrava a importância da ambivalência nas linguagens. Para ele, a imagem grotesca apresenta-se em estado de mudança, de metamorfose ainda inacabada, unindo morte e nascimento, acentuando o crescimento e o vir-a-ser (1970b: 33). O aumento da ambivalência implica um salto dinâmico.

O discurso artístico, mais que qualquer outro, constrói-se, mesmo nos períodos em que se aproxima do polo da estabilidade, na instabilidade. Como demonstrou Kolmogorov, a poesia é impossível nas linguagens artificiais, porque elas não têm sinônimos, são absolutamente estáveis, não têm variação (Lotman, 1981: 85). A poesia está do lado do princípio do prazer e não da realidade, do esbanjamento e não da economia, do dinamismo e não da estabilidade.

Uma tendência importante da Linguística na atualidade é a incorporação dessa propriedade central da linguagem, o jogo entre forças coesivas e dispersivas. Como diz Riobaldo:

> Baixei, mas fui ponteando opostos. Que isso foi o que sempre me invocou, o senhor sabe: eu careço de que o bom seja bom e o ruim ruim, que de um lado esteja o preto e do outro o branco, que o feio fique bem apartado do bonito e a alegria longe da tristeza! Quero os todos pastos demarcados... Como é que posso com este mundo? A vida é ingrata no macio de si; mas transtraz a esperança mesmo do meio do fel do desespero. Ao que, este mundo é muito misturado (GSV, 206-207).

Voltemo-nos, depois desse longo preâmbulo, para nosso trabalho. As gramáticas apresentam como fenômenos aleatórios e sem qualquer conexão entre si o uso de uma pessoa por outra (o plural majestático, por exemplo), de um tempo por outro (o presente histórico, por exemplo) ou o de uma localização espacial por outra (o uso de *este* em lugar de *esse*, por exemplo). Começamos a pensar que, se essas três categorias são o que Benveniste chamava categorias da enunciação, então deveria haver uma explicação única para esses fatos. O conceito de *embreagem*, de Greimas, parecia ser a solução para dar essa explicação e para mostrar as condições em que essa instabilidade ocorre. No entanto, o estudo dos procedimentos de embreagem não foi feito. Dizem Greimas e Courtés que apenas esboçaram alguns eixos desse mecanismo discursivo. Parret considera que uma tarefa urgente da Semiótica e da Narratologia é deduzir todas as possibilidades tipológicas de debreagens e de embreagens, para, assim, esclarecer o funcionamento dos três procedimentos básicos de enunciação, a temporalização, a espacialização e a actorialização (1988: 167). É isso que nos propomos fazer neste livro. No entanto, havia uma condição prévia para isso, que tivemos de executar. Não havia, em nosso entender, uma descrição satisfatória dos sistemas temporal e espacial em português. A do espacial não existe, porque sempre foi ele relegado a algumas poucas páginas, quando não a algumas linhas, nas gramáticas. A do temporal, a nosso ver, não é adequada, porque parte das formas existentes para explicar o sistema temporal, quando, na verdade, as formas existem para manifestar um sistema categorial, que é, antes de mais nada, de ordem semântica. Há tópicos sobre o tempo que, embora de capital importância

20 As astúcias da enunciação

no português, são pura e simplesmente ignorados pela quase totalidade de nossos gramáticos. Pensamos, por exemplo, na concordância dos tempos.

A posição de Benveniste de que a enunciação é a instância do *ego-hic-nunc* e é o mecanismo com que se opera a passagem da língua ao discurso levou-o a demonstrar que as categorias da enunciação pertencem não à língua, mas à linguagem, o que significa que todas as línguas devem, de uma forma ou outra, manifestar temporalidade, espacialidade e actorialidade. O que pode diferir de uma língua para outra é a forma de organizar cada uma dessas categorias. Pensamos que se pode ir um pouco além, formulando o que nos parece ser um corolário dessa tese: todas as categorias enunciativas são regidas pelos mesmos princípios.

Por outro lado, ao admitir que o discurso, sendo da ordem do acontecimento, é o lugar privilegiado da instabilidade linguística e ao realizar um estudo que se pretende minucioso dessas instabilidades, estamos querendo demonstrar que elas não se realizam aleatoriamente, mas obedecem a certas coerções, que são a garantia mesma da existência do sentido. Não se busquem, no entanto, razões de ordem sistêmica ou frasal que as expliquem, porque elas são do domínio do discurso.

Enfim, duas são as "teses" que norteiam este trabalho:

a) as categorias de pessoa, tempo e espaço são regidas pelos mesmos princípios;
b) seu funcionamento no discurso é instável, mas essa instabilidade obedece a determinadas coerções.

O livro está dividido em quatro capítulos: um sobre a enunciação em geral, um sobre a pessoa, um sobre o tempo e um sobre o espaço. No primeiro, mostra-se que levar em conta a enunciação significa criar um novo objeto para a Linguística ou, ao menos, alargá-lo; estuda-se o mecanismo da enunciação e, principalmente, sua função na discursivização e a maneira como aí opera. Os três outros organizam-se da mesma maneira: depois de uma introdução, descreve-se o sistema que preside ao funcionamento da categoria que está sendo estudada e, em seguida, analisa-se como essa categoria se manifesta no discurso, seja quando o faz de maneira estável, seja quando se realiza de modo instável.

Nosso objetivo é, pois, duplo: de um lado, descrever as categorias de tempo, pessoa e espaço em português; de outro, descrever como essas categorias são manifestadas no discurso e quais os efeitos de sentido que nele engendram.

O *corpus* estudado foi constituído de três fontes distintas: exemplos apresentados em gramáticas de língua portuguesa ou de outras línguas românicas, que estão citados em *apud*; exemplos colhidos principalmente em textos literários, mas também em jornais, revistas ou mais raramente em programas de televisão (são aqueles que apresentam a indicação da página da obra em que foram encontrados); exemplos coligidos no banco de dados organizado por Francisco da Silva Borba, na

Faculdade de Ciências e Letras da Unesp, *campus* de Araraquara, para o projeto de um Dicionário de Usos do Português – DUP (são os que trazem uma sigla indicando a obra de onde foram extraídos, mas não trazem a referência da página, pois esse banco de dados está montado em computador e o programa de busca permite saber a que obra pertence um dado texto, mas não em que página se acha). Esse banco de dados serviu de controle para a descrição, pois, nele, com a facilidade que nos oferece a informática, podem ser examinados centenas de exemplos, o que permite afirmar que possibilita ao pesquisador uma noção bem clara do funcionamento da língua hoje no Brasil. As obras que constituem a segunda das fontes do *corpus* estão arroladas no final do trabalho, em ordem alfabética das siglas utilizadas.

Não tratamos da questão da dêixis discursiva (cf. Maingueneau, 1987: 19-36) por considerar que faz ela parte do que chamamos Semântica do Discurso, que será objeto de outro estudo. Este trabalho situa-se na dimensão do que denominamos, dentro da teoria semiótica narrativa e discursiva, de Sintaxe do Discurso, que tem por tarefa estudar as projeções da enunciação no enunciado e as relações entre enunciador e enunciatário (Barros, 1988: 73).

Que é uma introdução? Explicações, declaração de intenções, exposição de objetivos e do plano do trabalho, mas principalmente ressalvas, escusas antecipadas, defesa prévia, justificativas, desculpas. Já que a introdução é tudo isso, vão aqui mais duas "explicações".

Poderiam acusar-nos de ter garimpado nossos exemplos em níveis ou variedades de língua muito diferentes, tanto do ponto de vista diacrônico, quanto do ponto de vista sincrônico. Afinal, ao lado de uma expressão coloquial, aparecem Machado, Guimarães e Alencar; junto de Camões está Manoel Bandeira, com a *Folha de S.Paulo* vem Coelho Neto; perto de Eça surge Érico Veríssimo. Essa mistura não invalidaria certas conclusões? Teríamos três justificativas para dizer que não. Em primeiro lugar, embora não querendo, em hipótese alguma, dizer que a língua seja algo único, não podemos desconhecer que existe, sob a diversidade, uma unidade, que muitas vezes parece obscurecida por certos excessos de alguns variacionistas. Se assim não fora, não falaríamos em variedades linguísticas, mas em línguas diferentes. Em segundo lugar, o fenômeno que estamos estudando é, no nosso entender, menos permeável à variação que outros, pois não é um fenômeno de língua, mas de linguagem. É evidente que cada língua manifesta essas categorias da linguagem diferentemente, mas, com exceção de uma mudança no sistema da espacialidade que apontaremos no momento exato, não estamos vendo nenhuma alteração no sistema de pessoas e de tempos em português. É interessante que mesmo algo que muitas vezes afirmamos como verdade, que o pretérito mais-que-perfeito simples estava desaparecendo do português, não foi confirmado pelo banco de dados do projeto DUP, ao menos para a língua escrita. Em terceiro lugar, como esses três

22 As astúcias da enunciação

sistemas categoriais constituem a base da discursivização, devem ser mais estáveis que outras categorias da língua, cuja função pode ser suprida "mais facilmente". É notável a permanência das distinções dos sistemas de pessoa, espaço e tempo em todas as variedades linguísticas do português.

A segunda acusação que nos poderiam fazer é a de que nosso trabalho é muito formalista. Louvamo-nos de uma defesa que Genette faz de seu trabalho para responder:

> Conheço, aliás, bastante bem tal crítica: por que o senhor me fala de formas, se apenas o conteúdo me interessa? Mas se a questão é legítima, a resposta é muito evidente: cada um se ocupa do que quer e, se os formalistas não estivessem aqui para estudar as formas, quem o faria no seu lugar? Haverá sempre bastantes psicólogos para psicologizar, ideólogos para ideologizar, moralistas para fazer a moral: que se deixe os estetas com sua estética e que não se espere deles frutos que eles não podem dar (1983: 107).

E nem prometeram, acrescentamos nós. Se, apesar de tudo, se constatar que estamos errado, que possamos consolar-nos com uma personagem de *Crime e castigo*:

> Gosto de quando a gente diz absurdos. Enganar-se é um privilégio natural do homem em relação a todos os outros organismos. É assim que se chega à verdade. Sou um homem porque desatino. Não se chegou nunca a nenhuma verdade sem ter errado quatorze vezes ou talvez cento e quarenta vez, o que é, aliás, ainda honroso. Divague, mas divague a seu modo, e então o saudarei. Desatinar a seu modo é quase melhor do que dizer a verdade à maneira dos outros; no primeiro caso, você é um homem, no segundo, não passa de um pássaro (Dostoievski, 1867: 243).

Ao terminar este livro, tenho que agradecer a muita gente, os que me guiaram e os que me acompanharam: professores, familiares, amigos, orientandos, alunos. Devo destacar, no entanto, o nome de Diana Luz Pessoa de Barros, leitora arguta e amiga dedicada, que leu este trabalho, discutiu-o comigo, apresentou sugestões, criticou, elogiou, incentivou-me, animou-me. A todos, meu muito obrigado.

NOTAS

[1] Essa análise sobre os mitos de origem da linguagem e das línguas em nossa civilização foi inspirada no capítulo 1 de Yaguello, 1984. Aproveita dele certas ideias, amplia e acrescenta outras.

[2] Engels disse que aprendera mais sobre a sociedade francesa posterior à Revolução lendo a obra de Balzac que todos os livros de historiadores e economistas que estudaram o período em questão (Engels, 2010: 68).

Dos princípios teóricos

"Sabemos que sem teorias a Pinta, a Niña e a Santa Maria não se
teriam feito ao mar. É a teoria que sustenta a livre decisão."
Tunga

O objeto da Linguística

"O falante – por meio do qual se exprimem também
as relações sociais –, por longo tempo afastado da Linguística,
nela foi introduzido pela Sociolinguística e disso resultou
uma redefinição do próprio objeto dessa ciência."
Marina Yaguello

Saussure, no início de seu *Curso de Linguística geral*, busca estabelecer o objeto da Linguística, com a finalidade de fazer dela uma ciência autônoma. Para isso, exclui os elementos pertencentes à linguagem que poderiam ser estudados do ponto de vista de outras ciências. Com efeito, considera que,

> tomada em seu todo, a linguagem é multiforme e heteróclita; a cavaleiro de diferentes domínios, ao mesmo tempo física, fisiológica e psíquica, ela pertence ao domínio individual e ao domínio social. (1969: 17)

e, por isso, a Linguística não poderia tomá-la como seu objeto. Se assim o fizesse seu objeto apareceria "como um aglomerado confuso de coisas heteróclitas, sem liame entre si" e estaria aberta a porta para várias ciências, como a Antropologia, a Psicologia, etc. (1969: 16). Como resultado das exclusões, Saussure conclui que o objeto da Linguística é a *langue*. Esta é

> um todo em si e um princípio de classificação [...] conjunto de convenções necessárias adotadas pelo corpo social para permitir o exercício dessa faculdade (da linguagem) nos indivíduos (1969: 17); sistema de signos [e de regras] (1969: 23); tesouro depositado pela prática da fala em todos os indivíduos pertencentes à mesma comunidade. (1969: 21)

A língua, ao contrário da linguagem, é única e homogênea; ela "não constitui uma função do falante: é produto que ele registra passivamente" (1969: 22).

A concretização da *langue*, seu uso por um falante, é a *parole*. Esta é

24 As astúcias da enunciação

um ato individual de vontade e de inteligência, no qual convém distinguir: 1°, as combinações pelas quais o falante realiza o código da língua no propósito de exprimir seu pensamento pessoal; 2°, o mecanismo psicofísico que lhe permite exteriorizar essa combinação (1969: p. 22).[1]

A *parole* em Saussure é individual, é o reino da liberdade e da criação.

Ao distinguir entre *langue* e *parole*, Saussure dizia que se estava separando, de um lado, o que é social do que é individual e, de outro, o que é essencial do que é acessório e mais ou menos acidental. A *parole* é acidental, na perspectiva saussuriana, pois, como mostrará mais tarde Hjelmslev, pode haver sistema sem processo, mas não processo sem sistema (1968: 59-60). Para Saussure, a verdadeira Linguística é a da língua.

O conceito básico da Linguística saussuriana é o de *valor*. Implica ele dizer que "na língua só há diferenças". Ela comporta apenas diferenças de conteúdo e de expressão. Tal proposição leva a considerar a língua como forma e não como substância (1969: 139-140). Na língua, o que há são relações.

A *langue* é um objeto construído, por abstração, pelo linguista, a partir de um conjunto de fatos. A tarefa do linguista é, então, reunir um número bastante variado de mensagens produzidas por usuários da língua (o *corpus*) e, depois, sem qualquer preconceito ou intenção normativa, fazer um inventário das unidades distintivas dos vários níveis, classificá-las e depreender suas regras combinatórias.

Atualmente, a crítica à Linguística estrutural, muitas vezes, parece desconhecer sua importância e, mais ainda, sua fecundidade. O método da comutação, por exemplo, permitiu uma análise rigorosa de diferentes planos da linguagem. Da fonologia à semântica da palavra, seus êxitos foram enormes. Num dado momento, no entanto, mesmo os que levavam em conta a importância da Linguística estrutural começam a verificar que a proposta saussuriana apresenta certas insuficiências. P. Kuentz mostra que a *parole,* cuja função, segundo ele, é, na obra do linguista genebrino, mais ideológica do que científica, é residual. Com fina ironia, afirma:

> [...] essa noção serviu de suporte a uma operação de salvaguarda da autonomia do sujeito falante como a de diacronia garantiu a concepção evolucionista e empiricista da história. Resta descobrir o mistério de como a *langue* se realiza em *parole* por meio de um ato enunciativo individual. A relação entre a atividade livre do sujeito e as leis imutáveis da língua é tão misteriosa quanto, na doutrina calvinista, as relações entre as "obras" do crente e a salvação divina (1972: 22).

R. Lafont e F. Gardès Madray dizem que, "assim como a dicotomia sincronia/diacronia permite descartar a História, a oposição *langue/parole* permite eliminar o falante da investigação linguística" (1976: 13).

Quanto ao que nos concerne, notamos que a proposta saussuriana e certa Linguística estrutural, no que se tange à relação *langue/parole*, apresentam três limitações:

a) não ter um modelo de atualização (de conversão da *langue* em *parole*), conforme foi apontado anteriormente;
b) não perceber que existem leis de organização do discurso, ao afirmar que a *parole* é o reino da liberdade e da criação;
c) excluir da Linguística os componentes da comunicação que não o código (cf. Cervoni, 1987: 10).

No que se refere ao item *c*, é preciso levar em conta que cada manifestação da *langue* põe em jogo um enunciador e um enunciatário com seus pontos de vista, que ela ocorre num espaço e num tempo precisos, que ela se refere a elementos de uma semiótica do mundo natural, que ela visa, em última instância, à persuasão. Ademais, é preciso considerar que, sendo sociais os pontos de vista do enunciador, a *parole* só pode ser vista como individual se for tomada como o mecanismo psicofísico-fisiológico de exteriorização do discurso (cf. Fiorin, 1988a: 3-17).

O gerativismo procura desenvolver

> um modelo que represente o sistema de conhecimentos particular do falante, capaz de explicar suas intuições sobre a forma e a significação das expressões linguísticas, nomeadamente se são ou não admitidas pela sua língua (Raposo, 1992: 28).

Essa gramática interiorizada, escopo dos estudos gerativistas, consiste, de um lado, de um dicionário das formas da língua e, de outro, de um sistema de princípios e parâmetros que atua sobre essas formas. Com isso, chega-se às propriedades fonológicas e sintáticas das frases da língua e às propriedades semânticas derivadas diretamente da sintaxe.

Embora Chomsky mostre que a performance, ou seja, o uso concreto da linguagem em situações concretas de fala, põe em jogo uma interação entre competência e fatores de ordem psicológica, social e discursiva, o gerativismo ocupa-se basicamente da competência, isto é, do sistema mental de conhecimentos, o que implica que, fazendo uma abstração das variáveis em jogo nos atos de fala concretos, seu objeto seja o falante/ouvinte ideal situado numa comunidade linguisticamente homogênea (1971: 3).

As Linguísticas citadas são Linguísticas preponderantemente do enunciado. Veem a enunciação como um acontecimento único, realizado por sujeitos particulares numa situação particular e, portanto, fora dos quadros do sistema. Embora, desde a Antiguidade, a tradição gramatical reconhecesse que alguns elementos linguísticos possuem uma situação específica de comunicação (cf. Fuchs, 1985: 113; Silva,

26 As astúcias da enunciação

1972: 46-56) e alguns linguistas como Bally (1932) tivessem a preocupação de recorrer ao sujeito e à situação de enunciação na análise linguística, foi só depois das reflexões de Benveniste e Jakobson que o domínio da enunciação se ampliou e que se reconheceu a centralidade dessa categoria na constituição do discurso. Percebe-se, então, que a enunciação pode ser tratada como sistema, isto é, que sob a diversidade infinita dos atos particulares de enunciação opera sempre um esquema geral, que permanece invariante. A partir daí, um novo objeto constitui-se para a Linguística, o uso linguístico. Começa, então, o que se pode chamar genericamente Linguística do Discurso.[2]

O discurso não é uma grande frase, nem um aglomerado de frases, mas é um todo de significação. Nesse sentido, a frase deve ser entendida como um segmento do discurso, o que não exclui, evidentemente, que o discurso possa ter, em certos casos, a dimensão de uma frase. Considerado como totalidade, o discurso é constituído pela enunciação. Será, então, definido como um processo semiótico e, por conseguinte, englobará os fatos (relações, unidades, operações, etc.) situados no eixo sintagmático da linguagem (Greimas e Courtés, 1979: 102).

A enunciação

> "Aquiles só existe graças a Homero."
> Chateaubriand

A atividade discursiva

> "O agir [...] corresponde à passagem
> da potencialidade à existência."
> Greimas

O primeiro sentido de enunciação é o de ato produtor do enunciado.[3] Benveniste diz que "a enunciação é essa colocação em funcionamento da língua por um ato individual de utilização" (1974: 80). Anscombre e Ducrot afirmam: "A enunciação será para nós a atividade linguageira exercida por aquele que fala no momento em que fala". E continuam: "Ela é, portanto, por essência, histórica, da ordem do acontecimento e, como tal, não se reproduz nunca duas vezes idêntica a si mesma" (1976: 18). Ora, se a enunciação for considerada como ato singular, daí decorre logicamente sua impossibilidade de constituir um objeto científico. Conforme mostra Todorov, ela será "o próprio arquétipo de incognoscível" (1970: 3). Como demonstra Cathérine Kerbrat-Orecchioni, opera-se aqui um deslizamento semântico (1980: 29-30). O linguista não mais opõe "a enunciação ao enunciado como o ato a seu produto, um processo dinâmico a seu resultado estático", mas, impossibilitado de estudar diretamente o ato da enunciação, busca "identificar e descrever os *traços do ato no produto*".

Tem razão Kerbrat-Orecchioni quando mostra a impossibilidade de descrever o ato de enunciação em si mesmo. A descrição do ato em si violaria o princípio da imanência, base da constituição da Linguística como ciência autônoma. É preciso, no entanto, matizar a questão da descrição do ato da enunciação.

Eric Landowski diz que a enunciação é o "ato pelo qual o sujeito faz ser o sentido"; o enunciado é "o objeto cujo sentido faz ser o sujeito" (1989: 222). Fazer ser é a própria definição de ato. Observe-se que o sujeito, que, por um ato, gera o sentido, é criado pelo enunciado. Trata-se, pois, de uma entidade semiótica. Há dois aspectos a reter aqui:

a) quando se julga que enunciado e enunciação são um fazer ser, está-se considerando-os uma performance (cf. Greimas e Courtés, 1979: 271);

b) quando se estabelece uma relação de implicação biunívoca entre enunciado e enunciação, está-se considerando a enunciação "uma instância linguística, logicamente pressuposta pela própria existência do enunciado (que comporta seus traços e marcas)" (Greimas e Courtés, 1979: 126).

O primeiro ponto leva a ver a enunciação como um ato qualquer e, portanto, passível de ser estudada por uma teoria narrativa. Com efeito, uma narrativa é um simulacro de ações humanas e uma teoria narrativa é, antes de mais nada, uma teoria da ação.[4]

O segundo ponto, de larga tradição no domínio da Semiótica, permite, por operações de catálise, reconstruir o ato gerador do enunciado. A catálise é a explicitação, efetuada graças às relações de pressuposição que os elementos manifestos no discurso mantêm com os que estão implícitos, dos elementos deixados elípticos nos diferentes níveis da articulação discursiva (Greimas e Courtés, 1979: 33). As marcas da enunciação presentes no enunciado permitem reconstituir o ato enunciativo.

Três questões devem ser mencionadas rapidamente:

a) a das competências necessárias para a produção de um enunciado;

b) a da "ética" da informação;

c) a do acordo fiduciário entre enunciador e enunciatário.

As competências de que o sujeito precisa para enunciar são de várias ordens:

a) competência linguística, que é a competência básica para produzir um enunciado: o falante deve conhecer a gramática (sistemas fonológico, morfológico e sintático) e o léxico de uma língua para nela produzir enunciados gramaticais e aceitáveis;

28 As astúcias da enunciação

b) competência discursiva, que engloba uma competência narrativa, que diz respeito às transformações de estado presentes em todo texto e a seu arranjo em fases de um esquema canônico que parece ser universal; uma competência discursiva propriamente dita, que concerne, de um lado, à tematização e à figurativização e, de outro, à actorialização, à espacialização e à temporalização, bem como aos mecanismos argumentativos, que vão da utilização dos implícitos ao uso da norma linguística adequada, das figuras de pensamento aos modos de citação do discurso alheio, dos modos de argumentação *stricto sensu* (ilustração, silogismo, etc.) aos efeitos de sentido de objetividade, de realidade, etc.;

c) competência textual, que concerne ao saber utilizar a semiótica-objeto em que o discurso será veiculado (por exemplo, os processos de criação de imagens no cinema e na televisão e mesmo os procedimentos de textualização em língua natural, que decorrem do caráter linear dos significantes de seus signos);

d) competência interdiscursiva, que diz respeito à heterogeneidade constitutiva do discurso;[5]

e) competência intertextual, que se refere às relações contratuais ou polêmicas que um texto mantém com outros ou mesmo com uma maneira de textualizar, como ocorre, por exemplo, na estilização;

f) competência pragmática, que concerne aos valores ilocutórios dos enunciados;[6]

g) competência situacional, que diz respeito ao conhecimento a respeito da situação em que se dá a comunicação e do parceiro do ato comunicativo.[7]

Todas essas competências podem ser mais ou menos comuns a enunciador e enunciatário. Quanto maior a ponte de intersecção entre E_1 e E_2 melhor será, em princípio, a compreensão dos enunciados produzidos. No que diz respeito à competência interdiscursiva, com seus conhecimentos culturais e ideológicos, em determinados tipos de discursos, é enfatizada sua dessemelhança (como no discurso polêmico), enquanto, em outros, é posta em relevo sua similitude (como no discurso cúmplice em que se procura confirmar um consenso prévio) (cf. Kerbrat-Orecchioni, 1980: 208). Cabe lembrar que, se, como mostra Greimas, a significação se constrói sobre a diferença, mas esta se erige sobre a identidade (1973: 29), o discurso polêmico não escapa a essa regra. Ele constrói-se sobre uma base comum.[8]

O falante leva em conta, na produção de um enunciado, um "código deontológico" (Kerbrat-Orecchioni, 1980: 210), que rege o que a cultura consideraria uma troca verbal honesta.[9] Esse código é constituído de máximas conversacionais, que são injunções discursivas. Portanto, ora são seguidas, ora violadas. Embora sua existência não possa ser negada, pois é evidente que elas balizam a troca de informações, seu estatuto não é bem nítido, pois elas parecem depender, ao mesmo tempo, da Ética, da Linguística, da Sociologia e da Antropologia (Kerbrat-Orecchioni, 1980: 210).

As duas leis discursivas mais evidentes são (cf. Kerbrat-Orecchioni, 1980: 210-214):

a) A lei da informatividade exige que, numa dada situação de comunicação, se se deseja mesmo transmitir informações ao parceiro e não apenas manter uma conversação, só se enunciem coisas que a pessoa a quem se fala não conheça. É evidente que a lei só se aplica dessa maneira aos enunciados que produzam atos ilocutórios de asserção.

Sem dúvida, essa lei faz parte da competência do falante, pois, por exemplo, quando se conta à mesma pessoa o mesmo fato, fica-se um pouco embaraçado. Todas as situações de comunicação que deveriam ser informativas e não o são soam um pouco estranhas. A informatividade, porém, não é fixa, varia de enunciador para enunciador, de uma situação de comunicação para outra, de acordo com aquilo que se tem por evidente.

b) A lei da exaustividade relaciona-se à máxima da quantidade de Grice. Diz respeito não à existência ou não da informação, como no caso da máxima da informatividade, mas à taxa de informação que se deve apresentar numa troca verbal. Essa lei exige que o enunciador apresente sobre um dado tema as informações mais fortes que ele tem. Não se pode, quando se quebrou um objeto, dizer apenas que ele caiu.

Kerbrat-Orecchioni mostra que, se as leis anteriormente detalhadas são consensualmente reconhecidas, há muitas outras que variam conforme a cultura. Exemplifica, dizendo que poderia haver uma lei da troca verbal franca e honesta, que proibiria insinuações maliciosas, insultos e polêmicas, a não ser sobre o modo da denegação; uma lei que proibiria que o enunciador se elogiasse, a não ser por brincadeira ou anonimamente (não é sem razão que, quando uma frase parece soar como elogio, enuncia-se a restrição "não é pra me gabar") (1980: 214). Haveria uma lei da conveniência, que determinaria não dizer nada que possa chocar ou incomodar o outro e, por isso, suavizar enunciados muito diretos, etc.

Essas leis não servem somente para construir frases, mas também para interpretá-las. Por exemplo, se a faxineira me diz que a secretária eletrônica caiu, sou levado a crer, em virtude da lei da exaustividade, que ela não quebrou. Se faço uma comunicação num Congresso e um amigo que assistiu a ela não faz qualquer comentário devo inferir, em razão da lei da conveniência, que, em sua opinião, meu trabalho estava ruim.

30 As astúcias da enunciação

Essas regras que Ducrot chamava retóricas têm uma existência inegável. Dependem, como já foi dito, de coerções de ordem cultural e psicológica. Sua transgressão pode ser por erro, que resulta de um desconhecimento desse código deontológico, ou por projeto, que decorre de um desejo de criar efeitos de sentido diversos.

Quando se produz um enunciado, estabelece-se uma "convenção fiduciária" entre enunciador e enunciatário, que determina o estatuto veridictório do texto.

O acordo fiduciário apresenta dois aspectos:

a) como o texto deve ser considerado do ponto de vista da verdade e da realidade;
b) como devem ser entendidos os enunciados: da maneira como foram ditos ou ao contrário.

No que concerne ao primeiro aspecto, há procedimentos que determinam o estatuto de verdade ou de mentira do texto, de realidade ou de ficção. Esses procedimentos variam de cultura para cultura, de grupo social para grupo social. Em nossa cultura, por exemplo, histórias que contenham o *frame* "história de pescador" são mentira. As histórias que começam com o protocolo "Era uma vez..." são irreais. As histórias dos santos e de Cristo são verdadeiras para os que seguem a religião católica, mas ficcionais, por exemplo, para os ateus. As fábulas de Esopo, ao apresentar a moral, dizem-se irreais, porém se referindo a comportamentos reais dos seres humanos.

No que se refere ao segundo aspecto, há marcas discursivas que indicam se o enunciado X deve ser interpretado como X ou como não X. Se dizemos "Hoje choveu tanto que inundou São Paulo", queremos, normalmente, que este enunciado X seja entendido como X. No entanto, quando Monteiro Lobato diz "A excelente Dona Inácia era mestra na arte de judiar de crianças", quer que esse enunciado X seja entendido como não X. Assim, "excelente" deve ser visto como antífrase.[10] Há, pois, dois tipos de contratos enunciativos: o de identidade e o de contraditoriedade.

A instância linguística pressuposta

> "Fora do texto não há salvação."
> Greimas

Greimas entende o processo de geração do sentido como um percurso gerativo, simulacro metodológico do ato real de produção significante, que vai do mais simples e abstrato (estruturas *a quo*) até o mais complexo e concreto (estruturas *ad quem*), por meio de mecanismos de conversão. Esse percurso gerativo mostra os níveis de

Dos princípios teóricos 31

invariância crescente do sentido e dá a cada um desses níveis uma descrição metalinguística adequada. Nesse percurso, distingue-se a imanência, que diz respeito ao plano de conteúdo, da manifestação, que é a união de um plano de conteúdo com um ou vários planos de expressão. No nível de imanência, há os seguintes patamares: o fundamental, o narrativo e o discursivo. A enunciação é então vista, como, aliás, já o tinha feito Benveniste, como instância de mediação, que assegura a discursivização da língua, que permite a passagem da competência à performance, das estruturas semióticas virtuais às estruturas realizadas sob a forma de discurso (Greimas e Courtés, 1979: 126). À montante dessa instância de mediação estão as estruturas semionarrativas, "formas que, atualizando-se como operações, constituem a competência semiótica do sujeito da enunciação" (Greimas e Courtés, 1979: 127). À jusante aparece o discurso.

Se a enunciação é a instância constitutiva do enunciado, ela é a "instância linguística logicamente pressuposta pela própria existência do enunciado (que comporta seus traços e suas marcas)" (Greimas e Courtés, 1979: 126). O enunciado, por oposição à enunciação, deve ser concebido como o "estado que dela resulta independentemente de suas dimensões sintagmáticas" (Greimas e Courtés, 1979: 123). Considerando dessa forma enunciação e enunciado, este comporta frequentemente elementos que remetem à instância de enunciação: de um lado, pronomes pessoais, demonstrativos, possessivos, adjetivos e advérbios apreciativos, dêiticos espaciais e temporais, em síntese, elementos cuja eliminação produz os chamados textos enuncivos, isto é, sem nenhuma marca de enunciação; de outro, termos que descrevem a enunciação, enunciados e reportados no enunciado (Greimas e Courtés, 1979: 124).

Manar Hammad propõe considerar o conjunto enunciativo que engloba todas as marcas de enunciação disseminadas no texto-objeto como uma totalidade estrutural. Esse processo enunciativo colocado no interior do enunciado não é a enunciação propriamente dita, cujo modo de existência é ser o pressuposto lógico do enunciado, mas é a *enunciação enunciada*. Teríamos, assim, dois conjuntos no texto-objeto: a *enunciação enunciada*, que é o conjunto de marcas, identificáveis no texto, que remetem à instância de enunciação; o *enunciado enunciado*,[11] que é a sequência enunciada desprovida de marcas de enunciação (para essa distinção, cf. também Courtés, 1989: 48). Esse processo enunciativo, visto como um microuniverso semântico completo, seria analisado de acordo com o percurso gerativo. Esse processo de enunciação enunciada seria metalinguístico em relação ao processo do enunciado enunciado. Isso significa que uma relação hierárquica se estabelece entre esses dois processos, que dependem de dois sistemas distintos (Hammad, 1983: 35-46).

Vejamos um exemplo dessa oposição:

Revirei a encomenda – lá aparecia meu nome em letra de moça, o P de Ponciano, alto, soberbão e o A dos Azeredos todo floreado, dentro do maior orgulho. Os dedos de mandioca do coronel, no descostume de manobrar peça delicada, quase cometeram uma desordem. A custo, descasquei a encomenda e lá brotou, toda cheirosa, a carta da professora. Peito afrontado, perna tremosa, entrei nas leituras. Nem demorou duas linhas, logo no rabo dos cumprimentos ("Comovai-como-tem-passado-o-coronel?"), tive o primeiro desgosto. Entre desculpas e desculpinhas, a mestra repelia o meu pedido. E repelia com parte de que um primo dela, doutor formado não dizia bem em que ofício, vindo do Rio em viagem especial, enfiou anel de compromisso no dedo dela. Casava logo, que além de ser do gosto da família ("O-coronel-sabe-como-é-imposição-de-família"), vinha desencravar um bem-querer dos dias de brincadeira de escondido, dos seus verdes-anos-de-menina.
– Cachorra!
Que verdes anos, que brincadeira de escondido, que nada! Soubesse ela que eu também já tinha sido dado a essas vadiações, de deixar as partes das meninas em fogo vivo. Tanto que era eu aparecer e logo o recreio acabar, fosse brincadeira de roda, fosse bento-que-bento-é-o-frade, fosse sou-uma-pobre-viúva. Por isso, estava aparelhado para provar que essa vadiagem de escondido não passava de velhacaria (CL, 78).

O enunciador é o coronel Ponciano de Azeredo Furtado. O enunciado enunciado contém dois elementos, os fatos e a enunciação da professora. Os fatos pertencentes ao enunciado são: o recebimento da carta, o virá-la e revirá-la, o abri-la e a leitura. A enunciação da professora, como qualquer enunciação de outrem para um dado enunciador, é enunciado enunciado: a resposta ao pedido de casamento do coronel. Essa resposta contém a negativa por ter ela já compromisso com um primo e por ser esse casamento do gosto da família e dela mesma, pois gostava do primo desde o tempo em que brincavam juntos.

A enunciação enunciada compreende todos os adjetivos e advérbios apreciativos, certos verbos e substantivos carregados de subjetividade, os dêiticos, etc. Enfim, todos os elementos que remetem à instância de enunciação, coronel Ponciano. Devemos distinguir três conteúdos no conjunto enunciativo:

a) delicadeza da moça ("letra de moça", "peça delicada", "toda cheirosa") *versus* falta de jeito do coronel, sua falta de delicadeza ("altão, soberbão", "dentro do maior orgulho", "dedos de mandioca", "no descostume de manobrar peça delicada, quase cometeram uma desordem", "a custo, descasquei a encomenda");
b) a angústia da espera ("afrontado (o peito)", "tremosa (a perna)");
c) o despeito com a recusa (termos que mostram que o que ela tinha feito em suas brincadeiras infantis era praticar jogos eróticos).

No texto, entre parênteses, a enunciação da professora é apresentada em sua materialidade enunciativa.

São esses conteúdos que Manar Hammad diz que devem ser analisados à luz do percurso gerativo de sentido e que são metalinguísticos em relação aos conteúdos do enunciado enunciado, uma vez que direcionam sua interpretação.

Esse conceito de enunciação enunciada impossibilita definir critérios exatos situados no plano da expressão para permitir um reconhecimento formal e automático do que é enunciativo. Isso demonstra que a distinção entre enunciação e enunciado diz respeito ao plano do conteúdo.

Essa definição de enunciação enunciada refere-se ao plano do conteúdo porque leva em alta conta a sintaxe e a semântica discursiva, ou seja, a que instância enunciativa estão relacionados determinados temas e figuras. Como temas e figuras podem concernir tanto ao nível da enunciação enunciada quanto ao do enunciado enunciado, a distinção pertence ao conteúdo. Na Sintaxe do Discurso, que trata das projeções da enunciação no enunciado e das relações entre enunciador e enunciatário, as distinções podem dar-se também no plano da expressão. É o caso, por exemplo, dos tempos verbais da enunciação e do enunciado.

Cathérine Kerbrat-Orecchioni fala em enunciação em sentido estrito e em sentido lato (1980: 30-31). Aproveitaremos sua sugestão, alterando, entretanto, o que se considera sentido estrito e sentido lato. Serão considerados fatos enunciativos em sentido lato todos os traços linguísticos da presença do locutor no seio de seu enunciado, mostrando o que Benveniste chamava a subjetividade na linguagem (1966: 258-265). É o estudo desses traços enunciativos que fazem Kerbrat-Orecchioni (1980) e Fuchs (1983: 15-33). Em sentido estrito, os fatos enunciativos são as projeções da enunciação (pessoa, espaço e tempo) no enunciado, recobrindo o que Benveniste chamava o "aparelho formal da enunciação" (1974: 79-88).

A enunciação, tanto num sentido como no outro, é a enunciação enunciada, isto é, marcas e traços que a enunciação propriamente dita deixou no enunciado. Esta é da ordem do inefável, só quando ela se enuncia pode ser apreendida. Assim, como diz Coquet, "a enunciação é sempre, por definição, enunciação enunciada" (1983: 14).

Estabelecida essa distinção, podemos voltar aos dois tipos de contratos enunciativos que se podem estabelecer. Manar Hammad, num artigo sobre a cerimônia do chá (1987), mostra que há casos em que o enunciado e a enunciação estão em desacordo. A ideia de Hammad pode parecer surpreendente à primeira vista, porque, num primeiro momento, pensa-se no enunciado como substância repleta de conteúdo e na enunciação como ato destituído dele. No entanto, é falso considerar o enunciado como substância, pois tanto o enunciado como a enunciação constituem um entrelaçado de relações. Por outro lado, na medida em que a enunciação pode enunciar-se,

34 As astúcias da enunciação

deixando no enunciado suas marcas, torna-se impossível considerá-la como um ato vazio de conteúdo. Subjacente ao dito há o dizer que também se manifesta.

O enunciador pode, em função de suas estratégias para fazer crer, construir discursos em que haja um desacordo entre essas duas instâncias. A discordância entre enunciado e enunciação não é um discrepância entre um conteúdo manifesto e uma intenção comunicativa inefável, pois as únicas intenções do sujeito que se podem apreender são as inscritas no discurso. Assim, esse conflito estabelece-se entre a enunciação enunciada e o enunciado enunciado. Cabe lembrar que se pode tomar, por exemplo, qualquer adjetivo avaliativo como elemento da enunciação enunciada ou do enunciado enunciado, pois, num discurso, há aqueles que participam da enunciação enunciada, uma vez que remetem à instância da enunciação, e aqueles que pertencem ao enunciado enunciado, pois não se referem à instância da enunciação.

Essas duas maneiras de construir o discurso impõem, como já foi dito, dois contratos enunciativos diferentes. No caso de um acordo entre enunciado e enunciação, ele explicita-se como "o enunciado X deve ser lido como X"; no caso oposto, como "o enunciado X deve ser interpretado como não X". Esses contratos determinam a atribuição de estatutos veridictórios distintos aos dois tipos de discurso. Trata-se, com efeito, de um jogo que se estabelece entre o ser (dizer) e o parecer (dito). O enunciatário atribuirá aos discursos em que haja acordo entre o enunciado e a enunciação o estatuto de *verdade* (/ser/ e /parecer/) ou de *falsidade* (/não ser/ e /não parecer/) e àqueles em que se manifeste um conflito o estatuto de *mentira* (/não ser/ e /parecer/) ou de *segredo* (/ser/ e /não parecer/).[12] Esses diferentes mecanismos discursivos fazem parte de distintas estratégias de persuasão, que visam a revelar um fato (verdade ou falsidade) ou a dissimulá-lo, mas chamando atenção sobre ele (mentira ou segredo), a desvelar um significado ou a velá-lo. Com esses mecanismos, o enunciador consegue dois efeitos de sentido distintos: a franqueza ou a dissimulação. Esta deve ser entendida como a reunião de dois modos de ver um fato, como a maneira de mostrar a ambiguidade de alguma coisa e as múltiplas maneiras de interpretá-la.

Muitas das figuras de pensamento constroem-se com base num desacordo categórico (antífrase, lítotes, preterição, reticência) ou gradual (eufemismo e hipérbole) entre enunciado e enunciação (cf. Fiorin, 1988a). Com esse tipo de discurso, o enunciador procura criar efeitos de estranhamento com a finalidade de chamar a atenção do enunciatário para sua mensagem. Assim, este, por meio de uma percepção inédita e inesperada, pode atentar melhor para certos elementos que estão sendo comunicados e aceitar mais facilmente o enunciado. Com esse tipo de discurso, o enunciador diz sem ter dito, simula moderação para afirmar de maneira enfática, finge ênfase para dizer de maneira atenuada.

Depois de distinguir o que é enunciação enunciada e enunciado enunciado, é preciso definir o que é *enunciação reportada*. Ela "corresponde a um simulacro – no interior do discurso – da relação de comunicação entre enunciador e enunciatário" (Courtés, 1989: 49). A enunciação enunciada é a maneira pela qual o enunciador impõe ao enunciatário um ponto de vista sobre os acontecimentos narrados. A enunciação reportada cria diferentes efeitos de sentido, como de objetividade, de subjetividade, de realidade, de que falaremos mais adiante. Vejamos um exemplo de enunciação reportada:

> Uma semana depois, Virgília perguntou a Lobo Neves a sorrir, quando ele seria ministro:
> – Pela minha vontade, já; pelas dos outros, daqui a um ano.
> Virgília replicou:
> – Promete que algum dia me fará baronesa?
> – Marquesa, porque eu serei marquês.
> Desde então fiquei perdido. Virgília comparou a águia e o pavão, e elegeu a águia, deixando o pavão com o seu espanto, o seu despeito e três ou quatro beijos que ele dera. Talvez cinco beijos: mas dez que fossem não queria dizer coisa alguma. O lábio do homem não é como a pata do cavalo de Átila, que esterilizava o solo em que batia; é justamente ao contrário (MA, v. 1, 561).

Esse enunciado é um simulacro da enunciação. Os actantes que falam, o espaço e o tempo simulam os elementos correspondentes da enunciação. Com efeito, o narrador dá a palavra a outrem, que passa a dizer *eu*, o fato passa-se num momento anterior ao momento da enunciação, mas no texto há um conjunto de reflexões que parecem feitas no instante do ato enunciativo.

A instância de instauração do sujeito (a instalação de pessoas, espaços e tempos)

> "A gente é cria de frases."
> Manoel de Barros

Benveniste, em seu célebre artigo "Da subjetividade na linguagem", diz que a propriedade que possibilita a comunicação e, portanto, a atualização da linguagem é que é "na e pela linguagem que o homem se constitui como sujeito, uma vez que, na verdade, só a linguagem funda, na sua realidade, que é a do ser, o conceito de *ego*" (1966: 259). A subjetividade é a "capacidade de o locutor pôr-se como sujeito" e, por conseguinte, a subjetividade estabelecida na Fenomenologia ou na Psicologia é apenas a emergência no ser de uma propriedade fundamental da linguagem: "é 'ego' quem diz 'ego'. Encontramos aqui o fundamento da 'subjetividade', que se

36 As astúcias da enunciação

determina pelo estatuto linguístico da 'pessoa'" (1966: 259-260). O *eu* existe por oposição ao *tu* e é a condição do diálogo que é constitutiva da pessoa, porque ela se constrói na reversibilidade dos papéis *eu/tu*.

> A linguagem só é possível porque cada locutor se coloca como sujeito, remetendo a si mesmo como *eu* em seu discurso. Dessa forma, *eu* estabelece uma outra pessoa, aquela que, completamente exterior a mim, torna-se meu eco ao qual eu digo *tu* e que me diz *tu* (Benveniste, 1966: 261-262).

A categoria de pessoa é essencial para que a linguagem se torne discurso. Assim, o *eu* não se refere nem a um indivíduo nem a um conceito, ele refere-se a algo exclusivamente linguístico, ou seja, ao "ato de discurso individual em que *eu* é pronunciado e designa seu locutor" (Benveniste, 1966: 261-262). O fundamento da subjetividade está no exercício da língua, pois seu único testemunho objetivo é o fato de o *eu* enunciar-se (Benveniste, 1966: 261-262).[13]

Como a pessoa enuncia num dado espaço e num determinado tempo, todo espaço e todo tempo organizam-se em torno do "sujeito", tomado como ponto de referência. Assim, espaço e tempo estão na dependência do *eu*, que neles se enuncia. O *aqui* é o espaço do *eu* e o presente é o tempo em que coincidem o momento do evento descrito e o ato de enunciação que o descreve. A partir desses dois elementos, organizam-se todas as relações espaciais e temporais.

Porque a enunciação é o lugar de instauração do sujeito e este é o ponto de referência das relações espaço-temporais, ela é o lugar do *ego, hic et nunc*. O conjunto de procedimentos destinados a constituir o discurso como um espaço e um tempo povoados de atores diferentes do enunciador constitui, para Greimas, a competência discursiva em sentido estrito. Se se acrescenta a ela o depósito de figuras do mundo e de configurações discursivas que possibilita ao sujeito da enunciação o exercício da figurativização, temos a competência discursiva em sentido lato (Greimas e Courtés, 1979: 127).

Quando o sujeito da enunciação põe a linguagem em funcionamento, ou seja, quando se designa como *eu* e se apropria da linguagem inteira, ele, como diz Greimas, "constrói o mundo enquanto objeto ao mesmo tempo que se constrói a si mesmo" (1979: 127). Isso se dá por uma orientação transitiva, isto é, um ato de mirar o mundo. Essa orientação transitiva constitui o que Greimas chama a intencionalidade fundadora da enunciação.[14] Por essa razão, o semioticista francês diz que a enunciação é um enunciado, cuja função predicativa é a intencionalidade e cujo objeto é o enunciado-discurso.

Poderíamos pensar que os actantes da comunicação, o *eu* e o *tu*, são figurativizados apenas por seres humanos. Esse pensamento revela um bom senso ingênuo e rasteiro, uma mentalidade enunciva (= de enunciado). É preciso ter uma visão enunciativa, para pensar a linguagem. Como vimos na introdução deste trabalho, a Bíblia já nos dava essa lição. O primeiro capítulo do Gênesis é uma metáfora da enunciação, porque a enunciação cria qualquer mundo. Enunciar é criar. "Deus disse: Faça-se a luz. E a luz fez-se". Da mesma forma, a enunciação permite que todo ser, num processo de personificação, torne-se enunciador e instaure como enunciatário, bastando para isso que se dirija a ele, qualquer outro ser, concreto ou abstrato, presente ou ausente, existente ou inexistente. A enunciação tem o poder de convocar aqueles a quem ela diz *tu* e instaurar como pessoa aqueles a quem dá a palavra. Fedro delega voz a um lobo e a um cordeiro (I, 1); La Fontaine, a um carvalho e a um caniço (I, 21); Camões, no célebre episódio do gigante Adamastor, a um promontório (V, 38-60). Castro Alves faz a África convocar Deus em sua presença, em *Vozes d'África*; torna a bandeira brasileira sua interlocutora, em *Navio negreiro*. Faz isso apenas dizendo *tu*.

Como se vê, a enunciação faz dos homens seres iguais a Deus, pois com ela criam mundos diversos. Não é à toa que o Criador desconfiava da palavra, como o demonstrou no episódio da torre de Babel, pois com ela os homens o desafiaram, seriam tão poderosos quanto ele.

Os mecanismos de instauração de pessoas, espaços e tempos no enunciado são dois: a debreagem e a embreagem.[15] Debreagem é a operação em que a instância de enunciação disjunge de si e projeta para fora de si, no momento da discursivização, certos termos ligados a sua estrutura de base com vistas à constituição dos elementos fundadores do enunciado, isto é, pessoa, espaço e tempo (Greimas e Courtés, 1979: 79). Na medida em que, como mostra Benveniste, a constituição da categoria de pessoa é essencial para a constituição do discurso e o *eu* está inserido num tempo e num espaço, a debreagem é um elemento fundamental do ato constitutivo do enunciado e, uma vez que a enunciação é uma instância linguística pressuposta pelo enunciado, contribui também para articular a própria instância da enunciação. Assim, a discursivização é o mecanismo criador da pessoa, do espaço e do tempo da enunciação e, ao mesmo tempo, da representação actancial, espacial e temporal do enunciado (Greimas e Courtés, 1979: 79).

Uma vez que a enunciação é a instância da pessoa, do espaço e do tempo, há uma debreagem actancial, uma debreagem espacial e uma debreagem temporal. A debreagem consiste, pois, num primeiro momento, em disjungir do sujeito, do espaço e do tempo da enunciação e em projetar no enunciado um *não eu*, um *não aqui* e um *não agora*. Como nenhum *eu*, *aqui* ou *agora* inscritos no enunciado são realmente a pessoa, o espaço e o tempo da enunciação, uma vez que estes são sempre pressupostos, a projeção da pessoa, do espaço e do tempo da enunciação no enunciado é também uma debreagem (Greimas e Courtés, 1979: 79).

38 As astúcias da enunciação

Há, pois, dois tipos bem distintos de debreagem: a enunciativa e a enunciva.[16] A primeira é aquela em que se instalam no enunciado os actantes da enunciação (*eu/tu*), o espaço da enunciação (*aqui*) e o tempo da enunciação (*agora*), ou seja, aquela em que o *não eu*, o *não aqui* e o *não agora* são enunciados como *eu, aqui, agora* (Greimas e Courtés, 1979: 80).

> Resolvo-me a contar, depois de muita hesitação, casos passados há dez anos – e, antes de começar, digo os motivos porque silenciei e porque me decido (MC, 3).

Nesse caso, há uma instalação no enunciado do *eu* enunciador, que utiliza o tempo da enunciação (o *nunc*). Trata-se, nesse caso, de debreagens actancial e temporal enunciativas.

> Que me conste, ainda ninguém relatou o seu próprio delírio; faço-o eu, e a ciência mo agradecerá. Se o leitor não é dado à contemplação destes fenômenos mentais, pode saltar o capítulo, vá direto à narração. Mas, por menos curioso que seja, sempre lhe digo que é interessante saber o que se passou na minha cabeça durante uns vinte ou trinta minutos (MA, v. 1, 520).

Temos, nesse caso, debreagem temporal enunciativa, bem como uma debreagem actancial enunciativa em que se instalam os dois actantes da enunciação, o *eu* e o *tu*.

> Aqui? Mas teus filhos estão ali (CCI).

Nesse caso, temos uma debreagem espacial enunciativa (*aqui/ali*) e, como se instala um *tu* no enunciado, também uma debreagem actancial enunciativa.

Na debreagem espacial enunciativa, é preciso levar em conta que todo espaço ordenado em função do *aqui* é um espaço enunciativo. Assim, o *lá* que se contrapõe ao *aqui* é enunciativo. É o que ocorre na "Canção do Exílio", de Gonçalves Dias:

> Minha terra tem palmeiras,
> Onde canta o sabiá,
> As aves que aqui gorjeiam,
> Não gorjeiam como lá
> (GD, 83)

Da mesma forma, na debreagem temporal, são enunciativos os tempos ordenados em relação ao *agora* da enunciação. Considerando-se o momento da enunciação um tempo zero e aplicando-se a ele a categoria topológica *concomitância/não concomitância* (*anterioridade/posterioridade*), obtém-se o conjunto dos tempos enunciativos. Observe-se anteriormente, no texto de Machado de Assis: "relatou" é um tempo anterior ao *agora*; "agradecerá", posterior.

A debreagem enunciva é aquela em que se instauram no enunciado os actantes do enunciado (*ele*), o espaço do enunciado (*algures*) e o tempo do enunciado (*então*).

Cabe lembrar que o *algures* é um ponto instalado no enunciado; da mesma forma, o *então* é um marco temporal inscrito no enunciado, que representa um tempo zero, a que se aplica a categoria topológica *concomitância vs não concomitância*.

> Rubião fitava a enseada, – eram oito horas da manhã. Quem o visse, com os polegares metidos no cordão do chambre, à janela de uma grande casa de Botafogo, cuidaria que ele admirava aquele pedaço de água quieta (MA, v. 1, 643).

O texto principia com uma debreagem actancial enunciva, quando nele se estabelece o actante do enunciado, Rubião. O verbo *fitar*, no pretérito imperfeito do indicativo, indica uma ação concomitante em relação a um marco temporal pretérito instituído no texto ("eram oito horas da manhã"). Como o tempo começa a ordenar-se em relação a uma demarcação constituída no texto, a debreagem temporal é enunciva. Aliás, o *visse* que vem a seguir está relacionado não a um *agora*, mas a um *naquele momento*, o que corrobora a enuncividade. O espaço estabelecido no texto não é o *aqui* da enunciação, é um ponto marcado no texto, "à janela de uma grande casa de Botafogo".

A debreagem enunciativa e a enunciva criam, em princípio, dois grandes efeitos de sentido: de subjetividade e de objetividade. Assim, a instalação dos simulacros do *ego-hic-nunc* enunciativos, com suas apreciações dos fatos, constrói um efeito de subjetividade. Já a eliminação das marcas de enunciação do texto, ou seja, da enunciação enunciada, fazendo que o discurso se construa apenas com enunciado enunciado, produz efeitos de sentido de objetividade. Como o ideal de ciência que se constitui a partir do positivismo é a objetividade, o discurso científico tem como uma de suas regras constitutivas a eliminação de marcas enunciativas, ou seja, aquilo a que se aspira no discurso científico é construir um discurso só com enunciados.

É preciso levar em conta agora o problema da debreagem interna, frequente no discurso literário e também na conversação ordinária (Greimas e Courtés, 1979: 80). Trata-se do fato de que um actante já debreado, seja ele da enunciação ou do enunciado, se torna instância enunciativa, que opera, portanto, uma segunda debreagem, que pode ser enunciativa ou enunciva. É assim, por exemplo, que se constitui um diálogo: com debreagens internas, em que há mais de uma instância de tomada da palavra. Essas instâncias são hierarquicamente subordinadas umas às outras: o *eu* que fala em discurso direto é dominado por um *eu* narrador que, por sua vez, depende de um *eu* pressuposto pelo enunciado. Em virtude dessa cadeia de subordinação, diz-se que o discurso direto é uma debreagem de segundo grau. Seria de terceiro, se o sujeito debreado em segundo grau fizesse outra debreagem. Embora esse processo possa ser teoricamente infinito, é quase impossível, por razões práticas, como a limitação da memória, que ele ultrapasse o terceiro grau e é muito difícil que vá além do segundo.

40 As astúcias da enunciação

> Que abismo há entre o espírito e o coração! O espírito do ex-professor, vexado daquele pensamento, arrepiou caminho, buscou outro assunto, uma canoa que ia passando; o coração, porém, deixou-se estar a bater de alegria. Que lhe importa a canoa nem o canoeiro, que os olhos de Rubião acompanham arregalados? Ele, coração, vai dizendo que, uma vez que mana Piedade tinha de morrer, foi bom que não casasse, podia vir um filho ou uma filha... – Bonita canoa! – Antes assim! – Como obedece bem aos remos do homem! – O certo é que eles estão no céu! (MA, v. 1, 643).

Um pouco antes dessa passagem, o narrador contara que Rubião, que estava à janela de sua casa, pensara que fora bom o fato de Piedade não se ter casado com Quincas Borba, pois poderia ter tido um filho e ele não teria recebido a herança. O narrador comenta que há um abismo entre o coração e o espírito (nome dado à razão), pois aquele se sente alegre com o que foi relatado anteriormente e este se envergonha do seu sentimento e deseja distrair o coração, prestando atenção numa canoa que passa. Não adianta. O narrador conta que o coração reitera o que tinha dito. Com uma debreagem interna enunciva, coração e espírito travam um belo diálogo que mostra o desejo da razão de curvar-se aos "bons sentimentos" e a alegria do coração com o fato de que tirou proveito da situação e seu consolo com a existência do paraíso. A debreagem interna salta depois do discurso indireto para referencializar o que dizia o narrador.

A debreagem interna serve, em geral, para criar um efeito de sentido de realidade, pois parece que a própria personagem é quem toma a palavra e, assim, o que ouvimos parece ser exatamente o que ela disse:

> O caso é que ele, Juju Bezerra de Araújo, andava de interesse incrustado em certa menina do Coliseu dos Recreios. Conhecedor do meu preparo em lidas com esse povo das ribaltas [...], pedia minhas luzes:
> – Careço de umas práticas que só o amigo Ponciano pode dar.
> Alisei a barba, suspendi a cabeça. Entre a petição do major e minha resposta andou um bom par de minutos, do que aproveitei para dar meia dúzia de passos até o fim do quintal. Na volta, disse a Bezerra que lidar com menina de palco requeria certos traquejos. Não fizesse ele o papelão de Pergentino Araújo, tabelião aposentado, homem da lei, que no levantar moça dos Moulin Rouge gastava mais flor de jardim que um defunto rico e chorado.
> – Tolice, Seu Bezerra, bobagem de Pergentino.
> Nunca que menina de palco ia apreciar proceder tão cativoso por ser isso mais para donzela de sofá e casamento (CL, 172).

Nesse trecho, há duas debreagens internas. Na primeira, um actante do enunciado executa debreagens actancial e temporal enunciativas (*eu/tu*; presente). Na segunda, um actante da enunciação faz uma debreagem actancial enunciativa, pois, ao instalar um *tu*, instaura também um *eu*.

Vejamos um caso de debreagem de terceiro grau:

Estranho efeito, é preciso que se diga. O romance saiu em abril. Pouco depois recebi a primeira carta.

Primeiras retificações, aulas práticas (dizia a carta). [...] Ninguém conta que ela lhe disse: Vá se foder, na primeira vez que Esperancita chamou-a minha filha, e que tiveram que lhe dar sais (RA, 14-15).

Nesse trecho, temos três instâncias enunciativas: a da pessoa que recebe a carta, a da pessoa que escreve a carta (segundo grau) e a da mulher que disse *vá se foder*.

A análise do tempo vai colocar um problema, que é o emprego, no mesmo texto, de tempos enunciativos e de tempos enuncivos. Como todos eles dependem, direta ou indiretamente, da instância da enunciação, esse fato levou-nos a postular, para as categorias de espaço, de tempo e de pessoa, dois tipos diferentes de debreagem: uma debreagem da enunciação e uma do enunciado. Aquela cria uma enunciação enunciada, ao projetar no enunciado os actantes, o tempo e o espaço da enunciação, e um enunciado enunciado ou gera apenas um enunciado enunciado, deixando ausente do discurso a enunciação enunciada. A debreagem do enunciado estabelece actantes, espaço e tempo da enunciação no enunciado enunciado, produzindo um efeito de identidade dessas três categorias na enunciação e no enunciado, ou, então, constitui uma não identidade entre elas. No estudo de cada uma das três categorias, analisar-se-ão minuciosamente esses diferentes tipos de debreagem e as razões que levaram a essa distinção.

No entanto, uma precisão deve ser feita desde já. Esses dois tipos de debreagem não têm o mesmo estatuto, pois a do enunciado está subordinada à da enunciação, assim como o enunciado enunciado é hierarquicamente inferior à enunciação enunciada, já que, como mostra Manar Hammad, esta participa do estabelecimento daquele (1983: 35-46). Com efeito, a debreagem chamada da enunciação engendra a enunciação enunciada e o enunciado enunciado. Dentro deste, opera-se a constituição dos efeitos de identidade e de diferença em relação àquela.

Passemos agora ao estudo da embreagem. Ao contrário da debreagem, que é a expulsão fora da instância de enunciação da pessoa, do espaço e do tempo do enunciado, a embreagem é "o efeito de retorno à enunciação", produzido pela neutralização das categorias de pessoa e/ou espaço e/ou tempo, assim como pela denegação da instância do enunciado (Greimas e Courtés, 1979: 119).

Como a embreagem concerne às três categorias da enunciação, temos, da mesma forma que no caso da debreagem, embreagem actancial, embreagem espacial e embreagem temporal.

A embreagem actancial diz respeito à neutralização na categoria de pessoa. Toda embreagem pressupõe uma debreagem anterior. Quando o Presidente diz "O Presidente da República julga que o Congresso Nacional deve estar afinado com o plano de estabilização econômica", formalmente temos uma debreagem

42 As astúcias da enunciação

enunciva (um *ele*). No entanto, esse *ele* significa *eu*. Assim, uma debreagem enunciativa (instalação de um *eu*) precede a embreagem, a saber, a neutralização da oposição categórica *eu/ele* em benefício do segundo membro do par, o que denega o enunciado. Denega justamente porque o enunciado é afirmado com uma debreagem prévia (ver todas as questões relativas à embreagem em Greimas e Courtés, 1979: 119-121).[17] Negar o enunciado estabelecido é voltar à instância que o precede e é pressuposta por ele. Por conseguinte, obtém-se na embreagem um efeito de identificação entre sujeito do enunciado e sujeito da enunciação, tempo do enunciado e tempo da enunciação, espaço do enunciado e espaço da enunciação.

Vejamos mais um exemplo de debreagem actancial em que o *tu* é substituído por um *ele*:

> Disto resultou que o curador de cobra quase afinou a canela de tanto levar e trazer recado. Sua caixa de peçonha andava de um lado a outro como o ventão dos agostos. E o caso ganhou substância, foi tão falado e refalado, que Juju Bezerra, da intimidade de Caetano de Melo, veio ao Sobradinho em missão de harmonia: – Que é isso, amigo Ponciano? Que cobra mordeu o coronel? (CL, 122).

O vocativo "amigo Ponciano" é uma debreagem actancial enunciativa, pois introduz um *tu* no enunciado. Quando ele diz "Que cobra mordeu o coronel?", o coronel não é um *ele*, mas um *tu*, em vista da neutralização dos dois termos, o enunciativo e o enuncivo.

> Você *lá*, que é que está fazendo no meu quintal?

A embreagem espacial concerne a neutralizações na categoria de espaço. *Lá* está, nessa frase, empregado com o valor de *aí*, espaço do enunciatário. Esse uso estabelece uma distância entre os actantes da enunciação, mostrando que a pessoa a quem o enunciador se dirige foi colocada fora do espaço da cena enunciativa.

A embreagem temporal diz respeito a neutralizações na categoria de tempo. Tomemos como exemplo o poema "Profundamente", de Manuel Bandeira:

> Quando ontem adormeci
> Na noite de São João
> Havia alegria e rumor
> Estrondos de bombas luzes de Bengala
> Vozes cantigas e risos
> Ao pé das fogueiras acesas.
>
> No meio da noite despertei
> Não ouvi mais vozes nem risos
> [...]
> Onde estavam os que há pouco

Dançavam
Cantavam
E riam
Ao pé das fogueiras acesas?

– Estavam todos dormindo
Estavam todos deitados
Dormindo
Profundamente

***

Quando eu tinha seis anos
Não pude ver o fim da festa de São João
Porque adormeci

Hoje não ouço mais as vozes daquele tempo
Minha avó
Meu avô
Totônio Rodrigues
Tomásia
Rosa
Onde estão todos eles?

– Estão todos dormindo
Estão todos deitados
Dormindo
Profundamente.
(MB, 217-218)

Quando chegamos à segunda parte, compreendemos que "ontem" é na véspera do dia de São João do ano em que o poeta tinha 6 anos (naquele tempo). Essa neutralização entre o tempo enunciativo *ontem* e o tempo enuncivo *na véspera*, em benefício do primeiro, é um recurso para presentificar o passado, reviver o que aconteceu naquela noite de São João, em que o poeta adormece e vive, no tempo antes, rumor e alegria e, no tempo depois, silêncio. Nessa noite, à vigília do poeta corresponde o sono profundo dos que tinham dançado, cantado e rido ao pé das fogueiras acesas.

Ao debrear enuncivamente "a véspera da festa de São João", no início da segunda parte, o poeta afasta o que revivera, transformando essa revivescência em lembrança. Nos termos de Benveniste, a primeira parte deixou de ser discurso, ou seja, vida, e passou a ser história. Há então uma debreagem enunciativa e volta-se para a vida presente. À vigília de outrora corresponde a vida de hoje; ao silêncio de antanho corresponde a não vida hodierna. O poeta está vivo e só, pois todos os que ele amava estão mortos e enterrados ("dormindo" e "deitados"). A embreagem temporal resgatou o tempo das brumas da memória e recolocou-o lá novamente.

44 As astúcias da enunciação

Dizem Greimas e Courtés que a embreagem, ao mesmo tempo, apresenta-se como um desejo de alcançar a instância da enunciação e

> como o fracasso, como a impossibilidade de atingi-la. As duas "referências" com cuja ajuda se procura sair do universo fechado da linguagem, prendê-la a uma exterioridade outra – a referência ao sujeito (à instância de enunciação) e a referência ao objeto (ao mundo que cerca o homem enquanto referente) – no fim das contas, só chegam a produzir ilusões: a ilusão referencial e a ilusão enunciativa (1979: 120).

Os exemplos dados anteriormente são exemplos de *embreagem homocategórica*, que ocorre "quando a debreagem e a embreagem que a segue afetam a mesma categoria, a de pessoa, a do espaço ou a do tempo" (Greimas e Courtés, 1979: 121). A embreagem em que as categorias presentes na debreagem e na embreagem subsequente são distintas é chamada *embreagem heterocategórica*:

> Eu sou eu mesmo a minha pátria. A pátria de que escrevo é a língua em que por acaso de gerações nasci (Jorge de Sena, *Poesias III*, apud Rónai, 1985: 736).

A verdadeira pátria do homem é a infância (Scorza, apud Rónai, 1985: 736).

> [...] o pintor transferiu-se para o exílio voluntário. [...] "Eu sou o momento", garantia então, quando realizava um Autorretrato em Milão... (LT, 151, T2).

No primeiro caso, instalado o *eu* na debreagem, o predicativo deveria conter um termo com o traço /pessoa/. No entanto, neutralizam-se pessoa e lugar, em proveito do último. No segundo caso, a debreagem determinaria um predicativo com termo designativo de lugar. Entretanto, neutralizam-se lugar e tempo em proveito do último. No terceiro, a neutralização dá-se entre pessoa e tempo. Assim pessoa e lugar confundem-se, tempo e espaço enleiam-se, pessoa e tempo misturam-se quase que numa percepção sinestésica do mundo.

Um excelente exemplo de embreagem heterocategórica é o uso, muito frequente em português, de uma medida temporal para indicar uma medida espacial.

> Fica a três horas de carro daqui.

É preciso ainda distinguir entre *embreagem enunciativa* e *enunciva*. Aquela ocorre quando o termo debreante é tanto enunciativo como enuncivo, mas o embreante é enunciativo. Assim, por exemplo, num *outdoor*, em Minas, a frase "Em Minas, o futuro é agora" debreia a posterioridade enunciativa e nega-a com a concomitância enunciativa, em benefício da última. A embreagem é enunciativa porque é um elemento do sistema enunciativo que resta no enunciado.

Chama-se embreagem enunciva aquela em que o termo debreante pode ser enunciativo ou enuncivo, mas o termo embreante é enuncivo:

Encurtando, aconselhei o major a fazer a ceata com a menina de suas paixões em recinto de conhaque e beberetes:
– Como no Taco de Ouro, seu compadre. Para esses preparativos não tem como o Taco de Ouro.
Que procurasse o Machadinho, um de costeleta escorrida até perto do queixal, que logo aparecia mesa bem encravada no escurinho.
– Nem o major precisa abrir a boca. Machadinho vendo a cara pintada da peça, sabe no imediato que é negócio sem-vergonhista (CL, 173).

A primeira fala do narrador e a debreagem interna de segundo grau indicam que a pessoa com quem o coronel falava era o major. Ocorre, portanto, uma debreagem enunciativa. Quando o coronel diz *o major*, temos um *ele* (termo enuncivo) a ocupar o lugar do *tu*. Portanto, trata-se de uma embreagem enunciva.

A embreagem pode ainda classificar-se em *externa* quando produzida por uma instância enunciativa pressuposta pelo enunciado, e *interna* quando feita por uma instância enunciativa já inscrita no enunciado:

Escorregava do rosto de Juju Bezerra admiração pela maestria deste Ponciano Azeredo Furtado no manobrar gente da ribalta. Ponderou que isso é que era falar certo, mostrar o dedo da sabença:
– É o que eu digo. Não há como o coronel para uma demanda no Foro ou uma prática de safadeza (CL, 173).

A partir de uma instância pressuposta, faz-se a debreagem actancial enunciativa *eu* e, em seguida, efetua-se a embreagem enunciva, neutralizando-se a primeira e a terceira pessoas, em proveito da última. Assim, "pela maestria deste Ponciano de Azeredo Furtado" significa "pela minha maestria". Trata-se, nesse caso, de uma embreagem externa. No segundo caso, em que "o coronel" significa "tu", a embreagem é efetuada por uma instância do enunciado (Juju Bezerra) a quem foi delegada a palavra. Temos aqui de uma embreagem interna.

A embreagem, ao contrário da debreagem, que referencializa as instâncias enunciativas e enuncivas a partir de que o enunciado opera, desreferencializa o enunciado que ela afeta (Greimas e Courtés, 1979: 121). Observe-se o último exemplo dado anteriormente. A embreagem faz com que o coronel, que Juju Bezerra admirava, oscile entre a pessoa com quem se fala e a pessoa de quem se fala. É como se Juju não falasse com o coronel, mas com outros sobre o coronel. Essa desreferencialização faz com que a admiração de Juju Bezerra se eleve ao mais alto grau.

Os mecanismos de debreagem e de embreagem não pertencem a esta ou aquela língua, a esta ou aquela linguagem (a verbal, por exemplo), mas à linguagem pura e simplesmente. Da mesma forma, todas as línguas e todas as linguagens possuem as categorias de pessoa, espaço e tempo, que, no entanto, podem expressar-se diferentemente de uma língua para outra, de uma linguagem para outra.

46 As astúcias da enunciação

No filme *La nave va*, de Fellini (1983), a personagem que funciona como sujeito observador, ao piscar para a plateia, efetua uma debreagem actancial enunciativa, pois instaura o enunciatário no enunciado. Da mesma forma, quando Tom Jones, no filme do mesmo nome (1963, direção de Tony Richardson), joga o casaco na câmera para que o espectador não veja os seios da mulher que ele acabara de salvar das mãos de um soldado, ele desreferencializa o enunciado (é filme mesmo...), produzindo uma embreagem actancial, pois a debreagem primeira (Tom Jones do enunciado) passa a embreagem (Tom Jones instaura-se como *eu* pela constituição do *tu*).

No filme *Padre Padrone*, dos irmãos Taviani (1977), quando Gavino está no exército em Pisa, o quartel pisano é o *aqui* em relação à Sardenha, que é o *lá*. Numa dada cena, ele está com uma arma em posição de homenagem à bandeira italiana, que está sendo hasteada no pátio do quartel, enquanto um sargento pronuncia um discurso sobre o valor simbólico da bandeira e sobre o valor da pátria, que ultrapassa o da família. Nesse momento, Gavino começa a recitar paradigmas da língua italiana. Quando chega ao paradigma "silvestre, bucólico, arcádico, etc.", a bandeira italiana está tremulando sobre a paisagem da Sardenha. Quando começa a dizer o paradigma "pai, padrinho, patrono, patrão, Padre Eterno", aparece seu pai a caminhar nos campos sardos. Nesse caso, a bandeira e a voz, que estavam em Pisa, estão na Sardenha, indicando uma neutralização entre o *aqui* e o *lá* em benefício do último. A bandeira e a língua, indicadoras da italianidade, na verdade, estão referidas à Sardenha. O *aqui* cultural adquire identidade em relação ao *lá*.

Na pintura, o quadro *A baía de São Marcos com o retorno do Bucentauro*, de Canaletto, constrói-se com debreagens espaciais e actanciais enuncivas, que instalam espaços (o canal diante de São Marcos, os edifícios) e actantes (gondoleiros e pessoas do povo) do enunciado. Essa debreagem cria um efeito de objetividade, construindo um enunciado enunciado, em que parece estar afastada a enunciação enunciada. Com isso, produz-se como que a vista real, por meio de uma transcrição literal e impessoal. Domina o quadro um efeito de realidade.

Já no quadro *A catedral de Ruão*, de Claude Monet, busca-se não o objeto, que permanece sempre imutável, mas a cambiante impressão que ele causa aos olhos e à alma do artista. Assim, não há nesse quadro senão o esboço de um enunciado enunciado, enquanto há uma forte enunciação enunciada, uma vez que todos os traços são apreciações que remetem à instância enunciativa. O artista esforça-se por obter a instantaneidade (o *nunc*): quando o efeito luminoso muda, o quadro será outro. Assim, temos nele uma debreagem temporal enunciativa, em que se procura revelar a concomitância em relação ao momento da enunciação.

No quadro *A condição humana*, de Magritte, quando olhamos, vemos uma janela enquadrada por cortinas, pela qual se vê a paisagem exterior. Quando baixamos os olhos, percebemos que se trata de uma tela, pois aparecem as pernas do cavalete.

Trata-se de um simulacro do ato enunciativo e de suas ilusões: a pintura mostra que o pintor pintou *x, y, z*. Temos, nesse caso, uma enunciação reportada.

Esses exemplos mostram que aquilo que se refere à instância da enunciação (debreagem, embreagem, enunciação enunciada, enunciação reportada, enunciado enunciado, enunciativo, enuncivo, *ego, hic et nunc*) constitui um conjunto de universais da linguagem. O que é particular a cada língua ou a cada tipo de linguagem são as maneiras de expressar esses universais.

Todos esses mecanismos produzem efeitos de sentido no discurso. Não é indiferente o narrador projetar-se no enunciado ou alhear-se dele; simular uma concomitância dos fatos narrados com o momento da enunciação ou apresentá-los como anteriores ou posteriores a ele; presentificar o pretérito; enunciar um *eu* sob a forma de um *ele*, etc.

A interpretação dos termos pertencentes à categoria de pessoa, de espaço e de tempo é mais complexa que a dos demais elementos da língua. Jakobson indica o caminho para a compreensão desse fato: "a significação geral de um 'embreante' não pode ser definida fora de uma referência à mensagem" (1963: 178). Continua Jakobson, dizendo que cada embreante tem uma significação geral como todos os demais constituintes do código linguístico, mas, ao contrário deles, remete obrigatoriamente à mensagem. Pode-se entender por que Jakobson (ou seu tradutor francês) deu o nome de "*embrayeur*" a esses termos: porque eles articulam dois planos distintos, o código e a mensagem. Por isso, eles são signos linguísticos, mas também elementos concretos que, assim, permitem a conversão da língua em discurso. Com efeito, por exemplo, cada verbo de ação pertence à língua e só pode passar a discurso se é atribuído a uma pessoa, num dado tempo e num determinado lugar. Dessa forma, pessoa, espaço e tempo transformam a língua em discurso.

Para perceber a especificidade da significação dos termos designativos de pessoa, de tempo ou de espaço, é preciso, conforme afirma Maingueneau, levar em conta a distinção entre enunciado-tipo e enunciado-ocorrência (1981: 6). O primeiro é aquele que se considera o mesmo enunciado, independentemente das vezes que é enunciado. O segundo é o enunciado-tipo cada uma das vezes que é enunciado. Os elementos do código linguístico são, *grosso modo*, idênticos do ponto de vista da significação tanto no tipo quanto na ocorrência. As categorias que têm por função indicar as circunstâncias da enunciação (pessoa, espaço, tempo) só podem ser interpretadas se as reportamos ao ato único da enunciação que produziu o enunciado em que figuram. Não se pode saber que momento é *agora*, no enunciado *Pedro saiu daqui agora*, a menos que se saiba em que momento o enunciado foi produzido. Assim, esse termo tem um significado geral, que faz dele uma unidade do código (concomitância entre o momento de realização do ato descrito e o momento do ato

48 As astúcias da enunciação

enunciativo), mas, para conhecer seu referente,[18] é preciso reportar-se ao ato individual da enunciação que o instalou no enunciado, pois outro enunciado-ocorrência poderá remeter a outro momento completamente diferente, anterior ou posterior. Não se interpretam esses signos, a não ser quando são de fato empregados.[19] Como mostra Benveniste, isso ocorre, porque, enquanto o nome

> se refere a uma noção constante e "objetiva" apta a permanecer virtual ou a atualizar-se num objeto singular e que permanece sempre idêntica na representação que desperta, esse tipo de signo referente à situação de enunciação não constitui uma classe de referência, pois não há "objeto" definível a que possam remeter identicamente. [Assim,] cada *eu* tem sua referência própria e corresponde cada vez a um ser único estabelecido como tal (1966: 252).

Diz ainda Benveniste que esses signos se referem não à "realidade", nem a "posições objetivas" no espaço e no tempo, nem às pessoas envolvidas no ato enunciativo, mas à enunciação cada vez única que os contém. A linguagem resolveu seu problema de atualização,

> criando um conjunto de signos "vazios", não referenciais em relação à realidade, sempre disponíveis, e que se tornam "cheios" desde que um locutor os assume em cada instância de seu discurso. Desprovidos de referência material, não podem ser mal empregados; não fazendo nenhuma asserção, não são submetidos à condição de verdade e escapam a toda denegação. Seu papel é fornecer o instrumento de uma conversão da linguagem em discurso (1966: 254).

Na medida em que são signos que se tornam cheios apenas quando um locutor os assume, seu significado de língua é o tipo de referência que faz à situação de enunciação. Assim, o *eu* é o indivíduo que enuncia um discurso; o *tu* é a pessoa a quem o *eu* se dirige; o *aqui* é o lugar do *eu*.

Uma última distinção faz-se necessária. Os elementos linguísticos referentes à pessoa, ao espaço e ao tempo dividem-se em dêiticos e anafóricos. Os primeiros interpretam-se com referência à situação de enunciação, seja ela pressuposta, seja ela explicitada no texto pelo narrador. Os anafóricos são elementos do enunciado enunciado e, por conseguinte, são compreendidos em função de marcos temporais e espaciais instalados no enunciado e de actantes do enunciado anteriormente mencionados.

NOTAS

[1] Já Buyssens notara que Saussure mistura dois elementos distintos na *parole*: o discurso, de um lado, e a fala propriamente dita, de outro. Por isso, propunha uma tricotomia, mostrando que o discurso UNE a *langue* e a *parole* (1972: 55-57).

[2] A Linguística moderna estabeleceu, pelo menos, cinco objetos: a *langue*, a competência, a mudança linguística, a variação linguística e o uso linguístico.

Dos princípios teóricos **49**

3 Depois de ter feito uma breve exposição do lugar da enunciação no objeto das principais correntes da Linguística do século xx, pretendemos abordar nosso assunto sem fazer resenha das teorias da enunciação. Acolheremos estas ou aquelas ideias no decurso de nossa exposição e debateremos outras em notas de rodapé.

4 Diferentes autores falaram em "narrativização da enunciação" (Calame, 1986: 20-24; Landowski, 1989: 225; Hammad, 1983: 38; Barros, 1985: 278-279). De maneira geral, tal proposição constitui mais um desiderato do que resultados efetivos. Se tomarmos as propostas de Barros e Hammad, veremos que são muito diferentes e demonstram duas maneiras distintas de entender a questão da narrativização da enunciação: a primeira propõe estudar o ato enunciativo como uma narrativa; a segunda pretende que a enunciação enunciada seja objeto de uma análise à luz do percurso gerativo de sentido.

5 É nessa competência que incluímos as chamadas competências cultural e ideológica, ou seja, a competência enciclopédica que é preciso ter para, por exemplo, decifrar no Brasil a frase "X descolloriu". Do nosso ponto de vista, todo conhecimento é linguístico e apresenta-se para nós discursivamente (linguístico aqui se refere a todas as linguagens e não somente à linguagem verbal). Não existe nenhum conhecimento que não esteja materializado numa linguagem, uma vez que o pensamento conceptual é linguístico (Bakhtin, 1979: 34-37; Schaff, 1974: 160-161; Vygotski, 1979: 61 e 64-65).

6 Nossa posição sobre os valores pragmáticos é que eles devem ser introduzidos na descrição como traços semânticos a que se atribui um estatuto específico. Assim, enquanto os valores pragmáticos se opõem aos semânticos em sentido estrito, constituem um subconjunto dos traços semânticos em sentido amplo. Nossa posição segue o último Ducrot ("recuso-me a distinguir o nível semântico e o nível pragmático", 1977: 181), que altera a posição manifestada em 1972 ("é preciso, pois, que o valor ilocutório da expressão [...] não possa derivar de uma 'significação' do enunciado", 1972: 80). A solução descritiva aqui adotada é que o conteúdo global do enunciado contém um "conteúdo proposicional" e um valor ilocutório, que se especifica com um marcador apropriado. Essa solução não é nova. Já Bally (1932) dizia que em toda frase se distinguem o *dictum* e o *modus*. Searle (1972) faz a diferença entre "significação de uma frase" e "sua força ilocutória", que diz respeito aos valores ilocutórios que se constroem com os enunciados.

7 É preciso insistir no fato de que esse conhecimento se dá por simulacros que se vão constituindo ao longo do ato comunicativo e que, assim, interferem na constituição dos enunciados (Landowski, 1989: 218-229). Entram aqui as imagens que E_1 constrói de E_2 e a que ele imagina que E_2 faz dele; que E_2 faz de E_1 e a que ele imagina que E_1 faz dele (Pêcheux, 1969: 19-20).

8 Observe-se que discursos cúmplices são aqueles que estão no âmbito de uma mesma formação discursiva. Esses discursos, no entanto, também se constituem em oposição aos discursos pertencentes a outras formações discursivas.

9 Entram aqui as máximas conversacionais de Grice (1979); os postulados da conversação de Gordon e Lakoff (1973); as leis do discurso de Ducrot (1977: 91 e 144-150).

10 Mais adiante discutiremos melhor esses dois tipos de contratos enunciativos, como eles se constituem e quais as marcas que caracterizam contrato de contraditoriedade, que é o termo marcado em relação ao contrato de identidade.

11 Diz-se enunciado enunciado, para deixar claro que mesmo o que parece escapar ao ato enunciativo é submetido à ordem da enunciação.

12 Lembramos que a categoria modal /ser/ vs /parecer/ não está correlacionada às categorias /verdadeiro/ vs /falso/ ou /profundo/ vs /superficial/, mas sim a /imanência/ vs /manifestação/, o que significa que está relacionada à existência ou não de uma instância interpretante.

13 Essas ideias de Benveniste já foram acusadas de idealistas e psicologizantes. No entanto, parece-nos que essas acusações carecem de fundamento. Não pode haver psicologismo num sujeito fundado na linguagem; só é idealista um autor que concede à linguagem autonomia em relação à vida material, o que não acontece com Benveniste. Ao contrário, talvez com uma certa má vontade, pudesse ser imputada a ele a etiqueta bakhtiniana do "objetivismo abstrato" (1979: 55-75). Sobre a questão do sujeito cf. também Krysinski, 1987: 181.

14 Greimas não admite dizer, como fazem muitos autores, que o ato de comunicação repousa sobre uma "intenção de comunicar", pois considera que o termo *intenção* implica uma dimensão consciente que elimina, por exemplo, o sonho do âmbito do discurso. Por isso, ele prefere o termo *intencionalidade*.

15 Os termos advêm da tradução francesa de *shifters*, utilizado por Jakobson em seu artigo "Les embrayeurs, les catégories verbales et le verbe russe" (1963: 176-196). O linguista russo mostrava nesse artigo que a significação geral de um embreante não pode ser definida fora de uma referência à mensagem. Greimas criou os verbos e os substantivos de ação e deu a eles um sentido particular (cf. Parret, 1988: 143-173).

16 Essa distinção entre enunciativo e enuncivo é calcada sobre a distinção entre discurso e história operada por Benveniste (1966: 238-245). Lembra ainda a distinção feita por Culioli (1973) dos modos de enunciação em que há referências que se efetuam em relação à situação de enunciação e aqueles em que as referências se fazem

50 As astúcias da enunciação

em relação ao enunciado; a diferença feita por Danon-Boileau (1982: 95-98) entre referências por anáfora e referências por dêixis; a dicotomia efetuada por Harald Weinrich (1973) entre mundo narrado e mundo comentado. É interessante notar que, a partir do momento em que se nota que esses são dois mecanismos de projeção da enunciação no enunciado, a maior parte das críticas feitas à tipologia de Benveniste, como as célebres objeções feitas por Simonin-Grubach (1983: 31-69), deixa de ter validade, uma vez que críticos, como, por exemplo, a anteriormente mencionada, baseiam-se fundamentalmente no fato de que há textos construídos, segundo eles, com combinações de pessoas, espaços e tempos não previstas na definição proposta por Benveniste. Os trabalhos apontados anteriormente mostram que esses dois elementos não são textos, mas mecanismos produtores de textos. Por conseguinte, podemos concluir que eles constituem modos de enunciação distintos que se combinam de diversas maneiras para produzir uma gama variada de textos.

[17] A embreagem aproxima-se do que a retórica clássica chamava *enálage*, isto é, a possibilidade de usar formas linguísticas com valor deslocado em relação a seu valor usual (Lausberg, 1966 e 1976).

[18] Aceitamos o ponto de vista greimasiano de que o referente é sempre semiótico, no sentido de que ele pertence à semiótica do mundo natural (1979: 312).

[19] Alguns autores, como, por exemplo, Cervoni (1987: 10), dizem que na enunciação cada signo remete a um referente cada vez particular. É bem verdade que o referente do termo "livro" nos enunciados "Pegue este livro" e "Pegue aquele livro" são diferentes. Cabe lembrar, no entanto, que o que particulariza o referente são os termos concernentes à cena enunciativa. Um termo como "livro" refere-se a uma classe virtual de referentes independentemente de toda enunciação. Já os elementos referentes à situação de enunciação só ganham um sentido específico no interior de cada ato enunciativo.

Da pessoa

> "Raramente me perdi de vista; detestei-me;
> adorei-me; depois envelhecemos juntos."
> Valéry

> "O *eu* do sujeito (individual) não é
> a mesma coisa que o *Eu* de seu discurso."
> Coquet

A pessoa demarcada

> "Turenne, em suas cartas, quando se trata de uma vitória, diz:
> 'Vencemos'; quando se trata de uma derrota: 'Fui vencido'."
> H. de Montherlant

A actorialização é um dos componentes da discursivização e constitui-se por operações combinadas que se dão tanto no componente sintáxico quanto no semântico do discurso. Os mecanismos da sintaxe discursiva, debreagem e embreagem, instalam no enunciado a pessoa. Tematizada e figurativizada, esta se converte em ator do discurso.[1]

Benveniste, em estudo clássico, "Estrutura das relações de pessoa no verbo", mostra que a terceira pessoa goza de uma situação especial na conjugação e que, portanto, as três pessoas não têm o mesmo estatuto. Nas diferentes línguas, sempre é ela que é empregada, quando a pessoa não é designada, notadamente na chamada expressão impessoal, em que um processo é relatado como puro fenômeno, cuja produção não está ligada a qualquer agente ou causa. Há traços comuns à primeira e à segunda pessoa que as diferenciam da terceira. Em primeiro lugar, o *eu* e o *tu* são cada vez únicos, enquanto o *ele* pode ser uma infinidade de sujeitos ou nenhum (nas línguas, como, por exemplo, o francês, em que a expressão impessoal se constrói com um pronome de terceira pessoa). Depois, *eu* e *tu* são reversíveis na situação de enunciação. No entanto, não é possível a reversibilidade com o *ele*. A terceira pessoa é a única com que qualquer coisa é predicada verbalmente. Com efeito, uma vez que ela não implica nenhuma pessoa, pode representar qualquer sujeito ou nenhum e esse sujeito, expresso ou não, não é jamais instaurado como actante da enunciação. Por essas razões, a chamada categoria de pessoa possui, para Benveniste, duas correlações: a da pessoalidade, em que se opõem pessoa (*eu/tu*) e não pessoa (*ele*), ou seja, actantes da enunciação e actantes do enunciado; a da subjetividade, em que se contrapõem *eu* vs *tu*. A primeira é a pessoa subjetiva, que se constitui a partir da segunda, pessoa não subjetiva (1966: 230-232).

Não se pode esquecer que é a situação de enunciação que especifica o que é pessoa e o que é não pessoa e que a terceira pessoa é explicitada no contexto e não na situação.

O fato de termos formas distintas para as chamadas primeira e segunda pessoas do plural mostra que não há nelas uma simples pluralização, enquanto na terceira isso ocorre. As marcas de plural e de feminino assinalam a ausência de pessoalidade (Benveniste, 1966: 233). Embora haja um *vós* pluralizado, *nós* e *vós* são antes pessoas amplificadas.

Os significados das pessoas são:

eu: quem fala, *eu* é quem diz *eu*;
tu: aquele com quem se fala, aquele a quem o *eu* diz *tu*, que por esse fato se torna o interlocutor;
ele: substituto pronominal de um grupo nominal, de que tira a referência, actante do enunciado, aquele de que *eu* e *tu* falam;
nós: não é a multiplicação de objetos idênticos, mas a junção de um *eu* com um não *eu*;[2]
vós: um *vós* é o plural de *tu* (dêitico) e outro é um *vós*, em que ao *tu* se juntam *ele* ou *eles*;
eles: pluralização de *ele*.

As pessoas podem ser explicadas pelo seguinte esquema:

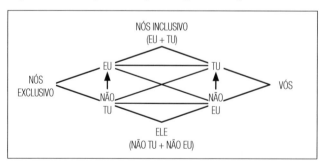

Basicamente, três conjuntos de morfemas servem para expressar a pessoa: os pronomes pessoais retos e oblíquos; os pronomes possessivos[3] e as desinências número-pessoais dos verbos.[4]

Os pronomes pessoais exprimem as pessoas pura e simplesmente. Os retos exprimem a pessoa em função subjetiva e os oblíquos em função complemento.

Os adjetivos possessivos são uma variante dos pronomes pessoais, empregada quando se expressa uma relação de apropriação entre uma pessoa (o possuidor) e uma "coisa" (o possuído). O possessivo é equivalente ao complemento substantivo introduzido por *de*. Quando o possessivo acompanha nome concreto comprável, significa posse (*meu livro, minha casa*); quando está associado a nome de lugar, indica lugar em que se nasceu, lugar em que se mora (*minha cidade, meu país*); quando está junto a nome designativo de parentesco, assinala a relação de consanguinidade ou de afinidade (*meu cunhado*), quando está em companhia de nome designativo de instituição, marca pertença (*minha escola, meu regimento*); quando está unido a nome referente a pessoa, denota relação afetiva intensa (*minha pequena, meu amor*). Há nomes que não admitem a presença de possessivo, a menos que sejam usados em sentido figurado, como, por exemplo, *mundo, meridiano, céu, chuva*. Já os nomes abstratos têm uma classificação diferente. Podem ser de ação, processo e estado. Quando um possessivo acompanha um abstrato de ação, indica o agente (*minha partida = eu parto*); quando está associado a um abstrato de processo, assinala o paciente (*minha morte = eu morri*); quando está em companhia de um abstrato de estado, marca posse de um dado atributo (*minha tristeza = eu estou triste*).

No caso dos pronomes possessivos (na nomenclatura gramatical brasileira chamados pronomes substantivos), há uma acumulação: da relação *o N de mim, ti, ele, nós, vós, eles* com a retomada pronominal do N da relação anterior (anáfora):

Teu filho subiu na janela, o meu (filho) não.

A pessoa multiplicada

> "A matéria permanece e a forma perde-se."
> Ronsard

Foi Bakhtin quem tratou pela primeira vez do problema do dialogismo, ou seja, do fato de que sob as palavras de alguém ressoa a voz de outrem (1970a: 238-264; cf. também Todorov, 1981). Esse fenômeno foi também denominado polifonia e chamou atenção para as diferentes instâncias enunciativas instauradas no texto, para a questão da identidade do sujeito enunciador.

Diana Luz Pessoa de Barros mostra que se deve distinguir o dialogismo da polifonia (1994). Aquele remete ao princípio da heterogeneidade constitutiva do discurso de que fala, por exemplo, Maingueneau (1987: 81-93), ou seja, refere-se ao fato de que

54 As astúcias da enunciação

> mesmo na ausência de qualquer marca de heterogeneidade mostrada, toda unidade de sentido, de qualquer tipo que seja, pode ser inscrita numa relação essencial com uma outra, a do ou dos discursos em relação aos quais o discurso de que ela depende define sua identidade. Com efeito, desde que as articulações são instituídas nessa relação interdiscursiva, toda unidade que se desenvolver de conformidade com elas se achará *ipso facto* na mesma situação. Um enunciado de uma formação discursiva pode então ser lido pelo "direito" ou pelo "avesso": num lado, ele significa sua pertença a seu próprio discurso, no outro, ele marca a diferença constitutiva que o separa de um ou de vários outros discursos (Maingueneau, 1987: 88).

Já a polifonia é um fenômeno de nível mais superficial, que diz respeito ao que foi chamado heterogeneidade mostrada do discurso (Authier, 1982: 91-151). A questão da polifonia concerne ao fato de que várias vozes se apresentam no interior de um discurso. Essas vozes aparecem objetivadas ou não. Por isso, a polifonia não se confunde com a bivocalidade, que é o fenômeno pelo qual um mesmo enunciado deixa ouvir diferentes vozes. Como diz Bakhtin, a palavra bivocal é aquela em que se encontram duas vozes. Nela cruzam-se "dois enunciados iguais e diretamente orientados para o objeto no interior de um mesmo contexto" (1970a: 247). Da mesma forma que há enunciados bivocais e monovocais, há textos com efeito de sentido de polifonia e de monofonia. Não há, no entanto, textos monológicos.

Vamos abandonar o problema do discurso bivocal, para voltar ao problema da polifonia, ou seja, da relação entre os diferentes centros discursivos presentes no texto. Há duas questões aqui imbricadas: a primeira diz respeito à existência pressuposta e hierarquizada de diferentes níveis de enunciação, ou seja, à questão da delegação de vozes; a segunda concerne à responsabilidade pelos enunciados.

Bakhtin, interessado no romance, para ele um gênero particular, mostra a necessidade de distinguir níveis enunciativos:

> Se eu narrar (ou escrever) um fato que acaba de acontecer comigo, já me encontro, como *narrador* (ou escritor), fora do tempo-espaço onde o evento se realizou. É tão impossível a identificação absoluta do meu "eu" com o "eu" de que falo como alguém suspender a si mesmo pelos cabelos. O mundo representado, mesmo que seja realista e verídico, nunca pode ser cronotopicamente identificado com o mundo real representante, onde se encontra o autor-criador dessa imagem (1988: 360).

Cabe esclarecer, em primeiro lugar, que entre as distintas instâncias enunciativas não está a do falante de carne e osso, ontologicamente definido. Já Booth, teórico do ponto de vista, mostra que o autor que se mascara num narrador em primeira ou terceira pessoa não é o ser real, mas um autor-implícito constituído pelo texto. Esse autor implícito é diferente do homem real e, ao criar sua obra, cria uma versão superior de si mesmo (1970: 6). É exatamente por criar, com toda a liberdade, uma versão de si mesmo e ainda pelo fato de que não se tem acesso ao sujeito senão por aquilo que ele enuncia nas diferentes semióticas que o autor é um autor implícito. Como diz Denis Bertrand,

> o discurso manifestado não se contenta em remeter a uma instância da enunciação; ele faz muito mais do que lhe designar o lugar: ele forma concavamente certos contornos, ele desenha, a partir das seleções operadas e dos traços manifestados de seu agenciamento, o que se poderia chamar sua disposição cognitiva particular. O sujeito pragmático da enunciação – aquele mesmo que se inscreve na atividade de comunicação linguageira – torna-se desde então "configurável" como um feixe de atitudes em relação aos objetos de conhecimento que ele põe no lugar e que dispõe segundo as aberturas e as coerções de uma certa ordem de saber. Um tal sujeito não pode ser visto só como a instância *a quo* do discurso que ele enuncia, mas também como a instância *ad quem* que, nas malhas de sua trama, o texto constrói pouco a pouco e cuja análise tem por tarefa traçar-lhe o perfil (1982: 34-35).

Diz Lintvelt que

> o narrador e o herói poderão, é verdade, servir de porta-voz ao autor abstrato e isso não impede que sejam eles que enunciem a ideologia e que só uma análise aprofundada da estrutura de conjunto permite afirmar que o autor abstrato partilha o sentido ideológico de seu discurso (1981: 27).

O autor implícito é produto (da leitura) do texto. Ele provém da leitura da obra toda e não das intervenções explícitas do narrador, pois está fundado numa rede de índices pontuais e localizados que se espalham pelo discurso inteiro.

O autor e o leitor reais pertencem não ao texto, mas ao mundo. O autor e o leitor implícitos pertencem ao texto. O leitor abstrato

> é esse leitor ideal, implícito, que o texto programa, com o qual o escritor (a instância produtora no curso de sua escritura) dialogou ao longo de sua atividade de escritura. Trata-se de uma imagem do destinatário pressuposto, de um leitor que acederia ao(s) sentido(s) da obra (Adam, 1985: 174).

O texto constrói um tipo de leitor chamado a participar de seus valores. Assim, ele intervém indiretamente como filtro e produtor do texto.

Quando Roberto Schwarz mostra numa de suas obras (1990) que Machado, por intermédio da "volubilidade do narrador", desmascara um modo de ser da sociedade brasileira, está falando de um autor implícito.

Genette critica essa distinção entre autor real e autor implícito, pois, para ele, essa diferenciação é desnecessária (1983: 93-107). O autor implícito é uma imagem do autor construída pelo texto. Segundo ele, em *José e seus irmãos*, de Thomas Mann, o narrador aparece como alguém "ingênuo e devoto", enquanto o autor se revela "livre pensador, lúcido". Ora, argumenta ele, essa distinção entre os dois tipos de autores só seria necessária se o autor real fosse diferente do autor implícito. Em primeiro lugar, essa diferença poderia ser involuntária. Duas correntes críticas postulam isso. A psicanálise diz que a escritura contém projeções inconscientes do autor real. Logo, o autor implícito seria a imagem construída pelo texto que revelaria, de maneira involuntária, a personalidade inconsciente do autor. Já o marxismo – a partir do estudo clássico de Lúkacs (1967: 14 e 17) sobre a afirmativa de Engels, que dizia que Balzac, um legitimista, "desmascara a França realista e feudal" – postula que o autor projeta na obra uma imagem dos valores de sua classe social, mesmo que deles não tenha consciência. Ora, diz Genette, se essa imagem involuntária é projetada no texto, então é a verdadeira imagem do autor real, embora ele não tenha consciência dela. Por conseguinte, conclui ele, não há necessidade de distinguir autor real e autor implícito.

A segunda hipótese seria a simulação voluntária pelo autor real de uma imagem diferente da sua. Não se trata do caso em que há um narrador explícito, pois só um leitor absolutamente incompetente confundiria Brás Cubas ou Dom Casmurro com Machado de Assis. Ao contrário, trata-se dos casos em que há um narrador implícito. Também aí há duas instâncias, como, por exemplo, em *Tom Jones*, em que o narrador é ingênuo e bem pensante e o autor é irônico. No entanto, pergunta Genette: que é que autoriza a pensar que essa imagem seja infiel? Sua resposta é que nada permite essa inferência. Portanto, sua conclusão é que não há três instâncias, mas apenas duas, o autor e o narrador.

No entanto, faz ele uma ressalva. Como só se pode apreender do autor a imagem projetada no texto, o campo da teoria narrativa exclui o autor real, mas inclui o autor implícito. Não pode ele, porém, ser erigido em instância narrativa.

Sem ir aos exageros genettianos de que a imagem do autor projetada na obra não possa ser diferente dele enquanto ser no mundo – o que poderia levar a uma crítica vulgar, psicanalítica ou marxista, que veria no autor real tendências homossexuais ou complexo de Édipo mal resolvido ou que o tacharia de pequeno-burguês – e, portanto, admitindo a necessidade de distinguir essas duas instâncias, acolhemos a advertência do narratólogo francês de que o autor real é inapreensível e de que, por conseguinte, só o autor implícito pertence ao campo da Teoria da Enunciação.

O primeiro nível da enunciação tem como actantes o enunciador e o enunciatário. Esse primeiro nível é o da enunciação considerada o quadro implícito e logicamente pressuposto pela própria existência do enunciado (Greimas e Courtés, 1979: 125). Enunciador é o destinador implícito da enunciação; enunciatário é o destinatário implícito da enunciação. Correspondem, portanto, àquilo que detalhamos anteriormente, autor e leitor implícitos ou abstratos (cf. Barros, 1988: 80). O enunciatário, como filtro e instância pressuposta no ato de enunciar, é também sujeito produtor do discurso. Por isso, como dizem Greimas e Courtés, o termo "sujeito da enunciação", empregado frequentemente como sinônimo de enunciador, recobre de fato as duas posições actanciais, a do enunciador e a do enunciatário (1979: 125).

O segundo nível da hierarquia enunciativa é o do destinador e do destinatário instalados no enunciado. Trata-se, nesse caso, dos actantes da enunciação enunciada. São chamados narrador e narratário. São sujeitos diretamente delegados do enunciador e do enunciatário (Greimas e Courtés, 1979: 242).

Como distinguimos a enunciação enunciada da enunciação reportada, entendendo que a primeira contém os elementos apreciativos que remetem à instância da enunciação e apenas a segunda é um simulacro da enunciação, consideramos que, mesmo que não haja um *eu* explicitamente instalado por uma debreagem actancial enunciativa, há uma instância do enunciado que é responsável pelo conjunto de avaliações e, portanto, um *eu*. Mesmo que não houvesse nenhuma interpretação, o que parece impossível, haveria o desempenho das funções de representação, pelas quais o narrador distribui os atores, faz debreagens de segundo grau, etc. Há, pois, um narrador implícito e um narrador explícito. O narratário também pode ser explícito, quando o narrador se dirige a ele, ou implícito, quando é uma imagem construída pelo narrador (não por toda a obra como no caso do enunciatário). Estamos aqui mostrando apenas as instâncias da enunciação, entre as quais se inclui o narrador. Mais adiante, voltaremos a discutir mais longamente a questão do narrador, pois essa instância envolve problemas muito complexos.

Observemos este trecho, em que o narrador instaura, no texto, um narratário confuso que está sempre a formular questões. O narrador responde a elas, tira dúvidas, exproba o leitor, mostrando que ele não sabe ler, etc. Ao dizer *tu*, o *eu* constrói-se explicitamente.

> Capítulo CVI
>
> [...] ou mais propriamente, capítulo em que o leitor, desorientado, não pode combinar as tristezas de Sofia com a anedota do cocheiro. E pergunta confuso: – Então a entrevista da Rua da Harmonia, Sofia, Carlos Maria, esse chocalho de rimas sonoras e delinquentes é tudo calúnia? Calúnia do leitor e do Rubião, não do pobre cocheiro, que não proferiu nomes, não chegou sequer a contar uma anedota verdadeira. É o que terias visto, se lesses com pausa. Sim, desgraçado, adverte bem que era inverossímil que um homem, indo a uma aventura daquelas, fizesse parar o tílburi diante da casa pactuada. Seria pôr uma testemunha ao crime. Há entre o céu e a terra muitas mais ruas do que sonha a tua filosofia, – ruas transversais, onde o tílburi podia ficar esperando. [...]
>
> Resta só a coincidência de morar na Rua da Harmonia uma das costureiras do luto. Aqui, sim, parece um propósito do acaso. Mas a culpa é da costureira; não lhe faltaria casa mais para o centro da cidade, se quisesse deixar a agulha e o marido. Ao contrário disso, ama-os sobre todas as cousas do mundo (MA, v. 1, 732-733).

58 As astúcias da enunciação

Em *O missionário*, de Inglês de Souza, há um trecho em que o narrador implícito interpreta os atos do Pe. Antônio de Morais. Trata-se, embora o *eu* não apareça, claramente de uma enunciação enunciada, em que uma instância enunciativa fala da inevitabilidade da queda do padre (manter relações sexuais com Clarinha), em função de um dado ponto de vista sobre o porquê das ações humanas, ao mesmo tempo que condena duramente a educação do seminário, o meio em que o padre vivia e seus colegas de sacerdócio. Todas as apreciações moralizantes do texto são de responsabilidade de uma instância inscrita no discurso, mas que não diz *eu*. O narrador pensa que as ações humanas são fruto de uma determinação mecânica do meio, da hereditariedade e do momento, que, como dizia Taine, são os componentes que entram na fabricação do vício e da virtude (1866: xv). Em primeiro lugar, o narrador considera a atitude do Pe. Antônio de Morais uma degradação. Em segundo, explica "essa rebelião dos apetites" com o fato de que era filho de um pai devasso, de que vivia num meio em que imperava "a mais completa liberdade de costumes" e de que, num momento de grande desilusão com as atividades rotineiras do sacerdócio, encontrara-se sozinho, no meio da mata, com a bela índia Clarinha.

> Entregara-se, de corpo e alma, à sedução da linda rapariga que lhe ocupara o coração. A sua natureza ardente e apaixonada, extremamente sensual, mal contida até então pela disciplina do Seminário e pelo ascetismo que lhe dera a crença na sua predestinação, quisera saciar-se do gozo por muito tempo desejado, e sempre impedido. Não seria o filho de Pedro Ribeiro de Morais, o devasso fazendeiro de Igarapé-Mirim, se o seu cérebro não fosse dominado por instintos egoísticos, que a privação de prazeres açulava e que uma educação superficial não soubera subjugar. E como os senhores Padres do Seminário haviam pretendido destruir ou, ao menos, regular e conter a ação determinante da hereditariedade psicofisiológica sobre o cérebro do Seminarista? Dando-lhe uma grande cultura do espírito, mas sob um ponto de vista acanhado e restrito, que lhe excitara o instinto da própria conservação, o interesse individual, pondo-lhe diante dos olhos, como supremo bem, a salvação da alma, e como meio único, o cuidado dessa mesma salvação. Que acontecera? No momento dado, impotente o freio moral para conter a rebelião dos apetites, o instinto mais forte, o menos nobre, assenhoreara-se daquele temperamento de matuto, disfarçado em Padre de S. Sulpício. Em outras circunstâncias, colocado em meio diverso, talvez que o Padre Antônio de Morais viesse a ser um santo, no sentido puramente católico da palavra, talvez que viesse a realizar a aspiração de sua mocidade, deslumbrando o mundo com o fulgor de suas virtudes ascéticas e dos seus sacrifícios inauditos. Mas nos sertões do Amazonas, numa sociedade quase rudimentar, sem moral, sem educação... vivendo no meio da mais completa liberdade de costumes, sem a coação da opinião pública, sem a disciplina duma autoridade moral fortemente constituída... sem estímulos e sem apoio..., devia cair na regra geral dos seus colegas de sacerdócio, sob a influência enervante do isolamento, e entregara-se ao vício e à depravação, perdendo o senso moral e rebaixando-se ao nível dos indivíduos que fora chamado a dirigir (M, 383-384).

O terceiro nível da hierarquia enunciativa instala-se, quando o narrador dá voz a um actante do enunciado, operando uma debreagem de segundo grau. Surgem actantes de enunciação instalados por uma debreagem interna, que instaura um diálogo. Como este é um simulacro da estrutura da comunicação criado no interior do discurso, pressupõe os dois actantes da comunicação, o destinador e o destinatário, que, nesse nível, são chamados interlocutor e interlocutário (Greimas e Courtés, 1979: 81).[5]

> Ela acudiu pálida e trêmula, cuidou que me estivessem matando, apeou-me, afagou-me, enquanto o irmão perguntava:
> – Mana Glória, pois um tamanhão destes tem medo de besta mansa?
> – Não está acostumado.
> – Deve acostumar-se. Padre que seja, se for vigário da roça, é preciso que monte a cavalo; e, aqui mesmo, ainda não sendo padre, se quiser florear como os outros rapazes, e não souber, há de queixar-se de você, mana Glória.
> – Pois que se queixe; tenho medo.
> – Medo! Ora, medo! (MA, v. 1, 815).

O trecho em questão é extraído do romance *Dom Casmurro*, que é narrado em primeira pessoa. Nesse trecho, o narrador conta o episódio em que seu tio Cosme coloca-o num cavalo. Conta o medo que sentiu e o que fez: chamou a mãe, que acorreu imediatamente. O narrador delega a palavra a dois actantes do enunciado, tio Cosme e mana Glória (sua mãe). Cada um desses actantes tem um turno de fala, marcado por travessão. Como *eu* e *tu* são reversíveis na comunicação, quando tio Cosme fala (interlocutor), mana Glória é o interlocutário e, quando esta é o interlocutor, aquele é o interlocutário.

O narrador pode dar voz ao narratário, como acontece no capítulo CVI do livro *Quincas Borba*, de Machado de Assis, transcrito anteriormente. Nesse caso, o narratário é instalado como interlocutor. É comum na obra machadiana que actantes de um determinado nível sejam instalados como actantes de outro. No trecho que segue, o narrador é visto como autor. Trata-se do autor tornado elemento do texto, porque há referência a outro livro que escrevera:

> Este Quincas Borba, se acaso me fizestes o favor de ler as *Memórias Póstumas de Brás Cubas*, é aquele mesmo náufrago da existência, que ali aparece, mendigo, herdeiro inopinado, e inventor de uma filosofia. Aqui o tens agora em Barbacena. Logo que chegou, enamorou-se logo de uma viúva, senhora de condição mediana e parcos meios de vida, mas tão acanhada que os suspiros do namorado ficavam sem eco. Chamava-se Maria da Piedade. Um irmão dela, que é o presente Rubião, fez todo o possível para casá-los. Piedade resistiu, um pleuris a levou (MA, v. 1, 644).

Na obra machadiana, com frequência os actantes mudam de nível com vistas a criar ilusões enunciativas: a máscara narrativa sob a qual o autor se esconde apresenta fendas sob as quais ele se mostra. Assim, borram-se as nítidas distinções de níveis enunciativos. Essa questão, porém, deverá ser discutida mais adiante, quando tratarmos do problema da embreagem actancial.

Diana Luz Pessoa de Barros apresenta um bom esquema desses níveis enunciativos (1988: 75):[6]

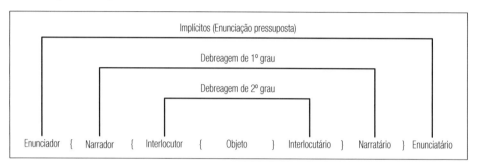

Essa distinção em níveis, bem como a diferença entre actantes da enunciação e do enunciado são necessárias, entre outras coisas, para que não se confundam efeitos de subjetividade e de objetividade. Observemos o texto que segue:

> Um criado trouxe o café. Rubião pegou na xícara e, enquanto lhe deitava açúcar, ia disfarçadamente mirando a bandeja, que era de prata lavrada. Prata, ouro, eram os metais que amava de coração; não gostava de bronze, mas o amigo Palha disse-lhe que era matéria de preço, e assim se explica este par de figuras que aqui está na sala, um Mefistófeles e um Fausto. Tivesse, porém, de escolher, escolheria a bandeja – primor de argentaria, execução fina e acabada. O criado esperava teso e sério. Era espanhol e não foi sem resistência que Rubião o aceitou das mãos de Cristiano; por mais que lhe dissesse que estava acostumado aos seus crioulos de Minas, e não queria línguas estrangeiras em casa, o amigo Palha insistiu, demonstrando-lhe a necessidade de ter criados brancos. Rubião cedeu com pena. O seu bom pajem que ele queria pôr na sala, como um pedaço da província, nem o pôde deixar na cozinha, onde reinava um francês, Jean; foi degradado a outros serviços (MA, v. 1, 643).

Nesse trecho o narrador relata os gostos de Rubião e seus sentimentos em relação ao que era considerado elegante. O texto não tem um narrador explícito. Rubião é um actante do enunciado. O relato de seus sentimentos é feito não por ele, mas por uma outra instância enunciativa. Por isso, embora aqui e acolá no texto suas palavras ressoem sob a fala do narrador ("O seu *bom* pajem que ele queria pôr na sala"), trata-se de uma análise "objetiva" da subjetividade. Essa distinção entre instância da enunciação e do enunciado é que cria esse efeito de sentido e de objetividade.

O último ponto a considerar, neste item, é o da responsabilidade pelos enunciados. Consideramos o enunciador, o narrador e o interlocutor diferentes níveis de produtores de enunciados. No entanto, quando se produzem enunciados, podem-se incorporar contratual ou polemicamente enunciados de outrem. Assim, há enunciados que incorporam diferentes responsáveis pela enunciação. Uma análise que não leve em conta esse fato pode falsear o sentido de um enunciado. Chamaremos o responsável pela enunciação *locutor* e a instância a que se dirige *alocutário*.[7] Vamos precisar um pouco melhor essa definição, porque nosso ponto de vista é bem diferente do de Ducrot. Narrador e interlocutor são instâncias que tomam a palavra, que falam, que dizem *eu*. Locutor é a voz de outrem que ressoa num enunciado de um narrador ou de um interlocutor. Assim, o locutor é a fonte enunciativa responsável por um dado enunciado incorporado no enunciado de outrem. Dessa forma, o que será considerado locutor num dado nível foi narrador ou interlocutor noutro. Veja-se, por exemplo, o caso do discurso indireto. Nele, há um enunciado de um narrador e um enunciado de um locutor, ambos ditos pelo primeiro. Esse locutor foi, num dado momento, narrador ou interlocutor.

> Uma das amas, parece que a de Pedro, sabendo daquelas ânsias e conversas, perguntou a Natividade por que é que não ia consultar a cabocla do Castelo. Afirmou que ela adivinhava tudo, o que era e o que viria a ser; conhecia o número da sorte grande, não dizia qual era nem comprava o bilhete para não roubar os escolhidos de Nosso Senhor. Parece que era mandada de Deus (MA, v. 1, 960).

Nesse trecho, temos um narrador que organiza todo o enunciado. No entanto, ele atribui os trechos de "por que" a "Castelo" e "ela adivinhava" a "Deus" a uma das amas, que, tendo sido interlocutora de Natividade, é locutor na fala do narrador. Estabelecer duas fontes enunciativas distintas é, a nosso ver, uma explicação mais adequada para fenômenos como o discurso indireto do que a explicação criada por Denis Bertrand de que o discurso indireto é um estrato intermediário entre a debreagem e a embreagem.

> Os diferentes modos de efetuar o discurso indireto parecem-nos poder ser interpretados como formas de mediação, no interior do sistema de embreagens actanciais, de tomada de responsabilidade; eles modulam de maneira progressiva as disjunções actanciais (1985: 43).

Há, nesse caso, semidebreagens, no dizer de Bertrand (1985: 43). Ora, em lugar de buscar semidebreagens ou graus de debrealidade, é mais simples dizer que o discurso indireto é o enunciado em que, no interior da fala de um narrador, há a fala de um locutor.

A noção de locutor ajuda a entender os diferentes fenômenos que J. Authier (1982: 91-151) chama heterogeneidade mostrada.

Desses, um uso interessante é o das palavras entre aspas. Nesse caso, não há ruptura sintática entre o discurso citante e o citado. Apesar disso, a palavra

62 As astúcias da enunciação

entre aspas não pertence a quem a pronuncia, mas a um locutor. Este pode ser ou não identificado no texto. Trata-se de palavras ou de sintagmas atribuídos a um espaço enunciativo outro cuja responsabilidade o narrador não quer assumir. Como diz Maingueneau,

> pondo em causa o caráter inteiramente apropriado da palavra, as aspas designam a linha de demarcação que uma formação discursiva estabelece entre si e seu "exterior"; um discurso só pode, com efeito, manter à distância o que ele estabelece como fora de seu próprio espaço. Uma formação discursiva estabelece-se entre esses dois limites que seriam um discurso totalmente aspeado que nada toma sob sua responsabilidade e um discurso sem aspas que pretenderia não ter relação com o exterior. Pôr aspas não é dizer explicitamente que se mantém a distância certos termos, é mantê-los a distância, executar esse ato fazendo como se fosse legítimo fazê-lo (1987: 64).

Com as aspas, o narrador deixa clara a imagem que faz do narratário e reforça a imagem que constrói de si mesmo. Com efeito, protege-se de antemão de críticas do narratário, mostra-lhe que sabe que a palavra que está empregando não é adequada, que aquele não é seu nível de linguagem, etc.

> As amas, apesar de os distinguirem entre si, não deixavam de querer mal uma à outra, pelo motivo da semelhança dos "seus filhos de criação" (MA, v. 1, 959).

Aqui o narrador atribui a expressão "seus filhos de criação" às amas. Distancia-se do universo delas, paira num outro universo, que será mostrado ao longo do romance *Esaú e Jacó*, o dos senhores.

> Os quarenta e um anos não lhe trouxeram arrepio. Já estava acostumada à casa dos quarenta. Sentiu, sim, um grande espanto; acordou e não viu o presente de costume, a "surpresa" do marido ao pé da cama (MA, v. 1, 974).

Nesse caso, mostra o narrador que Natividade distancia-se do termo *surpresa*: o que é habitual não é surpresa. Esse vocábulo pertence ao universo discursivo do marido, não de Natividade. Assim, ele tem, na boca de Natividade, o sentido contrário.

O sentido e as funções das palavras entre aspas são muitas.

A noção de locutor é necessária, no caso de retomada das palavras alheias, para que não atribuamos a alguém a responsabilidade por uma enunciação completamente em desacordo com suas posições enunciadas.

As diferentes instâncias enunciativas e as diferentes vozes presentes no enunciado constituem um modo fundamental de funcionamento do discurso, a heterogeneidade. Com ela, o discurso torna-se um espaço conflitual e heterogêneo ou contratual e homogêneo, onde vozes discordantes e concordantes tomam lugar em níveis diferentes. Essas vozes concordam, discordam, constituem-se.

A pessoa transformada

"O eu é odioso."
Pascal

"O eu é odioso... mas se trata do eu dos outros."
Valéry

Neste item, estudaremos apenas o aspecto referente à pessoa do discurso reportado. Os aspectos concernentes ao tempo e ao espaço serão analisados mais adiante.

O discurso reportado é a citação pelo narrador do discurso de outrem e não apenas de palavras ou sintagmas. É a inclusão de uma enunciação em outra. Nesse caso, há um discurso citante e um discurso citado. Os dois podem pertencer à mesma situação enunciativa ou não. É isso o que determina os diferentes tipos de discurso reportado.

Há três estratégias tradicionalmente apresentadas pelos gramáticos para fazer citação. Cada uma delas apresenta traços específicos, que decorrem da relação que se estabelece entre discurso citante e discurso citado: o discurso direto, o discurso indireto e o discurso indireto livre. Nenhuma dessas estratégias provém de outra, não há um modo de citar original, de que os outros seriam derivações. Mesmo o discurso indireto livre, cujo nome advém da tradição francesa e leva a pensar numa derivação do discurso indireto, é, conforme mostra Bakhtin, "uma inter-relação completamente nova entre o discurso narrativo e o discurso citado" (1979: 162). Aliás, nos autores estudados por Bakhtin, vemos que os nomes desse tipo de discurso são muito variados. Por exemplo, o nome dado por Gertraud Lerch é *uneigentlich direkte Rede*. Esse sentido é conservado na tradução norte-americana *quasi direct discourse*. Essa denominação elimina a ideia de que o discurso indireto livre tem sua origem no discurso indireto, pois faria pensar numa derivação do discurso direto.

O *discurso direto* é resultado de uma debreagem interna (em geral de segundo grau), em que o narrador delega voz a um actante do enunciado. No discurso direto, há duas instâncias enunciativas, dois níveis de *eu*: o do narrador e o do interlocutor. O discurso direto é um simulacro da enunciação construído por intermédio do discurso do narrador. Como ele apresenta duas instâncias enunciativas, dois sistemas enunciativos autônomos, cada uma conserva seu *eu* e seu *tu*, suas referências dêiticas, as marcas da subjetividade próprias. As aspas ou os dois pontos e o travessão marcam a fronteira entre as duas situações de enunciação distintas.

> Aires viu o abismo da controvérsia, e ferrou-se à vertigem por uma concessão, dizendo:
> – Esaú e Jacó brigaram no seio materno, isso é verdade. Conhece-se a causa do conflito. Quanto a outros, dado que briguem também, tudo está em saber a causa do conflito, e não a sabendo, porque a Providência a esconde da notícia humana... Se fosse uma causa espiritual, por exemplo...

64 As astúcias da enunciação

– Por exemplo?

– Por exemplo, se as duas crianças quiserem ajoelhar-se ao mesmo tempo para adorar o Criador. Aí está um caso de conflito, mas de conflito espiritual, cujos processos escapam à sagacidade humana. Também poderia ser um motivo temporal. Suponhamos a necessidade de se acotovelarem para ficar melhor acomodados; é uma hipótese que a ciência aceitaria; isto, não sei... Há ainda o caso de quererem ambos a primogenitura.

– Para quê? – perguntou Plácido.

– Conquanto este privilégio esteja hoje limitado às famílias régias; à câmara dos *lords* e não sei se mais, tem todavia um valor simbólico. O simples gosto de nascer primeiro, sem outra vantagem social ou política, pode dar-se por instinto, principalmente se as crianças se destinarem a galgar os altos deste mundo (MA, v. 1, 967).

Nesse texto, temos o simulacro de uma conversa de que participam Aires, responsável pela primeira, terceira e quinta falas precedidas de travessão; Santos, pela segunda e Plácido, pela quarta. O narrador, responsável pelas linhas anteriores ao primeiro travessão e pela frase "perguntou Plácido", efetua uma debreagem interna de segundo grau, delegando voz aos actantes do enunciado supramencionados. Há a instância enunciativa do narrador e a dos interlocutores. Cada instância tem seu próprio sistema de referência dêitica. Os verbos "viu", "ferrou-se" e "perguntou", enunciados pelo narrador, indicam uma concomitância em relação a um marco temporal pretérito inscrito no enunciado, o que revela que a conversa é anterior ao momento da narração; no entanto, certos verbos da fala de Aires (por exemplo, "não sei", "conhece-se"), que é passada em relação à situação de enunciação do narrador, ficam no presente, pois a fala dos interlocutores tem seu próprio sistema de referência dêitica. Os embreantes do discurso citado são interpretados pela situação de enunciação narrada pelo discurso citante.

Mesmo quando os embreantes não são distintos, não se trata do mesmo embreante, mas da coincidência de referências paralelas. Suponhamos que se tenha um narrador dito em primeira pessoa que realiza uma debreagem enunciativa interna. Temos dois *eu* para designar a mesma pessoa, ser do mundo discursivo, que são, entretanto, duas instâncias enunciativas distintas: numa, narrador; noutra, interlocutor.

Cuidei naturalmente que [José Dias] falava ainda de Capitu, e quis perguntar-lho, mas a vontade morreu ao nascer, como outras tantas gerações delas. Limitei-me a inquirir do agregado quando é que iria a casa ver minha mãe:
– Estou com saudades de mamãe. Posso ir já esta semana? (MA, v. 1, 874).

Esse trecho de *Dom Casmurro* mostra dois *eu*: o do narrador e o do interlocutor, que, nesse caso, são bem distintos: o primeiro, Dom Casmurro; o segundo, Bentinho.

O discurso citante não tem apenas a função de criar a situação de enunciação, mas também a de comentar os elementos concernentes a outra semiótica presentes no discurso verbal ou ainda os elementos relativos à oralidade, quando se trata de textos escritos (elocução, sotaque, entoação, intensidade de voz, etc.).[8]

> "Deixa de estar esburacando o muro; vem cá."
> A voz da mãe *era agora mais perto, como se viesse já da porta dos fundos* (MA, v. 1, 822).

> José Dias viu no meu rosto algum sinal diferente da expressão habitual, perguntou-me *com interesse*:
> – Que é, Bentinho? (MA, v. 1, 885)

> "Estou pensando nos que não têm abrigo ou o têm mau; nos que não têm, neste momento, nem tetos sólidos nem corações amigos ao pé de si."
> A voz da moça era *trêmula*: uma lágrima lhe brotou nos olhos tão rápida que ela não teve tempo de a dissimular (MA, v. 1, 309).

O discurso direto, em geral, cria um efeito de sentido de realidade, pois dá a impressão de que o narrador está apenas repetindo o que disse o interlocutor. Tanto esse fato é verdadeiro que, quando se narra em discurso direto, o que se pergunta ao narrador é se o interlocutor disse com aquelas palavras mesmo. Quando se faz essa pergunta, já se pressupõe que se acolhe como verdade o que o narrador contou delegando voz a um interlocutor. O que se quer é apenas verificar o teor exato do texto dito. Observe-se que dissemos que o discurso direto tem a finalidade de criar efeitos de sentido de realidade e não a de ser real. Com efeito, o discurso direto pode reproduzir um discurso, criar um discurso nos textos ficcionais ou não, e alterá-lo. Ademais, mesmo quando se reporta um discurso anterior, o discurso citado pode ser deformado por uma entoação, uma contextualização, uma escolha do fragmento a ser citado, etc. Portanto, ele deve criar um efeito de sentido de realidade, não ser real. Estão englobados por essa função diferentes usos do discurso direto elencados por diversos autores: respeito à "letra" de um enunciado; vontade de não se responsabilizar por um enunciado que se rejeita; desejo de parecer objetivo (Maingueneau, 1981: 99).

No discurso indireto não há uma debreagem interna, o que significa que o discurso citado está subordinado à enunciação do discurso citante. Nele, não há dois *eu*, mas há uma fonte enunciativa que não diz *eu* (locutor), responsável por parte da enunciação de um *eu*. No discurso indireto, o enunciador dá sua versão do plano de expressão ou do plano de conteúdo do discurso de um locutor. Temos, assim, dois tipos de discurso indireto: a variante analisadora de expressão e a variante analisadora de conteúdo (Bakhtin, 1979: 146-150).

Como há uma única enunciação, que foi subordinada à enunciação do narrador, que, assim, tornou-se um locutor, todos os traços enunciativos da enunciação desse interlocutor são apagados. Dessa forma, os embreantes são referidos à situação de

66 As astúcias da enunciação

enunciação do discurso citante; as interrogações, as exclamações, as interjeições e outros elementos expressivos da enunciação do interlocutor devem ser eliminados, porque, no texto, só existe a subjetividade do narrador. É o discurso citante que diz qual a modalidade do discurso citado.

> José Dias, depois de alguns instantes de concentração, veio ver se havia alguém no corredor; não deu por mim, voltou e, abafando a voz, disse que a dificuldade estava na casa ao pé, a gente do Pádua (MA, v. 1, 811).

Temos aqui duas fontes enunciativas: o narrador, que é a única fonte a dizer *eu*, e José Dias, responsável por uma parte da enunciação. Aquele não reproduz a enunciação de José Dias, mas dá dela um equivalente semântico e integra-a na sua enunciação. Vejamos como os traços enunciativos do discurso citado desaparecem: na enunciação de José Dias o verbo *estar* deveria aparecer no presente do indicativo, pois indica concomitância em relação ao momento da enunciação; já no discurso indireto, o verbo aparece no pretérito imperfeito, porque indica concomitância durativa em relação a um marco temporal instalado no texto, o momento da fala de José Dias, que é passado em relação ao momento da enunciação do discurso citante.

No discurso indireto nunca posso dizer, por exemplo, "Tio Cosme respondeu que ora". Por isso, a interjeição é apresentada da seguinte maneira: "Tio Cosme respondeu com um 'Ora'!'" (MA, v. 1, 811).

No exemplo a seguir, o discurso citante diz que a modalidade do discurso citado é interrogativa:

> Capitu refletiu algum tempo, e acabou *perguntando-me* se podia ir cumprimentar o padre, à tarde, em minha casa (MA, v. 1, 848).

No exemplo seguinte, temos a variedade analisadora de expressão, em que o narrador coloca entre aspas certas expressões do falante. É como se ele destacasse uma expressão dita por este e a subordinasse a sua enunciação. Normalmente, nesse tipo de discurso indireto, as expressões do falante vêm entre aspas.

> Declarou a Amaro que nem lhe sabia bem o prazer da manhã, "depois daquele espetáculo" (EQ, v. 1, 258).

No caso da variante analisadora de conteúdo, o narrador não se ocupa do plano da expressão, penetra-o para alcançar o conteúdo, resume o que foi dito, altera a expressão, pois o que quer é dar sua versão do conteúdo do texto do falante.

> Ele contou-lhe que nascera na gloriosa Alemanha; e ia também à Judeia, depois à Galileia, numa peregrinação científica, colher notas para sua formidável obra, a *História dos Herodes* (EQ, v. 1, 1535).

O discurso indireto analisa o discurso ou o texto de outrem. Serve, quando na variante analisadora de conteúdo, para constituir uma imagem do locutor, pois mostra suas posições ideológicas ou seu modo de ser psicológico. Na variante analisadora de expressão, as expressões servem para revelar certas características do locutor que se manifestam no seu texto. Assim, não importa, nesse caso, o conteúdo do que foi dito, mas a expressão, pois é ela quem revela uma dada qualidade do falante.

No que se refere às pessoas, há dois fatores a observar quando se integra o discurso citado no discurso citante:

a) Se o discurso citado possui um *eu* ou um *tu* que não se encontram no discurso citante, eles convertem-se em não pessoa.

> José Dias deixou-se estar calado, suspirou e acabou confessando que não era médico (MA, v. 1, 814).

"Que não era médico" seria em discurso direto *Eu não sou médico*. Como o *eu* referente a José Dias não se encontra no discurso citante, ele converte-se em *ele*, não pessoa.

b) Se o discurso citado usa formas que têm um correspondente no discurso citante, essas formas terão o estatuto que ocupam no discurso citante (cf. Maingueneau, 1986: 90).

> Dona Fortunata tirou-me daquela hesitação, dizendo que minha mãe me mandara chamar para lição de latim (MA, v. 1, 845).

Em discurso direto o que Dona Fortunata disse seria: *Sua mãe mandou-o chamar para a lição de latim*. Como o interlocutário do discurso citado é o narrador do discurso citante, o *tu* do discurso direto passa a *eu* no indireto.

Da mesma forma como se pode ter debreagens internas de vários graus, pode-se atribuir a responsabilidade enunciativa a um ou mais de um actante do enunciado sucessivamente e, assim, ter a instalação de locutores de vários graus, sendo o normal ter um locutor de segundo ou de terceiro grau.

> O Padre Natário diz que ele e o Agostinho estavam no café ao pé do Terreiro a dizer que o batismo era um abuso, porque cada um devia escolher a religião que quisesse e não ser forçado, de pequeno, a ser cristão (EQ, v. 1, 173).

Nesse caso, o actante da enunciação é Amaro, que atribui o primeiro dizer a Natário, actante do enunciado, que imputa o segundo ato de dizer a José Eduardo (= ele) e Agostinho. Assim, a oração subordinada substantiva objetiva direta do dizer 1 é o que disse Natário (dizer de segundo grau, de um locutor de segundo grau); a do dizer 2 é o que disseram José Eduardo e Agostinho (dizer de terceiro grau, de locutores de terceiro grau).

68 As astúcias da enunciação

O discurso reportado deve ser marcado, para que o enunciatário perceba a distinção entre discurso citante e citado. As marcas são diferentes no texto oral ou escrito. A marca, sem dúvida, mais importante é o verbo introdutor, em geral um *verbum dicendi*.

No caso do discurso direto escrito, os dois pontos e o travessão, ou os dois travessões, ou as aspas marcam a fronteira entre discurso citante e citado.

> [...] e murmurava banhado em riso:
> – Ora que alegria, colega, vê-lo aqui de novo nesta sua casa! (EQ, v. 1, 162).
>
> – Não quer que eu me sente ao pé de si? – perguntou ele ofendido (EQ, v. 1, 81).
>
> E ouvira tantas vezes exclamar: "Se você não fosse um raquítico quebrava-lhe os ossos" – que, vendo na sua corcunda uma proteção suficiente, ganhara um descaro sereno (EQ, v. 1, 13).

Na linguagem oral, há uma pausa entre o discurso citante e o citado e de um para o outro há uma alteração na elocução.

Essas marcas são associadas a um verbo introdutor, que pode vir anteposto, posposto ou em inciso em relação à fala do interlocutor, como nos exemplos a seguir:

> [...] e em redor vozes amigas perguntavam:
> – Então que tal, que tal? Mais fresquinha hem? (EQ, v. 1, 79).
>
> – Foi o calor – diziam (EQ, v. 1, 80).
>
> – Qual Judia! – disse ele – há-de ser mas há-de ser a *Morena* (EQ, v. 1, 80).

Às vezes, o contexto linguístico serve para marcar o discurso direto. Então, dispensa-se o verbo introdutor. Nesse caso, podem ocorrer duas situações. A primeira é que, num diálogo, o verbo introdutor só aparece na primeira fala:

> – Já tomou banho? – disse ela.
> – Já.
> – Estava frio hoje?
> – Estava (EQ, v. 1, 81).

A outra é que, muitas vezes, a primeira fala irrompe do texto sem verbo introdutor:

> A mulher tinha justamente visto passar a Sra. Carlota, que até parara a comprar um quartilho de azeite. Devia estar em casa de Micaela, ao adro. Chamou para dentro; uma rapariguita vesga apareceu de trás da sombra das pipas.
> – Corre, vai à Micaela, diz à Sra. Carlota que está aqui um senhor da cidade (EQ, v. 1, 356).

O discurso indireto tem apenas um meio para a introdução do discurso citado, tanto no discurso oral quanto no escrito: o verbo introdutor. O discurso citado aparece sempre como oração subordinada substantiva objetiva direta. O discurso indireto é mais coercitivo no que diz respeito aos verbos introdutores, pois ele exige um *verbum dicendi* que rege uma objetiva direta. Há certos verbos que introduzem discurso direto, mas não indireto:

> Abre a caixa, seu Mâncio – ululava a multidão (SA).
>
> *A multidão ululava que seu Mâncio abrisse a caixa.

Os verbos introdutores possuem dupla função:

a) indicam o ato de enunciar e, por isso, contêm de certa forma o significado *dizer*;
b) dão informação sobre o ato de dizer.

Unindo as classificações apresentadas por Maingueneau (1981: 101 e 1986: 92), podemos dizer que duas classes de informações são veiculadas por um *verbum dicendi* (excetuando o verbo *dizer* que é neutro em relação a elas): há os que têm um valor descritivo (por exemplo, *responder, concluir*) e há os que são avaliativos. Estes se dividem em duas subclasses: os que implicam um julgamento (bom/mau) atribuído ao enunciador do discurso citado (interlocutor no discurso direto e locutor no indireto); os que implicam um julgamento atribuído ao narrador (bom/mau; verdadeiro/falso). Por exemplo:

> André *deplorou* que no Brasil o povo tivesse memória curta (o locutor considera de valor negativo o que está contido na oração objetiva);
>
> Pedro *vociferava* que ela era uma vagabunda (o narrador considera negativo o que está dito na objetiva direta);
>
> Jacó *pretende* que os brasileiros são revolucionários (o narrador considera que a objetiva direta é falsa; com os verbos *reconhecer, revelar, demonstrar ou confessar*, seria tida como verdadeira).

É preciso considerar que, em última instância, é sempre o narrador quem traduz os propósitos do locutor, isto é, quem atribui ao enunciador do discurso citado uma intenção.

Os verbos descritivos podem dividir-se em subclasses: os que situam o discurso reportado na cronologia discursiva, como *responder, repetir, concluir*; os que explicitam a força ilocutória do ato enunciativo, como *suplicar, prometer*; os que indicam o tipo do discurso reportado, como, por exemplo, *contar, relatar, demonstrar*; os que especificam o modo de realização fônica do enunciado, como *gritar, murmurar*. A esses cabe acrescentar os que indicam uma qualidade não fônica do enunciado, uma qualidade do enunciador, como *obtemperar*, que significa *dizer em resposta com humildade e modéstia*:

70 As astúcias da enunciação

[...] obtemperei que confiava na caixa-forte deles (CL).

Obtemperar indica, por sua vez, que um verbo pode encaixar-se em duas classes ou subclasses. Ele situa o discurso reportado na cronologia discursiva, pois significa *em reposta*, e assinala uma qualidade não fônica do enunciado, pois contém *com humildade e modéstia*. Do mesmo tipo são verbos como *retrucar* (= responder contestando), *redarguir* (= responder argumentando), etc.

Esses verbos impõem ao enunciatário a visão do enunciador sobre o discurso reportado. Na frase que segue, por exemplo, o narrador leva a considerar o conteúdo da oração objetiva verdadeiro:

Ele *admitiu* que havia cometido o crime.

Um trabalho de Oliveira e outros (1985: 91-96) mostra que podem introduzir discurso direto tanto verbos elocutórios quanto não elocutórios. Os primeiros são os verbos de *dizer* (os neutros; os que trazem informação sobre a cronologia discursiva ou sobre o modo de realização fônica do enunciado) e os verbos que qualificam o dito, que são verbos de ação que apresentam lexicalizada a modalização que caracteriza o *dictum* neles implícito (podem ser parafraseados por *dizer...*: por exemplo: *protestar* = *dizer um protesto*). Os verbos não elocutórios dividem-se em dois subgrupos:

a) os que instrumentalizam o *dictum* (são verbos que indicam ações realizadas mediante um instrumento que, no caso do discurso direto, é um *dictum*):

Wanderley de Mendonça chegou ao ponto de *ameaçar*:
– Estou disposto a derrubar esse jumento da estátua equestre.

b) os verbos circunstanciais, que expressam ação ou processo que se realizam ao mesmo tempo que o *dictum*:

O capitão *se inclinou* interessado:
– É isso que eu dizia.

Os verbos não elocutórios são falsos introdutores de discurso direto. Por isso, só admitem a transposição do *dictum* em discurso indireto se explicitarmos o verbo de dizer implícito na frase.

Frequentemente, na linguagem escrita, existem resumos de discursos alheios em que se introduzem citações marcadas por aspas ou por itálico. Esse discurso, como indica Maingueneau (1981: 107), não é nem direto nem indireto, pois há nele uma perfeita integração sintática, de modo a que não se perceba nenhuma outra demarcação, além da tipográfica, entre o discurso citante e o citado. Esse tipo de discurso ocorre muito na imprensa:

O plenário do Congresso constituinte aprovou ontem, por 373 votos a 151 e quatro abstenções, o texto sobre estabilidade no emprego que resultou de um acordo entre as lideranças do PMDB e o grupo suprapartidário Centrão. Os partidos de esquerda, o PTB, o Movimento de Unidade Progressista (MUP), do PMDB, votaram contra o acordo, sob a alegação de que o texto apresentado, em vez de ajudar, prejudicaria os trabalhadores. Agora, a relação de emprego será protegida "contra a despedida arbitrária ou sem justa causa, nos termos da lei complementar, que preverá indenização compensatória, dentre outros direitos" (*Folha de S.Paulo*, 24/2/88: 1).

O texto entre aspas é, evidentemente, discurso reportado. No entanto, se ele for lido em voz alta, o enunciatário não poderá fazer distinção entre o discurso citante e o citado, pois não há nele nenhuma marca, como no discurso direto ou no indireto. No resumo com citação, pode parecer que o narrador cita o outro por cuidado de objetividade. No entanto, é preciso notar que a escolha das citações e sua colocação num dado contexto revelam o ponto de vista do narrador.

Passemos agora para o discurso indireto livre:

> Nele, encontram-se misturados elementos que, em geral, se consideram disjuntos: a dissociação dos dois atos da enunciação, característica do discurso direto, e a perda de autonomia dos embreantes do discurso citado, característica do discurso indireto (Maingueneau, 1986: 95).

Se há dois atos enunciativos, há duas vozes: a do narrador e a de uma personagem. Só que a voz da personagem, ao contrário do que ocorre no discurso direto, não enuncia em primeira pessoa. Diferentemente do que acontece no discurso indireto, não há subordinação a um *verbum dicendi* e há exclamações, interrogações e torneios expressivos.

No discurso indireto livre, há uma debreagem actancial que instala no texto um narrador. Do ponto de vista da personagem, há uma embreagem actancial enunciva de segundo grau. Com efeito, o narrador delega a palavra à personagem (debreagem enunciativa de segundo grau). Em seguida, há uma neutralização entre primeira e terceira pessoas em proveito da última (embreagem enunciva de segundo grau). Assim, o discurso indireto livre é uma combinatória de uma debreagem e de uma embreagem enunciva.

Ele não possui nenhum modo de introdução, seja ele ruptura ou subordinação. O que há é, como mostra Bakhtin, uma discordância enunciativa entre as duas vozes (1979: 177). Essa discordância não é tanto de sentido, é de tom. Percebe-se, portanto, o discurso indireto livre por essa discordância. Como diz Maingueneau,

> é particularmente cômodo para um autor poder, graças ao discurso indireto livre, deslizar sem nenhuma ruptura da narração dos acontecimentos aos propósitos e pensamentos para voltar em seguida à narração dos acontecimentos. Tais "deslizamentos" são preciosos para a descrição da "corrente de consciência" das personagens (1981: 113).

72 As astúcias da enunciação

O discurso indireto livre não é um fenômeno concernente à frase, mas ao discurso, pois é o contexto, com suas vozes discordantes, que diz que se trata de um texto em discurso indireto livre. Por isso, frequentemente suas fronteiras são imprecisas. Vejamos um exemplo:

> Na palma da mão as notas estavam úmidas de suor. Desejava saber o tamanho da extorsão. Da última vez que fizera contas com o amo o prejuízo parecia menor. Alarmou-se. Ouvira falar em juros e em prazos. Isto lhe dera uma impressão bastante penosa: sempre que os homens sabidos lhe diziam palavras difíceis, ele saía logrado. Sobressaltava-se escutando-as. Evidentemente só serviam para encobrir ladroeiras. Mas eram bonitas. Às vezes decorava algumas e empregava-as fora de propósito. Depois esquecia-as. Para que um pobre da laia dele usar conversa de gente rica? Sinha Terta é que tinha uma ponta de língua terrível. Era: falava tão bem como as pessoas da cidade. Se ele soubesse falar como Sinha Terta, procuraria serviço noutra fazenda, haveria de arranjar-se. Não sabia. Nas horas de aperto dava para gaguejar, embaraçava-se como um menino, coçava os cotovelos, aperreado. Por isso esfolavam-no. Safados. Tomar as coisas de um infeliz que não tinha onde cair morto! Não viam que isso não estava certo? Que iam ganhar com semelhante procedimento? Hem? que iam ganhar? (VS, 140).

Observamos no texto que, embora não haja debreagem interna de segundo grau nem dependência sintática como oração conjuncional de um *verbum dicendi*, percebem-se duas enunciações. É o contexto que nos indica que há essa distinção de duas vozes. Como sabemos que o maior desejo de Fabiano era falar como Seu Tomás da bolandeira e que Fabiano apreciava palavras difíceis, quando lemos "Evidentemente só serviam para encobrir ladroeiras. Mas eram bonitas", percebemos a voz de Fabiano a enunciar sua repulsa às palavras difíceis e, em seguida, acrescentar o argumento mais forte a seu favor, sua beleza. Outros elementos mostram essa dupla enunciação: palavras típicas de Fabiano e a visão que ele tinha de si mesmo. A voz de Fabiano não diz *eu*. Aparecem no texto interrogações, exclamações, interjeições, frases curtas, repetições. Os embreantes não têm autonomia, são utilizados como se estivessem subordinados a um discurso citante: os verbos *dar*, *embaraçar-se* e *coçar* que aparecem num mesmo período, por exemplo, estão no pretérito imperfeito para indicar concomitância habitual em relação ao marco temporal "nas horas de aperto"; no entanto, indicam o que poderia ser uma fala de Fabiano, que, então, usaria, em discurso direto, o presente, a indicar concomitância em relação ao momento da enunciação.

O discurso indireto livre constitui um *continuum* em cujos polos estão o discurso direto e o indireto.[9] Por isso, há, como mostra Maingueneau, textos em discurso indireto livre mais próximos do discurso direto e outros mais vizinhos do discurso indireto (1986: 99).

Saiu lento, pesado, capiongo, as rosetas das esporas silenciosas. Não conseguiria dormir. Na cama de varas havia um pau com um nó, bem no meio. Só muito cansaço fazia um cristão acomodar-se em semelhante dureza. Precisava fatigar-se no lombo de um cavalo ou passar o dia consertando cercas. Derreado, bambo, espichava-se e roncava como um porco. Agora não lhe seria possível fechar os olhos. Rolaria a noite inteira sobre as varas, matutando naquela perseguição. Desejaria imaginar o que ia fazer para o futuro. Não ia fazer nada. Matar-se-ia no serviço e moraria numa casa alheia, enquanto o deixassem ficar. Depois sairia pelo mundo, iria morrer de fome na caatinga seca (VS, 142).

Nesse caso, temos um discurso indireto livre próximo do discurso indireto, pois nele quase não há marcas de subjetividade da personagem. Para transformá-lo em discurso indireto, quase que só bastaria um *ele pensava que* depois do primeiro período.

No exemplo a seguir, o discurso indireto livre está mais próximo do discurso direto, pois as marcas da enunciação da personagem (interrogações, frases curtas, repetições, seleção lexical característica) aparecem mais nitidamente:

Irritou-se. Por que seria que aquele safado batia os dentes como um caititu? Não via que ele era incapaz de vingar-se? Não via? Fechou a cara. A ideia do perigo ia-se sumindo. Que perigo? Contra aquilo nem precisava de facão, bastavam as unhas (VS, 145).

O discurso indireto livre tem muitas funções. No caso do romance *Vidas secas*, o discurso indireto livre constrói a verossimilhança da personagem Fabiano. Esse homem, que o narrador mostra como um bicho, tem uma linguagem muito pobre, tosca mesmo. Mais do que falar, ele grunhe. Ora, assim não poderia ele ser um tagarela. É muito mais verossímil apresentar sua vida interior, sua subjetividade, no fio da narrativa, ou seja, por intermédio do discurso indireto livre. Maria Celina Novaes Marinho mostra que a voz de Fabiano é abafada, ele fica entre "um pensar em voz alta e um falar em voz baixa". Diz ainda que o discurso direto que pontua aqui e acolá a narrativa é um eco de elementos interiores, expressos em discurso indireto livre, que explodem. Por isso, muitas vezes, são repetições de elementos interiores já apresentados, são interjeições que, em vista da precariedade da linguagem, revelam o estado de espírito. O que aparece em discurso direto é o que Fabiano quer e pode assumir: o que é coletivo, absoluto. O que Fabiano diz condensa o que laboriosamente pensa (2000: 91-95).

Dominique Maingueneau explica, louvando-se, respectivamente, em Proust e no próprio Zola, que, em *Madame Bovary*, de Flaubert, o discurso indireto livre cria o eterno imperfeito e, por conseguinte, um universo contínuo, monótono, triste e indefinido, enquanto, em *Assomoir* (A taberna), de Zola, esse recurso permite que

74 As astúcias da enunciação

a língua do povo possa penetrar uma forma bem trabalhada, ou seja, "fazer brilhar uma alteridade linguageira na instituição romanesca" (1986: 100-101).

As funções do discurso indireto livre são muitas, mas ele sempre mostra um discurso vivido no fio narrativo.

A pessoa subvertida

> "Dizer *eu* é incomparavelmente mais modesto do que dizer nós.
> Isso deveria ser evidente. Mas não, dizem."
> Georges Perros

Como já se disse, a embreagem actancial consiste na neutralização de oposições no interior da categoria de pessoa. Uma vez que a primeira e a segunda pessoa do plural não são simples pluralizações da primeira e da segunda do singular, mas a terceira do plural é puramente uma pluralização da pessoa correspondente do singular, temos cinco distinções nessa categoria. Supondo-se que cada uma delas seja empregada com o valor de todas as outras, teremos as seguintes possibilidades de embreagem:

1. terceira pessoa pela primeira do singular;
2. terceira pessoa pela primeira do plural;
3. terceira pessoa pela segunda do singular;
4. terceira pessoa pela segunda do plural;
5. segunda pessoa do singular pela terceira;
6. primeira pessoa do singular pela terceira;
7. primeira pessoa do plural pela terceira;
8. segunda pessoa do plural pela terceira;
9. primeira pessoa do singular pela segunda do singular;
10. segunda pessoa do singular pela primeira do singular;
11. primeira pessoa do plural pela segunda do plural;
12. segunda pessoa do plural pela primeira do plural;
13. segunda pessoa do plural pela segunda do singular;
14. primeira pessoa do plural pela primeira do singular;
15. segunda pessoa do singular pela segunda do plural;
16. primeira pessoa do singular pela primeira do plural;
17. primeira pessoa do plural pela segunda do singular;
18. segunda pessoa do plural pela primeira do singular;
19. segunda pessoa do singular pela primeira do plural;
20. primeira pessoa do singular pela segunda do plural.

Vejamos agora as possibilidades que efetivamente ocorrem:

1. terceira pessoa pela primeira do singular.

> O Papa João Paulo II se despediu ontem dos brasileiros, depois de uma visita de dez dias a dez capitais, com votos de que o Brasil se torne uma nação próspera e digna, respeitosa dos valores fundamentais da pessoa humana:
> – *O Papa* leva no fundo do coração o desejo e a esperança de que a Nação brasileira trilhe sempre a senda da valorização da dignidade do homem – disse (*O Globo*, 22/10/1991: 7).

O Papa toma a palavra, referindo-se a si mesmo não com a primeira pessoa do singular, mas com a terceira. Evidentemente, como se trata de uma neutralização com a primeira pessoa do singular, deve-se usar em seu lugar o singular da terceira pessoa. As formas de terceira pessoa empregadas com o valor de *eu* são *ele/ela* ou, com maior frequência, um substantivo.

Muitas vezes, utiliza-se o nome próprio em vez do *eu*.

> Pois foi *Ponciano* arrotar vantagem e aparecer, na boca de um taquaral, aquele pedação de onça que em medida de olho nu ganhava de um garrote em tamanho e peso (CL, 46).

Como o narrador é o próprio Ponciano, quando ele se denomina pelo seu nome, está empregando uma terceira pessoa com o valor de primeira.

Esse tipo de neutralização é bastante usado na linguagem cotidiana, quando, por exemplo, um pai diz ao filho:

> – Filhinho, o papai não quer mais que você faça isso.

É também muito utilizada na linguagem oficial. Os requerimentos, por exemplo, são em terceira pessoa.

Podem-se usar formas indeterminadas em lugar da 1ª pessoa do singular. Por exemplo, no final de uma reunião entre o Presidente e o Ministro da Justiça, para tratar da lei dos benefícios previdenciários aprovada pelo Congresso, o Presidente diz: "Decidiu-se que a lei será vetada". A forma indeterminada significa *eu*, pois é ele quem tem autoridade constitucional para vetar. Quando se reclama de um serviço, quem o fez diz: "A gente faz o que pode".

Conta-se que o rei Leopoldo I dizia a seu criado *Il veut* (e não *Je veux*) *son epée* (Ele quer sua espada), pois, não dizendo *eu* a um inferior, não lhe concedia o estatuto de *tu* e, portanto, excluía-o da reciprocidade da troca linguística. O *ele*, nesses casos, é um *eu* mantido a distância.

Diz Barthes, comentando as embreagens que faz em *Roland Barthes par Roland Barthes*:

76 As astúcias da enunciação

> O "eu" é o pronome do imaginário, o "ele", que emprego frequentemente, é o pronome da distância. Pode-se tomá-lo de várias maneiras e aí o leitor é o senhor. Seja como uma espécie de ênfase, como se eu me desse tal importância que eu dissesse "ele", falando de mim, seja como uma espécie de mortificação: dizer "ele", falando de alguém, é torná-lo ausente, mortificá-lo, torná-lo um tanto quanto morto. Seja também – mas isso seria uma hipótese muito feliz; enunciemo-la apesar de tudo – como o "ele" da distância brechtiana, um "ele" é um pico onde me coloco como crítico [...] "RB" não é muito importante. Ele aparece sobretudo nas frases em que "ele" seria ambíguo (1975: 32).

Quando se faz essa embreagem é como se o enunciador se esvaziasse de toda e qualquer subjetividade e se apresentasse apenas como papel social. O exemplo a seguir é muito interessante para mostrar esse fato, pois D. João I e Mestre de Avis são a mesma pessoa, o enunciador. Dissociam-se ambos os papéis, no entanto, para deixar claro que eles é que estão em jogo no momento da fala.

> Eia, pois: se não perdoais a *D. João I* uma suposta ofensa, perdoai-a ao *Mestre de Avis,* ao *vosso antigo capitão* (AL, 228).

2. terceira pessoa pela primeira do plural.

> A mãe diz ao filho:
> – Seu pai e sua mãe se matam de trabalhar e você não estuda, não faz nada.

"Seu pai" e "sua mãe" significam *nós.* Nesse caso, a embreagem é feita entre a terceira pessoa do plural e a primeira do plural, já que a neutralização só se dá na categoria de pessoa e não na de número. Frequentemente, o *nós* é substituído por formas indeterminadas:

> Muitas vezes a gente quer andar direito e não consegue (IN).

Quando um substantivo é usado no lugar de um *nós*, o verbo pode ir para a primeira pessoa do plural. Essa é a marca mórfica da embreagem:

> Dizem que os cariocas *somos* pouco dados aos jardins públicos (MA, v. 2, 720).

> Todos geralmente o *adoramos*, porque todos nos *queremos* adorados (Antônio Vieira, apud Rocha Lima, 1968: 423).

É construção corrente:

> Os abaixo assinados solicitamos a V. Exa. ...

3. terceira pessoa pela segunda do singular.

> Era bilhete de Dona Esmeralda, com parabéns pelo que diziam de mim as gazetas. Também de Fonseca, que encontrei na rua depois, recebi os cumprimentos:
> – Sim senhor! O *coronel* anda por cima da carne-seca. Não sai das folhas (CL, 231).

Nesse caso, "coronel" significa *tu*. Trata-se a pessoa com quem se fala com um substantivo indicativo de um papel social. Pode-se também chamá-la por seu nome ou por *ele*. É o que acontece neste exemplo de Herculano em que Afonso Henriques se dirige a D. João I:

> [...] só *D. João I* compreende Afonso Henriques; porque só *ele* compreende a valia destas duas palavras formosíssimas, palavras de anjo – pátria e glória (AL, 229).

Na linguagem coloquial, emprega-se muito essa embreagem. Por exemplo, uma mãe pergunta ao filho:

> – O meu filhinho brincou muito?

O substantivo que significa *tu* pode ser um nome comum (por exemplo, bebê) ou um apelativo, que pode ser genérico (por exemplo, o senhor, o amigo) ou designar uma profissão, um cargo, um título (por exemplo, doutor) ou um grau (por exemplo, coronel).

O uso da terceira pessoa em lugar da segunda pode indicar afeto, carinho ou respeito, uma vez que o locutor exclui o outro da troca linguística, dando-lhe um lugar especial, não instituído pelo *eu*, como seria o lugar do *tu*. Como diz Maingueneau, o uso da não pessoa em lugar da segunda pessoa acompanhado do apagamento do *eu* constitui a marca linguística de extremo respeito (*A senhora está servida. Sua Excelência está satisfeito?*). Não utilizando *tu* nem o *vous* de polidez, o enunciador exclui-se a si mesmo da reciprocidade da troca linguística. Tudo se passa como se ele se dirigisse a uma pessoa que ele não constitui como enunciatário, para negar qualquer comensurabilidade com ela (1981: 17).

Na fábula *O lobo e o cordeiro*, de La Fontaine (I, 10), o lobo trata o cordeiro por *tu*, mas este trata aquele pela terceira pessoa:

> Que é que *te* torna tão atrevido a ponto de sujar minha água? Diz esse animal cheio de raiva: *Serás* castigado por *tua* temeridade.
> Senhor, responde o cordeiro, que Vossa Majestade não se encolerize; mas, ao contrário, que *ela* considere que, estando eu a beber na corrente mais de vinte passos abaixo *dela*, não posso sujar *sua* bebida.

Se, quando se empregam as formas *ele/ela* no lugar do *tu*, pode-se indicar carinho, como, por exemplo, quando são endereçadas a crianças ou animais domésticos, que não podem responder ("Ele tem belos pelos, esse cachorrinho"), pode-se também denotar descontentamento ou desprezo, como quando, por exemplo, são dirigidas a uma criança que já chamou a mãe três vezes seguidas numa noite ("Que é que ela quer agora?"). Só o contexto vai mostrar qual o sentido desse uso, pois, como

78 As astúcias da enunciação

mostra Benveniste, a utilização da terceira pessoa em lugar da segunda tanto pode indicar reverência, pois ela "eleva o interlocutor acima da condição de pessoa e da relação homem a homem" (o carinho é aparentado à reverência), quanto testemunhar desprezo, pois rebaixa "aquele que nem sequer merece que se dirija 'pessoalmente' a ele" (1966: 231).

> De sua função de forma não pessoal a "terceira pessoa" tira sua aptidão de tornar-se tanto uma forma de respeito que faz de um ser bem mais que uma pessoa, quanto uma forma de ultraje que pode aniquilá-lo como pessoa (Benveniste, 1966: 231).

Há também o caso em que por respeito se usa um pronome de terceira pessoa como pronome de tratamento. O *usted* do espanhol e o *lei* do italiano quase fizeram desaparecer, nessas línguas, o tratamento respeitoso de segunda pessoa do plural (Serianni, 1989: 261-263; Real Academia, 1986: 339-340). O pronome de terceira pessoa endereça-se "abstratamente" ao outro, como se fosse atrevimento dirigir-se diretamente a ele, erigi-lo em enunciatário.[10]

A forma portuguesa *você*, onde substitui completamente o *tu*, não é mais embreagem, porque, perdida a memória de seu significado primeiro e tendo ocupado o lugar do *tu*, ficou sendo o formante de segunda pessoa. Nesses lugares, *você* só foi embreagem, quando se guardava a lembrança de seu significado primeiro.[11]

Os chamados pronomes de tratamento constituem um caso híbrido, em que o pronome possessivo de segunda pessoa do plural acompanha um substantivo feminino que designa virtude, qualidade ou faculdade positiva da pessoa a quem o enunciador se refere: *alteza, santidade, excelência*, etc.

> Com esse nome, no singular ou no plural, alude-se de maneira indireta ao destinatário ou aos destinatários do discurso como as pessoas a quem se atribui a referida qualidade. A referência gramatical à segunda pessoa do discurso, porém, quem a realiza é o pronome possessivo [...]: vossa majestade = a majestade de vós (Real Academia, 1986: 341).

Trata-se aqui de um caso híbrido, pois, enquanto substantivo abstrato (terceira pessoa) significando *tu*, é uma embreagem, mas o possessivo, sendo de segunda pessoa, constitui uma debreagem (é bem verdade que debreagem em termos, pois se trata de embreagem na medida em que aí a pessoa amplificada se neutraliza com a pessoa singular). A embreagem plena ocorre quando se deixa de lado o possessivo.

> – Por Deus. É Sèvres, Eminência (CC, 33).[12]

Podem-se usar também formas indeterminadas em lugar da segunda pessoa do singular:

> – Então, é a esta hora que se chega em casa?

Se essa frase for dita por um pai ao filho que acaba de chegar a casa de madrugada, o sujeito indeterminado tem o valor de *tu*.

No discurso indireto livre, como a situação de enunciação das personagens é transformada em situação enunciva, se o interlocutário for diferente do narratário, o *tu* é indicado por um *ele*.

> Fabiano agradeceu a opinião dela e gabou-lhe as pernas grossas, as nádegas volumosas, os peitos cheios. As bochechas de Sinha Vitória avermelharam-se e Fabiano repetiu com entusiasmo o elogio. *Era. Estava* boa, *estava* taluda, *poderia* andar muito. Sinha Vitória riu e baixou os olhos. Não era tanto como *ele* dizia, não (VS, 166-167).

4. terceira pessoa pela segunda do plural.

> Os portugueses *sois* assim feitos (Sá de Miranda, apud Rocha Lima, 1968: 423).

> Não nego que os católicos *vos salvais* na Igreja Romana (Vieira, apud Rocha Lima, 1968: 423).

Nesses casos, o verbo na segunda pessoa do plural é a marca mórfica da embreagem. No segundo exemplo, também o *vos* assinala que "os católicos" tem valor de *vós*. Podem-se também usar formas indeterminadas com o valor de segunda pessoa do plural. Um pai diz aos dois filhos moços:

> – Então, ninguém trabalha aqui nesta casa?

5. segunda pessoa do singular pela terceira.

> Eu, quando Antônia me disse: "Vamos outra vez?", enquanto estava em estado de coma, como numa tenda de oxigênio, eu me senti como quando o professor *te* interroga em grego dois dias seguidos (PA, 96).

Nesse exemplo, a segunda pessoa do singular substitui uma terceira indeterminada: *eu me senti como se sente alguém quando o professor o interroga em grego dois dias seguidos.* É o caso do chamado *tu genérico*, que tem por função "pessoalizar enunciados impessoais. Esse sujeito, substituído por *tu*, mantém uma relação viva com a situação de enunciação, como se ele fosse parte dela" (Maingueneau, 1981: 17).

Pode-se, nesse caso, usar também a segunda pessoa do plural naquelas línguas em que o *vós* serve como forma de tratamento polido, como, em francês, por exemplo:

> On ne peut pas se promener sans que quelqu'un *vous* aborde (apud Benveniste, 1966: 232).

80 As astúcias da enunciação

6. primeira pessoa do singular pela terceira.

> O essencial nestes conceitos, assim vemos, é que negam a um partido o direito de se identificar com o Estado e a sociedade. Negam o modelo leninista de vanguarda. E assim fazem parte da política tanto a disputa quanto o diálogo, a negociação e a aliança. Ao optar pela fala e pelo voto, *instituo* esta coisa rara na história, que é a resolução pacífica de conflitos. *Tenho* adversários, não inimigos. E veja-se a importância destes princípios num país de tradição autoritária e violenta como o Brasil, em que a delimitação de um espaço ao mesmo tempo de conflitos reconhecidos e de paz constitui um aprendizado tão difícil quanto precioso (Renato Janine Ribeiro, *Folha de S.Paulo*, 29/8/1993: 6-6).

Nesse exemplo, substitui-se uma forma indeterminada por uma forma de primeira pessoa, colocando o sujeito indeterminado na situação de enunciação: *Ao optar pela fala e pelo voto, institui-se esta coisa rara na história, que é a resolução pacífica dos conflitos.*

Falando do descalabro dos serviços de saúde do Estado e do mau atendimento aos segurados, pode-se dizer:

> – Se *eu* (= alguém) preciso do serviço público de saúde, quero ser bem atendido, pois para isso eu pago.

O *eu* pode ser empregado no lugar de uma forma determinada de terceira pessoa. Isso ocorre quando se pretende narrar indiretamente algo a respeito de uma pessoa presente. A primeira pessoa torna-se uma terceira fictícia:

> *Eu* não dou a menor importância aos outros. De mansinho, obrigo os outros a aceitarem o que quero (na verdade, quem faz isso não é quem fala, mas uma terceira pessoa presente).

7. primeira pessoa do plural pela terceira.

> *Costumamos* pensar a percepção como um dado puramente natural (LT: 122, T39).

Nesse caso, não temos um *nós* verdadeiro, mas uma terceira pessoa indeterminada. Quem costuma pensar a percepção como um dado puramente natural são as pessoas em geral, entre as quais não se inclui o enunciador, que rejeita essa tese.

8. segunda pessoa do plural pela terceira.

Essa embreagem só pode ocorrer, quando a segunda pessoa do plural indica polidez. Charaudeau (1992: 155) dá o seguinte exemplo do francês. Um enunciador, que comenta o fato de que um aluno foi posto fora da classe, diz:

C'est comprehensible. Quand *vous* bâillez sous le nez du professeur, il faut s'attendre à de répresailles. (É compreensível. Quando bocejais na cara do professor, é preciso esperar represálias.)

Nesse caso, o enunciador obriga o enunciatário a partilhar de seu comentário sobre a terceira pessoa. Ademais, acrescenta um efeito de sentido de distância, que aumenta o efeito de derrisão cujo alvo é a terceira pessoa.

9. primeira pessoa do singular pela segunda do singular.

> – Então, *eu* quebrei o vaso da Companhia das Índias, *eu* escondi os cacos, *eu* quis pôr a culpa na empregada.

Se uma mãe diz essa frase ao filho que fez tudo o que ela descreve, o *eu* tem valor de *tu*. Nesse caso, o efeito de sentido criado pela embreagem é de ironia. Esse efeito será produzido se o julgamento subentendido no ato de enunciação for negativo.

Na publicidade, muitas vezes, um *eu* significa um *tu* numa frase com função conativa. O slogan da campanha de Maluf ao governo estadual em 1990, "Amo São Paulo, voto Maluf", não era apenas a expressão da opinião dos eleitores que a pregavam nos seus carros. Significava *Tu que amas São Paulo deves votar em Maluf.* Dizendo *eu*, pensavam *tu,* na esperança de que todos os *tu* se reconhecessem como sujeitos.

Maingueneau mostra um caso de largo emprego. Quando nos dirigimos a um bebê ou a um animal doméstico, não podemos tratá-los por *tu*, porque só nos dirigimos a alguém como enunciatário, se ele puder, por sua vez, tomar a palavra, tornando-se *eu*. Se temos a obrigação de falar com eles, pois pertencem a nossa esfera de intimidade, temos também a consciência de que não nos podem responder, porque não são dotados de fala. Nesse caso, usam-se a terceira pessoa, procedimento já estudado, a primeira do plural, de que falaremos mais adiante, e a primeira do singular. O efeito de sentido é, então, o de identificação afetiva. Uma mãe diz ao filho:

> – Por que *eu* estou chorando?

O essencial é descaracterizar a reciprocidade, que se revela impossível, seja transformando o enunciatário em não pessoa e, portanto, tirando-o da esfera enunciativa, seja fazendo como se o enunciatário tivesse assumido o que diz o enunciador, uma vez que, em ambos os casos, não é preciso responder (1981: 18).

10. segunda pessoa do singular pela primeira do singular.

> *Meu velho Aires*, trapalhão da minha alma, como é que *tu* comemoraste no dia 3 o ministério Ferraz, que é de 10? Hoje é que ele faria anos, *meu velho Aires. Vês* que é bom ir apontando o que se passa; sem isso não *te* lembrarias nada ou trocarias tudo (MA, v. 1, 1138).

82 As astúcias da enunciação

Nesse caso, Aires dirige-se a si mesmo, como se ele fosse uma segunda pessoa. Há um processo de desdobramento fictício do enunciador, que se constitui num outro, para ser alvo de suas apreciações, confidências, etc.

11. primeira pessoa do plural pela segunda do plural.

– Então, *nós* estamos sempre certos, *nós* sabemos tudo e aí deu no que deu.

Nesse exemplo, como o enunciatário é múltiplo e foi ele que, sempre cheio de si, fez algo errado, o enunciador usa a primeira pessoa do plural com o valor de segunda, para criar um efeito de sentido de ironia.

12. segunda pessoa do plural pela primeira do plural.

– *Vocês* são muito bons. Nosso trabalho foi excelente.

Se essa frase for dita pelo chefe de uma equipe a seus companheiros, depois de lutarem muito para realizar alguma coisa, ele estará incluindo-se entre os que são muito bons, como deixa entender o *nosso* que aparece logo a seguir. Nesse caso, o *vós* significa *nós*.

13. segunda pessoa do plural pela segunda do singular.

Aqui *vos* trago provisões; *tomai*-as.
As *vossas* forças *restaurai* perdidas
E a caminho, e já! (GD, 518).

Nesse exemplo, o filho dirige-se ao pai, tratando-o por *vós.* A segunda pessoa do plural já foi o tratamento respeitoso em todas as línguas românicas. Cede, pouco a pouco, lugar para *lei* em italiano, *senhor* em português, *usted* em espanhol e *dumneavoastră* em romeno. Mantém-se, com todo o vigor, em francês, em que a regra é *vouvoyer* (tratar por vós) e a exceção é *tutoyer* (tutear, tratar por tu). Quando se é apresentado a alguém, começa-se a tratá-lo por *vous* e, mais tarde, se diz "Nous pouvons nous tutoyer" (Podemos tutear-nos). O contrário não acontece. Nas outras línguas românicas, o uso de *vós* tem um sabor levemente arcaizante.[13] No entanto, esse era o tratamento habitual, nessas línguas. Gregório de Matos diz o seguinte de um juiz que queria um tratamento todo especial:

Se Deus se trata por tu
E se chama a el-rei por vós,
Como chamaremos nós
O juiz de Igarassu?
Tu e vós e vós e tu (GM, 68).

O epigrama mostra que, nessa época, não havia outras formas de tratamento.

Diz-se que *vós* indica respeito, porque trata uma pessoa singular, por seu mérito, seu prestígio e sua autoridade, como mais de um, ou seja, como pessoa amplificada. No entanto, a questão é um pouco mais complicada.

O tuteamento e o tratamento por *vós* (ou por *senhor*, por *lei*, etc.) são atos de fala, pois, endereçando-se a alguém como *tu* ou *vós*, o enunciador impõe um quadro à troca verbal. O enunciatário pode recusá-lo, seja explicitamente (dizendo, por exemplo, coisas como "Eu te conheço?"), seja implicitamente (tratando por *vós* quem o tuteou).

Dizer *tu* ou *vós* significa dar a si mesmo e também ao outro um dado estatuto social. Esse ato de retribuição deriva de um jogo de simulacros que se constituem no momento em que tem início a troca verbal. Há duas perguntas que se fazem: *Quem sou eu para tratá-lo por tu/vós?* e *Quem é ele para que eu o trate por tu/vós?* Por seu turno, o enunciatário pode perguntar-se com que direito é tratado desta ou daquela maneira (Maingueneau, 1981: 18-19).

Maingueneau mostra que o uso do *tu* não é uma forma depreciativa, pois, dependendo da situação, o *vós* é que é impolido, pois poderia ser interpretado como um desejo de pôr a distância, como uma rejeição (1981: 18-19). Há dois princípios a guiar o uso de *tu* e *vós* (ou *você* e *senhor*, etc.): um é a pertença ou não ao mesmo lugar social da enunciação e o outro é a pertença ou não ao mesmo lugar de reciprocidade.

Pelo primeiro princípio, são tratados por *tu* os que pertencem aos lugares sociais tidos como inferiores pelos pertencentes aos lugares sociais considerados superiores; e por *vós* os dos lugares sociais superiores pelos dos inferiores. Por isso, os criados são tratados por *tu* pelos patrões e tratam a eles por *vós*. O primeiro princípio é dominante sobre o segundo. No segundo, trata-se por *tu* os que pertencem à mesma esfera de reciprocidade e por *vós* os que não pertencem a ela.

Vejamos um exemplo dado por Maingueneau: um capitão trata os recrutas por *tu*; os outros oficiais por *tu*; os superiores por *vous* e os suboficiais por *vous*. Os recrutas são tratados por *tu* com base no primeiro princípio: não pertencem ao mesmo lugar social da enunciação, a carreira militar; os colegas oficiais são tratados por *tu* por pertencerem à mesma esfera de reciprocidade (o *vous* seria marca de rejeição); os superiores e suboficiais, respectivamente, no alto e em baixo, são tratados por *vous* por não pertencerem à mesma esfera de reciprocidade (1981: 19).

Antigamente, os lugares sociais de enunciação e as esferas de reciprocidade eram mais rígidos. Atualmente, no entanto, afrouxaram-se e, por conseguinte, expande-se o tuteamento; por exemplo, filhos e netos tuteiam pais e avós. Como contrapartida, suprime-se o hábito de tratar os criados por *tu* sem reciprocidade. Eles são tratados pelo *vós* que põe a distância.

84 As astúcias da enunciação

O emprego do *tu* e do *vós* não é unívoco, depende de contextos sociais determinados e também das condições de enunciação. Assim, um professor tuteia o outro em situações normais, mas o trata por *vós*, se ele faz parte de sua banca de doutoramento (é bem verdade que nem essa distinção se observa mais). O marido e a mulher tratam-se por *tu*, mas a uma empregada a mulher poderá dizer, referindo-se ao marido: *O senhor X chegou?*[14]

Os gêneros literários definem também certas regras do uso desses pronomes: nos romances, por exemplo, o narrador tuteia o narratário:

> *Queres* o avesso disso, leitor curioso? (MA, v. 1, 664).

Machado usa também a terceira pessoa para referir-se ao leitor:

> Veja-nos agora *o leitor*, oito dias depois da morte de meu pai... (MA, v. 1, 562).

Dessa alternância ele tira efeitos de distanciamento e de proximidade.

No interior do texto, criam-se efeitos de sentido com o uso de *tu* e *vós*. Em *I-Juca Pirama*, de Gonçalves Dias (GD, 507-526), o índio que foi feito prisioneiro trata o pai por *vós* e este o trata por *tu*, pois ambos não pertencem ao mesmo lugar social da enunciação. O narrador trata o guerreiro por *tu*, colocando-se na mesma esfera de reciprocidade que ele, pois está a lhe dar conselhos, a lhe dar conforto. O *tu* expressa a intimidade, a amizade. O chefe dos timbiras, antes do canto da morte, trata o prisioneiro por *tu*, por considerá-lo parte de sua esfera de reciprocidade, alguém que tinha em comum com ele a coragem e, por isso, seria sacrificado. Depois que foi solto, o tupi trata o timbira com o *tu* da camaradagem e recebe o *tu* da exclusão do lugar social da enunciação. O chefe timbira trata o velho tupi com o *tu* da exclusão: era o pai de um covarde. No fim, depois da luta, o chefe timbira trata o tupi com o *tu* da mesma esfera de reciprocidade.

14. primeira pessoa do plural pela primeira do singular.

É o que se chama plural majestático, de modéstia, de autor. O *eu* dilui-se no anonimato do *nós* ou é amplificado. O que distingue um uso de outro é o tipo de texto em que o *nós* se encontra. Quando aparece, em alocuções solenes, que emanam de altíssimas autoridades civis (chefes de governo e de Estado) e eclesiásticas (papa e bispos) ou em documentos oficiais, esse plural é majestático:

> *Nós*, durante o *Nosso* Pontificado...

Como mostra Maingueneau, nesse caso, o *nós* evita colocar a alta autoridade como uma subjetividade entre as outras e, ao mesmo tempo, opô-la ao *tu*, o que criaria uma esfera de reciprocidade. O *nós* inclui o enunciatário no enunciador e, portanto, aquele é obrigado por este a assumir o texto com ele (1981: 20).

Já no chamado plural de modéstia, o *eu* evita dar realce a sua subjetividade, diluindo-a no *nós*.

> O compadre compreendeu tudo, viu que Leonardo abandonava o filho, uma vez que a mãe o tinha abandonado e fez um gesto como quem queria dizer:
> – Está bem, já agora... vá; *ficaremos* com uma carga às costas (Manoel Antônio de Almeida, apud Martins, 1989: 184).

Um caso diferente é o do chamado plural de autor, utilizado em obras científicas, em conferências, etc.

> *Convenhamos*, portanto, que uma brisa radical agitava igualmente as terras brasileiras, proveniente, em boa parte, do "furacão sobre Cuba" (SG, 21).

Nesse caso, o enunciador usa *nós*, porque não é um indivíduo que fala em seu próprio nome, ele tem atrás de si a comunidade científica, que fala em nome da ciência, do saber. O autor estabelece-se como um delegado dessa coletividade cuja autoridade deriva da instituição científica e, para além dela, da própria ciência.[15]

Quando o *nós* e o *vós* representam um ser único, os adjetivos e os particípios que se referem a eles são colocados no singular, com gênero correspondente ao sexo do ser designado:

> Antes sejamos breve que prolixo.

15. segunda pessoa do singular pela segunda do plural.

> Pulvis es, et in pulverem reverteris. Homem cristão com quem fala a Igreja, *és* pó e *hás* de ser pó; que remédio? Fazer que um pó seja corretivo do outro. *Sê* desde logo o pó que *és*, e não *temerás* depois ser o pó que *hás* de ser (VI, 193).

Nesse exemplo, um orador fala a uma assembleia, usando um *tu* em lugar de *vós*. Desse modo, adota um pronome que, dirigindo-se a cada um em particular, implica a todos.

16. primeira pessoa do singular pela primeira do plural.

> Sabeis [observe-se que se passa também do *tu* do exemplo anterior imediatamente para o *vós*], Senhores, por que tememos o pó que havemos de ser? É porque não queremos ser o pó que somos. *Sou* pó, e *hei* de ser pó por vontade. Não é melhor que se faça desde logo a razão o que depois há de fazer a natureza? Se a natureza *me* há de resolver em pó, *eu quero* resolver-*me* em pó; e faça a razão por remédio, o que há de fazer a natureza sem remédio. Não sei se entendestes todos a metáfora? Quer dizer mais claramente, que o remédio único contra a morte é acabar a vida antes de morrer. Este é meu pensamento; e envergonho-me, sendo pensamento tão cristão, que o dissesse primeiro um gentio: Considera quam pulchra res sit consummare vitam ante mortem: deinde expectare securam reliquem temporis sui partem? (VI, 193).

86 As astúcias da enunciação

Nesse caso, uma posição coletiva é assumida por alguém que se coloca como seu porta-voz, mas também seu participante. Vieira, no mesmo sermão mencionado anteriormente, depois de dirigir-se a cada cristão individualmente, assume individualmente uma posição que é de todos os cristãos e não pessoal, como ele mesmo nos explica. Observe-se que, no texto, passa-se do *nós* para o *eu* com sentido de *nós*. Individualizar uma posição torna-a mais forte, mais viva, mais veraz.

17. primeira pessoa do plural pela segunda do singular.

> Sim, eu agora ando bom. E tu, meu Luís, como *vamos* de saúde? (Garrett, apud Martins, 1989: 184).

É um uso coloquial em que o *eu* participa com o *tu* de qualquer coisa que se refere a este. Por exemplo, depois de o interlocutário ter aumentado muito alguma coisa, o enunciador diz a frase *Não exageremos*, em que a afirmação excessiva é corrigida com uma ponta de benevolência. Maingueneau diz que se usa essa possibilidade quando se fala com crianças que ainda não falam e animais domésticos (1981: 18):

> *Nós estamos* sarando depressa.

Um caso mais complexo é este exemplo de *Angústia*, de Graciliano Ramos:

> – Para o diabo. Aqui me preocupando com aquela burra!... Acaba na rua da Lama... *Vamos* deixar de besteira, seu Luís. Um homem é um homem (apud Martins, 1989: 184).

Nesse exemplo, o narrador dirige-se, num processo de desdobramento, a si mesmo, tratando-se por *tu*. Temos uma primeira embreagem. Depois, o narrador associa-se ao seu duplo numa segunda embreagem.

18. segunda pessoa do plural pela primeira do singular.

Essa embreagem só ocorre quando, num processo de desdobramento, um *eu* se trata por *vós*, criando um efeito de extremo distanciamento. Esse emprego apenas se dá, quando o *vós* é usado para tratamento respeitoso.

> Então, eu me disse:
> – Meu caro, *vós* não *sois* um gênio.

19. primeira pessoa do singular pela segunda do plural.

> Então, é assim, *tomo* iniciativas sem consultar ninguém?

O *eu* tem valor de *vós*, quando o enunciador, dirigindo-se a um enunciatário múltiplo, descreve o que este fez, como se ele o tivesse feito. Essa embreagem cria um efeito de sentido de ironia.

O único caso de neutralização que não nos parece possível é o da segunda pessoa do singular com a primeira do plural.

A língua, com o mecanismo da embreagem, permite que pronomes derrapem e efetuem sua ancoragem em pontos de referência deslocados em relação às coordenadas enunciativas efetivas. Todas as unidades dêiticas que indicam o enunciador podem denotar o enunciatário e vice-versa. Pessoas ampliadas podem significar as pessoas singulares e vice-versa; a não pessoa pode assinalar as pessoas e vice-versa. O *eu*, assim como o fazem o *aqui* e o *agora*, ancora o texto. A debreagem dá-lhe um caráter referencializado. A embreagem desestabiliza essa referencialização, mostrando o texto como enunciação e, portanto, desvelando a ilusão referencial.

Analisemos um pouco melhor os efeitos de sentido produzidos pelo mecanismo da embreagem. Quando se fala em *efeito de sentido*, pensa-se imediatamente em algo assistemático, que difere em cada caso, que não obedece a nenhuma coerção sistêmica. No entanto, não é assim que as coisas se passam na linguagem, pois tem ela um aspecto sistêmico, que é o que possibilita a comunicação. A "vertigem pronominal", de que fala Genette (1972: 254), submete-se a determinadas coerções semânticas, que tornam possível sua compreensão. Embora o discurso mostre que o uso linguístico é mais rico, variado e multiforme do que possam imaginar nossas descrições do sistema, os efeitos de sentido produzidos por ele com o mecanismo da embreagem estão sujeitos a uma categoria semântica invariável, que, nos diferentes casos, vai, por um processo de enriquecimento, ganhando uma concretude maior e vai, por conseguinte, diferenciando-se. No entanto, é preciso ressaltar que essa diferenciação constitui uma variação da categoria de base.

No caso das categorias da enunciação, a oposição sêmica que está na base de todos os efeitos de sentido é:

aproximação vs *distanciamento.*

Esses dois termos mantêm entre si uma relação de contrariedade (eixo dos contrários). Aplicada a eles uma negação, produzem-se dois termos contraditórios (*não aproximação* e *não distanciamento*), que também estão em relação de contrariedade (eixo dos subcontrários). Cada um dos subcontrários está em relação de implicação com o termo contrário daquele de que é negação. A união dos contrários gera um termo complexo ($a + b$) e a dos subcontrários, um termo neutro (*não a* + *não b*). Tem-se, então, o chamado quadrado semiótico.

Aproximação e *distanciamento* foram escolhidos por metaforizarem perfeitamente a expressão ou não da fonte enunciativa, em relação à qual se ordenam tempos e espaços.

No que concerne à categoria de pessoa, *aproximação* apresenta-se num nível mais superficial como /subjetividade/ e *distanciamento*, como /objetividade/. Se considerarmos *pessoa* como o termo designador da individualidade e *persona* como a palavra que indica o papel social de um indivíduo, diríamos que a debreagem enunciativa instala uma *pessoa* no enunciado e a enunciva projeta nele uma *persona*. *Objetividade* é uma palavra polissêmica, pode significar tanto *neutralidade* quanto *justeza*, isto é, *adequação a um referente*. Na linguagem, na verdade, não há nem uma nem outra. O que há são efeitos de sentido produzidos, no primeiro caso, por um apagamento das marcas da enunciação no enunciado e, no segundo, por um controle dos termos mais nitidamente avaliativos. Objetividade linguística não existe, mas, por meio de certos procedimentos, chega-se ao efeito de sentido de objetividade.

No caso da embreagem, temos um quadro um pouco mais complexo. Considerando a primeira pessoa o lugar privilegiado da subjetividade e a terceira, o *tópos* por excelência da objetividade, a segunda será tanto o lugar da não subjetividade quanto da não objetividade.

Usar a terceira pessoa no lugar de qualquer outra é objetivar o enunciado, é esvaziar a *pessoa* e ressaltar a *persona*, é enfatizar o papel social em detrimento da individualidade.

> É chegada a altura de se revelar que *este autor* (= eu) em um momento se achou semelhante aos deuses (José Saramago, *Folha de S.Paulo*, 24/10/1993: 1-3).

> [Itamar,] *O Presidente da República* (= você) não pode fechar os olhos para este assunto mais explosivo do que PC/Collor. Mas você vai ter que encará-lo mais cedo ou mais tarde (*Folha de S.Paulo*, 26/10/1993: 1-6).

Valer-se da primeira pessoa com significado de outra é subjetivizar o discurso, é diminuir o papel social, é evidenciar a subjetividade.

> – Como vai para a Vinte e Três de Maio? *Pego* (= você pega) a primeira à esquerda, *subo* a rampa até o farol, *sigo* em frente e já *estou* no acesso para a Vinte e Três de Maio (informação dada a um motorista).

Utilizar a segunda pessoa com valor de terceira nega a objetividade, usá-la no lugar da primeira infirma a subjetividade. Neste caso, dá-se certa objetividade ao *eu*, desdobrando-se o enunciador em duas instâncias.

> *Aires amigo, confessa* que ouvindo ao moço Tristão a dor de não ser amado, sentisse tal ou qual prazer, que aliás não foi longo nem se repetiu. *Tu* não a *queres* para *ti*, mas *terias* algum desgosto em a saber apaixonada dele; *explica-te* se *podes*; não *podes*. Logo depois *entraste* em *ti* mesmo, e *viste* que nenhuma lei divina impede a felicidade de ambos, se ambos a quiserem ter juntos. A questão é querê-lo e ela parece que não o quer (MA, v. 1, 1173).

Nesse exemplo, o Conselheiro fala consigo mesmo.

No caso de uma segunda pessoa com valor de terceira, de certa maneira, subjetiva-se a não pessoa.

> O psiquiatra Ricardo Chemas está convencido de que "o homossexualismo é uma doença hereditária transmissível". Afirma acreditar que a ciência brevemente poderá anunciar a descoberta de que "o gene homossexual" é ligado a um outro gene destinado a manter o controle populacional.
>
> "Se *você* (= alguma pessoa) pega ratos e superpopular uma gaiola (sic), aparece o comportamento homossexual como comportamento adaptativo à superpopulação. Os ratos começam a copular entre si como uma forma espontânea de autoequilíbrio. Parece que o gene do homossexualismo é ligado a uma espécie de comportamento desse tipo." (*Folha de S.Paulo*, 24/10/1993: 4-10).

Nos dois casos, cria-se uma cumplicidade com o enunciatário, pois este é um *eu* e o que é individual passa a ser compartilhado, ou o *ele* torna-se um *tu* e o que é genérico fica como que particularizado.

Quando se tem a primeira pessoa do plural com valor de outra, ocorrem duas possibilidades. Quando equivale à primeira do singular ou à terceira, aparece o termo complexo /subjetividade/ + /objetividade/:

> *Nós*, Pedro I, Imperador do Brasil, *outorgamos* esta constituição.
> *Costumamos* (= costuma-se) usar a linguagem sem refletir sobre ela.

Quando significa a segunda pessoa, o efeito de sentido é de /subjetividade/ + /não objetividade/.

> – *Vamos* dormir agora? – diz o pai ao filho (significando que a criança deve ir dormir).

Quando a segunda do plural é empregada para designar outra, o efeito de sentido é de /não subjetividade/ + /não objetividade/. Por exemplo, quando o *vós* significa *nós*. Diz o treinador ao time que ganhou:

> *Vocês* são ótimos. Nosso trabalho é de primeira.

A "vertigem pronominal" é rigorosamente controlada do ponto de vista semântico. Ela não produz o não sentido, mas novos sentidos; não gera o caos, mas uma nova ordem. Não é a ordenação do sistema que cria a vida da linguagem, mas a exploração, no discurso, das suas possibilidades de ruptura.

A pessoa transbordada

> "Toda mudança é uma ameaça à estabilidade."
> Aldous Huxley

Em alguns casos, em geral na língua familiar, em que existe um enunciado construído enunciavamente e, portanto, parece não haver actantes da enunciação, a instância enunciativa transborda instalando o *eu* ou o *tu* (este com mais frequência) como complementos dativos. É o chamado *dativo ético*. Nesse caso, o *eu* e o *tu* não exercem as funções próprias do dativo (por exemplo, o benefactivo), mas têm outro papel.

O *tu* executa apenas a função de testemunha fictícia no processo. Sua supressão em nada alteraria o conteúdo do enunciado. Sua presença está ligada a enunciados enfáticos que apresentam um fato inesperado do ponto de vista do enunciador. Assim, em *Ele te deu um murro nele*, o *te* só exerce a função de testemunha do processo. A segunda pessoa pode ter esse papel no singular ou no plural.

Quando a primeira pessoa exerce essa função, o que o narrador indica é seu profundo envolvimento com a ação. Assim, na frase *Me vem aqui*, o que se indica é o profundo interesse do *eu* nessa ação.

Essa construção já existia em latim:

> [...] *at tibi* repente venit ad me Caninius (mas de repente Canínio te vem até mim) (Cícero, apud Ragon, 1960: 180).

No Brasil, os italianos são motivo de riso pelo excesso de dativos éticos que pontuam sua fala:

> Pina, o Angelim *me* veio ontem cedo, aí *me* tocou sanfona, *me* bebeu, *me* riu. Só *me* foi embora perto da meia noite. Quando *me* ia saindo, quase *me* caiu na porta.

O dativo ético só é facilmente reconhecível quando o verbo não permite um dativo. Se o verbo exige um, o enunciado é ambíguo, a menos que haja dois dativos pessoais distintos. Assim, na frase "Assunta, não é que ele me disse para o patrão todas essas bobagens", reconhece-se facilmente que o "me" é dativo ético, porque existe o dativo *para o patrão*, que indica para quem foi feita a ação. Já se a frase fosse "Não é que ele me disse todas essas abobrinhas", só o contexto poderia indicar se "me" é dativo ético ou não.

No dativo ético, a enunciação mostra-se em todo seu esplendor. Transborda, mostrando que o sonho positivista do apagamento total da enunciação, com a construção do enunciado puro, é uma ilusão. Narrador e narratário estão sempre presentes e aproveitam todas as brechas para "conspurcar" a objetividade do enunciado.

A pessoa desdobrada

> "Agora a música já não a libertava, não a impedia de pensar. Dançava dividida, uma parte dela no que fazia, a outra vendo-a fazer."
>
> Pepetela

Tomando um conjunto de trabalhos clássicos na Teoria Literária (Kayser, 1970; Booth, 1970; James, 1948; Lubboch, 1976; Friedman, 1967; Mendilow, 1972; Forster, 1969; Pouillon, 1974), Diana Luz Pessoa de Barros diz que, na questão do ponto de vista, há três aspectos a considerar: a delegação de "voz", a organização do saber e a relação entre os papéis do discurso e da narrativa (1988: 84).

Quanto ao primeiro aspecto, mostra que o enunciador pode construir o discurso como uma metonímia ou como uma metáfora da instância de enunciação. Temos, então, discursos narrados em terceira e em primeira pessoa.

O segundo aspecto é o da delegação do saber. Nesse caso, temos narradores que sabem e narradores ignorantes, iludidos ou desenganados. O objeto do saber também varia: saber sobre a competência própria ou dos outros, saber sobre os fazeres pragmáticos ou cognitivos, saber sobre as paixões. A combinação desses elementos do saber daria a classificação em narrador onisciente ou não onisciente, entre difusão (onisciência multisseletiva) ou concentração do saber.

Quanto ao último aspecto, o narrador pode estar em sincretismo ou não com os actantes narrativos (narradores que exercem o papel de "personagens principais ou secundárias" na narrativa ou são observadores explícitos).

A autora reserva o termo *narrador*, como vimos, apenas para os casos em que quem relata assume explicitamente a palavra, ou seja, para os casos ditos de narrativa em primeira pessoa. Nas chamadas narrativas em terceira pessoa, segundo ela, há apenas um observador, já que o papel temático "narrador" não se explicita no texto (1988: 81).

A Teoria Literária mais tradicional, ao reduzir a questão do chamado *foco narrativo* à dicotomia narrador em primeira e em terceira pessoa, hipertrofiou o papel do narrador, confundindo, como nota Genette, duas instâncias bem distintas, quem fala e quem vê (1972: 203). A primeira diz respeito à voz que narra, a segunda, à perspectiva a partir da qual se relata. Essa perspectiva é o ponto de vista que orienta a narrativa, podendo ser o do narrador ou o de uma das personagens.

Greimas e Courtés, para marcar teoricamente essa distinção, postularam a existência de duas instâncias diferentes, a do narrador e a do observador. Este é o sujeito cognitivo delegado pelo enunciador e instalado por ele no enunciado, onde é encarregado de um fazer receptivo e, eventualmente, de um fazer interpretativo, que incidem sobre os actantes da narrativa e os programas narrativos de

92 As astúcias da enunciação

que participam. O observador pode estar implícito no enunciado, pode estar em sincretismo com o narrador ou pode estar instalado como tal no enunciado (1979: 259-260). O narrador é "o destinador do discurso explicitamente instalado no enunciado", é actante da enunciação enunciada e pode estar em sincretismo com um dos actantes do enunciado (Greimas e Courtés, 1979: 242). Com essa definição de narrador, a Semiótica começa a fazer o contrário daquela Teoria Literária que alcunhamos de mais tradicional, inicia um processo de hipertrofia do observador.[16] Isso se deve, de um lado, a um conceito extremamente restritivo de enunciação enunciada. Como ela foi tomada inicialmente no sentido de enunciação reportada, ou seja, de simulacro da enunciação, e não como o conjunto de índices que remetem à instância enunciativa, só as chamadas narrativas em primeira pessoa teriam narrador. No entanto, ao alargar o conceito de enunciação enunciada, temos que admitir que, a rigor, não existe narrativa em terceira pessoa. Com efeito, quando se fala nesse tipo de narrativa, misturam-se dois níveis, o dos actantes da narração com os do narrado, pois o que se considera narrativa em terceira pessoa não é aquela em que o narrador diz ou não *eu* – embora no naturalismo, por exemplo, o narrador nunca devesse enunciar-se, dado que os fatos deveriam narrar-se por si mesmos –, mas aquela em que ele não participa dos acontecimentos narrados. Na medida em que o narrador pode intervir a todo instante como tal na narrativa, toda narração é virtualmente feita em primeira pessoa. Observe-se, por exemplo, que num romance como *Quincas Borba*, tido como narrativa em terceira pessoa, logo no início há uma interferência do narrador.

> Rubião fitava a enseada, – eram oito horas da manhã. Quem o visse como os polegares metidos no cordão do chambre, à janela de uma grande casa de Botafogo, cuidaria que ele admirava aquele pedaço de água quieta; mas, em verdade, *vos digo* que pensava em outra cousa (MA, v. 1, 643).

De outro lado, essa hipertrofia do observador se deve ao fato de que se distinguem na enunciação uma dimensão cognitiva e uma pragmática, sendo esta concebida pura e simplesmente como a verbalização. O observador ocupa-se daquela e o narrador, desta (Fontanille, 1989: 14-15). Ora, não há nenhum interesse em substituir uma instância por outra, que é o que se faz quando se esvazia o narrador da totalidade de suas funções. A única razão de separar essas duas instâncias é que o saber a respeito dos acontecimentos pode variar ao longo da narrativa, mesmo sendo encarregado dela um único narrador. Se não houvesse essas diferenciações, que exemplificaremos mais adiante, entre o fazer cognitivo e o fazer narrativo, essa distinção actancial não precisaria ser feita. O próprio Fontanille parece reconhecer que houve uma simples substituição, quando diz:

Se o "centro de orientação", a "perspectiva", a "frequência", o "tempo" e a "duração" são atributos da instância da observação, o narrador não é mais que uma voz. A instância "narrador" esvazia-se, portanto, de numerosas categorias em proveito da instância do "observador", a ponto de se poder perguntar agora se o narrador é verdadeiramente um "actante" enunciativo (1989: 44).

É desconhecer os diferentes papéis do narrador reduzi-lo a uma voz. Segundo Genette, a partir das funções da linguagem estabelecidas por Jakobson, pode-se dizer que o narrador tem cinco funções: a narrativa propriamente dita, a de direção, a de comunicação, a de atestação e a ideológica (1972: 261-263). A função narrativa propriamente dita é a de relatar a história. A função de direção é aquela em que, por um discurso metanarrativo, o narrador marca as articulações, as conexões, as inter-relações, em síntese, a organização interna do texto narrativo. Essas chamadas "indicações de direção", como, por exemplo, "É tempo de continuar essa narração interrompida pela necessidade de contar alguns fatos anteriores" (G, 128), servem, às vezes, de base à composição romanesca, como em Machado, em que os comentários do narrador e não o narrado constitui o elemento central da composição:

> E vejam agora com que destreza, com que arte faço eu a maior transição deste livro. Vejam: o meu delírio começou em presença de Virgília; Virgília foi o meu grão pecado da juventude; não há juventude sem meninice; meninice supõe nascimento; e eis aqui como chegamos nós, sem esforço, ao dia 20 de outubro de 1805, em que nasci. Viram? Nenhuma juntura aparente, nada que divirta a atenção pausada do leitor: nada. De modo que o livro fica assim com todas as vantagens do método, sem a rigidez do método. Na verdade, era tempo. Que isto de método, sendo, como é, uma cousa indispensável, todavia é melhor tê-lo sem gravata nem suspensórios, mas um pouco à fresca e à solta, como quem não se lhe dá da vizinha fronteira, nem do inspetor de quarteirão. É como a eloquência, que há uma genuína e vibrante, de uma arte natural e feiticeira, e outra tesa, engomada e chocha. Vamos ao dia 20 de outubro (MA, v. 1, 525).

A função de comunicação reside numa orientação para o narratário, quando o narrador conversa com ele, imagina suas reações, etc. Essa função é também muito frequente em Machado.

> Abane a cabeça, leitor; faça todos os gestos de incredulidade. Chegue a deitar fora este livro, se o tédio já o não obrigou a isso antes; tudo é possível. Mas, se o não fez antes e só agora, fio que torne a pegar o livro e que o abra na mesma página, sem crer por isso na veracidade do autor. Todavia, não há nada mais exato. Foi assim mesmo que Capitu falou, com tais palavras e maneiras. Falou do primeiro filho, como se fosse a primeira boneca (MA, v. 1, 858).

A função de atestação é aquela que fala da relação afetiva, moral ou intelectual do narrador com a história. Pode ter um papel de

94 As astúcias da enunciação

simples testemunho, quando o narrador indica a fonte donde retira as informações, o grau de precisão de suas lembranças ou os sentimentos que nele desperta um dado episódio (Genette, 1972: 262).

No primeiro capítulo de *Lucíola*, o narrador, escrevendo a uma senhora que estranhara sua excessiva indulgência pelas prostitutas, diz que a história que vai relatar é a sua história e mostra sua ligação emocional com ela:

> Quis responder-lhe imediatamente, tanto é o apreço em que tenho o tato sutil e esquisito da mulher superior para julgar uma questão de sentimento. Não o fiz, porque vi sentada no sofá, do outro lado do salão, sua neta, gentil menina de 16 anos, flor cândida e suave, que mal desabrocha à sombra materna. Embora não pudesse ouvir-nos, a minha história seria uma profanação na atmosfera que ela purificava com os perfumes da inocência; e – quem sabe? – talvez por ignota repercussão o melindre de seu pudor se arrufasse unicamente com os palpites de emoções que iam acordar em minha alma (LU, 11).

Na advertência que precede o primeiro capítulo de *Esaú e Jacó*, explica-se como foram encontrados os manuscritos tanto desse livro quanto do *Memorial*. Traça-se, ao mesmo tempo, o perfil do narrador. Mais adiante, discutiremos a questão de quem é o narrador dessa advertência e de outras do mesmo teor (MA, v.1, 946).

Nessa função, cabem também as explicações do narrador sobre a veracidade dos fatos, seja porque os presenciou, seja porque lhe foram contados por alguém confiável, etc. O narrador de *Memórias póstumas de Brás Cubas*, depois de relatar seu nascimento, diz:

> Digo essas cousas por alto, segundo as ouvi narrar anos depois; ignoro a mor parte dos pormenores daquele famoso dia. Sei que a vizinhança veio ou mandou cumprimentar o recém-nascido, e que durante as primeiras semanas muitas foram as visitas em nossa casa. Não houve cadeirinha que não trabalhasse; aventou-se muita casaca e muito calção. Se não conto os mimos, os beijos, as admirações, as bênçãos, é porque, se os contasse, não acabaria mais o capítulo, e é preciso acabá-lo. Item, não posso dizer nada do meu batizado, porque nada me referiram a tal respeito, a não ser que foi uma das mais galhardas festas do ano seguinte (MA, v. 1, 526).

A última função é a ideológica, aquela em que o narrador comenta a ação, avalia-a do ponto de vista de uma visão de mundo. Neste retrato de Aristarco, o narrador de *O Ateneu*, Sérgio, deixa entrever seu desprezo por uma concepção que fazia do ofício de educar um comércio. Faz isso pela escolha do léxico com que pinta a figura do diretor.

> Contemplávamos (eu com aterrado espanto) distendido em grandeza épica – o homem sanduíche da educação nacional, ladeado de dois monstruosos cartazes. Às costas, o seu passado incalculável de trabalhos; sobre o ventre, para frente, o seu futuro: a *réclame* dos imortais projetos (AT, 52).

Afamada por um sistema de nutrida *réclame*, mantida por um diretor que de tempos em tempos reformava o estabelecimento, pintando-o jeitosamente de novidade, como os negociantes que liquidam para começar com artigos da última remessa (AT, 13). Nas ocasiões de aparato é que se podia tomar o pulso do homem. Não só as condecorações gritavam-lhe do peito como uma couraça de grilos: Ateneu! Ateneu! Aristarco era todo anúncio (AT, 14).

Observe-se que todas as funções do narrador dizem respeito ao dizer, ao relatar. A função de falar é do narrador; a de ver ou, às vezes, a de ouvir, ou, em termos menos metafóricos, a de encarregar-se da dimensão cognitiva da narrativa, isto é, da compreensão dos fatos pertence ao observador (Fontanille, 1989: 16). Os dois actantes podem estar em sincretismo, mas são completamente distintos em sua função. Cabe lembrar, no entanto, que o narrador só pode relatar o que o observador sabe.

Machado de Assis, por exemplo, em seus romances em primeira pessoa, mostra, em muitas passagens, que o narrador não se confunde com o observador, embora estejam as duas instâncias sincretizadas num único ator. No capítulo XV de *Memórias póstumas*, o narrador relata seu relacionamento com Marcela e diz que ela o amava deveras, não queria nada dele, não era uma mulher interesseira. Ele conta os fatos, mas da perspectiva da personagem que os vivenciava. Anos mais tarde, quando encontra Marcela, temos a perspectiva do narrador, homem maduro, sobre o que acontecera. Ele explicita, então, essa diferença de perspectiva.

> Marcela lançou os olhos para a rua, com a atonia de quem reflete ou relembra; eu deixei-me ir então ao passado, e, no meio das recordações e saudades, perguntei a mim mesmo por que motivo fizera tanto desatino. Não era esta certamente a Marcela de 1822; mas a beleza de outro tempo valia uma terça parte dos meus sacrifícios? Era o que eu buscava saber, interrogando o rosto de Marcela. O rosto dizia-me que não; ao mesmo tempo os olhos me contavam que, já outrora, como hoje, ardia neles a flama da cobiça. Os meus é que não souberam ver-lha; eram olhos da primeira edição (MA, v. 1, 557-558).

O narrador sabe mais que a personagem. A focalização nesta é uma restrição do campo, que mais tarde se amplia numa demonstração da teoria das edições humanas exposta pelo narrador.

> Lembra-vos ainda a minha teoria das edições humanas? Pois sabei que, naquele tempo, estava eu na quarta edição, revista e emendada, mas ainda inçada de descuidos e barbarismos; defeito que, aliás, achava alguma compensação no tipo, que era elegante, e na encadernação, que era luxuosa (MA, v. 1, 556-557).

Jean Pouillon afirma que há três modos de compreender a cena (exercer os fazeres receptivo e interpretativo de que falava Greimas), de vê-la, diríamos com Genette: a visão por detrás, a visão com e a visão de fora (1974: 51-123). Levando em conta essa tríade, com as precisões que lhe faz Genette (1972: 203-211), poderíamos dizer que o narrador apreende o que se passa de duas maneiras:[17]

96 As astúcias da enunciação

1. observador com focalização parcial:

1.1 observador com focalização interna:

É um actante da narrativa a partir de cujo ponto de vista a cena é compreendida. Nesse caso, o narrador sabe mais que essa personagem.[18] Em *Grande sertão: veredas*, os acontecimentos são vistos do ponto de vista do Riobaldo personagem. Por isso, vai-se acompanhando seu amor por Diadorim como um amor homossexual, com a angústia que isso lhe provoca.

> Eu gostava de Diadorim corretamente; gostava aumentado, por demais, separado dos meus sobejos. Aquilo, davandito, ele tinha falado solto e sem serviço, era só uma recordação, assim um fraseado verdadeiro, ditado da vida. O que não fosse destinado para ele nem para mim, mas que era para todos. Ou, então, sendo para mim, mas em outros passados, de primeiro. Ali naquele lugar, o Carujo, no reabrirem, depois de uns meses, a igreja, o defunto tinha se secado sozinho... Ao por tanto, que se ia, conjuntamente, Diadorim e eu, nós dois, como já disse. Homem com homem, de mãos dadas, só se a valentia deles for enorme. Aparecia que nós dois já estávamos cavalhando lado a lado, par a par, a vai-a-vida inteira. Que: coragem – é o coração que bate; se não, bate falso. Travessia – do sertão – a toda travessia (GSV, 469).

O observador não sabe quem é de fato Diadorim e o que se passa no seu íntimo. Quem sabe todas as coisas é o narrador.

> Diadorim persistiu calado, guardou o fino de sua pessoa. Se escondeu; e eu não soubesse. Não sabia que nós dois estávamos desencontrados, por meu castigo. Hoje, eu sei; isto é, padeci. O que era uma estúrdia queixa, e que fosse sobrosso eu pensei. Assim ele acudia por me avisar de tudo e eu, em quentes me regendo, não dei tino. Homem, sei? A vida é muito discordada. Tem partes. Tem artes. Tem as neblinas de Siruiz. Tem as caras todas do Cão, e as vertentes do viver (GSV, 471).

Só no final o observador descobre que Diadorim é mulher. O narrador comenta com o narratário, nesse momento da narração, que não disse nada, para que este soubesse "somente no átimo" em que também soubera, ou seja, o que ele afirma é que respeitou a focalização.

> E disse. Eu conheci! Como em todo o tempo antes eu não contei ao senhor – e mercê peço: – mas para o senhor divulgar comigo, a par, justo o travo de tanto segredo, sabendo somente no átimo em que eu também soube... Que Diadorim era o corpo de uma mulher, moça perfeita... Estarreci. A dor não pode mais do que a surpresa. A coice d'arma, da coronha... [...] Uivei. Diadorim! Diadorim era uma mulher (GSV, 560).

No caso da focalização interna, o observador pode ser *fixo*, como em *Grande sertão: veredas*; *variável*, quando o actante observador muda ao longo da narrativa, como em *Vidas secas*, em que, pelo recurso do discurso indireto livre, o ponto de vista muda de Fabiano (por exemplo, o episódio do encontro com o soldado amarelo, em vs, 143-152), para Sinha Vitória (por exemplo, a cena em que ficou magoada com Fabiano por este ter dito que ela andava como um papagaio, quando estava de sapato, em vs, 76-84), para o menino mais velho (por exemplo, o trecho em que ele quer saber o significado da palavra inferno, em vs, 92-101), para Baleia (por exemplo, o episódio em que leva um tiro, em vs, 131-134), para o menino mais novo (por exemplo, a cena em que ele deseja realizar uma ação notável em vs, 86-91); *múltiplo*, quando o mesmo fato é apreendido a partir do ponto de vista de diferentes observadores, como no romance epistolar *Reflexos do baile*, de Antônio Callado, em que os acontecimentos relativos ao sequestro de embaixadores no período da luta armada contra a ditadura são focalizados por observadores distintos.

Segundo Roland Barthes, o que caracteriza a focalização interna é a possibilidade de reescrever o texto em primeira pessoa (se não for ainda), sem que isso produza nenhuma alteração no discurso, a não ser a mudança dos pronomes gramaticais. Por exemplo, o texto "o tilintar do gelo contra o vidro *pareceu* dar a Bond uma brusca inspiração" não pode ser transcrito em primeira pessoa sem uma incongruência semântica revelada pelo verbo *parecer*. Logo, a focalização, nesse caso, não pode ser interna (1971: 47).

1.2 observador com focalização externa:

Nesse caso, vemos apenas as ações das personagens, não sabemos quais são seus pensamentos e sentimentos. Focaliza-se a exterioridade da cena e não se vê a partir do íntimo do observador. O exemplo clássico desse tipo de focalização é *O falcão maltês*, de Dashiell Hammett.

> O despertador estanhado marcava três e quarenta quando Spade acendeu de novo a luz do lustre. Deixou cair o chapéu e o sobretudo sobre o leito e dirigiu-se à cozinha, voltando ao quarto com um copo e uma garrafa alta de Bacardi. Despejou um trago, e bebeu-o de pé. Pôs a garrafa e o copo sobre a mesa, sentou-se na beirada da cama de frente para eles, e enrolou um cigarro. Tinha bebido o terceiro copo de Bacardi e estava acendendo o quinto cigarro, quando a campainha da porta tocou. Os ponteiros do despertador marcavam quatro e meia. Spade suspirou, levantou-se e dirigiu-se ao aparelho telefônico, junto à porta do banheiro, onde apertou o botão que soltava o fecho da porta da rua. Então resmungou: – Diabos a levem – e conservou-se carrancudo, junto à caixa preta do telefone, com a respiração desigual, enquanto uma vermelhidão opaca lhe subia às faces (FMA, 16-17).

2. observador com focalização total, isto é, nem exterior ao íntimo das personagens nem interior a *uma* delas.

98 As astúcias da enunciação

Nesse caso, o observador é onisciente, sabe mais que as personagens, conhece os sentimentos e os pensamentos de cada uma delas.

> As cortinas da janela cerraram-se; Cecília tinha-se deitado.
> Junto da inocente menina, adormecida na isenção de sua alma pura e virgem, velavam três sentimentos profundos, palpitavam três corações bem diferentes. [...]
> Em Peri, o sentimento era um culto, espécie de idolatria fanática, na qual não entrava um só pensamento de egoísmo; amava Cecília não para sentir um prazer ou ter uma satisfação, mas para dedicar-se inteiramente a ela, para cumprir o menor de seus desejos, para evitar que a moça tivesse um pensamento que não fosse imediatamente uma realidade.
> Ao contrário dos outros ele não estava ali, nem por um ciúme inquieto, nem por uma esperança risonha; arrostava a morte unicamente para ver se Cecília estava contente, feliz e alegre; se não desejava alguma coisa que ele adivinharia no seu rosto, e iria buscar nessa mesma noite, nesse mesmo instante.
> Assim o amor se transformava tão completamente nessas organizações, que apresentava três sentimentos bem distintos: um era uma loucura, o outro uma paixão, o último uma religião.
> Loredano desejava; Álvaro amava; Peri adorava. O aventureiro daria a vida para gozar; o cavalheiro arrostaria a morte para merecer um olhar; o selvagem se mataria, se preciso fosse, só para fazer Cecília sorrir (G, 51-53).

O observador conhece o íntimo das três personagens e sabe a natureza do sentimento de cada uma por Cecília.

A focalização não é constante ao longo de toda a obra, o que significa que mais de um observador pode ser instalado na narrativa, como o comprova o texto de Machado de Assis acerca das relações de Brás Cubas com Marcela, mencionado anteriormente.

Genette considera que as mudanças de ponto de vista podem ser variações de focalização ou infração à perspectiva adotada, sobretudo quando essa alteração rompe a coerência do texto. Há, segundo Genette, dois tipos de violação do ponto de vista: a paralipse (do gr. *léipo*, abandonar) e a paralepse (do gr. *lambáno*, tomar para si). No primeiro caso, deixa-se de dar uma informação logicamente exigida pelo tipo de focalização adotada. O exemplo clássico é a novela *O assassinato de Roger Akcroyd*, em que um observador com ponto de vista interno, o assassino, em nenhum momento pensa no que fez. Barthes considera, com muita razão, que, nesse caso, Agatha Christie infringiu as regras do gênero (1971: 38). A paralepse ocorre quando se dá uma informação que a lógica da focalização exigia que não fosse dada. Por exemplo, trata-se de uma paralepse narrar os pensamentos de uma personagem, quando se emprega a focalização externa.

No entanto, essas infrações não precisam ser usadas inabilmente como nos casos mencionados. Ao contrário, elas podem gerar determinados efeitos de sentido. Por exemplo, o romancista romeno Caragiale cria um efeito de sentido humorístico, no conto *C.F.R.*, em que um trabalhador de estrada de ferro narra as relações de sua mulher com seu chefe, rapaz muito bonito. Tudo leva a crer que se trata de um marido enganado, que não percebe os sinais da traição, quando, no final, ele revela que o belo rapaz é seu cunhado, irmão de sua mulher (1908; cf. também http:// sonhosombra.blogspot.com.br/2010/09/cfr.html).

Distinguidos o observador e o narrador, a focalização e a narração, voltemo-nos novamente para o narrador.[19] Podemos narrar ou não a situação de narração. No primeiro caso, conta-se que alguém toma a palavra e relata uma história. A narração narrada estará inscrita numa narrativa primeira. O narrador segundo tem o mesmo estatuto teórico do interlocutor, o que ocorre é que sua instalação no enunciado desencadeia não um pequeno diálogo entre personagens, mas uma organização do texto em sua globalidade, ou, pelo menos, de grande parte dele. Nesse caso, do ponto de vista da estruturação do texto, os diálogos entre personagens da narrativa de segundo grau seriam já debreagens de terceiro grau. No segundo caso, a situação narrativa estará pressuposta, mesmo que o narrador esteja explícito no texto.

Tomemos o exemplo da *Eneida*. No primeiro verso do Canto i aparece um narrador explícito ("Canto as armas e o varão"), cuja situação narrativa está pressuposta pelo enunciado. No final desse Canto, narra-se o banquete que Dido oferece a Eneias. O narrador dá voz a ela, que, tomando a palavra, pede a seu convidado que relate, desde o início, as ciladas e as desgraças dos gregos e suas andanças, já que há sete anos ele errava por todas as terras e por todos os mares (i, 754-756). O narrador conta, então, a situação de narração nos dois primeiros versos do Canto ii:

> Todos se calaram e olharam fixamente [para eles]. Então o pai Eneias, do alto de seu leito, começou a falar assim.

Eneias é, então, um interlocutor instalado por uma debreagem de segundo grau. Narra longamente os sucessos da guerra de Troia. Começa assim:

> Convidas-me, ó rainha, a renovar uma dor inexprimível.

Um dos exemplos mais interessantes do avultamento do papel do interlocutor (narrador de segundo grau), que passa a ser visto como o único narrador, é *Grande sertão: veredas*. O romance começa assim:

> – Nonada. Tiros que o senhor ouviu foram de briga de homem não, Deus esteja.

O travessão que precede a primeira palavra do romance e que só fecha no ponto final da última página pressupõe uma instância narrativa que dá a palavra a Riobaldo, para que ele conte sua vida. Como esse narrador só tem essa função no livro, e é Riobaldo quem preenche, depois do travessão, as funções de repre-

100 As astúcias da enunciação

sentação, de direção e de interpretação, a instância do narrador como que se apaga e passa a ser ocupada pelo interlocutor. O depoimento do velho jagunço vira romance. E não podia ser diferente, pois o jagunço rosiano, como mostra Valnice Nogueira Galvão, é um letrado (1972: 70). Não há no livro reversibilidade entre *eu* e *tu*, interlocutor e interlocutário, o que faz dele um monólogo. No entanto, o interlocutário, que ocupa a posição de narratário, pelas mesmas razões pelas quais o interlocutor está na de narrador, está presente no texto. Já na primeira linha o narrador dirige-se a ele tratando-o de "o senhor". Esse tratamento será reiterado ao longo de todo o texto. O interlocutor-narrador torna o interlocutário-narratário manifesto no texto pelas perguntas que faz a ele ("Mas, o senhor sério tenciona devassar o raso este mar de territórios, para sortimento de conferir o que existe?" GSV, 26); pela retomada de suas palavras ("Por que o Governo não cuida? Ah, eu sei que não é possível. Não me assente o senhor por beócio." GSV, 16). O interlocutor vai assim compondo a figura de um interlocutário "hábil inquiridor, simpatizante e letrado" (Galvão, 1972: 70).

A ambiguidade está presente em todo o livro. De Diadorim até a demarcação do espaço (cf. GSV, 9), tudo é impreciso. O narrador mostra a relatividade das coisas e, nesse contexto, a imprecisão das posições actanciais ganha sentido.

A narração inscrita no enunciado, cujo responsável é um interlocutor-narrador, não produz apenas narrativas orais como na *Eneida* ou em *Grande sertão: veredas*. Ela pode ser um diário, como o redigido pelo Conselheiro Aires, que o narrador primeiro, que se apresenta como "editor", na advertência de *Esaú e Jacó*, explica ter sido encontrado depois da morte do diplomata. Esse narrador primeiro, além disso, historia rapidamente quem é o narrador-interlocutor a quem dará a palavra (MA, v. 1, 946). No *Memorial de Aires*, ele retoma a explicação a respeito do diário e mostra o trabalho de desbaste que fez no texto (MA, v. 1, 1096). Na primeira advertência, ele não se identifica; na segunda, assina-se *M. de A.* Essa última questão será discutida mais tarde.

Pode ser ainda um manuscrito que veio parar nas mãos do narrador, como em *O nome da rosa*. Na nota introdutória, conta-se que o narrador, Adso de Melk, escreveu um manuscrito, que foi reproduzido por J. Mabillon e traduzido pelo abade Vallet. É a tradução de Vallet que chega às mãos do narrador primeiro, que a passa para o italiano. Mais tarde, a versão feita por Vallet desaparece e o narrador fica com tradução que fizera. Depois de muitas peripécias na busca, sempre infrutífera, do texto de que tomara conhecimento, o narrador primeiro encontra em Buenos Aires a versão castelhana do livrinho de Milo Temesvar, *Do uso dos espelhos no jogo de xadrez*, em que se citava o manuscrito de Adso, mas a fonte não era nem Mabillon, nem Vallet, e sim Athanasius de Kircher. Como os episódios a que Temesvar se referia eram idênticos aos da tradução de Vallet, o narrador primeiro conclui que as memórias de Adso eram verídicas. Depois de relatar tudo isso, tece uma série de comentários: o estilo de Adso, que escreve e pensa como um monge, está ligado à tradição baixo-medieval latina, que não se contaminou com a "revolução do vulgar"; Vallet, ao traduzir para o francês neogótico o manuscrito, pode, devido ao avanço do conhecimento, ter feito alterações nele. Explica por que não traduziu as citações em latim, fala de suas dúvidas em publicar o manuscrito, expressa sua alegria pelo fato de que, no momento da publicação, a literatura não tenha mais que ser engajada, mas possa ser feita pelo simples amor à escritura. Além disso, redige uma nota em que explica como o texto está dividido (em sete dias e cada um dos dias em períodos correspondentes às horas litúrgicas) e em que hora do dia era realizada cada uma das horas do ofício divino. Temos, então, quatro níveis de narradores: o que traduziu o texto para o italiano instala o narrador Vallet, que o traduzira para o francês e que, por sua vez, estabelece o narrador Mabillon, que editara o manuscrito e que, por seu turno, dá a palavra a Adso de Melk, que relata os acontecimentos narrados no livro (Eco, 1983).

A narração inscrita no enunciado pode ainda ser cartas recebidas pelo narrador, que as edita e que escreve uma nota introdutória a elas, como em *Lucíola*. Enfim, as possibilidades de instalar uma narrativa no enunciado são inúmeras.

Essa narrativa pode manter, segundo Genette (1972: 241-243), com a narrativa primeira:

a) uma relação de causalidade direta, o que lhe dá uma função explicativa (a narrativa segunda de *Lucíola* explica por que o narrador era tão indulgente com as prostitutas) ou uma função preditiva, quando ao invés de remontar às causas anteriores, expõe as consequências ulteriores, como em Édipo;[20]

b) uma relação temática, que lhe dá uma função de contraste (a narrativa, em Catulo 64 (1984), da infelicidade de Ariadne abandonada, no meio do relato das alegres núpcias de Tétis) ou de analogia (a narrativa feita por Menênio Agripa da revolta dos membros contra o estômago (Tácito, II, 32), a respeito da qual nota o narrador primeiro que "mostrando a que ponto a sedição intestina do corpo era *semelhante* à da plebe contra o Senado, ele conseguiu convencê-los"; também o apólogo da linha e da agulha (MA, v. 2, 556) contado a um "professor de melancolia" suscita seu comentário de que também ele tem servido de agulha a muita linha ordinária);

c) uma relação entre o próprio ato de narrar e a situação narrativa primeira, o que lhe dá uma função, por exemplo, de alterar os acontecimentos desta (o exemplo mais célebre é o de Sherazade, que não foi morta porque contava histórias). Nota Genette que da primeira à terceira relação diminui a importância do narrado e aumenta a da narração.

102 As astúcias da enunciação

Observa Genette que da primeira à terceira relação diminui a importância do narrado e aumenta a da narração.

Já explicamos anteriormente que alargamos o conceito greimasiano de debreagem. No caso da pessoa, não só a voz que enuncia está ligada à instância da enunciação, mas também as pessoas que designam os actantes da narrativa são indicadas em relação ao *eu* do narrador. Como há um nível da narração (enunciação) e um do narrado (enunciado), devem-se distinguir as pessoas da enunciação e do enunciado.

Vimos ainda que, tradicionalmente, costuma-se dizer que há duas formas de narrar: em primeira ou em terceira pessoa. Já mostramos que, de fato, essa denominação é inadequada, pois a narração é sempre em primeira pessoa e, por conseguinte,

> a escolha do romancista não é entre duas formas gramaticais, mas entre duas atitudes narrativas, de que as formas gramaticais são apenas consequência: fazer contar a história por uma de suas "personagens" ou por um narrador estranho a ela (Genette, 1972: 252).

Isso significa que a presença da primeira pessoa numa narrativa pode servir seja para designar o narrador enquanto tal (por exemplo, em *Os Lusíadas*, o narrador designa-se enquanto tal, dizendo: "Cantando *espalharei* por toda parte,/ Se a tanto *me* ajudar o engenho e a arte". I, 2, 7-8), seja para dizer que há uma identidade entre o narrador e um dos actantes da narrativa (por exemplo, Brás Cubas: "Dito isto, *expirei* às duas horas da tarde de uma sexta-feira do mês de agosto de 1869, na *minha* bela chácara de Catumbi", MA, V. 1, 513). O termo "narrativa em primeira pessoa" concerne só ao segundo caso. Como diz Genette, "essa dissimetria só confirma sua impropriedade" (1972: 252). O que é importante ressaltar é que, por definição, só se pode narrar em primeira pessoa, já que é sempre um *eu* que fala.

Genette afirmava que a ausência do narrador é absoluta, mas a presença tem gradações, já que o narrador pode ser o herói da narrativa ou ter nela um papel secundário (1972: 253). Em obra posterior, corrige essa posição, mostrando que também a ausência tem gradações (1983: 71). Com efeito, basta pensarmos nos romances de que o narrador está totalmente ausente, deixando que os fatos se narrem por si mesmos, e aqueles em que um narrador intruso, mesmo sem dizer *eu*, comenta os acontecimentos, sublinha sua importância, etc.

Por outro lado, é preciso distinguir quando o *eu* designa uma personagem, dois *eu*, que Spitzer já denominava o *eu* narrante e o *eu* narrado (1970), pois aquele tem um estatuto diferente deste. Em *Dom Casmurro*, aliás, essas duas instâncias têm nomes diferentes: Dom Casmurro é o actante da enunciação, Bentinho, o do enunciado. A narração tem a finalidade de unir esses dois *eu*:

> O meu fim evidente era atar as duas pontas da vida, e restaurar na velhice a adolescência (MA, V. 1, 810).

O primeiro era "recluso e calado", bem diferente do segundo, que era apaixonado.

É necessário diferençar um *eu* narrador e um *eu* participante dos acontecimentos, porque um é o *eu* do *agora*; o outro, o do *então*. Observe-se o seguinte texto:

> Eram felizes, e foi o marido que primeiro arrolou as qualidades novas de Tristão. A mulher deixou-se ir no mesmo serviço, e eu tive de os ouvir com aquela complacência, que é uma qualidade minha, e não das novas. Quase que a trouxe da escola, se não foi do berço. Contava minha mãe que eu raro chorava por mama; apenas fazia uma cara feia e implorativa. Na escola não briguei com ninguém, ouvia o mestre, ouvia os companheiros, e se alguma vez estes eram extremados e discutiam, eu fazia da minha alma um compasso, que abria as pontas aos dous extremos. Eles acabavam esmurrando-se e amando-me.
>
> Não quero elogiar-me... Onde estava eu? Ah! no ponto em que os dous velhos diziam das qualidades do moço (MA, v. 1, 1151).

O narrador faz um elogio a si mesmo. Depois, instala um *eu* ator numa anterioridade. Com uma preterição (Não quero elogiar-me...), volta a retomar o *eu* da narração, que fora substituído pelo *eu* ator.

Se temos que distinguir um narrador "neutro" de um "intruso", personagens identificadas ou não com o narrador, um *eu* narrante e um *eu* narrado, temos, então, quatro tipos de debreagem actancial:

a) *debreagem enunciativa da enunciação*: quando os actantes da enunciação estão projetados no enunciado, quer no caso em que aparece um narrador "intruso" considerado de terceira pessoa, mas que diz *eu*, quer quando há um narrador dito de primeira pessoa (evidentemente, naquilo que diz respeito à enunciação enunciada e não ao enunciado enunciado).

No primeiro caso, temos o narrador de *Quincas Borba*, que se enuncia no enunciado e aí instala um narratário, embora não participe da ação.

> Não, senhora minha, ainda não acabou este dia tão comprido; não sabemos o que se passou entre Sofia e Palha, depois que todos se foram embora. Pode ser até que acheis aqui melhor sabor que no caso do enforcado.
>
> Tende paciência; é vir agora outra vez a Santa Tereza (MA, v. 1, 681).

No segundo, temos, por exemplo, o narrador de *Dom Casmurro*.

> Entretanto, vida diferente não quer dizer vida pior; é outra coisa. A certos respeitos, aquela vida antiga aparece-me despida de muitos encantos que lhe achei; mas é também exato que perdeu muito espinho que a fez molesta, e, de memória, conservo alguma recordação doce e feiticeira. Em verdade, pouco apareço e menos falo. Distrações raras. O mais do tempo é gasto em hortar, jardinar e ler; como bem e não durmo mal (MA, v. 1, 810).

104 As astúcias da enunciação

Nesse caso, o presente da narração mostra que se trata da enunciação enunciada. Por conseguinte, aqui o *eu* é o *eu* narrador.

b) *debreagem enunciva da enunciação*: quando os actantes da enunciação não estiverem projetados no enunciado, como no caso, por exemplo, de *O cortiço*, de Aluísio de Azevedo.

c) *debreagem enunciativa do enunciado*: quando o narrador se identifica com uma das personagens, naquilo que concerne ao enunciado enunciado, ou seja, ao *eu* actante da narrativa. Por exemplo, quando se narram as peripécias de Bentinho em *Dom Casmurro*. Observe-se que os fatos narrados são anteriores ao tempo da narração

> Ia entrar na sala de visitas, quando ouvi proferir o meu nome e escondi-me atrás da porta. A casa era a da Rua de Mata-cavalos, o mês novembro, o ano é que é um tanto remoto [...]; o ano era de 1857 (MA, v. 1, 811).

d) *debreagem enunciva do enunciado*: quando se faz referência a qualquer actante da narrativa que não se identifica com o narrador, seja em romances ditos em primeira pessoa, como, por exemplo, em *Dom Casmurro*:

> Eis aqui outro seminarista. Chamava-se Ezequiel de Souza Escobar. Era um rapaz esbelto, de olhos claros, um pouco fugitivos, como as mãos, como os pés, como a fala, como tudo. Quem não estivesse acostumado com ele podia acaso sentir-se mal, não sabendo por onde lhe pegasse (MA, v. 1, 868).

seja em textos ditos em terceira pessoa, como em *O senhor embaixador*, de Erico Verissimo:

> Entre as muitas preocupações que disputavam a atenção de Clare Ogilvy naquela manhã de abril, a maior era a de fazer que o novo embaixador chegasse à Casa Branca na hora marcada. Michel telefonara-lhe havia pouco, comunicando que seu patrão desejava deixar a residência às dez e meia em ponto (SE, 40).

É preciso lembrar mais uma vez que a debreagem da enunciação e a do enunciado não têm o mesmo estatuto, pois esta é subordinada àquela. De fato, a debreagem da enunciação engendra a enunciação enunciada e o enunciado enunciado e, então, no enunciado enunciado instaurado, operam as debreagens do enunciado.

Estão instalados no enunciado os actantes da enunciação e do enunciado. Tudo está claro. O narrador é sempre um *eu*, que se enuncia ou não; as personagens são o *eu*, o *tu* ou o *ele*. No entanto, nem tudo é tão simples. As relações entre as pessoas neutralizam-se, são flutuantes e intercambiáveis. Isso cria o que Genette chamaria uma "vertigem pronominal" (1972: 254), ligada à ideia de que a "personalidade" é mais complexa do que parece à primeira vista. Nessa vertigem, os pontos de demarcação oferecidos pelo sistema da língua tornam-se pouco nítidos, vagos, incertos. Saímos do domínio da língua e entramos no do discurso. A embreagem toma o lugar da debreagem.

Além da neutralização actancial num nível microtextual, podem-se neutralizar os actantes ou denegar o enunciado num nível macrotextual. Essas neutralizações e denegações dizem respeito à relação entre a instância da narração e a do narrado. Por isso, o que está em questão não são pontos localizados do texto, mas a globalidade do discurso. Nesse caso, teríamos como que macroembreagens. Há duas formas de realizá-las: o narrador apresentar-se sob a forma de uma pessoa com o valor de outra ou, então, mudar os actantes de nível narrativo. No primeiro caso, se elas concernem ao narrador em sua relação com o que é relatado, há três possibilidades de embreagens.

A primeira possibilidade é a de um *ele* que significa *eu*. Nesse caso, o narrador, que se identificaria com um actante da narrativa, não se enuncia como *eu*, mas usa a terceira pessoa para referir-se a si mesmo, como se fosse apenas um actante da narrativa.

O caso mais célebre de uma obra em que o *ele* é usado com o valor de *eu* é o *De Bello Gallico*, de César (1908). Ao longo de toda a obra, em que se narra a guerra contra os gauleses, César não se diz *eu*, mas *César*. Butor mostra o alcance político extraordinário dessa embreagem (1964: 69).

> Sendo cônsules Lúcio Domício e Ápio Cláudio, César, partindo dos quartéis de inverno para a Itália, como costumava fazer todos os anos, ordena aos lugares-tenentes que pusera à frente das legiões que cuidem para que no inverno se construa o maior número possível de naves e para que se consertem as velhas (V, 1).

A segunda é a de um *eu* que significa *ele*. Ela ocorre quando o actante que vem dizendo *eu* passa a ser tratado por *ele* no mesmo nível narrativo. É o caso de *Esaú e Jacó*, de Machado de Assis. Na advertência, o narrador primeiro explica que, "quando o Conselheiro Aires faleceu, acharam-se-lhe na secretária sete cadernos manuscritos, rijamente encadernados em papelão"; que o sétimo trazia o título "Último". Em seguida, diz que ele não fazia parte do memorial, "diário que o Conselheiro escrevia desde muitos anos e era matéria dos seis"; era uma narrativa e, posto que figurem nela "o próprio Aires, com seu nome e título de conselho, e, por alusão, algumas aventuras, nem assim deixava de ser a narrativa estranha à matéria dos seis cadernos". Nestes "tratava de si", o que pressupõe que naquela não (MA, v. 1, 946). Cria-se aqui uma situação curiosa: na medida em que Aires é instalado no enunciado como produtor de uma narrativa e participa dela, deveria ser considerado narrador. No entanto, o próprio narrador primeiro, ao mostrar que Aires figura na narrativa com seu nome e título, deixa claro que o narrador não se identifica com

106 As astúcias da enunciação

nenhuma personagem. Temos, então, um narrador dito em terceira pessoa. Não poderia ser diferente, já que o observador em sincretismo com o narrador tem uma visão total, é onisciente. Veja-se, por exemplo, o seguinte trecho:

> Natividade ia pensando na cabocla do Castelo, na predição da grandeza e da notícia da briga. Tornava a lembrar-se que, de fato, a gestação não fora sossegada; mas só lhe ficava a sorte da glória e da grandeza. A briga lá ia, se a houve, o futuro, sim, esse é que era o principal ou tudo. Não deu pela praia de Santa Luzia (MA, v. 1, 953).

Uma narrativa dita em primeira pessoa obrigaria a uma focalização interna. Por outro lado, no entanto, o narrador enuncia-se ao longo da narrativa e comenta os acontecimentos e a própria narração.

> Não me peças a causa de tanto encolhimento no anúncio e na missa, e tanta publicidade na carruagem, lacaio e libré. Há contradições explicáveis. Um bom autor, que inventasse a sua história, ou prezasse a lógica aparente dos acontecimentos, levaria o casal Santos a pé ou em caleça de praça ou de aluguel; mas eu, amigo, eu sei como as cousas se passaram, e refiro-as tais quais. Quando muito, explico-as, com a condição de que tal costume não pegue. Explicações comem tempo e papel, demoram a ação e acabam por enfadar. O melhor é ler com atenção.
> Quanto à contradição de que se trata aqui, é de ver que naquele recanto de um larguinho modesto, nenhum conhecido daria com eles, ao passo que eles gozariam do assombro local; tal foi a reflexão de Santos, se se pode dar semelhante nome a um movimento interior que leva a gente a fazer antes uma cousa que outra (MA, v. 1, 955).

Vários indícios levam a crer que a personagem de ficção Aires é o narrador. Entretanto, ao denominar-se Aires, opera uma embreagem, denegando o que estava enunciado, o *eu* torna-se *ele*.

> Aires soube daquela conclusão no dia seguinte, por um deputado, seu amigo, que morava em uma das casas de pensão do Catete. Tinha ido almoçar com ele, e, em conversação, como o deputado soubesse das relações de Aires com os dous colegas, contou-lhe o ano anterior e o presente, a mudança radical e inexplicável. Contou também a opinião da Câmara.
> Nada era novidade para o conselheiro, que assistira à ligação e desligação dos dous gêmeos. Enquanto o outro falava, ele ia remontando os tempos e a vida deles, recompondo as lutas, os contrastes, a aversão recíproca apenas disfarçada, apenas interrompida por um motivo mais forte, mas persistente no sangue, como necessidade virtual. Não lhe esqueceram os pedidos da mãe, nem a ambição desta em os ver grandes homens (MA, v. 1, 1093).

O narrador Aires, ao negar-se enquanto narrador enunciado, finge colocar-se em outro nível enunciativo, o de autor, o que lhe permite, com toda a liberdade, entrar em sincretismo com um observador onisciente. Por quê? No perfil que o narrador traça de Aires, ou antes, de si mesmo, está a resposta:

Foi o que ele leu nos olhos parados. É ler muito, mas os bons diplomatas guardam o talento de saber tudo o que lhes diz um rosto calado, e até o contrário. Aires fora diplomata excelente, apesar da aventura de Caracas, se não é que essa mesmo lhe aguçou a visão de descobrir e encobrir. Toda a diplomacia está nestes dous verbos parentes (MA, v. 1, 1070).

A terceira possibilidade é a de um *tu* com valor de *eu*. Não se trata de o narrador tratar-se por *tu*, em pontos localizados do texto, como o faz muitas vezes Aires, no *Memorial*, mas do caso raríssimo de o narrador dirigir-se a si mesmo como *tu* ao longo de quase toda a obra. É o que ocorre no romance *La modification*, de Michel Butor (1957). Nele, um homem, Léon Délmont, diretor em Paris do escritório francês da fábrica de máquinas de escrever Scabelli, faz um exame de consciência, pensando em seu presente e em seus projetos, meditando sobre seu passado, fechado num compartimento de 3ª classe, durante as 24 horas da viagem Paris-Roma. Aos 40 anos, Léon tem um apartamento na Praça do Panteão, três filhos, uma mulher correta, "burguesa" e indiferente. Em Roma, aonde vai com frequência para receber as determinações da matriz, tem uma amante, Cecília, que trabalha como secretária do adido militar francês. Léon toma a terceira classe do expresso diurno em lugar da primeira classe do rápido noturno, porque, desta vez, a viagem é paga de seu bolso, uma vez que vai a Roma para convencer Cecília a ir morar com ele em Paris, pois vai dar início a uma ação de divórcio. Na verdade, não se trata de uma verdadeira meditação, pois Léon não reflete sobre os motivos de suas ações ou dos outros, mas em sua mente passam imagens: "lembranças e projetos são imagens sucessivas de Roma que se superpõem; várias visões de Roma misturadas a várias de Paris" (Albérès, 1964: 73). A modificação é a descoberta de que "transplantada para Paris e vindo a ser sua companheira, Cecília perderá seu encanto; assim como, se ela não fornecer mais a ocasião de uma fuga amorosa, Roma também perderá seu charme" (Albérès, 1964: 74). Por isso, Léon decide voltar para sua mulher. No livro, há uma luta de imagens, figurativizadas por duas cidades, Paris e Roma. Léon não oscila entre duas mulheres, mas entre duas cidades (Albérès, 1964: 74-75).

O narrador refere-se a si mesmo como *vós:*

> Terça-feira próxima, quando chegardes a Paris, ao número quinze da Praça do Panteão, assim que vos tiver visto, ela saberá que seus temores, que vossos desejos vão realizar-se, não haverá necessidade de lhe dizer, não haverá meio de lhe esconder, e, nesse momento, ela fará tudo para arrancar de vós detalhes, perguntará quando Cecília deve chegar, mas isso não o sabeis, não o sabereis ainda nesse momento, dir-lhe-eis que não sabeis, mas ela não acreditará em vós, assediar-vos-á com questões faladas ou mudas, haverá apenas um meio de escapar delas, explicar-lhe ponto por ponto como as coisas transcorreram. (MO, 161).

108 As astúcias da enunciação

O uso da segunda pessoa faz do leitor um Léon Delmont, que fala a si mesmo, embalado pelo movimento do trem (Albérès, 1964: 68). É o narratário que o narrador questiona, convidando-o a uma meditação, pois sua vida, como a de tantos outros burgueses, contém o drama banal da existência de Léon.

Outra forma de realizar macroembreagens é efetuar a passagem de um actante de um nível narrativo a outro, pois, assim, a ilusão referencial esboroa-se. Vimos que há três níveis enunciativos (o do enunciador/enunciatário; o do narrador/narratário; o do interlocutor/interlocutário) e que o último pode ser desdobrado em diferentes graus. É preciso considerar que uma "pessoa" pode passar de um nível a outro, ou de um grau a outro, como acontece no filme *A rosa púrpura do Cairo* (1985), em que uma personagem do filme segundo sai da tela e entra no filme primeiro, para viver uma história de amor com uma espectadora assídua, ou num programa da Rede Globo denominado *Nunca houve uma mulher como Gilda*, exibido em dezembro de 1993, em que as personagens, a todo momento, transitavam de um grau narrativo para outro. A esse fenômeno Genette chamou *metalepse*, termo tirado da retórica clássica, que designa o fato de dizer que o narrador ou o autor praticam o que está sendo narrado. Por exemplo, observe-se o que diz o narrador de *Jacques le fataliste et son maître*, de Denis Diderot:

> O senhor veja, leitor, que estou no bom caminho e que dependerá apenas de mim fazê-lo esperar um ano, dois anos, três anos, a narrativa dos amores de Jacques, separando-o de seu patrão e fazendo-os passar por todo tipo de aventuras que me agradarem. Que é que me impediria de casar o patrão e de fazê-lo corno? De embarcar Jacques para as ilhas? De conduzir a elas o patrão? De trazer os dois de volta para a França no mesmo barco? Como é fácil fazer contos (JF, 21-22).

Consideramos essas metalepses embreagens. Temos a seguinte gama de possibilidades:

a) o narrador apresenta-se como enunciador.

O narrador de *Quincas Borba* diz:

> Este Quincas Borba, se acaso me fizeste o favor de ler as *Memória póstumas de Brás Cubas*, é aquele mesmo náufrago da existência, que ali aparece, mendigo, herdeiro inopinado, e inventor de uma filosofia. Aqui o tens agora em Barbacena (MA, v. 1, 644).

Em *Memorial de Aires*, na advertência que precede a narrativa, o narrador primeiro assina-se *M. de A.* e diz:

> Quem me leu *Esaú e Jacó* talvez reconheça estas palavras do prefácio: "Nos lazeres do ofício escrevia o *Memorial*, que, apesar das páginas mortas ou escuras, apenas daria (e talvez dê) para matar o tempo da barca de Petrópolis".

Referia-me ao Conselheiro Aires. Tratando-se agora de imprimir o *Memorial* achou-se que a parte relativa a uns dous anos (1888-1889), se for decotada de algumas circunstâncias, anedotas, descrições e reflexões, – pode dar uma narração seguida, que talvez interesse, apesar da forma de diário que tem. Não houve pachorra de a redigir à maneira daquela outra – nem pachorra nem habilidade. Vai como estava, mas desbastada e estreita, conservando só o que liga o mesmo assunto. O resto aparecerá um dia, se aparecer algum dia (MA, v. 1, 1096).

Nos dois casos, ao mencionar outra obra do mesmo autor como sua, o narrador confunde os níveis do enunciador e do narrador, isto é, o narrador coloca-se como enunciador.

b) o narrador coloca o narratário no mesmo nível dos actantes da narrativa. O narratário conversa com eles, conhece-os, participa da ação, etc. Veja-se este exemplo extraído do conto "Linha reta e linha curva", de Machado de Assis:

Era em Petrópolis, no ano de 186... Já se vê que a minha história não data de longe. É tomada dos anais contemporâneos e dos costumes atuais. Talvez algum dos leitores conheça até as personagens que vão figurar neste pequeno quadro. Não será raro que, encontrando uma delas amanhã, Azevedo, por exemplo, um dos meus leitores exclame:
– Ah! cá vi uma história em que se falou de ti. Não te tratou mal o autor. Mas a semelhança era tamanha, houve tão pouco cuidado em disfarçar a fisionomia, que eu, à proporção que voltava a página, dizia comigo: É o Azevedo, não há dúvida (MA, v. 2, 117).

c) o narratário torna-se narrador primeiro, na medida em que recolhe uma narração oral ou recebe um texto dirigido a ele e o edita. É o que acontece em *Lucíola*, em que Paulo narra sua história a uma senhora cujas iniciais são *G. M.*, para explicar-lhe por que tem tanta indulgência pelas prostitutas, já que ela estranhara essa sua atitude na última vez em que estiveram juntos. O narratário reúne as cartas e faz um livro. Numa nota *ao autor*, explica a razão do nome do livro e discute a questão da moralidade ou não da narrativa (LU, 9).

d) um actante da narrativa primeira entra na narrativa segunda ou vice-versa, como no exemplo citado de *A rosa púrpura do Cairo* ou em *Continuidad de los parques*, em *Final do jogo*, de Cortázar, em que um homem é assassinado por uma personagem de um romance que está lendo (1974: 11-13).

e) o narrador pode instalar-se na narrativa, quando, jogando com a temporalidade da narração e do narrado, preenche os "vazios" da história com explicações, como se a narração fosse concomitante aos acontecimentos. Em *Ilusões perdidas*, de Balzac, há a seguinte passagem:

110 As astúcias da enunciação

> Enquanto o venerável eclesiástico sobe as encostas de Angoulême, não será inútil explicar a trama de interesses em que vai meter os pés (CH, v. 7, 433).

As fronteiras dos níveis são móveis. Ultrapassá-las, misturar os graus, fazer de um actante de um nível actante do outro produzem um efeito de sentido de ficção, de metarrealidade, de liberação das rígidas convenções miméticas. Afinal, ficção é fingimento, é o processo pelo qual o homem tem o poder criador atribuído pelo mito à divindade. Com a palavra, cria outras realidades tão reais quanto aquela que recebe essa denominação.

NOTAS

[1] Um ator é a reunião de pelo menos um papel actancial e um papel temático (Greimas e Courtés, 1979: 9).

[2] Há três *nós*: um *nós* inclusivo, que é dêitico, em que ao *eu* se acrescenta um *tu* (singular ou plural); um *nós* exclusivo, em que ao *eu* se juntam *ele* ou *eles* (nesse caso, o texto deve estabelecer que sintagma nominal o *ele* presente no *nós* substitui) e um *nós* misto, em que ao *eu* se acrescem *tu* (singular ou plural) e *ele(s)*.

[3] Lembramos que, em nossa nomenclatura gramatical, incluem-se aqui pronomes adjetivos e pronomes substantivos.

[4] Não vamos tratar das desinências, pois elas se distinguem dos pronomes pessoais apenas do ponto de vista mórfico e não do ponto de vista semântico.

[5] Devemos ter sempre presente que a um "or" corresponde um "ário" (enunciatário a enunciador, etc.), porque, como mostra Bakhtin (Voloshinov), "toda enunciação monológica, inclusive uma inscrição num monumento, constitui um elemento inalienável da comunicação verbal. Toda enunciação, mesmo na forma imobilizada da escrita, é uma resposta a alguma coisa e é construída como tal. Não passa de um elo da cadeia dos atos de fala" (1979: 84).

[6] Tiramos do esquema apresentado, de junto dos termos "debreagem de 1º grau", a expressão "atores explicitamente instalados", porque consideramos, conforme já foi explicado, que há narrador implícito, enquanto Diana Luz Pessoa de Barros reserva o termo narrador apenas para os casos de explicitação do sujeito que assume a palavra no discurso. Essa opção foi feita porque se entendeu que o narrador é um ator que engloba os papéis actanciais do Sujeito e do Destinador discursivos e os papéis temáticos da "narração" (1988: 81). No nosso caso, a definição de narrador é outra: é a instância enunciativa enunciada que rege o texto. Essa instância pode estar ou não explicitada. No entanto, está sempre enunciada, o que é indicado por pontos de vista e apreciações que são de responsabilidade de um enunciador que diz ou poderia dizer *eu*.

[7] A inspiração dessa distinção vem de Ducrot (1987: 161-218). Para Ducrot, o "locutor é um ser que é, no próprio sentido do enunciado, apresentado como seu responsável, ou seja, como alguém a que se deve imputar a responsabilidade deste enunciado. É a ele que se refere o pronome *eu* e as outras marcas de primeira pessoa [...] O locutor, designado por *eu*, pode ser distinto do autor empírico do enunciado, de seu produtor – mesmo que as duas pessoas coincidam no discurso oral. Há de fato casos em que, de uma maneira quase evidente, o autor real tem pouca relação com o locutor, ou seja, com o ser, apresentado no enunciado, como aquele a quem se deve atribuir a *responsabilidade na ocorrência do enunciado*" (grifo nosso) (1987: 182). O que Ducrot chama *locutor* chamamos *narrador*. Para nós, o locutor nunca diz *eu*.

[8] Como observa Maingueneau (1986: 88), o diálogo teatral é de natureza diferente do discurso direto da narração romanesca, pois este é um aspecto da narração, enquanto aquele se apresenta como uma enunciação efetiva.

[9] Repetimos o que dissemos anteriormente. Não é sem razão que, enquanto em língua portuguesa, seguindo a tradição francesa, chamamos discurso indireto livre a essa maneira de citar o discurso de outrem, o termo usado por Gertraud Lerch é *uneigentlich direkte Rede*, traduzido para o inglês por *quasi direct discourse* (Bakhtin, 1979: 160).

[10] O *vous* conserva-se em francês como forma de tratamento respeitoso. O *usted* do espanhol provém de *vuestra merced*. Foi posto aqui com o italiano *lei*, porque se perdeu a memória de seu étimo. Já a forma respeitosa do português (*o senhor*) entra no caso do uso de um apelativo com o valor de segunda pessoa.

[11] Ao considerar *você* uma variante de *tu*, estamos dizendo que é preciso conceber a concordância com o verbo como concordância de segunda pessoa, o que significa ter em conta que, por exemplo, uma forma como "ama" acumula a segunda e terceira pessoas. O uso de pronomes oblíquos e pronomes possessivos de segunda pessoa com *você* prova que essa forma é variante de *tu*: *Você pensa o quê? Eu já te disse que teu pai não vem*.

[12] O romeno usa como pronomes para tratamento respeitoso em oposição a *tu*: *dumneata* (*domnia ta*), que é empregado para o tratamento meio cerimonioso, intermediário entre a intimidade e a reverência, e *dumneavoastră* (*domnia voastră*), que se utiliza para tratamento respeitoso. Não podem, no entanto, ser considerados embreagem, porque concordam com a segunda pessoa:
– Dumneavoastră aveţi mult de lucru?
– Dumneata vrei sa mergi cu mine la domnul Tomescu?

[13] Cabe lembrar que, em italiano, o *voi* teve grande difusão durante o regime fascista, que determinou oficialmente seu uso, para dizer-se continuador, no campo linguístico como no político, da tradição romana (Dardone e Trifoni, 1985: 167). É bem verdade que essa tradição não é do período clássico, mas do latim tardio. O *vós*, em todas as línguas românicas, pode ser usado em orações: "O pão nosso de cada dia nos dai hoje"; "Je vous salue, Marie...". Nas orações, pode-se também usar o *tu*, herança latina: "tu sei benedetta tra le donne", "bendita és tu entre as mulheres".

[14] Em nossa sociedade, o tratamento por *tu* difunde-se cada vez mais. Quando se é apresentado a uma pessoa que não pertence a nossa esfera de reciprocidade, começa-se por tratá-la por *senhor* e, depois de alguns minutos, considera-se que ela já faz parte de nossa esfera de reciprocidade (conhecido) e começa-se a tratá-la por *você*.

[15] Muito diferente, uma vez que não se trata mais de embreagem é o plural didático (exemplo: "como vimos na lição anterior"). Nesse caso, trata-se de um *nós* inclusivo (*eu* enunciador e *tu* enunciatário), pois indica que o *eu* e o *tu* juntos empreendem o percurso da aprendizagem que o texto didático impõe. Nesse caso, entra também o chamado plural narrativo, pois nele o narrador associa também o narratário: "Que isto de método, sendo, como é, uma coisa indispensável, todavia é melhor tê-lo sem gravata nem suspensórios, mas um pouco à fresca e à solta, como quem não se lhe dá da vizinha fronteira, nem do inspetor de quarteirão. É como a eloquência, que há uma genuína e vibrante, de uma arte natural e feiticeira, e outra tesa, engomada e chocha. *Vamos* [narrador e narratário] ao dia 20 de outubro" (MA, v. 1, 525).

[16] Fontanille, por exemplo, diz que, na dimensão cognitiva da enunciação, o observador é o actante principal e que, na dimensão pragmática da enunciação, se instalará um actante responsável pela realização material do discurso, denominado performador, que, de acordo com a matéria da expressão em que se exprime, será narrador, pintor, diretor, etc. A instância do narrador tem apenas o papel de verbalização no discurso verbal (1989: 47).

[17] Não acompanhamos a tipologia proposta por Fontanille (1989: 20) de que o observador se classifica em focalizador, espectador, assistente e assistente-participante, porque ela não diz respeito propriamente ao modo como a perspectiva se constitui, mas ao fato de ser o observador um puro actante ou um ator. Em outras palavras, sua tipologia concerne ao observador e não à observação.

[18] Chama-se interna, porque é a partir do interior de um actante que os fatos são vistos.

[19] Seria preciso ainda estabelecer uma sintaxe das focalizações, como esboçou Fontanille (1987: 81-88). Não sendo nosso objetivo o estudo mais aprofundado do observador, daremos apenas algumas indicações do que poderia ser essa sintaxe: a) os pontos de vista podem ser excludentes (é o que acontece em *Degrés* (1978), de Michel Butor, em que os mesmos fatos são retomados três vezes, a partir de pontos de vista bem diferentes); b) inclusivos (é o que ocorre, quando um ponto de vista engloba outro que era parcial); c) reclusivos (quando um corrige o outro); d) integradores (quando os vários pontos de vista parciais confluem para uma compreensão total de um acontecimento). Os nomes foram sugeridos por Fontanille.

[20] Nesse caso, nota Genette, não se trata de uma profecia que se realiza, mas de uma armadilha em forma de narrativa, pois, sem as previsões do oráculo, não haveria exílio, parricídio e incesto. A narrativa segunda no futuro vai desencadear a "máquina infernal" que a executa (1972: 251).

Do tempo

> "Que é, com efeito, o tempo? Se ninguém me pergunta, eu sei; se eu
> quiser explicar a quem indaga, não sei."
> Santo Agostinho, *Confissões*, XIV, 17

O tempo dominado

> "O tempo é invenção ou não é nada."
> Bergson

O homem sempre se preocupou com o tempo, pois pensá-lo significa ocupar-se da fugacidade e da efemeridade da vida e da inexorabilidade da morte. No princípio eram os mitos. Entre os hebreus, Deus criou o tempo, ao criar o mundo; no primeiro dia, criou o dia e a noite:

> Deus disse: "Faça-se a luz". E a luz fez-se. Deus viu que luz era boa: e separou a luz das trevas. Chamou a luz dia e, as trevas noite; e foram feitas a tarde e a manhã, primeiro dia. (Gênesis, l, 3-5)

No panteão grego, há Mnemosine, a Memória, que preside também à função poética. Forma com Lete, o Esquecimento, um par de forças religiosas. Mnemosine preside à poesia porque esta vai relatar o que aconteceu outrora, na idade primordial. Como mostra Vernant, "onde a memória é objeto de veneração, exalta-se nela a fonte do saber em geral, da onisciência, ou o instrumento de uma liberação em relação ao tempo" (1973: 92). Ela é "a força que realiza a saída do tempo e a volta ao divino" (Vernant, 1973: 88). Mais tarde, há o desenvolvimento de uma mitologia de Cronos, o Tempo, ao lado da de Mnemosine. Nas teogonias órficas, Cronos está na origem do cosmo, pois gera o ovo cósmico, que, ao se partir, dá origem ao céu e à terra e faz surgir Phanes, divindade hermafrodita, que concilia a oposição macho-fêmea (cf. Vernant, 1973: 88-89). Insiste Vernant em que não podemos equivocar-nos sobre o alcance da divinização de Cronos e, por conseguinte, sobre a importância dada ao tempo nessas teogonias. "O que é sacralizado é o tempo que não envelhece, o tempo imortal e imperecível, cantado nos poemas órficos sob o nome de *Chronos agéraos*." Esse Chronos divinizado é um "princípio de unidade e permanência", constituindo, pois, uma "negação radical do tempo humano", que é

114 As astúcias da enunciação

uma "força de instabilidade e de destruição, presidindo, como Parão o proclamava, ao esquecimento e à morte" (1973: 89).

Essa divinização do tempo, afirma Vernant, que ocorre por volta do século VIII, parece estar relacionada à percepção da incompatibilidade de um domínio da experiência temporal, o da existência humana, com a concepção antiga de um devir cíclico. Isso acontece em função do abandono do ideal heroico e do advento de valores relacionados à vida afetiva do indivíduo (prazeres, emoções, amor, beleza, juventude) e, portanto, submetidos às vicissitudes da existência humana. No período arcaico, as gerações humanas sucediam-se por meio de uma circulação incessante entre mortos e vivos. Por conseguinte, o tempo da existência integrava-se no tempo cíclico do cosmo. Já com os novos valores, o tempo é tido como uma força de destruição, que arruína tudo o que é tido como eufórico. A fatalidade da morte mostra a irreversibilidade do tempo humano (1973: 89-90).

Depois veio a Filosofia. Entre os muitos filósofos que trataram do tempo escolhemos dois: Aristóteles, porque o analisa como um fenômeno físico, e Santo Agostinho, que o estuda como um fenômeno que não tem um suporte cosmológico, mas que se dá no espírito humano.

Aristóteles, na *Poética*, fala explicitamente do tempo apenas uma vez. Quando compara a tragédia com a epopeia, diz que a diferença entre elas reside na extensão: aquela deve encerrar-se, tanto quanto possível, no tempo de uma única revolução do sol ou não ultrapassá-la senão um pouco; esta não é limitada no tempo (V, 12-16, 1449b).[1]

Quando o Estagirita fala em tempo na *Poética*, concebe-o como fenômeno físico, natural, cósmico. Por isso, não é a *Poética* o lugar de analisá-lo. Ele o faz na obra apropriada, a *Física* (IV, 10, 218a a 220b). Depois de mostrar as dificuldades a respeito da existência e da natureza do tempo, nega que ele seja movimento. Diz, no entanto, que ele não existe sem a mudança nem sem o movimento. É quando percebemos o movimento (*kínesis*) que o percebemos. Assim, ele é alguma coisa do movimento. É a medida do movimento segundo o anterior e o posterior (219b). Continuando, nos capítulos seguintes, Aristóteles mostra que ele tem um suporte cosmológico, o movimento dos astros. Na *Física*, o tempo é um processo quantitativo, dado que se expressa mediante grandezas.

Como nota Vernant, em Aristóteles, a memória tem como objeto as determinações do tempo e, por isso, não mais ocupa o cume da hierarquia das faculdades. É um *páthos* da alma, que, por sua união com o corpo, está submetida ao fluxo temporal. Não tem mais a função de liberar do tempo e abrir caminho para a imortalidade, como a Mnemosine mítica (1973: 97).

Santo Agostinho explana sua teoria do tempo no livro XI das *Confissões*. Nele reflete sobre os paradoxos contidos na noção do tempo e busca analisar sua natureza.[2] A reflexão agostiniana sobre o que ele é está inserida numa meditação a respeito das relações entre o tempo e a eternidade, suscitada pelo versículo primeiro do Gênesis, "No princípio fez Deus..." A busca agostiniana processa-se a partir das aporias recebidas da tradição, ou seja, aquelas já contidas na *Física*, de Aristóteles: o ser e o não ser do tempo e a medida do que não é.

Quando Agostinho pergunta "Que é, com efeito, o tempo?", mostra que, embora o argumento cético leve a afirmar o não ser do tempo, o uso cotidiano da linguagem obriga-nos a dizer, ainda que não saibamos explicar como, que ele é, já que falamos dele, o que pressupõe o ser (XIV, 17).

O argumento cético bastante difundido, que postula o não ser do tempo, é retomado por Agostinho. O passado não tem ser, porque não é mais (*iam non est*), o futuro, porque ainda não é (*nondum est*), e o presente, porque não permanece (XIV, 17). Na análise do presente, é de fundamental importância a comparação com a eternidade:

> Com efeito, se o presente fosse sempre presente e não transitasse para o pretérito, já não seria tempo, mas eternidade. (XIV, 17).

Para que o presente seja tempo, precisa perder-se no passado. Portanto, não podemos dizer que ele é, já que a razão de seu ser é de não mais ser.

> Se, portanto, o presente, para ser tempo, precisa transitar para o passado, como dizemos que ele é, já que a única razão, para que seja, é não ser, de forma que de fato não dizemos que o tempo é, a não ser porque tende para o não ser?

A partir desse argumento surge a grande questão: como o tempo pode ser, se o passado não é mais, o futuro não é ainda e o presente não é sempre? Por outro lado, falamos em tempo longo e tempo curto. No entanto, como se pode medir aquilo que não é? Novamente, a linguagem é o guia seguro, pois dizemos a respeito do passado que foi longo (*de praeterito: longum fuit*) e do futuro que será longo (*de futuro: longum erit*). Mas

> esse longo passado foi longo quando era já passado ou quando era ainda presente? Ele não podia ser longo senão enquanto fosse algo suscetível de ser longo. Uma vez passado, não era mais; portanto, não poderia ser longo, já que não era de modo algum mais (XV,18).

Por isso,

> dizemos "o tempo presente foi longo", porque é enquanto presente que ele era longo. Ele não se tinha ainda perdido no não ser; era, portanto, alguma coisa que podia ser longa. Mas logo que passou, imediatamente, deixou de ser longo porque deixou de ser (XV, 18).

Agostinho começa a introduzir o passado no presente, mostrando que só o presente pode ser medido. Em seguida, ele, que opusera o passado e o futuro ao presente, volta-se para este tempo para refletir sobre ele. Começa por perguntar-se se cem anos podem ser simultaneamente presentes e mostra que não, pois, se o primeiro estiver transcorrendo, os outros 99 ainda não ocorreram e, por conseguinte, não são ainda (*ideo nondum sunt*). Se o segundo estivesse em curso, haveria um ano já passado, um presente e os outros futuros. Se esse raciocínio se aplica a todos os anos, cem anos não podem ser presentes (XV, 19). Raciocinando da mesma forma em relação ao ano e a suas divisões, os meses; ao mês e a seus constituintes, os dias; aos dias e a suas partes, as horas, etc., Agostinho conclui que o presente não é apenas o tempo que não permanece, é também o que não tem extensão, já que, mesmo que se concebesse um ponto no tempo que não pudesse ser dividido em parcelas de tempo, ele seria tão rapidamente levado do futuro para o passado, que não teria nenhuma extensão de duração:

> Se se concebe um ponto no tempo que não possa ser dividido em parcelas do tempo, por pequenas que sejam, é somente esse ponto que pode ser chamado presente e esse ponto é levado tão rapidamente do futuro para o passado que não tem nenhuma extensão de duração, porque, se tivesse alguma extensão, dividir-se-ia em passado e futuro: o presente não tem nenhuma extensão (XV, 20).

Apesar disso, a experiência articulada pela linguagem mostra que o tempo pode ser medido:

> E contudo, Senhor, percebemos os intervalos de tempo, comparamo-los entre si e dizemos que uns são mais longos e outros, mais breves. Medimos também quanto um tempo é mais longo ou mais breve do que outro e respondemos que um é o dobro ou o triplo de outro; que também a relação é simples ou que um é igual ao outro (XVI, 21).

Medimos o tempo enquanto passa (*praeteriuntia*), pela consciência que temos dele, pois o passado, que não é mais, o futuro, que não é ainda, e o presente, que não tem extensão, não podem ser medidos, a menos que se diga que o nada pode ser medido (XVI, 21). Na verdade, é quando o tempo passa que pode ser sentido e medido, pois, tendo passado, como não é mais, não é mensurável (XVI, 21).

Ninguém ousaria dizer que o passado e o futuro não existem, pois seu ser está ligado à linguagem, uma vez que as pessoas podem predizer (*cecinerunt*) o futuro e narrar (*narrant*) o passado. Por conseguinte, "existem o futuro e o passado" (XVII, 22). Como nota Ricoeur, nesse ponto, Agostinho deixa de usar os substantivos *praeteritum* e *futurum* e utiliza os adjetivos *praeterita* e *futura*, o que significa que tomamos por seres não o passado e o futuro enquanto tais, mas qualidades temporais que existem no presente, sem que as coisas de que falamos, quando predizemos ou contamos, existam já ou existam ainda (1983: 26).

Agostinho, então, alargando a busca, pergunta-se onde estão o passado e o presente (XVIII, 23). Passa do como para o onde estão e afirma que, estejam onde estiverem, aí estão como presente (XVIII, 23), porque, se o futuro aí estiver como futuro, não é ainda e, se o passado estiver como passado, não é mais (*nam si et ibi futura sunt, nondum ibi sunt, si et ibi praeterita sunt, iam non ibi sunt*. XVIII, 23). Note-se que também se usa o adjetivo *praesentia* e não o substantivo *praesens*.

A narração implica a memória. Por conseguinte, quando contamos, o que sai de nossa memória não é a realidade mesma (*res ipsae*), que não é mais, mas palavras nascidas das imagens que formamos dessas realidades (*uerba concepta ex imaginibus earum*), que, atravessando nosso espírito, deixaram traços (*uestigia*) de sua passagem (XVIII, 23). Da mesma forma, quando previmos o futuro, a alma percebe antecipadamente imagens já existentes de coisas que ainda não são (XVIII, 23); quando premeditamos nossas ações futuras, a premeditação é presente, enquanto a ação premeditada ainda não é, porque é futura. Observe-se que a espera é análoga à memória, nas formulações agostinianas, já que está ligada a uma imagem que já existe, ou seja, que precede o acontecimento, que ainda não é. A única diferença entre elas é que a memória está vinculada a um signo que é posterior a um evento. A memória e a espera estão, pois, incluídas num presente alargado, que é diferente dos termos anteriormente abandonados, passado, futuro, presente enquanto transcurso. Esse presente ampliado permite que Agostinho chegue a sua "elegante solução", como diz Ricoeur, para a questão do ser do tempo, a teoria dos três presentes:

> O que agora me aparece como uma coisa líquida e certa é que nem o futuro nem o passado são. Por isso, diz-se de maneira imprópria que os tempos são três, o pretérito, o presente e o futuro. Dir-se-ia de maneira muito mais própria: os tempos são três, o presente do pretérito, o presente do presente e o presente do futuro. Esses últimos estão em nosso espírito e não os vejo em outro lugar. O presente das coisas passadas é a memória, o presente das coisas presentes é o olhar, o presente das coisas futuras é a espera (XX, 26).

Para Agostinho, é inexato dizer que temos três tempos, passado, presente, futuro, pois o que temos, na verdade, são três modalidades de presente, o do passado, que é a memória, o do presente, que é o olhar, a visão, o do futuro, que é a espera. Ele põe o passado e o futuro no presente por meio da memória e da espera e, portanto, transfere para eles a ideia de comprimento do futuro e do passado. Esses três presentes estão no espírito.

Para Agostinho, a certeza da existência dos tempos está na linguagem. Apoia-se na linguagem ordinária para refutar o argumento de que o tempo não é. "Se nos permitimos dizer essas coisas, então vejo três tempos e reconheço que são três" (XX, 26). No entanto, mostra que essa linguagem é repleta de impropriedades e de imprecisões: "Com efeito, poucas são as coisas, que dizemos de maneira apropriada, muitas são as que dizemos de maneira inapropriada". XX, 26). Por isso, deve ser reformulada de maneira rigorosa (XX, 26). Está aqui embutida a ideia de que cada

118 As astúcias da enunciação

ciência deve ter uma terminologia, que não se pode confundir com o uso ordinário da linguagem, dado que aquela se caracteriza pela denotação e pela monossemia (*proprie loquimur*) e este não (*non proprie*).

É preciso agora voltar à questão da medida do tempo. Agostinho retoma-a no ponto em que a havia deixado: "Disse um pouco antes (em XVI, 21) que medimos o tempo enquanto passa" (XXI, 27). Afirma que sabe que o tempo se mede em sua passagem (*praeteriuntia*), porque não se pode medir o que não é, e o passado e o futuro não são (XXI, 27). No entanto, imediatamente, mostra que essa formulação é uma aporia. O que passa é o presente. Entretanto, como podemos medir o presente se ele não tem extensão? (XXI, 27).

Novamente, o que permite ter certeza de que o tempo pode ser medido é a linguagem:

> E falamos do tempo e do tempo, dos tempos e ainda dos tempos: "Quanto tempo ele falou?", "Quanto tempo ele levou para fazer isso?", "Há quanto tempo que não vejo isso?" e "Essa sílaba tem o dobro do tempo de uma sílaba breve". Dizemos essas coisas, ouvimo-las, os outros compreendem quando as dizemos, entendemo-las. São claríssimas, utilizadíssimas e, no entanto, nada é tão obscuro, nada tem uma interpretação tão fora do domínio corrente (XXII, 28).

Para resolver o enigma (*aenigma*), Agostinho vai afastar a ideia de que o tempo tem um suporte cosmológico, o movimento dos astros, para buscar na alma e, por conseguinte, na estrutura do triplo presente, o fundamento da extensão e da medida do tempo.

Os argumentos para descartar uma solução cosmológica para a questão do tempo são os seguintes:

a) Se o tempo é o movimento dos astros, por que não seria o de qualquer outro corpo (XXIII, 29)? Como nota Ricoeur,

> esse argumento antecipa a tese de que o movimento dos astros poderia variar, portanto, acelerar-se ou diminuir, o que é impensável para Aristóteles, Os astros são colocados assim no nível dos outros móbiles, quer seja a volta da roda do oleiro ou a elocução da sílaba pela voz humana (1983: 31).

b) Se as luzes do céu parassem e a roda do oleiro continuasse a girar, seria preciso medir o tempo de outra maneira, já que mediríamos as voltas, dizendo que elas se dão em intervalos iguais, ou que se sucedem mais lentamente, ou mais rapidamente, que umas são mais longas e outras, mais breves (XXIII, 29). Afirma Ricoeur que mais uma vez o argumento abala a tese da imutabilidade do movimento dos astros (1983: 31).

c) Os astros marcam as estações, os dias, os anos, mas não são feitos necessariamente para marcar o tempo, porque não se pode dizer que a volta realizada pela roda do oleiro não representa um tempo (XXIII, 29).

d) Como o dia é o circuito inteiro do Sol, ele é o movimento, sua duração ou um e outro (XXIII, 30)? Se o dia fosse o movimento do Sol, haveria dia mesmo que o Sol acabasse seu circuito em apenas uma hora (XXIII, 30). Se o dia fosse medido pela duração do movimento, não haveria dia se de um nascer a outro do Sol houvesse um intervalo de apenas uma hora. Nesse caso, para formar um dia, seriam necessárias 24 revoluções do Sol (XXIII, 30). Se o dia fosse medido ao mesmo tempo pelo movimento e pela duração, poder-se-ia dizer que houve dia tanto se o Sol fizesse sua revolução em uma hora quanto se ele parasse e escoasse um tempo igual àquele que ele leva para completar seu curso, de uma manhã a outra (XXIII, 30). Isso significa que é preciso saber não o que é o dia, mas o que é o tempo, o que nos permitirá dizer que a revolução do Sol foi completada na metade do tempo habitual.

Agostinho nega que o tempo seja o movimento dos corpos celestes, já que Deus pode parar o movimento dos astros e, ainda assim, o tempo continua (XXIII, 30). Agostinho distingue o tempo do movimento, mostrando que se pode falar do tempo sem referência cosmológica. A noção de *distentio* (extensão) servirá de substituto para esse suporte cosmológico do tempo: "Vejo, pois, que o tempo é uma espécie de extensão" (XXIII, 30). É pelo tempo que se mede a duração do movimento de um corpo, de um ponto inicial a um ponto final. Por outro lado, pelo tempo mede-se também seu repouso. Isso permite concluir que o tempo não é o movimento de um corpo (XXIV, 31). Talvez se possa dizer que a medida seja o tempo:

> Assim o movimento de um corpo é uma coisa, outra é a duração desse movimento. Quem não sente a qual das duas noções deve ser atribuído o nome tempo? (XXIV, 31).

A medida pressupõe um termo de comparação, que, para Agostinho, não está no movimento dos corpos, já que se medem tanto movimentos quanto paradas. Nesse ponto, novamente, ele confessa sua ignorância a respeito do que seja o tempo, mesmo sabendo que seu discurso sobre o tempo transcorre no tempo (XXV, 32).

Mede-se o movimento de um corpo pelo tempo, mas como se pode medir o próprio tempo, em que o movimento opera? Nenhum movimento físico oferece uma medida fixa de comparação.

> Mas nem assim se chega a uma medida fixa do tempo: um verso mais curto pronunciado lentamente pode fazer-se ouvir mais longamente que um verso mais longo pronunciado mais depressa. A mesma coisa acontece com um poema, um pé, uma sílaba (XXVI, 33).

Por conseguinte, só resta concluir que a extensão do tempo é uma *distentio animi* (extensão da alma). Mostra Ricoeur que Agostinho vai, em seguida, ligar a *distentio animi* à dialética do triplo presente, pois esta resolve a questão do ser que não tem ser

120 As astúcias da enunciação

e aquela, o enigma da extensão de uma coisa que não tem extensão. Vai pensar, então, o triplo presente como *distentio* e a *distentio* em função do triplo presente. Diz ainda o filósofo francês que esse é o traço de genialidade do livro XI das *Confissões* (1983: 34).

Quando se mede o tempo, não se mede o futuro, pois não é ainda, nem o presente, que não tem extensão, nem o passado, pois não é mais, mas o tempo enquanto passa, não o tempo que passou (XXVI, 33). Nesse ponto, Agostinho diz que aponta a aurora da verdade (XXVII, 34).

Para comprovar que é no transcurso que se mede o tempo, o filósofo vai dar três exemplos relativos ao som:

a) Um som começa a ressoar e ressoa e ainda ressoa, para de soar, faz-se silêncio. O som é passado e não há mais som (*uox illa praeterita est et non est iam uox*). Antes de soar, era futuro (*futura erat*) e, portanto, não podia ser medido, pois não era ainda (*nondum erat*). É no momento em que ressoava que podia ser medido, mas mesmo então (*sed et tunc*) não estava imóvel (*non stabat*), ia e passava (*ibat et praeteribat*). É no passado que Agostinho fala do futuro (*futura erat*) e mesmo da passagem (*ibat et praeteribat*) do presente, o que significa que a passagem é distinta do presente pontual, pois aquela se estende num certo espaço de tempo, que permite medi-la, enquanto o presente não tem extensão (XXVII, 34).

b) Estabelece-se outra hipótese, em que não se falará da passagem no passado, mas no presente. Um som começa a soar e soa ainda (*adhuc*) contínua e ininterruptamente. Mede-se esse som, enquanto soa (*dum sonat*), pois quando tiver cessado (*cessauerit*) não poderá ser medido, porque já terá passado (*iam praeterita erit*) e, por conseguinte, já não será (*et non erit*). Fala-se da parada do ressoar no futuro anterior (*cessauerit*). A questão do quanto tempo é, pois, enunciada no presente (*Metiamur plane et dicamus quanta sit*). Mas se o som ressoa ainda, não se pode medir sua passagem, já que é preciso que cesse, para que tenha um começo e um fim e, portanto, um intervalo mensurável (XXVII, 34). Mas se se mede somente o que passou, cai-se na aporia anterior, uma vez que o que passou não é mais (XXVII, 34). A questão adensa-se. Não se medem os tempos que ainda não são, nem os que não são mais, nem os que não se estendem sobre nenhuma duração, nem os que não têm limite, o que quer dizer que não se medem nem o futuro, nem o passado, nem o presente, nem o tempo que passa. E, no entanto, mede-se o tempo (XXVII, 34). Mas não se sabe como. É preciso, então, procurar um meio de medir o tempo que passa quando passou e enquanto continua. Essa será a função do célebre terceiro exemplo, que fala da recitação do verso *Deus creator omnium* (Deus criador de todas as coisas), de Santo Ambrósio.

c) O verso citado é composto de quatro sílabas longas e breves que se alternam. Cada longa dura o dobro do tempo de cada breve. Sabe-se disso porque são articuladas e esse fato é testemunhado pelos sentidos de maneira evidente (XXVII, 35). A alternância das longas e das breves introduz o elemento de comparação necessário para a medida (XXVII, 34). Se breves e longas têm essas características por comparação, como podemos aplicar uma sobre a outra com dois espaços, para compará-las, se uma ressoa depois da outra (o que significa que, quando uma começa a soar, a outra já não é mais)? Por outro lado, a que passa não pode ser medida enquanto passa, mas depois de acabada. No entanto, acabada não é mais (XXVII, 35). É preciso reter (*tenere*) o que passa, para fazer a comparação. A aporia permanece se se pensa, como se fez nos dois exemplos anteriores, que o que se mede são as próprias sílabas, isto é, as coisas passadas ou futuras. O que se mede, na verdade, é algo que está na memória, medem-se vestígios do passado e signos da espera. O terceiro exemplo reintroduz o que os dois outros tinham ignorado: a memória e a espera. "Não são, portanto, elas, que já não são, que meço, mas algo que permanece impresso em minha memória" (XXVII, 35). Medir o tempo não tem nada a ver, pois, com o movimento exterior. Na verdade, é no espírito que está o elemento fixo que permite comparar tempos curtos e longos. Com o vestígio, nota Ricoeur, o verbo importante não é passar (*praeterire*), mas permanecer (*manere*) (1983: 37).

As duas aporias (*aenigma*, na linguagem agostiniana) – a do ser e a do não ser, e a da medida do que não tem extensão – são resolvidas conjuntamente: "Em ti, ó minha alma, meço os tempos" (XXVII, 36). Como? É a impressão (*affectio*) causada no espírito pelas coisas que passam que se mede e não as coisas que a suscitaram. É isso o tempo ou o que se mede não é o tempo (XXVII, 36).

Agostinho não terminou ainda sua reflexão. É preciso ainda analisar o contraste entre a passividade da impressão e a atividade do espírito (XXVII, 36). Retoma o exemplo da declamação em seu dinamismo e mostra que o ato de recitar oscila entre uma espera do que ainda não foi dito e uma memória do que já o foi, até que (*donec*) a operação tenha acabado.

> [...] esse som vibrou e vibrará; pois aquilo que dele já escoou vibrou, o que dele resta vibrará e assim até que termine, enquanto a ação presente leva o futuro para o passado, que cresce com a diminuição do futuro, até que pelo esgotamento do futuro tudo seja pretérito (XXVII, 36).

Observa Ricoeur que o presente muda de sentido, não é mais um ponto, nem mesmo ponto de passagem, é uma intenção presente (*intentio praesens*). Ora, a atenção (*attentio*) pode ser considerada *intentio* na medida em que a passagem

122 As astúcias da enunciação

pelo presente é uma passagem ativa, ou seja, em que o presente não é atravessado, mas, como se viu em XXVII (36), "a intenção presente puxa o futuro para o passado, fazendo aumentar o passado com diminuição do futuro, até que com o esgotamento do futuro tudo seja passado" (1983: 37).

Um diminui (*minuitur aut consumitur futurum*) e o outro aumenta (*crescit praeteritum*) porque no espírito que faz essa passagem coexistem três operações: a espera, a atenção e a memória, de forma que o objeto da espera passa diante da atenção e se transforma em lembrança (XXVIII, 37). A espera e a memória estão no espírito como imagens-vestígio e imagens-signo. O presente, quando passa se reduz a um ponto, expressão da ausência da extensão desse tempo. No entanto, na medida em que faz passar, em que é atenção, pela qual se encaminha para o não ser o que aí vai passar, tem uma duração contínua. "Mas é a atenção que perdura, por ela se encaminha-se para não ser mais o que nela passará" (XXVIII, 37). Portanto, não são o futuro e o passado que são longos, pois eles não existem. O que tem extensão são a memória e a espera, que estão na alma como impressão (*affectio*).

> Portanto não há um longo tempo futuro, porque não é, mas um longo futuro é uma longa espera do futuro, nem um longo tempo pretérito, porque não é, mas um longo pretérito é uma longa memória do pretérito (XXVIII, 37).

O exemplo do canto ambrosiano (XXVIII, 38) marca a articulação da teoria da *distentio animi* com a do triplo presente que, como observa Ricoeur, reformulado em termos da tripla intenção, "faz brotar a *distentio* da *intentio* estilhaçada" (1983: 39).

> Quero cantar um canto, que conheço de cor: antes de começar, minha espera estende-se para o todo, assim que comecei, tudo quanto deixei cair no passado ganha extensão também na minha memória. Toda minha atividade orienta-se então em duas direções: é memória em relação ao que eu disse e é espera em relação ao que direi. No entanto, minha atenção permanece presente, por ela o que era futuro se torna passado. E quanto mais faço e faço, tanto mais a memória aumenta pela diminuição da espera, até que toda espera se esgote, com toda a ação acabada e passada para a memória. (XXVIII, 38)

Esse parágrafo mostra a interação da espera, da memória e da atenção. Afirma Ricoeur que não se trata mais de imagens-vestígio nem imagens antecipantes, mas de uma ação que abrevia a espera e alonga a memória. A primeira está voltada (*tenditur*) para o que virá, a segunda, para o que já passou. A tensão da atenção consiste na passagem ativa do que era futuro para o que se torna passado. A *distentio* é, então, a não coincidência das três modalidades de ação (1983: 39). A impressão (*affectio*) é, pois, a contraparte passiva da própria "tensão" do ato, o que permanece (*manet*) na medida em que "[...] recitamos em pensamento poemas, versos, discursos" (XXVII, 36). A atividade engendra a passividade que se distingue em imagens-vestígio e imagens antecipantes. Os três tempos dissociam-se não só porque os atos não são coincidentes, mas também não o são as passividades que produzem (Ricoeur, 1983: 40).[3]

Há ainda algo a considerar no pensamento agostiniano. A reflexão sobre o tempo surge no quadro de uma meditação sobre o primeiro versículo do Gênesis: "No princípio fez Deus [...]". É essa meditação que vai introduzir a especulação sobre o contraste entre o tempo e a eternidade. Esta é anterior àquele. Caracteriza-se a eternidade pelo presente eterno (*totum esse praesens*. XI, 13) e pela estabilidade (*simul stant*) em oposição à sucessão ("[...] e veja que a duração, por mais longa que seja, só é longa pela sucessão da quantidade dos movimentos que não podem desenvolver-se simultaneamente". XI, 13) e à instabilidade do tempo ("[...] e compare com a perpétua mobilidade dos tempos". XI, 13).

Agostinho, ao abandonar um suporte cosmológico do tempo e ao radicar a experiência do tempo no espírito por meio de signos (imagens-vestígio e imagens antecipantes), deixa de interessar-se pelo tempo físico e caminha na direção da reflexão sobre o tempo linguístico. Com efeito, a linguagem não é somente a prova de que o argumento cético não subsiste, mas é ela que propicia ao homem a experiência temporal, na medida em que só quando o tempo é semiotizado pode o ser humano apreendê-lo e medi-lo. A ideia de relação que preside à organização de tempo linguístico está bem presente na especulação agostiniana. Sem agora, não existe então ("Onde não havia tempo, não havia também então". XIII, 15). Comparando o tempo com a eternidade, diz:

> Teus anos são como um dia, e teu dia não se renova a cada dia, é um hoje e esse hoje não dá lugar a um amanhã, assim como não sucede a um ontem. Teu hoje é a eternidade (XIII, 16).

Não há vivência temporal fora do quadro sígnico gerado pela ação do espírito. Mais ainda, na medida em que Agostinho distingue o triplo presente, para resolver a aporia do ser e da medida do tempo, para explicar o enigma da medida que não tem extensão, esboça a distinção entre temporalização propriamente dita e aspectualização do tempo. A primeira diz respeito à aplicação de uma categoria topológica *concomitância* vs *não concomitância* (*anterioridade* vs *posterioridade*) a um dado momento de referência ou, em termos agostinianos, à não coincidência dos três presentes em relação ao *transit* (momento da enunciação, diríamos nós): quando o espírito está atento (*adtendit*), há concomitância com o momento da enunciação; quando se lembra (*meminit*), há anterioridade; quando espera (*expectat*), há posterioridade. A segunda concerne à transformação de ações em processos, ou seja, à atividade de um actante observador que vê a ação como uma "marcha", um "desenrolar", que pode ser pontual ou durativo, perfectivo ou não perfectivo, etc. (Greimas e Courtés, 1979: 22), ou, segundo a especulação agostiniana, à medida do tempo. Assim como os problemas do ser e da medida do tempo são distintos, mas se articulam na relação entre o triplo presente e a *distentio animi*, temporalização e aspectualização são categorias gramaticais diferentes, mas estão intrinsecamente relacionadas, já que esta é uma sobredeterminação daquela e o processo, embora sendo temporal, só é apreendido em sua aspectualidade.[4]

A temporalização manifesta-se, na linguagem, na discursivização das ações, isto é, na narração, que é o simulacro da ação do homem no mundo. Aí se mostra o que está passando, o que não é mais, o que ainda não é, tudo presentificado na linguagem. A narrativa exprime sucessões, antecipações, lembranças, instabilidades... Como já notara Ricoeur, "o exemplo frágil do *canticus* recitado de cor torna-se de repente, no fim da busca, um paradigma possante para outras *actiones* em que a alma tensa sofre uma distensão" (1983: 41):

> E o que se produz para todo o cântico se produz para cada uma de suas partes, para cada uma de suas sílabas; o mesmo ocorre para uma ação mais longa, de que o cântico é somente uma parte; da mesma forma para toda a vida do homem, cujas partes são todas as ações do homem; da mesma forma para a história de todas as gerações humanas, cujas partes são todas as vidas dos homens. (XXVIII, 38).

Diz Ricoeur que, nesse trecho, "está virtualmente desdobrado todo o império narrativo: desde o poema até a história universal, passando pela história de uma vida inteira" (1983: 41). É preciso, no entanto, ir mais longe nessa questão da narratividade. Agostinho esboça aqui uma definição mínima de narrativa considerada já como discurso. Independentemente de sua dimensão (poema, parte do poema, vida inteira, história universal), uma narrativa é uma transformação (pela qual é levado o que era futuro, para que se transforme em passado), correlacionada a um antes e um depois (por exemplo, *dixi et dicturus sum*).

Essa teoria narrativa fica mais clara quando analisamos a oposição entre tempo e eternidade. Nesta, não há narratividade, já que não há um antes e um depois:

> Eis que o céu e a terra existem, clamam que foram criados, porque mudam, variam. Ora, quando uma coisa não foi criada e, no entanto, existe, não pode ter em si nada, que antes não existia, pois isso seria a marca da mudança e da variação (IV, 6),

uma vez que, fora do tempo, não há ação ("O que fazia Deus antes de fazer o céu e a terra? [...] antes de fazer o céu e a terra, Deus não fazia nada". XII, 14). O tempo é sentido na medida em que é uma incidência na permanência, em que é a descontinuidade que se introduz na continuidade da eternidade.[5] Ele é feito quando Deus cria o mundo, ou seja, é engendrado pela palavra. Pergunta Agostinho: "Como fizeste, ó Deus, o céu e a terra?" (V, 7). A resposta é: [...] falaste e eles foram criados; fizeste-os com tua palavra (V, 7). A resposta engendra nova interrogação: "Mas como disseste" (VI, 8)? O Verbo é eterno.

Não há uma sucessão, de tal modo que, tendo sido dita uma coisa, outra é dita, para que todas as coisas possam ser ditas; tudo é dito ao mesmo tempo e eternamente: do contrário, haveria tempo e mudança e não a verdadeira eternidade nem a verdadeira imortalidade. (VII, 9)

O argumento agostiniano, para mostrar que as coisas são feitas no Verbo, é que Deus não poderia ter criado o universo à maneira de um artesão, porque o universo não existia enquanto lugar em que pudesse ser, antes que fosse feito de maneira a ser.

Não foi evidentemente nem no céu nem na terra que fizeste o céu e a terra; também não foi no ar ou nas águas, que pertencem ao céu e à terra; não foi no universo que fizeste o universo, porque não havia lugar onde pudesse ser criado, antes de ser criado, para que pudesse ser. Não tinhas nada em mão que servisse para fazer o céu e a terra. (V, 7)

Ao criar o mundo, Deus cria o tempo, o espaço e os seres, isto é, as categorias da enunciação surgem ao serem enunciadas. Também o homem, ao enunciar, cria tempos, espaços e pessoas. Só que, para Agostinho, há uma diferença fundamental entre o *Verbum* divino e os *uerba* humanos. Estes são submetidos ao tempo; aquele é eterno; estes desaparecem; aquele permanece.

Mas comparou essas palavras que tinham ressoado com a eternidade silenciosa de teu verbo e disse: "É outra coisa, é uma coisa completamente diferente. Essas palavras estão bem longe, abaixo de mim, nem mesmo existem, porque fogem e passam, enquanto a palavra de Deus permanece acima de mim eternamente". (VI, 8)

De fato, uma teoria do discurso deve distinguir o discurso fundador mítico, que não se constitui em oposição a outro, do discurso posterior, que, submetido à temporalidade, forja-se em relação polêmica com outro.

Como se observou, há em Agostinho todo um embrião de uma teoria linguística do tempo, ou, mais precisamente, de uma teoria discursiva da temporalização. A marcha da reflexão sobre o tempo começa como mito, dá lugar à filosofia, que estabelece as bases da compreensão do tempo físico e, ao perceber a sutileza e a complexidade da experiência temporal humana, desemboca na análise linguística. O tempo é uma categoria da linguagem, pois é intrínseco à narração, mas cada língua manifesta-o diferentemente.

O tempo demarcado

> "Poder-se-ia crer que a temporalidade é inata ao pensamento. Na realidade, ela é produzida na e pela enunciação. Da enunciação procede a instauração da categoria do presente, e da categoria do presente nasce a categoria do tempo."
>
> Benveniste

Mostra Benveniste que uma coisa é situar um acontecimento no tempo crônico e outra é inseri-lo no tempo da língua. Para ele, o tempo linguístico é irredutível seja ao tempo crônico,[6] seja ao tempo físico.[7] Dessa forma, o linguista francês considera que há um tempo específico da língua (1974: 73).

Que é que distingue o tempo linguístico das outras noções do tempo?

> O que o tempo linguístico tem de singular é que ele é organicamente ligado ao exercício da fala, que ele se define e se ordena como função do discurso. Esse tempo tem seu centro – um centro, ao mesmo tempo, gerador e axial – no *presente* da instância da fala (Benveniste, 1974: 73).

O discurso instaura um *agora*, momento da enunciação. Em contraposição ao *agora*, cria-se um *então*. Esse *agora* é, pois, o fundamento das oposições da língua.

O tempo presente indica a contemporaneidade entre o evento narrado e o momento da narração. Mas, como nota Benveniste, esse presente, enquanto função do discurso, não pode ser localizado em nenhuma divisão particular do tempo crônico, já que ele as admite todas e, ao mesmo tempo, não exige nenhuma. Com efeito, o *agora* é reinventado a cada vez que o enunciador enuncia, é a cada ato de fala um tempo novo, ainda não vivido (1974: 74).

Se o *agora* é gerado pelo ato de linguagem, desloca-se ao longo do fio do discurso permanecendo sempre agora. Torna-se, portanto, um eixo que ordena a categoria topológica da *concomitância* vs *não concomitância*. Esta, por sua vez, articula-se em *anterioridade* vs *posterioridade*. Assim, todos os tempos estão intrinsecamente relacionados à enunciação. O momento que indica a concomitância entre a narração e o narrado permanece ao longo do discurso e, por isso, é um olhar do narrador sobre o transcurso. A partir dessa coincidência, criam-se duas não coincidências: a anterioridade do acontecimento em relação ao discurso, quando aquele já não é mais e, por conseguinte, deve ser evocado pela memória, e sua posterioridade, ou seja, quando ainda não é e, portanto, surge como expectativa.[8] Assim, anterioridade e posterioridade são pontos de vista para trás e para frente em relação ao momento do fazer enunciativo. O eixo ordenador do tempo é, pois, sempre o momento da enunciação. Como lembra Benveniste, essa parece ser a experiência fundamental do tempo de que todas as línguas, a sua maneira, dão testemunho. Ela informa os sistemas linguísticos particulares e notadamente sua organização formal (1974: 75).

Como o *agora* é um tempo em que um *eu* toma a palavra, a organização linguística do tempo, como a das demais categorias da enunciação, é, para retomar uma expressão de Herman Parret (1988: 146), egocêntrica. Cabe lembrar, porém, que a temporalidade do enunciador é aceita como sua pelo enunciatário. O *agora* do enunciador é o *agora* do enunciatário. A condição de inteligibilidade da fala reside no fato de que a temporalidade do enunciador, embora literalmente estranha e inacessível ao enunciatário, é identificada por este à temporalidade que informa sua própria fala quando se torna por sua vez enunciador. O tempo do discurso não é, assim, reportado nem às divisões do tempo crônico nem fechado numa subjetividade solipsista. A interação linguística, que pressupõe uma troca intersubjetiva, transforma o tempo linguístico de unipessoal em omnipessoal (Benveniste, 1974: 76-77).

O tempo linguístico comporta suas próprias divisões, em sua própria ordem, independentemente do tempo crônico. No entanto, surgem dois problemas. O primeiro aparece quando a recepção não é simultânea à produção (por exemplo, uma carta). Nesse caso, um advérbio como *hoje* não é mais signo do presente linguístico em sentido estrito, pois o leitor não pode, a rigor, precisar quando foi proferido, já que, podendo ser dito em qualquer dia do calendário, aplicar-se-á indiferentemente a todo e qualquer dia. Então, o meio de tornar inteligíveis os marcadores do tempo linguístico é a ancoragem numa divisão do tempo crônico, por exemplo, a data. A mesma coisa ocorre com a pessoa e o espaço, ou seja, as categorias da enunciação só podem ser identificadas pelos parceiros da troca linguística. Caso contrário, devem ser ancoradas num ponto determinado de um conjunto de coordenadas actanciais ou espaço-temporais para poder tornar-se inteligíveis. No caso do tempo, a ancoragem faz-se na junção entre tempo linguístico e tempo crônico (Benveniste, 1974: 77). Por outro lado, a temporalidade linguística é muito bem demarcada em suas três articulações e muito limitada em cada uma delas. Tomemos o exemplo do *hoje*. O tempo linguístico centrado no *hoje* só pode ser deslocado para trás e para frente em duas distâncias-dia: *ontem* e *anteontem* e *amanhã* e *depois de amanhã*. Uma terceira gradação – *transanteontem* ou *depois de depois de amanhã* – é excepcional; mesmo a segunda distância não tem uma expressão lexical independente, é constituída de *ontem* e *amanhã* levadas a um grau mais distante. Restam *ontem* e *amanhã*, definidos a partir de *hoje*, como termos originais para marcar as distâncias temporais a partir do presente linguístico. Quando, por razões pragmáticas, o enunciador deve impelir a temporalidade para além dos limites enunciados por *ontem* e *amanhã*, o discurso sai de seu plano próprio e utiliza a gradação do tempo crônico, com a enumeração das unidades: *há dez dias*, *em duas semanas* (Benveniste, 1974: 77-78).

Até agora, destacamos a especificidade do tempo linguístico, que reside no fato de que se ordena em relação ao momento da enunciação e de que, portanto, é gerado no discurso. No entanto, o tempo linguístico tem em comum com outros tipos de tempo as noções de ordem (sucessividade e simultaneidade), duração e direção (retrospectiva e prospectiva) (Nunes, 1988: 23).

Há outro aspecto do tempo que merece ser estudado. A temporalidade linguística concerne às relações de sucessividade entre estados e transformações representados no texto. Ordena sua progressão, mostra quais são anteriores e quais são posteriores. Isso implica que há um sistema temporal linguístico ordenado em relação a marcos temporais instalados no texto, bem como um sistema temporal organizado em função do presente implícito da enunciação. Nos dois casos, os sistemas temporais servem para organizar a sucessão de estados e transformações presentes no discurso.[9] Como mostra Van Dijk,

> o tempo verbal gramatical (*tense*) é a manifestação de relações temporais (*time*) profundas entre as representações semânticas de um texto; por isso, uma mesma relação temporal pode ser expressa por diferentes tempos. As relações temporais que se estabelecem entre as frases de um texto estão intimamente associadas à sucessão temporal representada na estrutura semântica global do texto (1976: 83).

Com efeito, dependendo do marco temporal a que estiver referida, uma relação de anterioridade pode ser expressa em português pelo pretérito perfeito, pelo pretérito mais-que-perfeito ou pelo futuro anterior.[10]

Surge agora um problema: a sucessão dos fatos do texto é gerada pelo discurso ou é reflexo da ordem natural dos acontecimentos? Se o discurso violar essa ordem natural se torna incoerente? Esse fato pode ser exemplificado por uma passagem das *Aventuras de Alice no país das maravilhas*, de Lewis Carroll:

> – Que os jurados deliberem o seu veredito – disse o Rei, mais ou menos pela vigésima vez naquele dia.
> – Não, não! – gritou a Rainha – Primeiro a sentença, o veredito depois.
> – Mas que bobagem! – disse Alice em voz alta. – Quem já viu sentença antes do veredito? (A, 129).

Na verdade, a questão colocada anteriormente é uma falsa questão, pois poderíamos dizer que nem sempre os acontecimentos têm uma ordem natural, uma vez que muitas vezes ela é cultural (por exemplo, numa refeição francesa, o queijo será servido depois da salada e antes da sobremesa) e, ao mesmo tempo, o discurso, a menos que pretenda criar um efeito de sentido específico (como, por exemplo, o de um mundo às avessas ou o do desconhecimento por parte de uma personagem de determinadas normas culturais) não pode violar essa sucessividade existente no mundo "natural". A semiótica da língua natural reproduz a sucessividade existente na semiótica do mundo "natural", quando pretende criar um efeito de sentido de "normalidade", de "estabilidade". No entanto, como o discurso pode gerar efeitos de "anormalidade", de "instabilidade", essa sucessividade não precisa ser necessariamente levada em conta.

Até agora dois pontos foram estabelecidos para marcar a singularidade do tempo linguístico:

a) seu eixo ordenador e gerador é o momento da enunciação;
b) está relacionado à ordenação dos estados e transformações narrados no texto.

Daí decorre que existem na língua dois sistemas temporais: um relacionado diretamente ao momento da enunciação e outro ordenado em função de momentos de referência instalados no enunciado. Assim, temos um sistema enunciativo no primeiro caso e um enuncivo no segundo. Ocorre, no entanto, que o momento de referência está relacionado ao momento da enunciação, já que este é o eixo fundamental de ordenação temporal na língua. Por isso, ao momento da enunciação aplicamos a categoria topológica *concomitância* vs *não concomitância* (*anterioridade* vs *posterioridade*) e obtemos três momentos de referência: concomitante, anterior e posterior ao momento da enunciação. Se o momento de referência é concomitante ao momento da enunciação, utilizamos o sistema enunciativo, já que tudo estará referido ao momento da enunciação. Cabe lembrar que esse momento de referência só se explicita em casos excepcionais (como já mostramos, isso ocorre quando a recepção não é simultânea à produção, por exemplo, numa carta). Se o momento de referência for anterior ou posterior ao momento da enunciação deverá ser sempre explicitado. Temos, pois, dois momentos de referência explicitados: um pretérito e um futuro, que ordenam dois subsistemas temporais enuncivos.[11]

O momento dos acontecimentos (estados e transformações) é ordenado em relação aos diferentes momentos de referência. Faz-se essa ordenação, aplicando-se a categoria topológica *concomitância* vs *não concomitância* (*anterioridade* vs *posterioridade*) aos diferentes momentos de referência. São três os momentos estruturalmente relevantes na constituição do sistema temporal: momento da enunciação (ME), momento da referência (MR) e momento do acontecimento (MA).[12] Aplicando-se aos dois primeiros a categoria topológica, temos:

130 As astúcias da enunciação

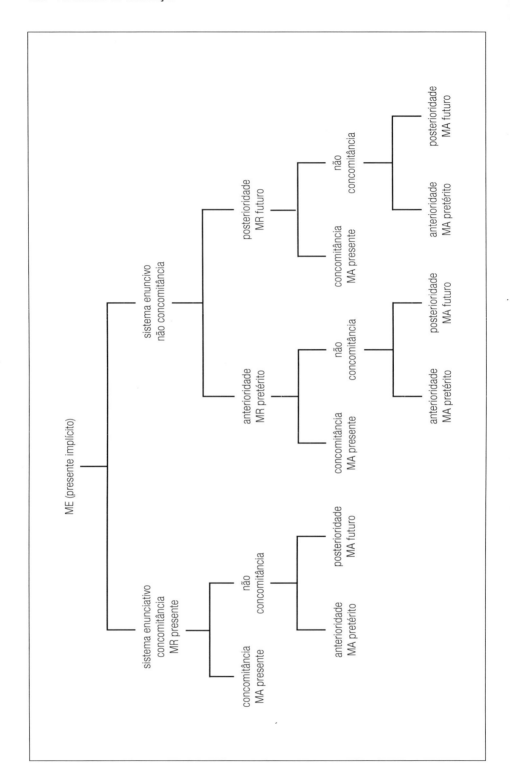

Até o presente, operamos com dois eixos: um que resulta da aplicação da categoria topológica ao momento da enunciação, criando três momentos de referência e distinguindo dois sistemas temporais, um enunciativo e um enuncivo, este com dois subsistemas, um centrado num momento de referência pretérito e o outro, num momento de referência futuro; outro que decorre da utilização da categoria topológica em relação aos momentos de referência, distinguindo uma relação de simultaneidade, uma de anterioridade e uma de posterioridade.[13]

Temos uma debreagem temporal enunciativa quando se projetam no enunciado os tempos do sistema enunciativo. A debreagem será enunciva quando se estabelecem no enunciado os tempos do sistema enuncivo.

Assim como no caso da categoria de pessoa, a debreagem será de primeiro ou de segundo graus. O primeiro caso ocorrerá, quando os tempos estiverem relacionados à voz do narrador; o segundo, quando resultarem de uma delegação de voz operada pelo narrador e, assim, estiverem vinculados ao *eu* interlocutor.

Exemplifiquemos isso:

> Dias antes, indo passar a noite em casa de um conselheiro, viu ali Rubião. Falava-se da chamada dos conservadores ao poder, e da dissolução da Câmara. Rubião assistira à reunião em que o Ministério Itaboraí pediu os orçamentos. Tremia ainda ao contar as suas impressões, descrevia a Câmara, tribunas, galerias cheias que não cabia um alfinete, o discurso de José Bonifácio, a moção, a votação... Toda essa narrativa nascia de uma alma simples; era claro. A desordem dos gestos, o calor da palavra tinham a eloquência da sinceridade. Camacho escutava-o atento. Teve modo de o levar a um canto da janela e fazer-lhe considerações graves sobre a situação. Rubião opinava de cabeça, ou por palavras soltas e aprobatórias.
> – Os conservadores não se demoram no poder, disse-lhe finalmente Camacho.
> – Não?
> – Não; eles não querem a guerra, e têm que cair por força. Veja como andei bem no programa da folha.
> – Que folha?
> – Conversaremos mais tarde (MA, v. 1, 691).

Os tempos verbais desse texto organizam-se em torno do *eu* narrador e do *eu* Camacho (na fala de Rubião não aparece nenhum tempo verbal).

Os tempos da fala do narrador estão centrados num marco temporal pretérito ("dias antes", durante uma *soirée*). Trata-se, portanto, do uso de um dos subsistemas do sistema enuncivo. As formas "viu", "falava-se", "tremia", "descrevia", "nascia", "era", "tinham", "escutava-o", "teve", "opinava", "disse" indicam concomitância pontual ou durativa em relação ao momento de referência pretérito; "assistira" marca uma anterioridade em relação a ele. Temos aqui, portanto, uma debreagem temporal enunciva (porque gera tempos do enunciado) de primeiro grau (porque dependente da voz do narrador).

Os tempos da fala de Camacho estão relacionados a um momento de referência presente e, por conseguinte, idêntico ao momento da enunciação. Temos, pois, a utilização do sistema enunciativo. As formas "querem" e "têm" indicam concomitância em relação ao momento da enunciação; "andei" manifesta uma anterioridade em relação a ele; "conversaremos", uma posterioridade. Temos, nesse caso, uma debreagem temporal enunciativa, porque projeta os tempos do sistema enunciativo no enunciado; de segundo grau, porque centrada num *eu* instaurado pelo narrador.[14]

O tempo sistematizado

> "O tempo é um fenômeno de perspectivas."
> Cocteau

Dos tempos verbais

> "O passado é o ovo quebrado, o futuro é ovo chocado."
> Paul Eluard

Os tempos verbais organizam-se em termos do sistema temporal, repartindo-se em tempos enunciativos e enuncivos.

Os tempos enunciativos ordenam-se da seguinte maneira:[15]

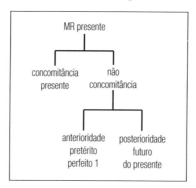

A) O presente marca uma coincidência entre o momento do acontecimento e o momento de referência presente. Deve haver no presente uma tripla coincidência: MA = MR = ME.[16] No entanto, é necessário precisar o que é a coincidência mencionada, já que o momento da enunciação é difícil de delimitar, na medida em que foge sem cessar. Na verdade, o presente é uma abstração do espírito, uma vez que, como mostra Guillaume, ele recompõe-se com instantes que acabaram de passar e com instantes que ainda vão passar (1968: 51). Por isso, a parcela de tempo do momento de referência que está relacionada ao momento da enunciação pode variar em extensão. Assim, a coincidência assinalada não deve ser entendida apenas como identidade durativa entre dois momentos, mas também como não identidade entre eles, desde que o momento de referência, tendo uma duração maior que o momento da enunciação, seja em algum ponto simultâneo a este. Poderíamos dizer que o que marca a coincidência, nesse caso, é o englobamento do momento da enunciação pelo momento de referência. O que há sempre é uma coincidência entre momento do acontecimento e momento de referência.

Três casos de relações entre momento de referência e momento da enunciação podem ser elencados:

1. Presente pontual: quando existe coincidência entre MR e ME.[17]

> Um pássaro de plumagem azul *risca* o quadro num rápido voo diagonal e *fere* como um dardo a fronde da acácia. Os carrilhões do Campanile *começam a tocar* uma lenta melodia, e as notas líquidas dos sinos se *espraiam* no ar, que *é* como um lago dormente. Um coelho *sai* da zona de sombra negra, sob os arbustos, *caminha* até a zona de sombra verde, sob a árvore, e ali *fica* imóvel, de orelhas em pé, como que escutando... (VGP, 180).

Todos os verbos em itálico indicam estados ou transformações que ocorrem no momento de referência presente, um *agora*, que se passa às 6 horas do dia 8 de junho. Como o momento de referência é um ponto preciso, há coincidência entre ele e o momento da enunciação.[18]

2. Presente durativo: quando o momento de referência é mais longo do que o momento da enunciação.[19]

A duração é variável, pode ser pequena ou muito longa. Ademais, pode ser contínua ou descontínua. Quando for descontínua, temos o presente iterativo; quando for contínua, temos o chamado presente de continuidade.

> Última aula. *Faço* uma rápida recapitulação de toda a matéria dada durante o semestre (VGP, 197).

O momento de referência é o tempo de duração de uma aula. É mais longo do que o momento da enunciação, mas, em algum momento, é simultâneo a ele. O tempo do acontecimento (a recapitulação) coincide com o momento de referência.

> Este ano, a "estrela" da Maison não *é* André Maurois e sim Julien Green (VGP, 205).

O momento de referência é um ano, o tempo do estado, "é", coincide com ele.

> Neste milênio, a humanidade *progride* muito materialmente.

134 As astúcias da enunciação

O momento de referência é um milênio e o tempo da transformação, "progride", coincide com ele.

> Aos sábados e aos domingos estudantes e professores *organizam* uma *soirée* literária e musical. E no jardim espanhol *leem* sob as estrelas Racine e Molière (VGP, 205).

O momento de referência ("sábados" e "domingos") repete-se. Por conseguinte, também o faz o momento do acontecimento (*organizar* e *ler*). Há, portanto, uma coincidência entre eles. No entanto, não se reitera o momento da enunciação. Este é um só e coincide apenas num determinado ponto com o momento da referência: no presente da enunciação a reiteração enunciada ocorre. Temos aqui o presente iterativo.

> Seguindo um hábito americano, neste campus estudantes e professores *começam a confraternizar* desde o primeiro dia (VGP, 205).

O momento de referência começa aqui num dado momento do tempo ("primeiro dia") e prolonga-se até o momento da enunciação. O tempo do acontecimento ("começam a confraternizar") coincide com a continuidade do momento de referência. Este coincide no momento atual com o momento da enunciação. Temos, nesse caso, um presente de continuidade.

3. Presente omnitemporal ou gnômico: quando o momento de referência é ilimitado e, portanto, também o é o momento do acontecimento.

É o presente utilizado para enunciar verdades eternas ou que se pretendem como tais. Por isso, é a forma verbal mais utilizada pela ciência, pela religião, pela sabedoria popular (máximas e provérbios):

> O quadrado da hipotenusa *é* igual à soma do quadrado dos catetos.

O momento de referência é um *sempre* implícito. Como o momento do estado ("é") coincide com ele, o presente omnitemporal indica que o quadrado da hipotenusa é sempre igual à soma do quadrado dos catetos. Nos dois exemplos a seguir, a relação entre os dois momentos é similar:

> Deus *é* um espírito perfeitíssimo, criador do céu e da terra.

> Ai, palavras, ai, palavras,
> que estranha potência a vossa!
> Todo o sentido da vida
> *principia* a vossa porta;
> o mel do amor *cristaliza*
> seu perfume em vossa rosa;
> *sois* o sonho e *sois* audácia,
> calúnia, fúria, derrota... (CM, 442).

Encontra-se esse presente gnômico:

a) nos provérbios e máximas:
Deus *ajuda* quem cedo madruga.

b) nas definições:
O homem *é* um animal racional.

c) na descrição de estados tidos como imutáveis:
O rio Tietê *passa* por São Paulo.

d) no relato de transformações consideradas necessárias:
Quem *ama perdoa*.

Essas diferenças aspectuais permitem criar oposições entre dois presentes. Por exemplo:

> O Itamar *é* um homem impulsivo, agora *está* mais contido.
> O Edmundo *joga* bem, hoje *está jogando* mal.

Temos, nesses casos, a oposição entre um presente omnitemporal e um presente durativo. Aliás, no caso de estados, a oposição *ser/estar* manifesta, segundo Mateus et al. (1983: 136-142) uma dicotomia entre predicadores individuais e predicadores de manifestações temporalmente limitadas de individuais.

Em português brasileiro, usa-se, em geral, principalmente na linguagem oral, o presente progressivo (presente do indicativo do auxiliar *estar* + gerúndio) para exprimir o presente atual.

> É o que *estou dizendo*.

Assim, uma das formas de opor o presente atual ao presente genérico (durativo ou omnitemporal) é valer-se do contraste entre as formas do presente simples e do presente progressivo.

> Ele não *briga*, mas agora *está brigando*.

B) O pretérito perfeito l marca uma relação de anterioridade entre o momento do acontecimento e o momento de referência presente.

> 20 de junho [...] Sou muito sensível às relações humanas, e *habituei-me* a ver pelo menos três vezes por semana estes jovens que aqui tenho diante de mim. Com muitos deles *andei a caminhar* pelo campus ou *almocei* nesses cafés boêmios dos arredores da Universidade. Muitas dessas moças *foram* ao meu escritório e me *levaram* seus "casos", alguns dos quais o romancista *escutou* com delícia e o homem com embaraço (VGP, 197).

O momento de referência presente é um *agora* que ocorre a 20 de junho. Em relação a ele, o momento dos acontecimentos ("habituar-se", "andar a caminhar", "almoçar", "ir", "levar", "escutar") é anterior.

É preciso notar uma diferença existente entre o português e outras línguas românicas, por exemplo, o francês, o italiano e o romeno, no que concerne ao uso do pretérito perfeito. Benveniste já mostrara (1974: 238-245) que, em francês, a diferença central entre o *passé composé* e o *passé simple*, que ele denomina aoristo, é que este é um tempo da história, enquanto aquele é um tempo do discurso. O *passé composé* indica uma anterioridade em relação ao presente; o *simple*, uma concomitância em relação a um momento de referência pretérito. Em romeno, na literatura, o passado simples e o passado composto têm os valores explicados anteriormente (*Gramatica Academiei*, 1963, I, 239; Avram, 1986: 177). Em italiano, apesar de esses tempos serem chamados *passato remoto* e *passato prossimo*, terminologia inadequada, já que se diz *Due anni fa andammo in Scozia* e *Dio ha creato il mundo* (Serianni, 1989: 471-473), o uso é idêntico ao do francês e do romeno. Como o tempo mais usado na língua falada é o passado composto, porque, em geral, a conversação ordinária está referida ao momento da enunciação, nessas línguas, o passado simples vai desaparecendo, mesmo nos textos escritos, sendo substituído pelo passado composto acompanhado de certas partículas temporais, o que configura, para Weinrich, o aparecimento de um novo tempo "compósito" ou "analítico" (1989: 137-138).

Já em português, o pretérito perfeito simples conserva toda a sua vitalidade, porque o tempo composto correspondente não tem propriamente uma função temporal, mas sim aspectual. Com efeito, se se diz "João tem lido até tarde neste mês", "tem lido" localiza o início do acontecimento num momento anterior ao momento de referência presente e, ao mesmo tempo, indica sua continuidade no momento presente. Dessa forma, tem um valor aspectual durativo (continuativo ou iterativo) e inacabado. Por isso, o pretérito perfeito simples acumula, em português, duas funções: anterioridade em relação a um momento de referência presente e concomitância em relação a um momento de referência pretérito. Temos, por conseguinte, do ponto de vista funcional, dois pretéritos perfeitos: o 1, que é tempo do sistema enunciativo, e o 2, que pertence ao sistema enuncivo. O passado composto só conserva seu valor de anterioridade em casos muito restritos, para expressar um fato que acabou de ocorrer. Por exemplo, um orador termina seu discurso dizendo "Tenho dito".

C) O futuro do presente indica uma posterioridade do momento do acontecimento em relação a um momento de referência presente.

> Jamais se *lembrarão* de mim para escrever na imprensa (Otto Lara Resende, apud Cunha, 1972: 314).

Em relação ao momento de referência presente, "lembrarão" indica uma posterioridade do momento do acontecimento.

Costuma-se dizer que existe uma oposição passado/futuro, que permite evocar o futuro à luz do passado.

Ela *foi* muito gentil comigo, *serei* eternamente grato a ela.

Na verdade, nesse caso, não há uma oposição passado/futuro, mas uma oposição presente/futuro. Com efeito, o enunciado no passado implica uma enunciação presente do tipo *afirmo que ela foi muito gentil comigo*. Essa enunciação pressuposta constitui o momento de referência e é em relação a ele que se utiliza o futuro do presente.

O valor temporal do futuro determina que, a menos que a proposição exprima uma verdade atemporal, ele não pode expressar uma modalidade factual, pois seu valor de verdade não pode ser determinado no momento da enunciação. Por conseguinte, a única possibilidade de fazer asserções no futuro depende da avaliação que o enunciador faz da necessidade, probabilidade, possibilidade ou impossibilidade da ocorrência de um dado estado de coisas. O futuro, em português, indica um efeito de uma causa de cuja verificação depende sua ocorrência ("Se a inflação não for debelada, haverá uma explosão social"), assinala que a oração em que ocorre é o conteúdo proposicional de um ato ilocutório comissivo ("Juro que este crime não ficará impune"), mostra como contingente o estado de coisas descrito ("Com esse trânsito, chegaremos atrasados"). O futuro indica também que se considera necessária, impossível ou altamente provável a ocorrência de um dado acontecimento num momento posterior ao presente, embora, nesses casos, o português prefira o presente do indicativo. A não factualidade dos acontecimentos expressos pelo futuro faz com que haja nele sempre um valor modal acoplado ao valor temporal (Mateus et al., 1983: 118-123).

Normalmente, diz-se que o futuro pode ocupar o lugar do imperativo na expressão da ordem. No decálogo, por exemplo, temos: "Não matarás". Esse valor deriva do alcance temporal e não modal do futuro. Como a ordem incide sobre acontecimentos posteriores em relação ao momento presente, o futuro pode substituir o imperativo.[20]

Os tempos enuncivos ordenam-se em dois subsistemas: um centrado num momento de referência pretérito e outro, num momento de referência futuro.

O primeiro subsistema é o seguinte:

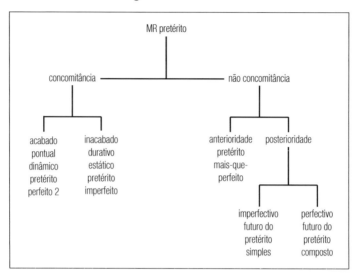

A) A concomitância do momento do acontecimento em relação a um momento de referência pretérito pode exprimir-se tanto pelo pretérito perfeito 2 quanto pelo pretérito imperfeito. É preciso, pois, estabelecer outro eixo para distinguir o valor desses dois tempos verbais. A diferença entre eles reside no fato de que cada um deles tem um valor aspectual distinto: o pretérito perfeito 2 assinala um aspecto limitado, acabado, pontual, dinâmico, enquanto o pretérito imperfeito marca um aspecto não limitado, inacabado, durativo, estático. Por isso, Bakhtin, aceitando as teses de Lorck sobre esses dois tempos, diz que, com o perfeito, "nosso olhar orienta-se para o exterior, para o mundo dos objetos e conteúdos que o pensamento já apreendeu" (e, por essa razão, vê como acabados); com o imperfeito, "para o interior, para o mundo do pensamento em devir e em processo de constituição" (e, por esse motivo, vê os estados e as transformações indicados por esse tempo em curso, ao longo de um espaço de tempo (1979: 170-171)).

Se tomarmos duas frases tais que:

> No dia 29 de dezembro, o Senado condenou o Presidente Collor à pena de inabilitação política por oito anos.

> No dia 29 de dezembro, o Senado condenava o Presidente Collor à pena de inabilitação política por oito anos.

veremos que tanto "condenou" quanto "condenava" indicam concomitância em relação a um momento de referência pretérito ("29 de dezembro de 1992"). No entanto, no primeiro caso, considera-se a ação como algo acabado, como uma descontinuidade (um ponto) na continuidade do momento de referência e, portanto, como algo dinâmico, visto do exterior; no segundo, a ação é considerada inacabada, contínua dentro da continuidade do momento de referência, como algo estático, visto do interior, durante seu desenvolvimento.

Como o imperfeito tem um valor durativo e a duratividade pode ser contínua ou descontínua (iteratividade), o imperfeito pode tanto expressar um fato que se repete no passado quanto um fato contínuo no passado (o chamado imperfeito descritivo).

> Quando a criança via o sol irisando a água do lago, *batia* as mãos de contentamento.

Nesse caso, o momento de referência pretérito, que está implícito, é "todas as vezes que havia sol". Em relação a ele, que se repete, o imperfeito marca ações repetidas.

Em lugar de expressar uma ação repetida a intervalos regulares, o imperfeito iterativo pode assinalar também uma ação que não ocorreu nenhuma vez num dado período de tempo.

> Zetti não *tomava* nenhum gol há dez partidas.

Vejamos um caso de imperfeito descritivo:

> Sete horas da manhã haviam de ser. A luz de um sol esplêndido *fluía* no éter que a trovoada da véspera tinha acendrado. O céu *arreava-se* do azul diáfano onde a fantasia se embebe com a voluptuosidade casta de criança a aconchegar-se dentro, tão dentro do grêmio materno (T, 11).

Em relação ao momento de referência ("sete horas da manhã"), os verbos em itálico indicam uma continuidade, uma duratividade.

Muitas vezes, o ponto de referência para o imperfeito é o pretérito perfeito. Assim, aquele marca uma concomitância em relação a este.

> Quando Azevedo *saiu* da Faculdade de São Paulo e *voltou* para a fazenda da província de Minas Gerais, *tinha* um projeto: ir à Europa (MA, v. 2, 118).

Por isso mesmo, o imperfeito pode indicar uma ação que subsume diversas ações pontuais citadas anteriormente.

> Ele *bebeu* a vodka, *começou a respirar* com dificuldade, *caiu* sem sentidos. O metanol *fazia* seu efeito.

Atribuem-se ao pretérito imperfeito muitos valores particulares, que são aplicações de seu valor temporal básico ou são concretizações contextuais.

O pretérito perfeito 2, como já foi dito, exprime um acontecimento limitado, acabado e pontual, expressa sempre uma descontinuidade em relação ao momento de referência.

Achava-se Mendonça uma vez à porta do Carceller, onde *acabava* de tomar sorvete em companhia de um indivíduo, amigo dele, quando *viu* passar um carro (MA, v. 2, 33).

Em relação ao ponto de referência pretérito ("uma vez"), os pretéritos imperfeitos "achava-se" e "acabava" indicam concomitância contínua, enquanto o pretérito perfeito "viu" assinala a descontinuidade. Assim, ele apresenta um acontecimento passado num momento determinado do pretérito, sem levar em conta a duração. Dele afirma-se somente a realidade.

Evidentemente, o semantismo do verbo ou o contexto podem conter uma ideia de duração:

> Seu sofrimento *durou* vinte anos.
> Matusalém *viveu* 969 anos.

No entanto, o pretérito perfeito apenas "cita" essa duração, não a "descreve", como faria o imperfeito. Este "estende" a menor duração; aquele "resume" os mais longos períodos (Baylon e Fabre, 1973: 110). Quando se usa o pretérito perfeito 2, não se quer, na verdade, dizer que o fato seja desprovido de duração, mas sim que ela não é levada em conta (Grevisse, 1986: 1283).

O pretérito perfeito só pode indicar iteratividade no passado, quando acompanhado de expressão iterativa. Na verdade, é essa expressão que dá valor iterativo ao passado e não é o pretérito que tem essa nuança aspectual:

> Cem vezes ele *pediu*, cem vezes lhe *foi recusado*.

O pretérito perfeito 2 pode exprimir, quando acompanhado de expressões, como *sempre, nunca, muitas vezes*, uma verdade geral. É o passado de hábito ou gnômico. É preciso notar a diferença entre esse pretérito perfeito e o presente, ambos com valor gnômico. Este é apresentado como uma evidência que salta aos olhos no momento da enunciação; aquele, como uma verdade a que se chegou indutivamente a partir de experiências particulares, num tempo enuncivo.

> O espinho já *nasceu* com seu biquinho.

Quando se apresentam múltiplos estados ou transformações, o pretérito perfeito apresenta-os como sucessivos, ou melhor, como concomitantes em relação a diferentes momentos de referência pretéritos, marcados principalmente nas narrativas orais por *depois, em seguida, e então, e aí*, etc. Por isso, o pretérito perfeito é o tempo por excelência da narração.

> Três horas da tarde. Um velho Ford *parou* em frente do casarão revestido de hera do Hotel Centenário. *Desceu* dele um homem ainda moço, de estatura mediana, com a roupa cor de chumbo coberta de pó e *encaminhou-se* para o saguão. Como não visse ninguém, *bateu* palmas (RIR, 1).

O primeiro pretérito mostra um fato concomitante com um marco temporal pretérito (três horas da tarde). Os outros indicam a mesma relação com marcos temporais implícitos como *pouco depois*, *a seguir*, *em seguida*.

O imperfeito, ao contrário, apresenta os fatos como simultâneos, como formando um quadro contínuo, ou melhor, como vinculados ao mesmo momento de referência pretérito. Por isso, é o tempo que melhor atende aos propósitos da descrição.

> A tarde *ia* morrendo. O sol *declinava* no horizonte e *deitava-se* sobre as grandes florestas, que *iluminava* com seus últimos raios.
>
> A luz frouxa e suave do ocaso, deslizando pela verde alcatifa, *enrolava-se* como ondas de ouro e de púrpura sobre a folhagem das árvores.
>
> Os espinheiros silvestres *desatavam* as flores alvas e delicadas, e o ouricuri *abria* suas palmas mais novas, para receber no seu cálice o orvalho da noite. Os animais retardados *procuravam* a pousada, enquanto a juriti, chamando a companheira, *soltava* os arrulhos doces e saudosos com que se despede do dia.
>
> Um concerto de notas graves *saudava* o pôr do sol e *confundia-se* com o rumor da cascata, que *parecia* quebrar a aspereza de sua queda e ceder à doce influência da tarde. *Era* a Ave-Maria (G, 39).

O momento de referência pretérito é o instante do pôr do sol. Os 13 pretéritos imperfeitos remetem ao mesmo momento de referência e não indicam ações ou estados sucessivos, que aludem a momentos de referência subsequentes. Por isso, compõem uma simultaneidade, que gera um efeito de sentido de estaticidade.

B) O pretérito mais-que-perfeito indica uma relação de anterioridade entre o momento do acontecimento e o momento de referência pretérito. Como o mais-que-perfeito mostra essa relação, seu aspecto é sempre perfectivo. Há duas formas desse tempo verbal: a simples e a composta.

> Está terminado o terrível ano de 1992. Sob a regência do presidente da República, uma quadrilha *assumira* o controle da máquina do Estado (*Veja*, 30/12/1992, 1268: 32).

O momento de referência, já tomado como pretérito, é o ano de 1992. O pretérito mais-que-perfeito "assumira" indica que o fato ocorreu antes desse momento de referência.

> No dia seguinte àquele em que se passaram as cenas descritas no capítulo anterior, entendeu o céu que devia regar com suas lágrimas o solo da formosa Petrópolis. Tito, que destinava esse dia para ver toda a cidade, foi obrigado a conservar-se em casa. Era um amigo que não incomodava, porque quando era demais sabia escapar-se discretamente e quando não o era, tornava-se o mais delicioso dos companheiros. [...] Tito *tinha andado* por todas as repúblicas do mar Pacífico, *tinha vivido* no México e em alguns Estado americanos. *Tinha* depois *ido* à Europa no paquete da linha de Nova Iorque (MA, v. 2, 128).

142 As astúcias da enunciação

O momento de referência pretérito é *no dia seguinte*. Os três pretéritos mais-que-perfeitos falam de acontecimentos anteriores a ele. Dado que habitualmente o pretérito mais-que-perfeito serve para fazer saber os antecedentes da história que se narra, ou seja, os elementos que se precisa conhecer para compreender a ação principal, essa volta ao passado aparece aqui, como, aliás, frequentemente, para fazer um resumo (cf. Weinrich, 1989: 150).

Deve-se lembrar que a forma analítica vai substituindo a forma sintética na língua falada. Isso se deve ao fato de que a oposição latina *infectum* vs *perfectum* foi refeita nas línguas românicas com formas compostas paralelas às dos tempos do *infectum* (excetua-se o pretérito perfeito 1 do português, pelas razões já explicadas). Desse modo, seguindo uma tendência românica, a forma analítica do pretérito mais-que-perfeito tem a possibilidade de expressar, ao mesmo tempo, a relação de anterioridade e o aspecto perfectivo, enquanto a forma sintética apresenta apenas a relação de anterioridade. Como, no pretérito mais-que-perfeito, os dois significados estão associados, é natural que a forma sintética vá sendo menos usada.

C) O futuro do pretérito exprime uma relação de posterioridade do momento do acontecimento em relação a um momento de referência pretérito.

> ACM disse que Collor *seria* inapelavelmente *derrotado* no Senado (*Veja*, 30/12/1992, 1268: 21).

O momento de referência pretérito é o instante em que ACM disse algo a alguém. A derrota é um fato que se dará em momento posterior ao momento de referência. Daí porque é expressa com o futuro do pretérito.

> Na noite de sexta-feira, Collor até planejara sua ida ao Senado. O advogado Villela *falaria* por quarenta minutos, fazendo aquilo que na Dinda se chama "denúncia política" do processo. Evaristo *teria* direito a outros quarenta, nos quais se *ocuparia* da defesa criminal do presidente, e, por fim, o próprio réu, Fernando Collor, *assumiria* a tribuna para falar por vinte minutos (*Veja*, 30/12/1992, 1268: 21).

Nesse texto, o momento de referência pretérito é a *noite de sexta-feira*. Em relação a ele, a atuação dos advogados e do réu no processo do Senado será posterior. Por isso, é expressa pelos futuros do pretérito "falaria", "teria", "se ocuparia", "assumiria".

O futuro do pretérito tem, na maior parte das vezes, o caráter de uma antecipação imaginária. Se o futuro do presente não exprime uma modalidade factual, mas surge como expectativa, o futuro do pretérito tem um valor hipotético.

A forma composta marca, assim como a simples, um fato posterior em relação a um momento de referência pretérito. No entanto, ela indica um fato anterior a um outro acontecimento no futuro (manifestado em português pelo pretérito imperfeito do subjuntivo) ou a um outro momento, que não o de referência, expresso por uma indicação de tempo. Em outras palavras, para o uso do futuro do pretérito composto, levam-se em conta dois momentos de referência: ele é posterior a um e anterior a outro. Por isso, poderia ser chamado futuro do pretérito do pretérito. A distinção entre as duas formas do futuro do pretérito poderia ser considerada aspectual: o simples é imperfectivo e o composto é perfectivo. Claro está que esses aspectos devem ser considerados em relação à perspectiva temporal em que se colocam esses tempos.

> Todos supunham que, quando o inverno chegasse, a guerra na Bósnia *teria terminado*.
> Ontem de manhã, eu sabia que, às dez horas, o avião já *teria chegado*.

Na primeira frase, o momento de referência pretérito é o momento da suposição. Em relação a ele, a chegada do inverno é posterior. Em relação a esse momento, o término da guerra na Bósnia é anterior.

Na segunda, o momento de referência pretérito é *ontem de manhã*. O momento "dez horas" é posterior a ele, enquanto a chegada do avião ocorrerá antes das dez horas.

O subsistema organizado em torno de um momento de referência futuro apresenta a seguinte estrutura:

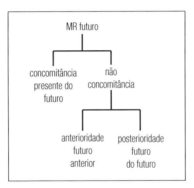

A) O presente do futuro não tem em português uma forma específica. É expresso por um futuro do presente simples ou um futuro do presente progressivo (futuro do presente do auxiliar *estar* + gerúndio) correlacionado a um futuro do presente do subjuntivo introduzido por uma conjunção.

> Outro também virá, de honrada fama,
> Liberal, cavaleiro, enamorado,
> E consigo *trará* a formosa dama (LUS, V, 46, 1-3).

Há, nesses versos, dois futuros do presente coordenados entre si. O segundo expressa uma concomitância em relação ao primeiro, porque está relacionado a uma oração adverbial temporal implícita *e quando vier*, que marca um momento de referência futuro.

No momento em que eu lhe der um sinal, você *soltará* os rojões.

O momento de referência futuro é "no momento em que eu lhe der um sinal". Em relação a ele a ação de soltar rojões é concomitante.

B) A anterioridade em relação a um momento de referência futuro é indicada pelo futuro anterior, que, em nossa nomenclatura gramatical, é chamado futuro do presente composto. O momento de referência pode ser manifestado por uma expressão de natureza adverbial ou por uma oração subordinada contendo um verbo no futuro do presente.

> Outro também virá, de honrada fama,
> Liberal, cavaleiro, enamorado,
> E consigo trará a formosa dama
> Que o Amor por grão mercê lhe *terá dado* (LUS, V, 46, l-4).

O ponto de referência futuro é o momento da vinda e do trazer. Em relação a ele, o momento de o amor dar é anterior. O momento de referência é assinalado por uma subordinada implícita contendo um verbo no futuro do presente: "quando vier e trouxer".

> Em oito dias, *terei terminado* o serviço.

O momento de referência futuro é "em oito dias", expressão temporal de natureza adverbial. Em relação a ele o término do serviço é anterior.

O futuro anterior pode estar na subordinada (nesse caso, no subjuntivo).

> Quando *tiver terminado* o trabalho, sairei de casa.

C) A posterioridade em relação a um momento de referência futuro é indicada pelo futuro do presente simples, que será, nesse caso, um futuro do futuro. Esse futuro estará correlacionado a outro(s) futuro(s) do presente simples. A ulterioridade de um em relação a outro será marcada, implícita ou explicitamente, pela palavra *depois* ou um parassinônimo.

> Depois que o Senado cassar o mandato do presidente da República, este *estará* inabilitado, por oito anos, para o exercício de qualquer função pública.

O ponto de referência futuro é o momento em que o Senado cassar o mandato. O estado de inabilitação para o exercício de qualquer função pública será posterior a ele. Essa ulterioridade é marcada explicitamente por *depois*.

> Você terminará o dever de casa, *tomará* banho e depois *poderá* ver televisão.

O momento de referência futuro é o término do dever de casa. O banho dar-se-á num momento posterior assinalado implicitamente por um *depois*. Por seu turno, o momento do banho é o momento de referência futuro em relação ao qual o ato de ver televisão é ulterior.

Dos advérbios

> "Se eu pudesse escolher o dia de minha morte,
> escolheria o dia seguinte."
> Philippe Geluck

Os advérbios de tempo[21] articulam-se também em um sistema enunciativo e um enuncivo. Aquele centra-se num momento de referência presente, idêntico ao momento da enunciação; este organiza-se em torno de um momento de referência (pretérito ou futuro) inscrito no enunciado, o que significa que no que tange aos advérbios não existe um subsistema relacionado a um MR pretérito e outro, a um MR futuro. A cada um dos momentos de referência (enunciativo e enuncivo) aplica-se a categoria topológica *concomitância* vs *não concomitância* (*anterioridade* vs *posterioridade*).

O sistema enunciativo expressa-se em português da seguinte maneira:

a) para manifestar a concomitância, usam-se *agora*; *hoje*; (*em*) + *este* + substantivo designativo de divisão temporal ou nome de divisão temporal (por exemplo, "neste momento", "nesta semana", "neste mês", "neste domingo"); *atualmente*; *no presente*; *no momento atual* (*presente*);

b) para revelar a anterioridade, utilizam-se *ontem*; *anteontem*; (*em*) + substantivo designativo de divisão temporal maior que dia ou nome de divisão temporal + passado (por exemplo, "na semana passada", "no ano passado", "em janeiro passado"); (*em*) + último + substantivo designativo de divisão temporal ou nome de divisão temporal + (por exemplo, "no último ano", "na última semana");[22] *há* + (numeral cardinal ou pronome adjetivo indefinido) + substantivo designativo de intervalo de tempo ou nome de divisão temporal ou a palavra *tempo* (por exemplo, "há dois dias", "há alguns dias", "há uma semana", "há vinte e quatro horas", "há muitos meses", "há horas",[23] "há alguns séculos", "há dois sábados", "há muito tempo", "há pouco tempo",[24] "há algum tempo");[25] numeral cardinal ou pronome adjetivo indefinido + palavra *tempo* ou substantivo designativo de intervalo de tempo ou nome de divisão temporal + *atrás* (por exemplo, "um tempo atrás", "dois minutos atrás", "dois domingos atrás", "alguns momentos atrás");[26] *ultimamente, outrora, recentemente*; *até aqui*;[27]

146 As astúcias da enunciação

c) para exprimir a posterioridade, são usados: *amanhã*; *depois de amanhã*; (*em*) + próximo + substantivo designativo de intervalo de tempo ou nome de divisão temporal ou o sintagma *um tempo* (por exemplo, "no próximo minuto", "no próximo século", "em um tempo próximo");[28] (*em*) + substantivo designativo de divisão temporal maior que dia ou nome de intervalo de tempo + *que vem* ou *vindouro* (por exemplo, "no mês que vem", "na semana vindoura", "domingo que vem"); *daqui a* + numeral cardinal ou pronome adjetivo indefinido + substantivo designativo de intervalo de tempo ou nome de divisão de tempo ou a palavra *tempo* (por exemplo, "daqui a dois dias", "daqui a uma semana", "daqui a horas", "daqui a alguns séculos", "daqui a dois sábados", "daqui a muito tempo", "daqui a pouco tempo"[29]);[30] *dentro de* ou *em* + numeral cardinal ou pronome adjetivo + substantivo designativo de intervalo de tempo ou nome de divisão temporal ou a palavra *tempo* (por exemplo, "dentro de algum tempo", "dentro de dois meses", "em algumas horas", "dentro de dois sábados", "em alguns momentos", "dentro de pouco tempo", "em pouco tempo"[31]);[32] *proximamente*; *no futuro*; *num futuro próximo*; *doravante*; *de agora em diante*; *daqui em diante*.

A expressão *um* + nome designativo de divisão de tempo ou nome de intervalo de tempo + *desses* indica tanto anterioridade como posterioridade enunciativa:

Encontrei-me com ele *uma semana dessas*.
Vamos sair *um sábado desses*.

O *sistema enuncivo* exprime-se em português da seguinte maneira:

a) A concomitância é indicada por *então*; *em* + *esse* ou *aquele* ou *mesmo* + nome designativo de intervalo de tempo ou nome de divisão de tempo ou a palavra *tempo* (por exemplo, "nesse dia", "naquela semana", "no mesmo instante");

b) para manifestar a anterioridade, usam-se *na véspera*; *na antevéspera*; *em* + artigo definido + nome designativo de divisão do tempo ou nome de intervalo temporal + *anterior* ou *precedente* (por exemplo, "na semana anterior", "no dia anterior", "no mês precedente", "no domingo precedente"); numeral cardinal ou pronome adjetivo indefinido + nome designativo de divisão do tempo ou nome de intervalo de tempo ou a palavra *tempo* + *antes* ou *mais cedo* (por exemplo, "dois dias antes", "algumas horas antes", "pouco tempo mais cedo", "duas horas mais cedo", "três domingos antes");

c) para significar a posterioridade, utiliza-se *em* + artigo definido + nome designativo de divisão de tempo ou nome de intervalo temporal + *posterior* ou *seguinte* (por exemplo, "no dia posterior", "no mês seguinte", "no sábado seguinte"); *em*

+ artigo definido + *outro* + nome designativo de divisão de tempo ou nome de intervalo de tempo (por exemplo, "no outro dia", "na outra semana"); numeral cardinal ou pronome adjetivo indefinido + nome designativo de divisão temporal ou nome de intervalo de tempo ou a palavra *tempo* + *depois* ou *após* ou *mais tarde* (por exemplo, "três anos depois", "dois dias mais tarde", "uma semana após", "algum tempo mais tarde", "alguns meses após"); *daí* (*a*) ou *dali* (*a*) + numeral cardinal ou pronome adjetivo indefinido + nome designativo de divisão de tempo ou nome de intervalo de tempo ou a palavra *tempo* (por exemplo, "daí alguns dias", "daí a duas horas", "dali a três semanas", "daí muito tempo"[33]).

As expressões *algum* ou *outro* + nome designativo de divisão de tempo ou nome de intervalo de tempo são neutras do ponto de vista da categoria topológica e do momento de referência. Os tempos verbais indicam se elas têm valor enunciativo ou enuncivo ou se assinalam anterioridade ou posterioridade. Ambas servem para designar um ponto bastante indeterminado no tempo:

Outro dia jantaremos juntos (posterioridade em relação ao presente).
Algum dia isso aconteceria (posterioridade em relação ao passado).
Já o tinha encontrado *outro dia* (anterioridade em relação ao passado).
Ainda *outro dia* ganhou um prêmio na escola (A)
Nem parece que *outro dia* eu estava em São Paulo (BO).
Outro dia, [...] Xavier tinha descrito [...] como tudo ia ocorrer (CONC).
Os gozos que ainda não tivera floririam *algum dia* (AV).
Já imaginou que, *algum dia,* poderá gozar a presença do Altíssimo, deslumbrado pela glória do Senhor, ouvindo o coro dos serafins (BH).

Não se exemplificarão todos os advérbios arrolados. O que é necessário é mostrar que eles pertencem a sistemas distintos. Isso se comprova com o fato de que, quando se passa do sistema enunciativo para o enuncivo, é preciso adequar os advérbios ao novo sistema:

Hoje saio de férias. *Ontem* trabalhei muito. *Amanhã* estarei em Paris.
No dia 3 de janeiro de 1991, saí de férias. *Na véspera* trabalhei muito. *No dia seguinte*, estava em Paris.

A mudança do momento de referência (do momento da enunciação para um momento inscrito no enunciado: no caso, "3 de janeiro de 1991") obriga a uma alteração dos advérbios do sistema enunciativo para os do sistema enuncivo. A não mudança acarreta distorções de sentido. Vejamos alguns exemplos:

Ao contrário do vinho, o conhaque não amadurece na garrafa, apenas nos tonéis de carvalho. Para fazer um litro de aguardente que os ingleses chamam *brandy* são necessários nove litros de vinho branco. Sua fermentação começa em novembro e dura os *próximos três meses* (*Folha de S.Paulo*, 17/3/1988: B-24).

148 As astúcias da enunciação

Como "próximos" indica posterioridade em relação a um marco temporal presente e o artigo que contém esse período foi publicado em março de 1988, os próximos três meses são abril, maio e junho. Ora, é evidente que não é isso que quer dizer o articulista, pois, já que a fermentação começa em novembro, ela realiza-se nos meses de dezembro, janeiro e fevereiro. Portanto, o marco temporal não é o presente, mas é um pretérito (no caso, "novembro") inscrito no enunciado. Para indicar os três meses posteriores a ele, a expressão correta é "os três meses seguintes". Embora se possa dizer que, nesse exemplo, a expressão assinalada não tem propriamente função adverbial, o certo é que ela se comporta como a expressão adverbial de tempo correspondente.

> Mas a decisão de contra-atacar só foi tomada há duas semanas, quando *The Sun*, o tabloide sensacionalista mais lido do país, transcreveu 23 minutos de uma suposta conversação telefônica entre Diana e um amigo, às vésperas do Ano-Novo de 1989. [...] Ela queixa-se da "tortura" de seu casamento e marca um encontro para a *próxima terça-feira*, quando sairia a pretexto de ir a um acupunturista (*Veja*, 9/9/1992, 1251: 38-39).

Como o momento de referência é pretérito ("vésperas do Ano Novo de 1989"), a terça-feira do encontro seria "a terça-feira seguinte", já que a próxima terça-feira é a primeira terça-feira depois de 9/9/1992.

Cabe lembrar, no entanto, que é possível usar conjuntamente um tempo verbal e uma expressão adverbial temporal que não pertencem ao mesmo sistema de referência, quando dois momentos distintos de referência estiverem implicados. Na frase "Ele disse-me que viria amanhã", "disse" e "viria" indicam, respectivamente, concomitância e posterioridade em relação a um momento de referência pretérito *no dia x*, enquanto "amanhã" assinala posterioridade em relação ao presente. Esse "amanhã" no momento da fala do *ele* era um determinado dia do futuro, que é *amanhã* em relação ao momento em que se narra o que foi dito.

Na fala, ocorrem neutralizações entre expressões temporais. Por exemplo, na frase "Na terça a gente conversa" é na próxima terça, já que o tempo verbal indica posterioridade em relação ao momento presente. No texto "Na primeira segunda-feira de 1992, ele quebrou a perna. Na terça, o braço", a terça é a terça-feira seguinte ao marco temporal pretérito.

Da mesma forma, neutralizam-se em relação à categoria topológica formas como *hoje* ou aquelas construídas com o pronome demonstrativo + nome designativo de divisão de tempo ou nome de intervalo de tempo:

> *Hoje* chove/ choveu/ choverá.
> *Neste verão* passeio/ passeei/ passearei muito.

O que ocorre é que um intervalo grande de tempo pode ser subdividido em intervalos menores e estes é que constituem de fato o momento de referência para o acontecimento. No primeiro caso, por exemplo, em relação ao momento da fala, que é uma subdivisão de *hoje*, os fatos são anteriores, concomitantes ou posteriores, sendo, entretanto, sempre concomitantes em relação ao ponto de referência maior.

Como se disse anteriormente, os advérbios de tempo organizam-se num sistema enunciativo e num enuncivo. Mas, ao contrário dos tempos verbais, não apresentam dois subsistemas enuncivos: um ordenado em relação a um marco temporal pretérito e outro, em relação a um marco temporal futuro. Os advérbios do sistema enuncivo remetem tanto a um quanto a outro ponto de referência:

> No dia 25 de dezembro, entreguei aos meus sobrinhos os presentes que tinha comprado *na véspera*.
> No dia 25 de dezembro, entregarei aos meus sobrinhos os presentes que terei comprado *na véspera*.

Nos dois casos, "na véspera" indica uma anterioridade em relação a um marco temporal instaurado no enunciado. Só que, no primeiro, o ponto de referência é pretérito, no segundo, futuro.

As expressões enunciativas constituídas do demonstrativo *este* + nome de intervalo temporal que indica parte do dia (*manhã, tarde, noite, madrugada*), estações do ano, dias da semana e meses do ano, ou, em outras palavras, nomes de intervalos de tempo em que não se está obrigatoriamente, assinalam que o intervalo referido se desenrola, desenrolou ou desenrolará durante o mesmo dia, semana e ano em que se inclui o momento da enunciação. Temos nesse caso um duplo momento de referência.

> Virei *neste inverno* (= o inverno do ano em que se dá a enunciação).
> Estive lá *neste domingo* (= o domingo da semana em que ocorre a enunciação).

Há intervalos de tempo (*noite* e *verão*) que pertencem a duas unidades temporais. Nesse caso, leva-se em conta, para dizer *esta noite* ou *este verão*, seu grau de afastamento do momento da enunciação. Se se está no fim da tarde, dir-se-á "esta noite" e não "a próxima noite" para a que virá e "noite passada" e não "esta noite" para a que passou. "Esta noite" e "este verão" significam a noite e o verão mais próximos do momento da fala.

Hoje, ontem e *amanhã* podem significar genericamente *no presente, no passado* e *no futuro*.

> Compara as facilidades de *ontem* com as facilidades de *hoje* (R).

Um dia e *uma vez* estabelecem um tempo enuncivo indeterminado. Por isso, o conto maravilhoso começa com o protocolo "Era uma vez".

150 As astúcias da enunciação

Assim como o sistema verbal distingue formas para expressar, no âmbito de uma dada relação temporal, os aspectos pontual e durativo (contínuo e iterativo), bem como o acabado e o inacabado, o sistema adverbial apresenta também *advérbios de aspecto*.[34]

Os advérbios de aspecto organizam-se da seguinte maneira:

a) para denotar o aspecto pontual, usam-se *de repente, de supetão, subitamente, repentinamente, bruscamente, de imediato, prontamente, depressa, imediatamente, logo, num piscar de olhos, à queima-roupa, incontinenti, inopinadamente, de chofre, logo de cara*;

b) para indicar o aspecto durativo contínuo, utilizam-se *por muito tempo, gradualmente, paulatinamente, docemente, progressivamente, pouco a pouco, aos poucos, continuamente, sem cessar, ininterruptamente*;

c) para manifestar o aspecto durativo iterativo, empregam-se *constantemente, habitualmente, de hábito, ordinariamente, de ordinário, normalmente, regularmente, de quando em quando, de hora em hora, às vezes, de tempo em tempo, eventualmente, algumas vezes, frequentemente, com frequência, várias vezes, muitas vezes, raramente, mais de uma vez, em várias ocasiões, em muitas ocasiões, de novo, uma vez mais, ainda uma vez*.

Os advérbios pontuais, por indicar a descontinuidade que irrompe na continuidade, servem muitas vezes, associados ao perfeito 2, para marcar o início das transformações, que se dão em meio a um estado, apresentado pelo pretérito imperfeito e por advérbios durativos:

> Era a Ave-Maria. [...]
>
> Todas as pessoas reunidas na esplanada sentiam mais ou menos a impressão poderosa desta hora solene, cediam involuntariamente a esse sentimento vago, que não é bem tristeza, mas respeito misturado de um certo temor.
> *De repente*, os sons melancólicos de um clarim *prolongaram-se* pelo ar quebrando o concerto da tarde; era um dos aventureiros que tocava a Ave-Maria.
> Todos *se descobriram*.
> D. Antônio de Mariz, adiantando-se até a beira da esplanada para o lado do ocaso, *tirou* o chapéu e *ajoelhou* (G, 39-40).

Em princípio, no que concerne à concomitância em relação a um MR pretérito, os advérbios pontuais combinam-se com o pretérito perfeito 2 e os durativos, com o pretérito imperfeito. Com efeito, dever-se-ia dizer "Entrei de supetão" e não "Entrava de supetão" ou "Pouco a pouco me assenhoreava dos segredos da firma" e não "Pouco a pouco me assenhoreei dos segredos da firma". No entanto, podem-se compor os aspectos perfectivo e imperfectivo dos tempos verbais com os aspectos pontual e durativo dos advérbios, criando novos efeitos de sentido:

Quando o chefe queria ver se as pessoas estavam trabalhando, *entrava* na sala *de supetão*. Não sabia nada sobre o negócio, mas *pouco a pouco* se *assenhoreou* dos segredos da firma.

No primeiro caso, focaliza-se a reiteração do processo com o imperfeito e sua pontualidade, cada vez que ocorria, com o advérbio; no segundo, mostra-se que o processo de assenhorear-se dos segredos foi gradativo, mas agora está terminado.

Nos advérbios de continuidade, aparece, muitas vezes, o aspecto *progressivo*, que indica o desenrolar paulatino de uma ação. A progressividade é uma forma sob a qual se pode apresentar a duratividade. São progressivos advérbios como *pouco a pouco, aos poucos, progressivamente, gradualmente, paulatinamente.*

Aos poucos melhorava meu romeno.

O advérbio *sempre* indica acontecimento contínuo ou iterativo:

Você estará *sempre* preso a ela. Nunca deixará de amá-la (aqui "sempre" indica um estado contínuo).
O carteiro *sempre* faz entrega duas vezes por dia (nesse caso, mostra ação repetida).

Nunca contradiz globalmente advérbios de tempo ou de aspecto. Esse advérbio apresenta uma forma reforçada *nunca na vida*. Os advérbios que indicam duração iterativa podem ser negados também com a locução *nenhuma vez*.

Nunca pensei que um ator pudesse matar uma atriz.
Descobriremos agora ou *nunca*.
Nunca tinha medo ou vergonha.

Embora todos os advérbios de tempo sirvam para estabelecer a sucessão dos acontecimentos numa narração, a língua dispõe de advérbios específicos para indicar a sucessividade dos estados e transformações. São chamados *advérbios de sequencialização*. Dividem-se em três grupos: os que assinalam concomitância, os que marcam anterioridade, os que indicam posterioridade.

Para indicar concomitância, empregam-se *nesse meio tempo, aí então, nesse ínterim, nesse entretempo* e todos os advérbios de tempo formados com demonstrativos ou com *mesmo*.

Para marcar anterioridade, usam-se *antes, mais cedo, pouco antes, muito antes, anteriormente, precedentemente*.

Para assinalar posterioridade, utilizam-se *depois, após, pouco depois, muito depois, mais tarde, posteriormente, ulteriormente, depois então*.

Muitos desses advérbios podem tornar-se conjunções, desde que lhes seja acrescentado um *que*:

Antes que saíssem, limparam tudo.

152 As astúcias da enunciação

Esses advérbios estabelecem, se se pode assim dizer, a *consecutio narrationis*,[35] pois determinam a sequência das funções narrativas, instituindo uma ligação apropriada entre elas.

> Levantei-me às seis horas. Barbeei-me e, *em seguida*, tomei banho. *Depois*, tomei café, mas, *antes*, desci para comprar jornal. *Pouco depois*, comecei a ver o jornal na televisão. *Nesse ínterim*, chegou a amiga que me daria carona.

> Virgília? Mas então era a mesma senhora que alguns anos depois?... A mesma; era justamente a senhora, que em 1869 devia assistir aos meus últimos dias, e que *antes*, *muito antes*, teve larga parte nas minhas mais íntimas sensações (MA, v. 1, 549).

Uma sequência de ações pode ser vista como um processo que tem início e fim. Essa maneira de encarar a sequência é homóloga à relação aspectual incoativo/terminativo. Com efeito, a sequência toda é tomada como um processo e certos advérbios marcam seu começo e seu fim. Os advérbios que se poderiam chamar incoativos são: *primeiro, no início, no começo, para começar* (*iniciar*); os denominados terminativos são *enfim, no fim, no término, para acabar* (*terminar*).

Machado de Assis, em *Memórias póstumas de Brás Cubas*, dá ao capítulo 37 o título de "Enfim". Inicia-o com a frase *Enfim! eis aqui Virgília*. Ele marca o fim de uma sequência de capítulos em que o narrador começa a falar de Virgília sem dizer exatamente quem era ela. Nesse capítulo, com o advérbio *enfim*, o narrador anuncia o término do processo e apresenta Virgília.

As sequências narrativas podem ser ordenadas segundo uma escala precisa. Para isso, o português vale-se de locuções adverbiais constituídas de *em* + numeral ordinal + a palavra *lugar* (por exemplo, "em primeiro lugar" ou "primeiramente", "em segundo lugar").

> *Primeiramente*, fala o presidente da UBES; *em segundo lugar*, o da UEE; *por último*, o da UNE.

Os advérbios *já* e *ainda* combinam traços temporais e aspectuais. *Ainda* contém os traços /anterioridade/, /concomitância e inacabado/. O primeiro traço é pressuposto (pp) e o segundo, posto (p). Por isso, significa que o enunciador pressupõe que um dado fato ocorreu anteriormente a um determinado momento e afirma que ele é também concomitante e inacabado em relação a certo momento de referência.

> Apesar do sucesso de Paulo Coelho, os críticos *ainda* analisam sua obra negativamente.
> pp: Os críticos *anteriormente* analisavam sua obra negativamente.
> p: Os críticos continuam, *no momento presente*, a analisá-la negativamente.[36]

Já possui os traços /posterioridade/, /concomitância e acabado/. O primeiro é pressuposto e o segundo, posto. Por isso, significa que o enunciador pressupõe que um fato ocorreria num momento posterior a um dado momento e afirma que é concomitante e acabado em relação a um determinado ponto de referência.

> André não tem nem trinta anos e *já* é presidente de uma multinacional.
> pp: Chega-se à presidência de uma multinacional *depois* de trinta anos.
> p: *Neste momento*, André é presidente de uma multinacional (sua ascensão ao posto é algo acabado).

Já que esses advérbios são contrários entre si, a negação de um implica a afirmação do posto de outro.

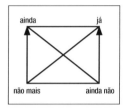

> Felizmente, noto que certos alunos *ainda* têm um interesse grande pela leitura, pois a maioria parece *não* ter *mais*.
> Ele *já* terminou seu trabalho, eu *ainda não* fiz nem a metade.

Das preposições

> "É uma infelicidade que haja um intervalo muito pequeno entre o tempo em que se é muito jovem e o tempo em que se é muito velho."
> Montesquieu

As preposições (ou locuções prepositivas) temporais organizam-se em torno da categoria topológica *concomitância* vs *não concomitância* (*anterioridade* vs *posterioridade*), não apresentando, no entanto, como os advérbios, um sistema enunciativo e um enuncivo.

A *concomitância* é enunciada pelas preposições *durante, no curso de, quando de, no meio de, no momento de, na época de, ao longo de, no correr de, no período de*, que indicam que um acontecimento se desenrola simultaneamente a outro.

> Marcela amou-me *durante* quinze meses e onze contos de réis (MA, v. 1, 537).

O amor de Marcela tem a duração de 15 meses, tempo em que o narrador gastou com ela 11 contos.

154 As astúcias da enunciação

> [...] naquele ano, falava da importância do proletariado industrial urbano, importância para a qual não havia sido despertado, amplamente, *no curso da* derrubada de Batista (CRE).
> Havia pouco, *quando da* compra da "motobloc", mamãe não lutara também? (ANA).
> – A situação está encardida.
> O colega dissera, *no meio de* uma reunião (CNT).
> E com o nome de solteira, o que não ocorreria a ninguém *no momento das* investigações, embarcara (BH).
> Não sei por que, mas *na época do* colégio, ele me parecia mais expansivo do que você (AV).
> Parece-me comovente essa história de uma pessoa sensível à própria beleza, que vai escrevendo, *ao longo dos* anos, a legenda, em imagens, de sua existência (B).
> Mas devagar mudaram de programa, acabaram jogando forte, partidas a dinheiro, que os deixava *no correr da* noite vermelhos e excitados (CCA).

A *anterioridade* é expressa pelas preposições *antes de* e *anteriormente a*.

> *Antes de* meia hora estava lá, pedindo-lhe dous contos de réis (MA, v. 1, 740).

"Estar lá" ocorre antes que se complete meia hora.

> *Anteriormente a* minha vinda, tinha ouvido falar nos problemas do Departamento.

A *posterioridade* é manifestada pelas preposições *após*, *depois de*, *em seguida a*:

> É, todavia, certo que o grãozinho não se despegou do cérebro de Quincas Borba, - nem antes nem *depois da* moléstia que lentamente o comeu (MA, V. 1, 645).
> O enfermo, *após* alguns minutos, respondeu que não era nada (MA, I, 649).
> *Em seguida à* radiografia, o médico disse-lhe que estava com enfisema pulmonar.[37]

Há outra categoria organizadora de preposições classificadas como temporais, o aspecto. Na verdade, essas preposições, como, aliás, todas as temporais propriamente ditas, introduzem um adjunto adverbial de tempo. A categoria aspectual organiza-as da seguinte forma: *pontual* vs *durativo* (*incoativo* vs *terminativo*).[38]

O aspecto incoativo-durativo é indicado por *desde*, *a partir de*, *a começar de*. Essas preposições mostram o momento em que começou um processo (incoativo) e indicam que ele dura no tempo (durativo).

> *Desde* a hora do funeral do nosso Joca, Raimundo, não ponho os olhos nela (FO).
> Em março ele vendeu a caixa de abacates por setenta e calcula que as frutas colhidas *a partir de* agosto alcançarão o preço de quatrocentos a caixa (AGF).
> *A começar da* próxima sexta, os estudantes entrarão em recesso escolar.

A preposição *desde* marca o início de um processo de um ponto de vista retrospectivo, o que exclui qualquer prospectividade. Combina-se com advérbios ou preposições, que não indiquem prospectividade, para assinalar o início de um acontecimento (por exemplo, "desde agora", "desde ontem", "desde então").

O aspecto terminativo-durativo é indicado pela preposição *até*. Mostra ela o ponto final de um processo (terminativo) que dura no tempo (durativo). Combina-se com outras preposições ou advérbios para marcar o ponto final:

Como medida preventiva, a Reitoria da Universidade do Brasil decidiu estender *até* amanhã a suspensão das aulas (EM).

Oto continua sendo nosso técnico, *até* hoje não apareceu para devolver o dinheiro das luvas que recebeu para ficar *até* o fim do ano (CS).

Pode-se marcar o início e o fim do processo. Para isso, usam-se pares de preposições: *de... a, de... até, desde... até, a partir de... até, a começar de... até*:

Na entressafra da laranja – *de* janeiro *a* junho – as indústrias processadoras aproveitam para realizar manutenção em seus equipamentos (AGF).

E continuou presente, através desta Corte, *desde* sua instalação, em 1824, *até* hoje. Tradicionalmente, *a partir de* julho *até* meados de setembro, Brasília vive uma seca singular (VEJ).

Do início do ano *até* agora, morreram dez patrulheiros (REA).

A preposição *através de* faz abstração do início e do fim do processo e leva em conta apenas a durativitdade. No entanto, essa durativitdade é considerada do ponto de vista de sua progressividade.

Com efeito, conhecedor de longa data da realidade sociopolítica brasileira, [...] combatendo *através dos* anos os líderes nacionais [...], David Nasser vem merecendo de nosso público a mais entusiasmada aceitação (CRU).

As preposições *em* e *a* (esta precedendo um numeral cardinal)[39] introduzem um adjunto adverbial de tempo, que assinala um momento inscrito no enunciado. Podem ser pontuais ou durativas.

Na hora do espetáculo nós damos um jeito (COR).

O debate entre os quatro candidatos ao governo de São Paulo [...] produziu uma opinião quase unânime entre os que assistiram à sua gravação *na* terça-feira, dia dez (IS).

[...] *às* dez horas e trinta e cinco minutos, o Presidente João Figueiredo e sua comitiva chegaram ao prédio (AP, 24/5/80: 7).

Casei-me *aos* vinte anos, pensando em me tornar amadurecido (FA).

Lá *no* jantar vamos encontrar muitos deles (SM).

Em relação a esse marco temporal introduzido no enunciado, não se podem usar tempos enunciativos, pois eles precisam necessariamente estar relacionados a um *agora*, salvo se o adjunto adverbial servir de especificador para um *agora* implícito ou explícito.

[*Agora*], *na* hora do almoço, estou em São Paulo; à noite, estarei em Brasília.

156 As astúcias da enunciação

Esse adjunto adverbial serve, principalmente, para indicar o momento de referência inscrito no enunciado. Em "Às quinze horas, estarei lá", "estarei" indica uma concomitância em relação ao marco temporal futuro "às quinze horas" Em "Na terça-feira passada chovia muito", "terça-feira passada" é o marco temporal pretérito em relação a que "chovia" indica concomitância.

Das conjunções

> "É preciso chegar na hora numa estação
> para perder o trem precedente."
> Jacques Roubard

Como as preposições, as chamadas conjunções temporais não se distinguem num sistema enunciativo e num enuncivo, mas repartem-se num sistema temporal e num aspectual.

O *sistema temporal* organiza-se em torno da categoria topológica *concomitância* vs *não concomitância* (*anterioridade* vs *posterioridade*).

a) A simultaneidade é indicada pelas conjunções *quando, cada vez que, todas as vezes que, sempre que, logo que, assim que, ao mesmo tempo que, enquanto (que)*.

Quando correlaciona os mesmos tempos verbais (continuidade temporal) ou não (ruptura de tempo). No entanto, os tempos correlacionados devem remeter ao mesmo momento de referência. Essa conjunção indica sempre um aspecto pontual, mesmo introduzindo uma forma verbal que expresse um aspecto durativo (iterativo). Nesse caso, exprime a pontualidade numa continuidade ou numa iteratividade:

> E vi bem, *quando* o pinta se mandou (AB).
> É assim que os filhos da puta que têm educação fazem, *quando* têm de escarrar (AB).
> Nesse fim de mundo de Pesqueiro, *quando* chegava gente da Capital, era uma festa (COR).
> Estava escurecendo, *quando* ele entrou na mata (O).

Cada vez que, todas as vezes que, sempre que indicam iteratividade. Com a primeira, considera-se cada processo separadamente; com a segunda, indica-se uma quantificação universal dos processos; com a terceira, mostra-se, além da significação expressa pela segunda, que os processos são tomados em seu conjunto:

> *Cada vez que* o homem entrava em um bar o jacaré gritava: bêbado! (B).
> *Todas as vezes que* devemos opinar sobre algum fato ou pessoa, temos dentro de nós instalado o pequeno tribunal da Razão (CRU).

Os técnicos recomendam a exigência do atestado de vacinação, *sempre que* o produtor comprar animais (AGF).

Logo que e *assim que* mostram, de maneira mais acentuada, o aspecto pontual e correlacionam preferentemente os mesmos tempos, marcando, pois, uma continuidade temporal:

> *Assim que* nos abraçamos e beijamos, senti-o [...] confuso, sem jeito (A).
> *Logo que* entrou no quarto, [...] fui apontando para a gavetinha forçada e, sem dizer palavra, fiquei esperando (A).

Enquanto denota duratividade:

> Carlos se curvou sobre a irmã, *enquanto* Dona Leonor se postava a meu lado (A).

Esse desenrolar concomitante pode ser precisado por *apenas* combinado com *enquanto* ou por *tanto* + (nome indicador de intervalo de tempo) + *quanto*:

> Estes estão sempre voltados para o trabalho no campo [...] e desempenham a função de volantes, *apenas enquanto* não aparece outra oportunidade de voltar para a antiga situação (BF).
> [...] pedirei ao professor que suspenda, *tantas vezes quantas* lhe permitirem os trabalhos de classe, as horas de imobilidade para todos os jovens atacados de movimentos coreiformes (AE).

No primeiro caso, *apenas enquanto* denota que a duratividade está circunscrita dentro de um dado intervalo de tempo, *tanto... quanto* mostra que não há essa limitação.

Ao mesmo tempo que indica concomitância exata, seja durativa ou pontual:

> Por meu lado, também, com o ar mais ingênuo, tratei de "deixar escapar" só e justamente aquilo que havia sido publicado, *ao mesmo tempo que* procurava descobrir o verdadeiro motivo de seu interesse (CRU).

b) A anterioridade é estabelecida por *antes que.*

> [...] pressentíamos os passos na escada, *antes que* eles se aproximassem (B).

c) A posterioridade é manifestada por *depois que, apenas* e *mal.* Distinguem-se essas conjunções pelo fato de que indicam a gradação do momento de ocorrência do acontecimento posterior em relação ao anterior. *Mal, apenas* e *depois que* vão de uma posterioridade imediatamente após o acontecimento anterior a uma não imediatamente depois do evento ocorrido antes:

> *Mal* começamos a conversar, entra um jornalista, que veio buscar um poema para publicar (CH).

Apenas entrou em casa, examinou cuidadosamente a cadelinha (MA, v. 2, 29).

Depois que se fixa, a cochonilha perde as patas e tem seu corpo envolto por uma secreção branca (AGF).

O *sistema propriamente aspectual* organiza-se em torno da categoria *incoatividade* vs *terminatividade.*

a) O aspecto incoativo é expresso por *desde que*:[40]

Desde que brigara com Margot, [...] vivia em contato com mulheres sem qualificação alguma (A).

Desde que não marca prospectividade.

* *Desde que* tiver o processo em mãos, estudarei o caso com cuidado.

b) A terminatividade, que marca o limite final de um evento, é expressa pela conjunção *até que.*

Era preciso que ficássemos imóveis, talvez respirando com mais cuidado, *até que* o aparelho silenciasse (B).

Podem-se combinar conjunções que marcam o início e o fim de um processo.

Desde que começou a dar aulas *até que* se aposentou, foi de uma dedicação muito grande.

O tempo transformado

> "Tríplice é a marcha do tempo:
> o futuro aproxima-se hesitante,
> o agora voa como seta arremessada,
> o passado fica eternamente imóvel."
> Schiller

O discurso direto caracteriza-se, como já foi dito, por conter uma debreagem de segundo grau. Há uma debreagem de primeiro grau, que instala um narrador no enunciado, e este, por seu turno, realiza uma nova debreagem, delegando voz a alguma personagem, que, assim, é instaurada como interlocutor. Como no discurso direto, há dois atos de enunciação enunciados, no que se refere à temporalização, há dois momentos distintos de referência, sejam eles enunciativos ou enuncivos. Do ponto de vista da organização temporal, temos dois momentos, mesmo quando o narrador se instaura como interlocutor, dando voz a si mesmo. Se temos dois momentos de referência, os tempos de cada enunciação organizam-se segundo o momento de referência a que remetem.

– Aí vem meu coche, redarguiu Rubião tranquilamente (MA, v. 1, 796).

O pretérito perfeito "redarguiu" foi projetado no enunciado pelo narrador e denota uma concomitância em relação ao momento de referência inscrito no enunciado. Trata-se, pois, de uma debreagem enunciva. O presente "vem" foi instaurado no enunciado pelo interlocutor *Rubião* e indica uma concomitância em relação ao momento de sua fala. Temos uma debreagem enunciativa, referente a um momento da enunciação diferente do do narrador.

No discurso indireto, temos apenas uma debreagem, a que instala o narrador. Portanto, toda a ordenação temporal deve estar relacionada às projeções efetuadas por ele.

Paulo disse que não daria um vintém pela "cara dos traidores" (MA, v.1, 979).

Nesse caso, "disse" indica concomitância pontual em relação a um marco temporal pretérito ("um dia", MA, v. 1, 978). Trata-se, pois, de uma debreagem enunciva. "Daria" denota uma posterioridade em relação ao pretérito "disse". Está, portanto, subordinado à temporalizacão que projetou o pretérito no enunciado.

Na passagem do discurso direto para o indireto, a mudança de dois para um momento de referência pode acarretar transformações nas marcas temporais, já que elas, às vezes, precisam mudar do sistema enunciativo para o enuncivo.

Muitas gramáticas de língua portuguesa apresentam o problema da acomodação das marcas temporais de maneira inadequada, pois deixam entrever que elas ocorrem sempre, o que não é verdade. Veja-se o que diz, por exemplo, Rocha Lima:

> Da transposição do estilo direto para o indireto resultam alterações na estrutura do período, as quais se podem assim enumerar:
> [...]
> b) pretérito imperfeito, em vez do presente;
> c) futuro do pretérito, em vez do futuro do presente (1968: 497).

Celso Cunha enumera as mesmas transposições, acrescentando que o pretérito perfeito se torna pretérito mais-que-perfeito (1972: 452-453).

A questão é um pouco mais complexa.

1. Os tempos do discurso citado pertencentes ao sistema enuncivo (subsistemas da anterioridade e da posterioridade) não se alteram na passagem do discurso direto para o indireto, uma vez que estão relacionados a um marco temporal instalado no enunciado, que se mantém.

> Pedro redarguiu:
> – Em setembro do ano passado, eu já *tinha vendido* mais do que neste ano.
> Pedro redarguiu que, em setembro do ano passado, já *tinha vendido* mais que neste ano.

160 As astúcias da enunciação

Pedro disse:
– Em setembro do ano que vem, já *terei vendido* mais que neste ano.
Pedro disse que, em setembro do ano que vem, já *terá vendido* mais que neste ano.

2. Se os tempos do discurso citado forem enunciativos, não ocorrerão transformações, quando o momento da enunciação do discurso citante for idêntico ao do
discurso citado. Isso ocorre quando os tempos do discurso citante são também
enunciativos. Cabe lembrar, no entanto, que apesar de não haver mudanças
nos tempos verbais, os tempos do discurso indireto dependem do momento da
enunciação do narrador e não mais do momento da fala do interlocutor. Nesse
caso, podem dar-se as seguintes possibilidades em relação ao ME do narrador:

a) simultaneidade do *verbum dicendi*:

Quem salta na rua do Rio vindo de outro país [...] se *pergunta* se neste país a multidão *é* milionária ou os milionários *são* multidão (B) (simultaneidade).
Ela [...] se *pergunta* se apenas a face *mudou* (B) (anterioridade).
[...] *diz* que apenas este ano *conseguirá* o equilíbrio entre os custos e o benefício
obtido com a produção (AGF) (posterioridade).

b) anterioridade do *verbum dicendi*:

Você *disse* que *sou* um bêbado (CCI) (simultaneidade).
Perguntei se o senhor *foi* amante da moça (BB) (anterioridade).
Já *disse* que te *libertarei* (TEG) (posterioridade).

c) posterioridade do *verbum dicendi*:

Ninguém *dirá* que os combatentes em luta contra Somoza *são* terroristas (FSP)
(simultaneidade).
Ninguém *dirá* que o governo provisório *cortou* o volume de papel podre, que encontrou emitido (EM) (anterioridade).
Se paro, quem *dirá* que *poderei* falar de novo? (EL) (posterioridade).

Nesses casos, os tempos do discurso direto são idênticos aos do discurso indireto.
Transformemos alguns dos exemplos anteriores em discurso direto para exemplificar:

Quem salta na rua do Rio vindo de outro país [...] se pergunta:
– Neste país a multidão é milionária ou os milionários são multidão?

Perguntei:
– O senhor foi amante da moça?

Se paro, quem dirá:
– Você poderá falar de novo?

3. Quando os tempos do discurso citado forem enunciativos, deverá ser feita sua transformação, de acordo com o que é exposto a seguir, se os tempos do discurso citante forem enuncivos.

Quando o *verbum dicendi* estiver num dos tempos do subsistema do pretérito, teremos as seguintes mudanças:

a) do presente para o pretérito imperfeito:

Na saída perguntei:
– Você não quer continuar o filme lá em casa?
Na saída *perguntei* se ela não *queria* continuar o filme lá em casa (ANB).

Dizia:
– Tenho trinta anos.
Dizia que *tinha* trinta (anos) (AF).

Seu avô dissera:
– As mariposas são sinal de boa sorte.
Seu avô *dissera* que as mariposas *eram* sinal de boa sorte (OA).

Diria:
– Não me diferencio do fluxo geral de rostos informes.
Diria que não se *diferenciava* [...] do fluxo geral dos rostos informes (AV).

b) do pretérito perfeito para o pretérito mais-que-perfeito:

Esperei seis meses e ela nada, então perguntei:
– Você terminou o livro?
Esperei seis meses e ela nada, então *perguntei* se *havia terminado* o livro (MAN).

Fazendo as contas, dizia:
– Só de onça-tigre já matei onze.
Fazendo as contas, *dizia* que só de onça-tigre já *matara* onze (BP).

Edu lhe dissera:
– Para melhor informar-me, manobrei junto à rede de magazines de meu pai, no sentido de compactuar com a Federação Nacional dos Desempregados.
Edu lhe *dissera* que, para melhor informar-se, *tinha manobrado* junto à rede de magazines de seu pai, no sentido de compactuar com a Federação Nacional dos Desempregados (GRE).

Depois, muito tempo depois, ela própria lhe diria:
– Não voltei, porque fiquei com medo de você.
Depois, muito tempo depois, ela própria lhe *diria* que não *voltara*, porque *ficara* com medo dele (ED).

162 As astúcias da enunciação

c) do futuro do presente para o futuro do pretérito:

> Perguntei:
> – Haverá leito disponível no carro dormitório?
> [...] *perguntei* se *haveria* leito disponível no carro dormitório (L).

> Ele dizia:
> – Só com muito custo consentirei em entrar na sala.
> Ele *dizia* que [...] só com muito custo *consentiria* em entrar na sala (BP, 115).

> Eu dissera:
> – Não gostarei de ser Presidente da Comissão.
> [...] eu *dissera* que não *gostaria* de ser o Presidente da Comissão (JL-O).

> Quem diria:
> – Aquela inquietude e aquela frivolidade irão fixar-se num amor assim?
> Quem *diria* que aquela inquietude e aquela frivolidade *iriam* fixar-se num amor assim? (CT).

Quando o *verbum dicendi* estiver num dos tempos do subsistema do futuro, não ocorrerão transformações:

a) presente:

> Quando ele chegar (depois que chegar), perguntará (terá perguntado):
> – Você vende muito em sua loja?
> Quando ele chegar (depois que chegar), *perguntará (terá perguntado)* se ele *vende* muito em sua loja.

b) pretérito perfeito:

> Quando ele chegar (depois que ele chegar), perguntará (terá perguntado):
> – Você vendeu muito em sua loja?
> Quando ele chegar (depois que ele chegar), *perguntará (terá perguntado)* se ele *vendeu* muito em sua loja.

c) futuro do presente:

> Quando ele chegar (depois que ele chegar), perguntará (terá perguntado):
> – Você venderá muito em sua loja?
> Quando ele chegar (depois que ele chegar), *perguntará (terá perguntado)* se ele *venderá* muito em sua loja.

Os advérbios que não estiverem concordes com a situação de enunciação devem alterar-se: do sistema enunciativo para o enuncivo ou vice-versa. Nesse caso, o advérbio comanda o tempo do discurso citado.

> [1º de janeiro] No mês de setembro, Pedro disse-me:
> – No dia 2 de janeiro, estarei na praia.
> Pedro *disse*-me que *amanhã estará* na praia.

Como a data em que Pedro disse que estaria na praia é *amanhã* em relação ao momento da enunciação, não se emprega o marco enuncivo, mas sim seu correspondente enunciativo. O *verbum dicendi* pertence ao subsistema enuncivo do pretérito e, por isso, o presente do futuro deveria mudar de subsistema e, como, no subsistema do pretérito, passaria a indicar posterioridade, transformar-se-ia em futuro do pretérito. No entanto, como o marco temporal "no dia 2 de janeiro", em virtude da temporalidade da enunciação, passa a *amanhã*, advérbio do sistema enunciativo, a posterioridade enunciva passa a posterioridade enunciativa.

Os advérbios do sistema enunciativo transformam-se em marcas do sistema enuncivo, quando deixarem de referir-se à situação enunciativa e passarem a fazer referência a marcos temporais inscritos no enunciado.

> No dia 13 de setembro de 1992, Pedro informou-me:
> – *Ontem*, Sérgio esteve aqui.
> *No dia 13 de setembro de 1992*, Pedro informou-me que *na véspera* Sérgio estivera lá.

A transformação de "ontem" para "na véspera" é determinada pelo marco enuncivo "no dia 13 de setembro de 1992".

No discurso indireto livre, como ocorre uma embreagem nos tempos verbais da fala da personagem, usam-se os tempos verbais do discurso indireto com o valor de tempos do discurso direto.

> Começou a arquejar penosamente, fingindo ladrar. Passou a língua pelos beiços torrados e não experimentou nenhum prazer. O olfato cada vez mais se *embotava*: certamente os preás *tinham fugido* (VS, 131).

"Embotava" indica concomitância em relação ao marco temporal pretérito instalado no enunciado e expresso por "começou a arquejar", "passou", "não experimentou"; "tinham fugido" mostra uma anterioridade em relação a ele. Essa concomitância e essa anterioridade, por estar relacionadas ao presente da enunciação, seriam expressas, em discurso direto, respectivamente, pelo presente e pelo pretérito perfeito 1.

No discurso indireto livre, como as narrativas são, em geral, no pretérito, o pretérito imperfeito, o mais-que-perfeito e o futuro do pretérito, que correspondem, respectivamente, ao presente, pretérito perfeito 1 e futuro do presente do discurso direto, marcam a fala da personagem, enquanto os tempos do subsistema temporal enuncivo, em seu valor próprio (por exemplo, o pretérito perfeito 2 em seu sentido de concomitância em relação a um marco temporal pretérito), assinalam a fala do narrador. O que comprova essa afirmação é o fato de se usar o pretérito imperfeito, o mais-que-perfeito e o futuro do pretérito com advérbios do sistema enunciativo.

164 As astúcias da enunciação

> *Agora* Fabiano *era* vaqueiro, e ninguém o *tiraria* dali. *Aparecera* como um bicho, *entocara-se* como um bicho, mas *criara* raízes, *estava* plantado (VS, 54).

Trata-se de uma fala de Fabiano que em discurso direto seria:

> Agora sou vaqueiro, e ninguém me tirará daqui. Apareci como um bicho, entoquei-me como um bicho, mas criei raízes, estou plantado.

Quando, depois desse trecho, diz-se "Olhou os quipás, os mandacarus e os xique-xiques", temos a fala do narrador, pois o verbo utilizado está num dos tempos do sistema enuncivo e em seu sentido próprio.

O tempo harmonizado

> "O tempo é a dimensão da mudança. Sem percepção
> da mudança, não há e não pode haver percepção do tempo.
> E as diferentes atitudes para com o tempo são corolários
> de diferentes atitudes para com a mudança."
> Walter Kaufmann

Muitos linguistas criticaram a noção de "concordância dos tempos". Brunot, por exemplo, analisando o assunto em francês, diz: "O capítulo da concordância dos tempos resume-se a uma linha: não há concordância de tempos" (1936: 782).

O fundamento da análise clássica da concordância dos tempos (*consecutio temporum*) é a de que o tempo verbal das orações subordinadas é condicionado pelo tempo da principal. Ora, na medida em que levamos em conta vários condicionamentos para o estabelecimento do tempo verbal (momentos de referência distintos, relações de concomitância e de não concomitância em relação a ele, etc.), passamos a examinar as relações temporais no quadro mais amplo da enunciação, o que nos leva a falar mais de compatibilidades temporais que propriamente de concordância de tempos, embora tenhamos preferido manter essa denominação tradicional.

Analisando as mudanças temporais operadas na passagem do discurso direto para o indireto, podemos afirmar que os tempos do indicativo são usados, seja nas orações principais, seja nas subordinadas, para exprimir a concomitância ou não concomitância (anterioridade ou posterioridade), quer em relação ao momento da enunciação, quer em relação a um marco temporal pretérito ou futuro colocado no enunciado. Então, o tempo deve ser compatível com o momento de referência. Só quando este é marcado por um verbo é que se pode falar em "concordância de tempos" no indicativo. No entanto, em cada caso, temos três possibilidades, pois o verbo "subordinado" pode manifestar concomitância, anterioridade ou posterioridade. Por exemplo, se tivermos um marco temporal pretérito expresso por um verbo no pretérito imperfeito, a concomitância deve ser indicada por um imperfeito, a anterioridade, por um pretérito mais-que-perfeito, e a posterioridade, por um futuro do pretérito:

chegava (concomitância)
Sentia que ele *chegara* (anterioridade)
chegaria (posterioridade)

[...] *sentia* que o balé *estava* na massa do sangue eslavo (BB).
Sentia que *fizera* progressos (CR).
[...] *sentia* que *seria* errado se ficasse (CP).

Isso significa que há um comportamento comum dos tempos verbais do indicativo em relação aos momentos de referência, sejam eles marcados por outros tempos ou por advérbios.

Já no que diz respeito ao subjuntivo a questão é um pouco diferente. Esse modo, nota Mattoso Câmara, "tem a característica sintática de ser uma forma verbal dependente de uma palavra que o domina, seja o advérbio *talvez*, preposto, seja um verbo da oração principal" (1970: 89). Ora, essa característica sintática implica dizer que, dado que, na maioria absoluta dos casos, o subjuntivo depende do verbo da oração principal, deve ele compatibilizar-se com este. Há, assim, para o subjuntivo, uma concordância de tempos, embora, é claro, sem o rigor da *consecutio* latina.

A) Se o tempo da oração principal estiver num dos tempos enunciativos (presente, pretérito perfeito 1 ou futuro do presente), teremos as seguintes possibilidades na oração subordinada:

1 - Presente

a) simultaneidade: presente

[...] *duvido* que na atual situação do Brasil alguém *esteja* em seu juízo perfeito (BE).

b) anterioridade durativa: pretérito imperfeito

Duvido que você *quisesse* pedir conselhos a ele (VA).

c) anterioridade pontual: pretérito perfeito

Duvido que você já *tenha comido* coisa melhor (CONC).

d) posterioridade: presente

Duvido que algum deles *abra* a boca (CT).[41]

166 As astúcias da enunciação

2 - Pretérito perfeito 1

a) simultaneidade: pretérito imperfeito

Falou-me, não porque me *distinguisse* particularmente, mas apenas porque tinha necessidade de falar (CCA).

b) anterioridade: pretérito perfeito

[...] a arrecadação do Estado *aumentou* 3% neste primeiro ano de governo, embora muitos dos impostos *tenham baixado* (AR-O).

c) posterioridade: pretérito imperfeito

Insisti para que *viesse* tomar um cálice (A).

3 - Futuro do presente

a) simultaneidade: presente

Outros parágrafos, cada um valendo por si como um texto completo, *contarão* exatamente o que aconteceu, embora o acontecimento *seja* um mistério para a personagem, porque ela não vê o conjunto (AF).

b) anterioridade durativa: pretérito imperfeito

Dificilmente Cláudio aparecerá hoje no teatro. A esta altura, já deve saber da morte de Kátia e, embora não *fosse* de suas amigas – ou por isso mesmo –, ele *terá* motivos bastantes para evitar o teatro (BB).

c) anterioridade pontual: pretérito perfeito

Um jovem que *tenha acompanhado* a narração só *poderá* aderir ao tóxico se tiver instinto suicida (OG).

d) posterioridade: presente

[...] tudo *farei* para que *sejam transformadas* em medidas concretas (GO).

B) Se o tempo da oração principal for um dos tempos do subsistema enuncivo da anterioridade (pretérito perfeito 2, pretérito imperfeito, pretérito mais-que-perfeito, futuro do pretérito simples ou composto), ocorrem as seguintes possibilidades:

1 - simultaneidade: pretérito imperfeito

Serpa *levou* instintivamente a mão à cintura, embora o coldre com o revólver *estivesse* dependurado, junto ao paletó, no cabide a um canto da sala (AFA).
Não *era* ladrão, embora *tivesse* a cara assustada de um vulgar ladrão (GTT).

[...] embora *fosse* um amigo recente, já lhe *tinha emprestado* pequenas quantias, que eram pagas com escrupulosa pontualidade (BB).

A perseguição *viria*, mesmo que *andasse* palmo a palmo (CJ).

Teria sido bem melhor que eu *morresse* logo, assim acabaria com meu sofrimento (CCA).

2 - anterioridade: pretérito mais-que-perfeito

Vinte-e-um não *morreu*, embora a facada lhe *houvesse ofendido* os bofes (BP).[42]

[...] dizia que ele *entendia* das mulheres, não porque as *tivesse tido* (FA).

Mesmo que não *houvesse sido* até então, *passara* a ser a partir daquele instante (TG).

Não *conseguiria* fazer o trabalho, embora *tivesse tentado*.

Mas, mesmo que não o *tivesse feito*, eu a *teria interrompido* (A).

3 - posterioridade: pretérito imperfeito

Ele *quis* proibir que eu *vendesse* meus livros aqui na porta (BO).

Chamava-se um tradutor juramentado, para que *ficasse* oficialmente estabelecido que, em vez de assinar seu nome, ele havia se limitado a escrever na promissória, em turco [...] (FE).

A filha *insistira* para que *viesse* morar com ela (ANA).

Com sua cabeça no colo *esperaria* que *tornasse* (ED).

Teria feito qualquer coisa, para que a mãe *voltasse* a sorrir.

C) Quando o verbo da oração principal estiver num dos tempos do subsistema enuncivo da posterioridade (presente do futuro, futuro anterior e futuro do futuro), temos as seguintes compatibilidades:

1 - simultaneidade: presente

Quando chegar a casa, *estarei torcendo*, para que você já *esteja* lá.

Quando sair da loja, *terei comprado* muito, embora só *esteja precisando* de duas ou três coisinhas.

Depois que acabar de pagar o carro, *comprarei* outro, embora, nessa ocasião, um carro certamente *esteja custando* os olhos da cara.

2 - anterioridade: pretérito perfeito

No mês que vem, *comprarei* mais dólares, embora, neste ano, a moeda americana *tenha rendido* menos que outras aplicações financeiras.

Quando acabar de pagar este imóvel, *terei conseguido* aumentar meu patrimônio, mesmo que os imóveis não se *tenham valorizado* muito.

Depois que acabar de pagar este imóvel, *aplicarei* em dólar, não porque *tenha rendido* mais do que a inflação, mas porque está ao abrigo das investidas do governo.

3 - posterioridade: presente

Quando estiver em casa, *estarei* de olho no trabalho dos empregados, para que tudo *seja* bem feito.

168 As astúcias da enunciação

Quando chegar a casa, já *terei analisado* os números do mercado financeiro, para que *possamos* fazer boas aplicações.
Depois de chegar a casa, *tomarei* providências para que o conserto *seja efetuado*.

Observações:

1. Com orações condicionais introduzidas por *se*, conformativas e temporais, bem como com orações adjetivas, exprime-se, com o futuro do presente do subjuntivo, a simultaneidade eventual em relação ao futuro do presente do indicativo.

    Sim, *continuará* aqui, se *quiser* (CP).
    Farei como você *mandar*.
    [...] *responderei* à altura, quando *tiver* às mãos esta ocorrência (AQ).
    [...] *farei* o que *julgar* necessário (BM).

    Diz-se que o futuro do presente do subjuntivo pode indicar simultaneidade eventual em relação também ao presente do indicativo. É um engano, pois essa possibilidade ocorre apenas quando o presente tiver o valor de futuro do presente ou presente do futuro.[43]

    Se *quiser*, *podemos* (= poderemos) livrá-lo da polícia (M).
    Quando *tiver* novidades, *venho* (= virei) aqui.

2. Nos casos elencados em 1, a anterioridade eventual é expressa com o futuro anterior do subjuntivo.

    Se você não *tiver feito* o trabalho, *ficará* com zero.
    Farei tudo como o cliente *tiver mandado*.
    O equipamento só *poderá* ser produzido no Brasil quando se *tiver atingido* um estágio de desenvolvimento tecnológico mais adiantado (PT).
    Serei eternamente grato aos que não me *tiverem enchido* o saco.

3. É preciso notar que, muitas vezes, estando o verbo da oração principal no presente do indicativo, o verbo da subordinada não estará correlacionado a ele, mas a um marco temporal expresso por meio de um advérbio.

    Duvido que *naquela época* Paris me *tivesse causado* a mesma admiração.
    Espero que, quando voltar para casa, ele já *tenha terminado* o trabalho.

Na primeira, o verbo *causar* está no pretérito mais-que-perfeito, porque expressa uma anterioridade em relação ao marco temporal pretérito "naquela época"; na segunda, o verbo *terminar* está no pretérito perfeito, porque indica uma anterioridade em relação ao marco temporal futuro "quando eu voltar".

As orações condicionais merecem uma análise à parte. Em português, o que é chamado na NGB oração condicional exprime tanto hipótese quanto condição necessária para a realização de um dado evento. Por outro lado, diz-se que o subjuntivo é usado nas orações condicionais "em que a condição é irrealizável ou hipotética" (Cunha, 1972: 321). Daí se deduz que, nos outros casos, emprega-se o indicativo.

Primeiramente, é preciso notar que só se utiliza indicativo com *se*. Com todas as outras chamadas conjunções condicionais, só se usa o subjuntivo (por exemplo, *caso, contanto que, salvo se, sem que, dado que, desde que, a menos que, a não ser que*). Essas conjunções são as chamadas *condicionais restritivas*, pois não apresentam propriamente hipótese, mas condição, ou seja, uma exigência que deve ser satisfeita para que um dado fato se realize. Nesse caso, o verbo da oração subordinada obedece às exigências normais de compatibilização dos tempos. Vejamos alguns exemplos que ilustram essa afirmação.

> O número normal de zonas erógenas num corpo humano *é* cento e setenta e sete – *desde que*, é claro, se *contem* o cotovelo e o vão atrás do joelho duas vezes e o rego entre os dedos do pé oito vezes (ANB) [simultaneidade].
> [...] *dou* tudo de valor que tem em casa, *contanto que* você não *toque* em ninguém (ANB) [simultaneidade].
> Julieta *amava* indiferentemente, *desde que fosse* fuzileiro naval (BH) [simultaneidade].
> [...] *responsabilizava-se* pelas nove letras restantes, contanto que eu *jurasse* nunca mais pôr as mãos numa direção (BP) [anterioridade].
> [...] eu *continuava* assistindo à erosão de minha vida, *sem que pudesse* fazer nada (AFA) [simultaneidade].
> [...] *ameaçava* abandonar a sala, *a menos que* se *retratasse* (REP) [posterioridade].
> [...] dificilmente *conseguirá* cair fora da trama. *A menos que* realmente o *deseje* (CH) [simultaneidade].

Em segundo lugar, deve-se notar que, com a conjunção *se*, podem-se empregar o subjuntivo e o indicativo. No entanto, o *se* introduz com o indicativo uma condição real e incontestável.

> [...] se eu *faço* isso, *estou faltando* à minha promessa (PP).[44]
> [...] se não me *engano*, você *está se referindo* às minhas irmãs (FE).
> Se você já *esqueceu, é* melhor ir dormir (AMB).
> Se eu *ficava ouvindo*, ela *ficava* brava.
> Se não *para* a tempo, *acabará* mal.

Pode-se, com a conjunção *se*, construir um período hipotético aparente, assim chamado porque uma proposição que exprime fatos incontestáveis é apresentada com um tom hipotético.

> Se há uma coisa que eu detesto é falar da vida alheia (F).
> Se há uma coisa que nunca faltou nesta casa foi educação cristã (OM).

170 As astúcias da enunciação

Em todos os casos em que o *se* introduz indicativo, o emprego dos tempos obedece aos princípios do uso dos tempos do indicativo.

Quando o verbo da oração principal estiver no futuro do presente ou no presente com valor de futuro do presente, a condição eventual é expressa pelo futuro do presente do subjuntivo.

> [...] se você *cooperar vai ter* sua paga (BB).
> Se *for* gasosa, o doente *terá de ser hospitalizado* (MAB).

Quando o período hipotético manifestar o efeito de sentido de improbabilidade ou de irrealidade, seu verbo estará no subjuntivo. Nesse caso, a correspondência dos tempos é a seguinte:

a) simultaneidade no presente:

se + pretérito imperfeito do subjuntivo → futuro do pretérito simples do indicativo

> [...] se *ficasse* aqui, *seria* constantemente *humilhada* (CCA).

b) simultaneidade no pretérito

se + pretérito mais-que-perfeito do subjuntivo → futuro do pretérito composto do indicativo

> Se você *tivesse sabido* reconhecer isso, *teria poupado* muitos aborrecimentos a você e a nós todos (A).

c) anterioridade

se + pretérito mais-que-perfeito do subjuntivo → futuro do pretérito simples do indicativo

> Se você *tivesse nascido* no mesmo dia 22 de março, mas às 18 horas, seu ascendente *ficaria* assim (AST).[45]

Os pretéritos imperfeito e mais-que-perfeito do subjuntivo são, muitas vezes, substituídos pelos tempos correspondentes do indicativo. O efeito de sentido produzido por essa mudança é o de admitir como verdadeira a hipótese.

> Se *queria* [...] chegar aos outros homens, teria antes que terminar de destruir seu modo de ser antigo (M).
> Para Valério, porém, Popó não teria acontecido, se antes não *houvera* um Albuquerque (PFV).

Também pode ocorrer de os pretéritos imperfeito e mais-que-perfeito do indicativo substituírem, respectivamente, o futuro do pretérito simples e o composto do indicativo.

E se tivesse mesmo de sair, *usava* polainas e *levava* bengala (*Veja*, 11/8/1993: 114).
Se eu soubesse, já *tinha mandado* revelar as chapas (BH).

Nesse caso, o efeito de sentido que se produz é o de que a consequência é inevitável, se uma dada condição for preenchida.

Em linguagem bem coloquial, prótase e apódose podem aparecer no imperfeito ou no mais-que-perfeito do indicativo.[46]

Se *tinha* dinheiro, *comprava* ela hoje mesmo (apud Câmara, 1956: 74).

Trata-se de um indicativo irreal, que, no entanto, diferentemente do subjuntivo, mostra que a posição do enunciador é a de que, preenchida uma condição assumida como verdadeira, o fato expresso pela oração principal de fato se daria.

A substituição do subjuntivo pelo indicativo na oração condicional tem paralelo em outras línguas românicas: no francês, a oração condicional tem o verbo no indicativo (Charaudeau, 1992: 491); em romeno, o futuro do pretérito simples ou composto do indicativo compatibiliza-se, na oração condicional, com o futuro do pretérito simples ou composto do indicativo (Avram, 1989: 260); em italiano, esse indicativo pertence ao registro coloquial e está em expansão (Serianni, 1989: 590).

O tempo subvertido

> – Veja, agora a senhora está bem melhor! Mas, francamente, acho que a senhora devia ter uma dama de companhia!
> – Aceito-a com todo prazer! – disse a Rainha. – Dois pence por semana e doce todos os outros dias.
> Alice não pôde deixar de rir, enquanto respondia: Não estou me candidatando... e não gosto tanto assim de doces.
> – É doce de muito boa qualidade – afirmou a Rainha.
> – Bom, *hoje*, pelo menos, não estou querendo.
> – Hoje você *não* poderia ter, nem pelo menos nem pelo mais – disse a Rainha. – A regra é: doce amanhã e doce ontem – e nunca doce hoje.
> – Algumas vezes *tem* de ser "doce hoje" – objetou Alice.
> – Não, não pode – disse a Rainha. Tem de ser sempre doce todos os *outros* dias; ora, o dia de hoje não é *outro* dia qualquer, como você sabe.
> Lewis Carroll

Ao contrário da debreagem, que é a projeção para fora da instância da enunciação dos tempos que servem para constituir o enunciado, quer um enunciado que seja um simulacro da enunciação, quer um enunciado que não represente uma enunciação, a embreagem temporal é "o efeito de retorno à instância da enunciação, produzido pela suspensão da oposição entre certos termos" da categoria de tempo (Greimas e Courtés, 1979: 119). De fato, a debreagem cria uma enunciação enunciada, em que os tempos do

172 As astúcias da enunciação

enunciado simulam os tempos da enunciação, ou um enunciado enunciado, em que se tem a ilusão de estar diante da temporalidade dos acontecimentos. Tem-se a impressão de estar sempre em presença de uma temporalidade não linguística: tempo do ato de dizer, no primeiro caso; tempo dos eventos, no segundo. Ora, quando se neutralizam termos da categoria do tempo, o efeito de sentido que se produz é o de que o tempo é pura construção do enunciador, que presentifica o passado, torna o futuro presente, etc. Assim, com esse procedimento, passa-se da ilusão enunciativa da naturalidade dos tempos do dizer e do dito, da quimera de que o tempo linguístico é o tempo do mundo para a certeza de que o tempo é efeito de sentido produzido na e pela enunciação.

Comecemos pelos tempos verbais. Podem-se neutralizar:

a) um tempo enunciativo e um enuncivo correspondente;
b) um termo da categoria topológica e outro, dentro do mesmo sistema ou subsistema temporal;
c) um termo da categoria topológica com outro de um sistema ou subsistema temporal distinto.

Temos o primeiro caso, quando se neutralizam, por exemplo, o pretérito perfeito 2 e o presente, realizando o chamado presente histórico, ou o futuro do pretérito e o futuro do presente. Temos a segunda possibilidade, quando se suspende, por exemplo, a oposição entre concomitância (presente) e posterioridade (futuro do presente) do sistema enunciativo. O terceiro caso acontece, quando se neutralizam, por exemplo, concomitância durativa do subsistema enuncivo da anterioridade (pretérito imperfeito) com anterioridade do sistema enunciativo (pretérito perfeito l).

O resultado da neutralização manifesta-se sempre por meio de um dos dois tempos cuja oposição foi suspensa. É claro que, nesse caso, um tempo será usado com o valor de outro, pois, do contrário, a neutralização não seria percebida. Uma embreagem será considerada enunciativa, quando o resultado da neutralização for um tempo enunciativo, o que ocorre, seja quando se suspendem as oposições de tempos do sistema enunciativo, seja quando se neutralizam tempos dos sistemas enunciativo e enuncivo em proveito dos primeiros. Será classificada como enunciva quando a neutralização for manifestada por um tempo enuncivo, o que acontece, quando se neutralizam tempos do sistema enuncivo e do enunciativo em benefício dos primeiros ou quando se suspendem oposições entre tempos de cada um dos subsistemas enuncivos.

Tudo o que se disse acerca dos tempos verbais serve também para os advérbios de tempo. Cabe lembrar, no entanto, que só se neutralizam os que de fato manifestam o tempo linguístico e não as precisões crônicas aportadas a eles.

Surge agora uma questão: por que se pode dizer que, num caso, temos um erro no emprego das marcas de temporalidade e, em outro, temos uma embreagem? Por exemplo, no primeiro texto a seguir, poderíamos dizer que há erro; no segundo, uma embreagem. Que é que os distingue?

a) No dia 13, terça-feira, frequentei uma única sessão, cujas comunicações versaram sobre morfossintaxe; às 9h00, Caracteristicas formales y funcionales del sintagma en el sistema de la lengua española, de M. Dominguez, da Espanha; não houve a *próxima* (= seguinte) comunicação por ausência do pesquisador (X, Relatório Científico encaminhado à Fapesp, 24/4/1993: 13).

b) Vá jantar logo comigo em Santa Tereza, disse Palha ao despedir-se. Não tem que hesitar, lá o *espero* (= esperarei) (MA, I, XXIII).

Cabe, em primeiro lugar, tecer uma consideração mais ampla sobre a violação dos parâmetros gramaticais. A transgressão pode ser por erro ou por projeto. Esta é a infringência destinada a produzir um dado efeito de sentido; aquela é a infração que não gera um efeito de sentido, mas dá a impressão de alguma coisa fora de lugar no texto. Com efeito, no primeiro texto, nada justifica o uso de "próxima" por "seguinte". O enunciador estava valendo-se do sistema enuncivo, indicado pelo marco temporal pretérito "no dia 13", e a passagem para o sistema enunciativo não produz nenhum efeito de sentido. Ao contrário, no segundo texto, o uso do presente pelo futuro do presente mostra que, para o interlocutor, a presença do interlocutário em Santa Tereza não era vista como algo possível, mas certo.

Aparece agora a questão de como se percebe a embreagem temporal no fio do discurso. Se, como dizem Greimas e Courtés, a embreagem pressupõe uma debreagem anterior, já que não existe neutralização sem que haja uma oposição, a "embreagem deve deixar alguma marca discursiva da debreagem anterior" (1979: 119). Quando ocorre uma embreagem temporal, portanto, deve haver no contexto marca temporal que permita dizer que um tempo verbal ou um advérbio estão sendo usados com o valor de outro. Por exemplo, em "Daqui a um mês estou de volta. Vou amanhã" (MA, v. 1, VIII), percebe-se que o presente tem valor de presente do futuro e que, portanto, tem-se uma embreagem, porque "daqui a um mês" e "amanhã" indicam que o evento expresso pelo verbo é posterior em relação ao momento da enunciação.

No que se refere aos tempos verbais, considerando que se podem neutralizar os termos da categoria topológica dentro de um dado subsistema temporal, bem como um tempo do sistema enunciativo com os tempos correspondentes de cada um dos subsistemas enuncivos e vice-versa, um tempo de um subsistema enuncivo com o correspondente do outro, ou ainda um termo da categoria topológica com outro de um sistema ou subsistema distinto, teoricamente qualquer tempo poderia ser empregado com o valor de outro. Isso daria as seguintes possibilidades de embreagem em português:

174 As astúcias da enunciação

A) Neutralizações no interior de um mesmo sistema = 24 possibilidades

Enunciativo (1)[47]

1. concomitância pela anterioridade;
2. concomitância pela posterioridade;
3. anterioridade pela concomitância;
4. posterioridade pela concomitância;
5. anterioridade pela posterioridade;
6. posterioridade pela anterioridade.

Enuncivo do pretérito (2)

7. concomitância pontual pela concomitância durativa;
8. concomitância durativa pela concomitância pontual;
9. concomitância pontual pela anterioridade;
10. concomitância durativa pela anterioridade;
11. concomitância pontual pela posterioridade;
12. concomitância durativa pela posterioridade;
13. anterioridade pela concomitância pontual;
14. anterioridade pela concomitância durativa;
15. posterioridade pela concomitância pontual;
16. posterioridade pela concomitância durativa;
17. anterioridade pela posterioridade;
18. posterioridade pela anterioridade.

Enuncivo do futuro (3)

19. concomitância pela anterioridade;
20. concomitância pela posterioridade;
21. anterioridade pela concomitância;
22. posterioridade pela concomitância;
23. anterioridade pela posterioridade;
24. posterioridade pela anterioridade.

B) Neutralizações entre os mesmos termos da categoria topológica de sistemas diferentes = 22 possibilidades:

Enunciativo e Enuncivo 2

1. concomitância 1 pela concomitância pontual 2;
2. concomitância 1 pela concomitância durativa 2;
3. concomitância pontual 2 pela concomitância 1;

4. concomitância durativa 2 pela concomitância l;
5. anterioridade 1 pela anterioridade 2;
6. anterioridade 2 pela anterioridade 1;
7. posterioridade 1 pela posterioridade 2;
8. posterioridade 2 pela posterioridade l.

Enunciativo e Enuncivo 3

9. concomitância 1 pela concomitância 3;
10. concomitância 3 pela concomitância 1;
11. anterioridade 1 pela anterioridade 3;
12. anterioridade 3 pela anterioridade 1;
13. posterioridade 1 pela posterioridade 3;
14. posterioridade 3 pela posterioridade l.

Enuncivo 2 e Enuncivo 3

15. concomitância pontual 2 pela concomitância 3;
16. concomitância durativa 2 pela concomitância 3;
17. concomitância 3 pela concomitância pontual 2;
18. concomitância 3 pela concomitância durativa 2;
19. anterioridade 2 pela anterioridade 3;
20. anterioridade 3 pela anterioridade 2;
21. posterioridade 2 pela posterioridade 3;
22. posterioridade 3 pela posterioridade 2.

C) Neutralizações entre termos diferentes da categoria topológica de subsistemas distintos = 44 possibilidades:

Enunciativo e Enuncivo 2

1. concomitância 1 pela anterioridade 2;
2. anterioridade 2 pela concomitância 1;
3. concomitância l pela posterioridade 2;
4. posterioridade 2 pela concomitância 1;
5. anterioridade 1 pela concomitância pontual 2;
6. concomitância pontual 2 pela anterioridade 1;
7. anterioridade 1 pela concomitância durativa 2;
8. concomitância durativa 2 pela anterioridade 1;
9. anterioridade 1 pela posterioridade 2;
10. posterioridade 2 pela anterioridade 1;
11. posterioridade 1 pela concomitância pontual 2;

176 As astúcias da enunciação

12. concomitância pontual 2 pela posterioridade 1;
13. posterioridade 1 pela concomitância durativa 2;
14. concomitância durativa 2 pela posterioridade 1;
15. posterioridade 1 pela anterioridade 2;
16. anterioridade 2 pela posterioridade 1.

Enunciativo e Enuncivo 3

17. concomitância 1 pela anterioridade 3;
18. anterioridade 3 pela concomitância 1;
19. concomitância 1 pela posterioridade 3;
20. posterioridade 3 pela concomitância 1;
21. anterioridade 1 pela concomitância 3;
22. concomitância 3 pela anterioridade 1;
23. anterioridade 1 pela posterioridade 3;
24. posterioridade 3 pela anterioridade 1;
25. posterioridade 1 pela concomitância 3;
26. concomitância 3 pela posterioridade 1;
27. posterioridade 1 pela anterioridade 3;
28. anterioridade 3 pela posterioridade 1.

Enuncivo 2 e Enuncivo 3

29. concomitância pontual 2 pela anterioridade 3;
30. anterioridade 3 pela concomitância pontual 2;
31. concomitância durativa 2 pela anterioridade 3;
32. anterioridade 3 pela concomitância durativa 2;
33. concomitância pontual 2 pela posterioridade 3;
34. posterioridade 3 pela concomitância pontual 2;
35. concomitância durativa 2 pela posterioridade 3;
36. posterioridade 3 pela concomitância durativa 2;
37. anterioridade 2 pela concomitância 3;
38. concomitância 3 pela anterioridade 2;
39. anterioridade 2 pela posterioridade 3;
40. posterioridade 3 pela anterioridade 2;
41. posterioridade 2 pela concomitância 3;
42. concomitância 3 pela posterioridade 2;
43. posterioridade 2 pela anterioridade 3;
44. anterioridade 3 pela posterioridade 2.

Temos, portanto, 90 possibilidades teóricas de embreagens em português. Passemos agora à descrição das possibilidades encontradas.[48]

A) Neutralização no interior de um mesmo sistema.

1. concomitância 1 pela anterioridade 1 (presente pelo pretérito perfeito 1).

Em Gênesis 1, relata-se que Deus *cria* o mundo em sete dias e, no sétimo, *descansa*.

O relato de algo já ocorrido é anterior ao momento da enunciação. Essa anterioridade é apresentada não pelo pretérito perfeito 1, mas pelo presente. Presentifica-se o acontecimento anterior para mostrar que ele tem uma ressonância no presente, que pesa mais que o passado da ação. Essa neutralização presente vs pretérito perfeito 1 engendra, pois, uma ampliação do presente em direção ao passado. O presente é, então, visto como uma continuidade lógica ou psicológica do passado (cf. Imbs, 1968: 34).

Outro exemplo:

V*ou* ao cinema e *encontro* um amigo que não via há muitos anos.

2. concomitância 1 pela posterioridade 1 (presente pelo futuro do presente).

Vou-me embora pra Pasárgada (MB, 222).

Ao anunciar a intenção de realizar a ação de ir-se embora, o poeta enuncia uma posterioridade. No entanto, essa posterioridade é manifestada pelo presente. Nesse caso, o presente é prolongado até o futuro, para denotar a certeza da ação futura. O futuro é sempre uma expectativa. Por isso, quando é expresso pelo presente, cria-se o efeito de sentido de certeza, afastando-se a nuança semântica de hipótese. Por esse motivo, o futuro próximo, sentido como de realização inevitável, é mais suscetível de ser manifestado pelo presente.

Outro exemplo:

Vou arranjar as malas, e amanhã *embarco* para a Europa; *vou* a Roma, depois *sigo* imediatamente para a China. Até daqui dez anos. (MA, c. 2, 1972: 1164)

3. anterioridade 1 pela concomitância 1 (pretérito perfeito 1 pelo presente).

– Não vai ser meu estilo de governo como não *foi* o do presidente Itamar Franco o de surpreender o país (F. Henrique).
Em primeiro lugar, Itamar ainda não "foi", pelo menos, não formalmente.
(Nélson de Sá. *Folha de S.Paulo*, 18/11/1994: 1-5)

A anterioridade assinala que o que está em curso é visto como acabado. Nesse caso, o aspecto perfectivo toma lugar do imperfectivo, gerando, assim, o matiz semântico /acabado/ para o que de fato não o é. Dessa forma, aumenta-se a dramaticidade de um desfecho: "Acabou a União Soviética" (*Folha de S.Paulo*, 13/11/1994: 1-6).

178 As astúcias da enunciação

Essa neutralização é bastante rara em português, pois só em pouquíssimos contextos e em situações de enunciação muito raras, quando se anuncia como acabado um fato que está transcorrendo (por exemplo, "O Presidente deu posse ao novo ministro", dito quando o Presidente se preparava para assinar o ato de posse), o pretérito perfeito 1 pode ter o valor de presente. Em outras línguas, como o romeno, no entanto, é bastante frequente. Por exemplo, um professor falava ao telefone com sua mulher e, quando se despediu, disse-lhe *T-am pupat* (*te beijei*).

Há ainda outra situação em que essa neutralização pode ocorrer. Suponhamos que alguém escrevesse uma carta em que dissesse ao destinatário "Soube que você fez ótima viagem à Europa". Nesse caso, o emprego do pretérito perfeito 1 pelo presente ocorre em situação não partilhada, quando a localização temporal se efetua em relação ao tempo da decodificação. No exemplo, X escreve a Z num tempo em que este está viajando pela Europa. Deve ele, portanto, receber a carta na volta. "Soube" expressa anterioridade em relação ao momento da enunciação, enquanto "fez" indica concomitância em relação a este mesmo momento. Esta, no entanto, é manifestada pelo pretérito perfeito 1, que, em relação ao momento da decodificação, assinala um acontecimento anterior.

4. posterioridade 1 pela concomitância 1 (futuro do presente pelo presente).

> Por onde *andará* agora a alma de dona Eufrásia, que morreu durante um gélido inverno gaúcho, sem nunca sequer ter mordiscado o fruto do amor (VGP, 14).

"Agora" indica que o narrador deseja saber, no momento de enunciação, onde está a alma de dona Eufrásia. Trata-se, pois, de uma concomitância em relação ao momento da enunciação, mas expressa pela posterioridade. A certeza manifestada pelo presente é substituída por um efeito de sentido de suposição, de dúvida, de probabilidade, ou seja, o narrador manifesta dúvida de que a alma esteja em algum lugar. Esse caso chama-se futuro de probabilidade.

Outro exemplo:

> [...] a ilha de Baharem [...] que *estará* cinco dias de navegação da ilha de Ormuz (Aff. de Albuquerque, Comm., 26, apud Dias, 1970: 193).

Pode-se usar o futuro do presente pelo presente também para produzir um efeito de atenuação. Trata-se do chamado futuro de polidez. O futuro engendra esse efeito de sentido, porque indica menos a realização de um acontecimento do que a expectativa de que ele ocorra. Substitui-se, assim, a "brutalidade" do enunciado no presente por um efeito de sentido de suposição, de probabilidade. Dessa forma, enuncia-se a certeza sob o modo da dúvida. Mantém-se uma distância em relação ao que se afirma.

> Não *direi* que fosse bonito, na significação mais ampla da palavra, mas tinha as feições corretas, a presença simpática, e reunia à graça natural a apurada elegância com que vestia (MA, I, 117).

O narrador está explicando como era Félix. Por conseguinte, não dirá, está dizendo. Ao projetar *direi* no enunciado, atenua a afirmação de que o moço não era propriamente bonito.

Outros exemplos:

> Não lhe *esconderei* que estou muito aborrecido.
> Eu lhes *pedirei* para ficarem um pouco quietos.
> Você se *atreverá* a negar as acusações?

Tanto no chamado futuro de probabilidade quanto no denominado futuro de polidez temos um presente incerto. Com esses futuros, o enunciador não se engaja incondicionalmente em seu ato de linguagem.

> A pousada *ficará* a uns 4 km da aldeia (apud Mateus, 1983: 104).

5. anterioridade 1 pela posterioridade 2 (pretérito perfeito 1 pelo futuro do presente).

> [...] o presidente da comissão, Gilberto Miranda (PMDB-AM), que durante todo o tempo chamou Loyola de "presidente", deu o tom da tropa de choque governista: "Nesta comissão, os partidos do governo são maioria. Dá para saber que Loyola vai ser aprovado, ou melhor, já *foi*" (*Jornal do Brasil*, 9/6/1995: 15).

Nesses casos, em português, o pretérito estará, em geral, acompanhado do advérbio *já*. Substituindo-se o futuro do presente pelo pretérito perfeito 1, representa-se como já ocorrido o que vai ainda suceder. Dessa forma, marca-se melhor a ideia de que o intervalo de tempo entre o momento da enunciação e o da realização do acontecimento é mínimo. Denota-se, assim, "a iminência do ato, anunciando a perfectividade da resolução tomada, sem esperar o tempo em que se realiza" (Real Academia, 1986: 469). O ato que vai ocorrer é visto, pois, como iminente, inevitável.

Observe-se que se usa o pretérito perfeito 1 pelo futuro do presente, quando se trata de um acontecimento futuro já em vias de realização, de alguma forma, no presente:

> Vai ser bom, *não foi?* (*Folha de S.Paulo*, 2/10/1994).
> O plano será o epitáfio da candidatura de Fernando Henrique. *Já não deu* certo (Declarações de Collor em 16/6/1994. *Folha de S.Paulo*, 2/10/1994, Especial - 3).

Essa embreagem aparece também em publicidades e ditos populares, sempre indicando uma certeza de realização do evento:

> Escreveu, não leu, o pau comeu.
> Bateu, levou.
> Tomou Doril, a dor sumiu.

180 As astúcias da enunciação

6. posterioridade 1 pela anterioridade 1 (futuro do presente pelo pretérito perfeito 1).

Aqui estão suas compras. Tudo *dará* cinco milhões de cruzeiros (frase ouvida numa loja, 15/7/1993).

Como o comerciante está entregando as compras ao cliente, a soma do valor da compra é anterior ao momento da enunciação. No entanto, enuncia-se esse fato no futuro para produzir um efeito de atenuação. O perfectivo apresenta-se no modo do parecer como probabilidade.
Outro exemplo:

[...] o Realismo [...] é a negação mesma do princípio da arte. [...] Um poeta, V. Hugo *dirá* que há um limite intranscendível entre a realidade, segundo a arte, e a realidade, segundo a natureza (MA, v. 3, 813).

A afirmação de V. Hugo é anterior ao momento da enunciação. No entanto, usa-se o futuro do presente, para atenuá-la.

7. concomitância pontual 2 pela concomitância durativa 2 (pretérito perfeito 2 pelo pretérito imperfeito).

Que esse negócio de casar pro bem da honra *foi* no tempo de Dom João Charuto (BP).

Casar para o bem da honra era algo habitual no tempo referido e, portanto, o verbo *ser* deveria ser expresso pelo pretérito imperfeito. O uso do pretérito perfeito 2 retira da frase esse caráter habitual e indica a perfectividade da ação. O verbo exprime, então, pura e simplesmente o acontecimento, visto da perspectiva do presente.

8. concomitância durativa 2 pela concomitância pontual 2 (pretérito imperfeito pelo pretérito perfeito 2).

Tal embaixada dava o Capitão,
A quem o Rei gentio *respondia*
Que, em ver embaixadores de nação
Tam remota, grão glória recebia;
Mas neste caso a última tenção
Com os de seu conselho tomaria (LUS, VII, 64, 1-6).

O acontecimento pontual *responder* é visto em sua duração interior. Assim, a resposta é mais descrita do que narrada. É como se a descrição do acontecimento fosse a única coisa importante. Ele, dessa forma, é como que imobilizado aos olhos do leitor. Imbs denomina esse emprego de imperfeito pitoresco (1968: 92). Também é chamado imperfeito narrativo.
Outros exemplos:

Duas horas depois do acontecido, ele *partia* (Cunha, 1972: 311).

Um ano decorrido, Paulo *voltava* à casa paterna (Cunha, 1972: 311).

Os dias, na esperança de um só dia,
Passava, contentando-se com vê-la,
Porém o pai, usando de cautela,
Em lugar de Raquel lhe *dava* Lia (LI, 108).

Usa-se esse imperfeito também para terminar uma narrativa ou um episódio. Nesse caso, apresentam-se os acontecimentos como estados em que o narrador deixa as personagens.

Em seu delírio, os dois mancebos *esqueciam* que é nas asas do perdão e não nas da vingança, que podem as almas voar aos céus; não *viam* no futuro senão a vingança e a morte, e talvez que Deus no futuro lhes prepare o castigo de tão sinistros pensamentos! (final de *Vicentina*, de J. M. de Macedo).

As cortinas cerraram-se, e as auras da noite, acariciando o seio das flores, *cantavam* o hino misterioso do santo amor conjugal (final de *Senhora*, de Alencar).

Essa embreagem ocorre também quando o narrador, referindo-se ao que disse anteriormente, retoma o fio do discurso:

Vede se mostra a experiência o que eu *dizia*, que, quando o remédio mais se apressa, é por diligência (Vieira, apud Dias, 1970: 187).

9. concomitância pontual 2 pela anterioridade 2 (pretérito perfeito 2 pelo pretérito mais-que-perfeito).

Mordendo o beiço inferior, Palha ficou a olhar para ela de modo estúpido. Considerava o negócio. Achava natural que as gentilezas da esposa chegassem a cativar um homem, e Rubião podia ser esse homem; mas confiava tanto no Rubião, que o bilhete que Sofia mandara a este, acompanhando os morangos, *foi redigido* por ele mesmo; a mulher *limitou-se* a copiá-lo, assiná-lo e mandá-lo (MA, v. 1, 683).

A ação é narrada no passado: o pretérito perfeito "ficou" e os imperfeitos "considerava", "achava", "confiava" indicam uma concomitância em relação ao marco temporal pretérito. O pretérito mais-que-perfeito "mandara" expressa uma ação anterior a esse momento. Os dois pretéritos perfeitos que vêm a seguir assinalam uma anterioridade em relação a "mandara". Portanto, deveriam ser expressos com o pretérito mais-que-perfeito. Empregando o perfeito, o narrador aproxima essas ações do marco temporal pretérito, colocando-as no mesmo plano das ações que estão ocorrendo.

10. concomitância durativa 2 pela anterioridade 2 (pretérito imperfeito pelo pretérito mais-que-perfeito).

182 As astúcias da enunciação

E o homem empurrado, apenas sentiu o empurrão. Caminhava absorto, espraiando a alma, desabafado de cuidados e fastios. Era o diretor do banco, o que *acabava* de fazer a visita de pêsames ao Palha (MA, v. 1, 723).

"Sentiu", "caminhava" e "era" indicam concomitância em relação ao marco temporal pretérito da narrativa. A visita, pois, é anterior ao empurrão. Essa anterioridade é expressa pelo pretérito imperfeito. O passado imediato é, assim, presentificado, para mostrar que ressoa no presente do narrado. Ocorre esse caso, geralmente, com a perífrase *acabar* + *de* + infinitivo.

Outro exemplo:

Fora, vivia com o espírito no menino; em casa, com os olhos, a observá-lo, a mirá-lo, a perguntar-lhe donde *vinha*, e por que eu estava tão inteiramente nele, e várias outras tolices sem palavras, mas pensadas ou deliradas a cada instante (MA, v. 1, 914).

11. concomitância pontual 2 pela posterioridade 2 (pretérito perfeito 2 pelo futuro do pretérito).

D. Antônio desejava saber notícias do Rio de Janeiro e de Portugal, onde se haviam perdido todas as esperanças de uma restauração, que só *teve* lugar quarenta anos depois com a aclamação do duque de Bragança (G, 37).

Em relação ao momento da ação narrativa, que é anterior à narração, a restauração é posterior. No entanto, essa posterioridade é expressa pelo pretérito perfeito 2. Dessa forma, o que deveria ser apresentado como incerteza é mostrado como certo e acabado.

12. concomitância durativa 2 pela posterioridade 2 (pretérito imperfeito pelo futuro do pretérito).

Ai, palavras, ai, palavras,
íeis pela estrada afora,
erguendo asas muito incertas,
entre verdade e galhofa,
desejos de tempo inquieto,
promessas que o mundo sopra...

Ai, palavras, ai, palavras,
mirai-vos: que sois agora?

– Acusações, sentinelas;
bacamarte, algema, escolta; [...]

Ai, palavras, ai, palavras,
que estranha potência, a vossa!
Perdão *podíeis* ter sido!
– sois madeira que se corta,

> – sois vinte degraus de escada,
> – sois um pedaço de corda...
> – sois povo pelas janelas,
> cortejo, bandeira e tropa... (CM, 493-494).

O poema compara dois tempos: um *então*, tempo da vida, das promessas de liberdade e um *agora*, tempo da prisão, da tortura, da morte. A concomitância do pretérito é indicada pelo imperfeito "íeis". Em relação a esse momento, num tempo posterior, essas promessas poderiam ter-se realizado. Essa probabilidade é expressa pelo pretérito imperfeito "podíeis" e não pelo futuro do pretérito, para criar um efeito de sentido de certeza. Ele indica que era inevitável que ocorresse o que estava previsto para o futuro. Essa certeza, no entanto, foi cortada pela brutalidade da repressão portuguesa e o presente do indicativo mostra que a morte tomou o lugar do que era certo para quem pregava a independência da colônia. O pretérito imperfeito com valor de futuro do pretérito exprime, pois, uma consequência de um fato pretérito, tida pelo enunciador como inevitável, mas que não se realizou.

Outros exemplos:

> – É assim que gosto de caçar o leão, é um jogo. E te prometi que o *caçava* (L, 132).
> Eu estava tranquilo, meu irmão *chegava* num minuto.
> Ele parou na horinha, um passo mais e ele *caía*.

13. anterioridade 2 pela concomitância pontual 2 (pretérito mais-que-perfeito pelo pretérito perfeito 2).

> Para cúmulo do azar dos seus filhos, o pai *fora assassinado* em São Paulo, dias antes da morte da mãe (*Veja*, 3/4/1996, 39).

O assassinato é concomitante ao marco temporal pretérito "dias antes da morte da mãe". Deveria ser expresso pelo pretérito perfeito 2. No entanto, manifesta-se essa concomitância pela anterioridade, para pôr em relevo a rapidez com que o fato ocorreu. Assim, mostra-se como acabado aquilo que deveria produzir-se aos olhos do leitor.

14. anterioridade 2 pela concomitância durativa 2 (pretérito mais-que-perfeito pelo pretérito imperfeito).

> Durante o primeiro assalto, um boxeador lutou, lutou, enquanto o outro apenas *tinha aparado* os golpes.

Aparar os golpes é um acontecimento durativo concomitante à luta do boxeador. É expresso, porém, no pretérito mais-que-perfeito, para pôr em destaque o aspecto acabado daquilo que seria imperfectivo.

184 As astúcias da enunciação

Outro exemplo:

> Do que ao grande Dario tanto pesa,
> Que mil vezes dizendo suspirava
> Que mais o seu Zopiro são *prezara*
> Que vinte Babilônias que tomara (LUS, III, 41, 5-8).

No português moderno, essa embreagem usa-se em orações condicionais e concessivas, em que o subjuntivo é de rigor, e em optativas.

> Se não *fora* ele, eu estaria perdido.
> *Quisera* eu ter bastante dinheiro!

15. posterioridade 2 pela concomitância pontual 2 (futuro do pretérito pelo pretérito perfeito 2).

> No "Jornal da Cultura", o sr. era a imagem do equilíbrio, uma espécie de caricatura do bom senso. *Teria colocado* panos quentes até na questão do apartheid na África do Sul (*Revista da Folha*, 24/1/1993, 40: 14).

Colocar expressa algo que ocorreu concomitantemente com o pretérito da narrativa. É manifestado pelo futuro do pretérito composto, para criar um efeito de sentido de incerteza. Assim, um acontecimento que ocorreu é assinalado sob a forma de uma hipótese. O enunciador deixa claro, então, que, de seu ponto de vista, o acontecimento não está confirmado e demanda comprovação. Nesses casos, em geral, é o futuro do pretérito composto e não o simples que tem o valor de pretérito perfeito 2.

Outro exemplo:

> Que vos parece que *responderia* o Profeta neste caso? (Vieira, apud Dias, 1970: 194).

16. posterioridade 2 pela concomitância durativa 2 (futuro do pretérito pelo pretérito imperfeito).

> Imagine a leitora que está em 1813, na igreja do Carmo, ouvindo uma daquelas boas festas antigas, que eram todo o recreio do público e toda a arte musical. Sabem o que é uma missa cantada; podem imaginar o que *seria* uma missa cantada naqueles anos remotos (MA, v. 2, 386).

"Seria" exprime uma concomitância em relação ao marco temporal pretérito "1813", como o confirma, aliás, o "eram" da oração relativa do primeiro período. Por conseguinte, deveria ser empregado o pretérito imperfeito. Com essa embreagem, cria-se um efeito de sentido de incerteza, de probabilidade, em relação a fatos passados. Nesse exemplo, o futuro do pretérito ajuda a compor a sugestão de que o enunciatário deve imaginar coisas maravilhosas.

Outros exemplos:

Seriam nove horas do dia.
Um sol ardente de março esbate-se nas venezianas que vestem as sacadas de uma sala, nas Laranjeiras (S, 15).

Parecendo-lhe que Félix *estaria* preocupado, Viana entendeu não dizer palavra antes de achar ocasião oportuna (MA, v. 1, 120).
Caio fraturou o crânio – *estaria* sem capacete – e dessa vez não conseguiu levantar mais (*Veja*, 24/6/1992: 91)

17. anterioridade 2 pela posterioridade 2 (pretérito mais-que-perfeito pelo futuro do pretérito).

Começa a servir outros sete anos,
Dizendo: – Mais *servira* se não fora
Para tão longo amor tão curta a vida (LI, 108).

O fato é narrado no pretérito. Depois da recusa de Labão em dar a Jacó a mão de Raquel, o pastor começou (a concomitância em relação ao pretérito é aqui expressa pelo presente) a servir outros sete anos. Em relação ao seu dizer, que também é pretérito, a ação de servir é ulterior. Essa posterioridade não é manifestada pelo futuro do pretérito, mas pelo pretérito mais-que-perfeito, para criar um efeito de sentido de inevitabilidade da ação futura, já que o que sequer está sendo realizado é mostrado como algo acabado.

Pode o pretérito mais-que-perfeito ser usado também com o valor de futuro do pretérito composto:

Um pouco mais de sol – e *fora* brasa,
Um pouco mais de azul – e *fora* além,
Para atingir, faltou-me um golpe de asa...
Se ao menos eu permanecesse aquém...
(Mário de Sá-Carneiro, in MM, 463).

Outro exemplo:

Que *fora* a vida, se nela não houvera lágrimas! (AH, 38).

18. posterioridade 2 pela anterioridade 2 (futuro do pretérito pelo pretérito mais-que-perfeito).

Precisava tirar a limpo aquela história, ver se Isabel não *teria ido* a outro concerto naquela noite (AFA).

Ir a outro concerto é anterior ao marco temporal pretérito. Expressa-se a anterioridade pelo futuro do pretérito composto, para criar um efeito de sentido de irrealidade. Imagina-se, nesse caso, um passado diferente do que foi.

186 As astúcias da enunciação

Outros exemplos:

O Ministério do Exterior já *teria determinado* seu regresso? (BH).

Margarida não tinha nenhuma razão para fingir um amor que não *teria sentido* (Dumas filho, apud Imbs, 1968: 120).

19. concomitância 3 pela anterioridade 3 (presente do futuro pelo futuro anterior).

Em novembro do ano seguinte, João fará os exames e os *concluirá* antes de começarem as férias de verão (adap. de Mateus, 1983: 105).

Fará indica uma concomitância em relação ao marco temporal futuro "em novembro do ano seguinte". Por seu turno, *concluirá* expressa uma anterioridade em relação a "antes de começarem as férias de verão". Essa anterioridade é manifestada com o presente do futuro e não com o futuro anterior. Com isso, coloca-se a anterioridade no mesmo nível da concomitância, para retirar dela o matiz semântico perfectivo.

20. anterioridade 3 pela concomitância 3 (futuro anterior pelo presente do futuro).

Pelágio! se dentro de oito dias não voltarmos, ora a Deus por nós, que *teremos dormido* o nosso último sono (AH, 137).

Em relação ao marco temporal futuro "no dia x, dentro de oito dias", "teremos dormido" indica uma concomitância, pois significa "estaremos dormindo", isto é, "estaremos mortos". A expressão da concomitância pela anterioridade assinala a certeza da ação futura.

21. anterioridade 3 pela posterioridade 3 (futuro anterior pelo futuro do futuro).

Se fizermos isso, *teremos alcançado* uma grande vitória (Dias, 1970: 195).

O alcançar uma vitória é posterior a *fazer isso*, que é futuro. A posterioridade, entretanto, é expressa pelo futuro anterior para criar um efeito de sentido de certeza de que o acontecimento ocorrerá, para indicar um resultado certo de uma ação futura.

22. posterioridade 3 pela anterioridade 3 (futuro do futuro pelo futuro anterior).

No dia seguinte ao da tua morte, teus inimigos começarão a agir e, antes de te enterrarem, já roubarão o teu filho e, depois, o *matarão*.

Em relação ao marco temporal futuro "antes de te enterrarem", *roubar* e *matar* são acontecimentos anteriores, mas este é, por sua vez, posterior àquele. Sendo a primeira anterioridade expressa pelo presente do futuro, a posterioridade a ela será manifestada pelo futuro do futuro, que terá, então, no caso, valor de futuro anterior. Nesse emprego, o efeito de sentido de quase certeza do futuro anterior dá lugar a uma ideia de probabilidade.

Das 24 neutralizações teoricamente possíveis no interior de um mesmo sistema, não se realizam apenas duas: a de número 20 (concomitância 3 pela posterioridade 3) e a de número 22 (posterioridade 3 pela concomitância 3). Não podem ocorrer porque, pertencendo ambos os tempos ao mesmo subsistema e sendo realizados pelas mesmas formas, a diferença entre eles só pode ser feita com o auxílio de preposições ou conjunções e, por isso, não se pode criar a diferença produtora do sentido da embreagem.

B) Neutralizações entre os mesmos termos da categoria topológica de subsistemas diferentes.

1. concomitância 1 pela concomitância pontual 2 (presente pelo pretérito perfeito 2).

   Em 1858, a Companhia das Índias *é suprimida*, o Império Mongol igualmente, e um vice-reinado *é instaurado* (DT, *Índia*).

Ser suprimida e *ser instaurado* são acontecimentos pontuais concomitantes ao marco temporal pretérito "1858". Essa concomitância não é expressa pelo pretérito perfeito 2, mas pelo presente. Temos aqui o chamado presente histórico. Por ele, presentificam-se fatos passados, tornando-os concomitantes em relação ao momento da enunciação. Assim, dramatiza-se a narrativa e envolve-se nela o leitor. Diz Bertinetto que o presente histórico é equivalente ao *zoom* do cinema (1986: 334).

2. concomitância 1 pela concomitância durativa 2 (presente pelo pretérito imperfeito).

   Seriam nove horas do dia.
   Um sol ardente *esbate-se* nas venezianas que *vestem* as sacadas de uma sala, nas Laranjeiras.
   Uma luz coada pelas verdes empanadas *debuxa* com a suavidade do nimbo o gracioso busto de Aurélia sobre o aveludado escarlate que *forra* o gabinete (S, 15-16).

Os verbos em itálico indicam acontecimentos durativos concomitantes ao marco temporal pretérito "numa manhã, por volta das nove horas". Essa concomitância é expressa pelo presente. Trata-se ainda do presente histórico, com os valores indicados no caso anterior.

188 As astúcias da enunciação

3. concomitância pontual 2 pela concomitância 1 (pretérito perfeito 2 pelo presente).

> Os partidos de esquerda recolhem hoje os frutos de uma união que se construiu laboriosamente. Na hora em que estamos escrevendo esta reportagem, *obtiveram* uma porcentagem expressiva dos votos que estão sendo apurados (adap. de Kerbrat-Orecchioni, 1980: 61).

O enunciador põe-se no lugar do enunciatário e em relação ao marco temporal "na hora em que estamos escrevendo esta reportagem" exprime a concomitância não pelo presente, mas pelo pretérito perfeito 2. Nesse caso, a localização temporal faz-se pelo tempo da decodificação e não da enunciação.

Outro exemplo:

> No Brasil, em todas as épocas, o povo *sofreu* a ganância das elites.

Sofrer indica concomitância em relação ao marco temporal "em todas as épocas". Assinala uma verdade geral, que, em princípio deveria ser expressa pelo presente. No entanto, é narrada no pretérito perfeito 2, para mostrar que essa afirmação é fruto de um ensinamento do passado, em que esse fato já ocorreu.

4. concomitância durativa 2 pela concomitância 1 (pretérito imperfeito pelo presente).

> Agora eu *era* herói
> E o meu cavalo só *falava* inglês.
> A noiva do cowboy
> *Era* você, além das outras três.
> Eu *enfrentava* os batalhões,
> Os alemães e seus canhões.
> *Guardava* o meu bodoque
> E *ensaiava* o rock para as matinês.
> (Chico Buarque, "João e Maria")

Os pretéritos imperfeitos exprimem uma concomitância não em relação a um marco temporal pretérito, mas ao "agora". Esses imperfeitos pertencem ao indicativo, modo que o falante usa para situar a ação na realidade. No entanto, como o imperfeito expressa o imperfectivo, ou seja, apresenta o processo sem precisar seus limites inicial e final, a língua emprega-o com valor de presente para criar um efeito de sentido de irrealidade, isto é, para manifestar fatos hipotéticos. Ademais, como o imperfeito situa os fatos no passado, essa embreagem usa o tempo que destaca os fatos do presente para expressar os acontecimentos destacados da realidade (cf. Chevalier et al., 1964: 343).

Outro exemplo:

E vê que ele mesmo *era* a princesa que *dormia* (FP, 115).

Ocorre ainda essa embreagem em cinco outros casos:

a) – Ele não quer que eu fique solteira toda a vida, não?
– Não tem poder para isso. Mas bem que *queria*, acho. Ou não sabes, maninha? (L, 136).

Esse uso é chamado imperfeito de atenuação, de polidez ou de cortesia. O imperfeito aqui é usado pelo presente, porque indica um desejo ou uma vontade "como algo iniciado cuja realização ou perfeição fazemos depender da vontade de nosso interlocutor" (Real Academia, 1986: 467). Há, então, nele um tom de aparente renúncia. Talvez fosse melhor denominá-lo, como sugere Serianni, de imperfeito de intenção, porque seu emprego indica que o enunciador dispõe-se a aceitar a vontade do outro (1989: 469-470).

b) A esquerda recolhe os louros de uma união longa e dificilmente conseguida. No conjunto das cidades de mais de 30.000 habitantes, ela *recolhia* no momento em que escrevemos 52% dos votos (*Le Progrès*, 14/3/1977, apud Kerbrat-Orecchioni, 1980: 61).

Temos aqui uma situação não partilhada. O imperfeito no lugar do presente mostra que o enunciador se põe no lugar do enunciatário, "o que lhe permite ao mesmo tempo tomar distância em relação aos resultados ainda parciais" (Kerbrat-Orecchioni, 1980: 61).

c) O nenê *era* tão bonzinho para a mamãe. Ele *fazia* miséria esse nenê.

Essas frases são ditas para o bebê. Trata-se do chamado imperfeito hipocorístico. O recuo no passado simboliza a distância que separa o mundo da pessoa adulta do mundo da criança a que ela se dirige; penetrando no universo das crianças, o adulto sugere, pelo imperfeito, ao mesmo tempo, um universo real como o passado e um universo afastado do presente dos adultos (Imbs, 1968: 97).

d) Ela tem os olhos azuis, que seu marido não *tinha* (frase dita a uma mulher divorciada, em que se fala de sua filha e do marido ainda vivo).

Nesse caso, tem-se o que poderíamos chamar imperfeito de distância, pois o passado durativo expressa o afastamento afetivo da mulher em relação ao marido.

190 As astúcias da enunciação

e) Provavelmente *estava* na cozinha entre as pedras que *serviam* de trempe. Antes de se deitar, Sinha Vitória *retirava* dali os carvões e a cinza, *varria* com um molho de vassourinha o chão queimado, e aquilo *ficava* um bom lugar para cachorro descansar (VS, 133).

Esse é um trecho do delírio da Baleia, narrado em discurso indireto livre. Como essa forma de citação do discurso alheio, por uma embreagem, transpõe a fala das personagens da situação enunciativa para a enunciva, nela, o pretérito imperfeito expressa a concomitância enunciativa, quando a narrativa é feita no pretérito.

Nos seis casos arrolados, o imperfeito "sugere uma evasão fictícia fora da realidade atualmente vivida" (Imbs, 1968: 97).

5. anterioridade 1 pela anterioridade 2 (pretérito perfeito 1 pelo pretérito mais-que-perfeito).

> Rubião fitava a enseada, eram oito horas da manhã. Quem o visse, com os polegares metidos no cordão do chambre, à janela de uma grande casa de Botafogo, cuidaria que ele admirava aquele pedaço de água quieta; mas, em verdade, vos digo que pensava em outra coisa. Cotejava o passado com o presente. Que era há um ano? Professor. Que é agora? Capitalista. Olha para si, para as chinelas (umas chinelas de Túnis que lhe *deu* recente amigo, Cristiano Palha), para a casa, para o jardim, para a enseada, para os morros, para o céu; e tudo, desde as chinelas até o céu, tudo entra na mesma sensação de propriedade (MA, v. 1, 643).

O texto começa com pretéritos imperfeitos ("fitava", "admirava", "pensava", "cotejava"), que indicam uma concomitância durativa em relação a um marco temporal pretérito *num determinado dia, às oito horas da manhã*. Em seguida, o narrador presentifica esse passado e passa a usar o presente histórico ("olha", "entra"). Em relação a esse presente, dar as chinelas é anterior. Por isso, é expresso pelo pretérito perfeito 1. No entanto, de fato, ele é anterior ao marco temporal pretérito. O emprego do presente histórico implica que o pretérito mais-que-perfeito seja expresso pelo pretérito perfeito 1. Pode-se dizer que, nesse caso, também ocorre uma aproximação do passado, um *zoom* verbal.

Outro exemplo:

> Príamo julga-se o mais infeliz dos homens por beijar a mão daquele que lhe *matou* o filho (MA, v. 1, 928).

6. anterioridade 2 pela anterioridade 1 (pretérito mais-que-perfeito pelo pretérito perfeito 1).

> Como Cícero, sou um dos mais ardentes apologistas da lei natural [...] – a razão suprema gravada em nossa natureza [...] cuja voz nos traça nossos deveres [...] e cujo império se estende a todos os povos, lei que só Deus *concebera*, *discutira* e *publicara* (MA, v. 3, 387).

Os verbos em itálico indicam uma anterioridade ao presente, que, no entanto, é expressa pelo pretérito mais-que-perfeito. Ocorre aqui um processo inverso àquele que acontece com o presente histórico. Nesse caso, o afastamento do presente implica um distanciamento da anterioridade, que se perde em tempos imemoriais.

7. posterioridade 1 pela posterioridade 2 (futuro do presente pelo futuro do pretérito).

> Corria o ano de 1944, e a culpa do colonialismo mal começara a despontar. Vien se tornaria o responsável pelas relações culturais do governo de Saigon com o exterior e *publicará* uma História do Vietnã (BAR, 74).

O marco temporal instalado no enunciado, "1944", é pretérito. *Tornar* e *publicar* são posteriores a ele. *Tornar* é expresso pelo futuro do pretérito, mas *publicar* o é pelo futuro do presente. Esse futuro é chamado histórico. Com ele, desloca-se o futuro da situação enunciva pretérita para a enunciativa. Tem também o efeito de um *zoom*, como, por exemplo, o presente histórico. Nesse caso, o futuro é visto a partir do presente.

Os historiadores usam esse futuro para, tomando como referência os fatos passados, descrever as consequências que daí decorrem (Chevalier et al., 1964: 350).

> Serão necessários mais de mil e oitocentos anos para que o sangue que ele vai derramar produza frutos. Em seu nome, durante séculos, *serão infligidas* torturas e a morte a pensadores tão nobres quanto ele (Renan, apud Chevalier et al., 1964: 350).

Pode-se usar também esse futuro em discurso indireto:

> Ele disse que *fugirá* com facilidade.

8. posterioridade 2 pela posterioridade 1 (futuro do pretérito pelo futuro do presente).

> A julgar pelo comportamento do ministro e de seus assessores é nisso que estão pensando: numa forma de dolarização crescente, processo que no seu final *seria* capaz de dar um alívio à moeda brasileira e aplacar o foguete dos preços (*Veja*, 22/9/1993: 114).

O momento de referência é o presente. *Estão pensando* é concomitante a ele. O final do processo de dolarização é, portanto, posterior a ele. É expresso, no entanto, pelo futuro do pretérito para criar um efeito de sentido de dúvida, de incerteza. Usa-se essa embreagem para transmitir informações não confirmadas, conjecturas ou fatos imaginários. Esse futuro chama-se futuro hipotético. Temos, nesse caso, uma dupla atenuação, pois o futuro já exprime ideia de probabilidade e o futuro do pretérito indicará ainda que essa probabilidade é totalmente incerta.

192 As astúcias da enunciação

Também no discurso indireto livre, o futuro do pretérito é usado com o valor de futuro do presente:

> Baleia queria dormir. *Acordaria* feliz, num mundo cheio de preás. E *lamberia* as mãos de Fabiano, um Fabiano enorme. As crianças se *espojariam* com ela, *rolariam* com ela num chiqueiro enorme. O mundo *ficaria* todo cheio de preás, gordos, enormes (VS, 134).

9. concomitância 1 pela concomitância 3 (presente pelo presente do futuro).

> Mas prometo, quando estiver claro, *falo* contigo (L, 122).

Falo indica concomitância em relação ao marco temporal futuro "quando estiver claro". Expressar o presente do futuro pelo presente produz um efeito de sentido de certeza da realização da ação futura.

Outro exemplo:

> [...] quando chegar a hora, *resolvo* (M).

10. concomitância 3 pela concomitância 1 (presente do futuro pelo presente).

> Ele é inconstante; num dia, *fará* festa para você, no outro, *virará* as costas (Imbs, 1968: 49).

Nesse caso, o presente do futuro substitui o presente habitual para dar a ideia de probabilidade, de incerteza.

11. anterioridade 1 pela anterioridade 3 (pretérito perfeito 1 pelo futuro anterior).

> Já aos meus 20 aninhos (na minha cabeça) começam os problemas de dinheiro. Antes, com mais ou menos 19 anos já *fiz* sexo (no fim do ano) e acho que com 20 já *tive* filhos (Maíra Gonçalves, 12 anos, Escola Senador Correia, Rio de Janeiro) (*Veja*, 1271, 20/11/1993: 48).

"Fazer sexo" e "ter filhos" expressam anterioridade aos marcos temporais futuros *com mais ou menos 19 anos* e *com 20*. No entanto, como o presente do futuro é enunciado com o presente, a anterioridade o é com o pretérito perfeito 1. A expressão do futuro anterior pelo pretérito perfeito 1 indica que já ocorreu o que ainda acontecerá. Dessa forma, marca-se a certeza do enunciador em relação à ocorrência do fato exposto. Esse uso é frequente, quando o presente tiver valor de futuro do presente:

> Temos ainda o seguinte programa: três semanas de aulas, duas semanas de férias de Natal, duas semanas de aulas em janeiro, e, então, *terminou* meu estágio na Romênia.

Do tempo   **193**

12. anterioridade 3 pela anterioridade 1 (futuro anterior pelo pretérito perfeito 1).

> Aqueles para quem a idade já desfez o viço dos primeiros tempos, não se *terão esquecido* do fervor com que esse dia é saudado na meninice e na adolescência (MA, v. 1, 117).

Temos aqui um comentário do narrador, feito, portanto, no presente da narração. Em relação a ele, "terão esquecido" indica uma anterioridade. É expressa pelo futuro anterior para marcar que o acontecimento é concebido como hipótese pelo enunciador. O futuro anterior corresponde a um fato passado apresentado como conjectura, ou seja, a um pretérito perfeito 1 acompanhado do advérbio "provavelmente". De certa forma, o enunciador apoia-se num fato real e procura reconstituir no futuro anterior as prováveis causas que permitiram que ele ocorresse. Esse futuro é um futuro de afirmação atenuada ou polida.

Outros exemplos:

> Respirei, contemplei o teto, o quarto enfim vazio e pensei: "*Terá* realmente *acabado* tudo? Estarei enfim livre?" (AP).

> Os doutos *terão tido* muitas soluções desta grande dúvida, mas eu cuido que vos hei de dar a literal, a verdadeira (Vieira, apud Dias, 1970: 194).

13. posterioridade 3 pela posterioridade 1 (futuro do futuro pelo futuro do presente).

> Bacchis dá amanhã um grande jantar e, depois dele, *haverá* uma grande festa (P. Louys, apud Imbs, 1968: 48).

Quando um presente é usado com valor de futuro do presente (no caso, "dá"), a posterioridade em relação ao futuro passa a ser um futuro do presente. O efeito de sentido de certeza da ação futura criado pela utilização do presente contamina o ulterior do futuro.

14. concomitância pontual 2 pela concomitância 3 (pretérito perfeito 2 pelo presente do futuro).

> Essa moça, cujo nome e fortuna darão à mãe esperanças de ver casada com um príncipe de sangue real, coroando assim a obra de ascensão social empreendida por Swan, *escolheu* mais tarde para marido um escritor obscuro, porque era destituída de qualquer esnobismo, e fez baixar a família a um nível inferior ao de seu ponto de partida (adap. de TR, 276).

O enunciador começa a relatar os fatos posteriores ao momento da narração no futuro do presente. Em seguida, instala no enunciado o marco temporal futuro "mais tarde", em relação ao qual *escolher* é concomitante. No entanto, expressa

194 As astúcias da enunciação

essa concomitância não pelo presente do futuro, mas pelo pretérito perfeito 2, para mostrar que esse acontecimento é futuro em relação à narração, mas pretérito no que diz respeito ao narrado.

15. concomitância durativa 2 pela concomitância 3 (pretérito imperfeito pelo presente do futuro).

> O porco a engordar custará pouco dinheiro.
> Ele *tinha*, quando o comprei, uma gordura razoável,
> Terei, revendendo-o, um bom lucro (LF, VII, 8).

A menina da bilha de leite imagina o que ocorrerá. Começa a narrar esses acontecimentos no futuro do presente (cf. "custará"). Para demonstrar que tudo de fato se dará, instala, no enunciado, um marco temporal futuro, mas expresso pelo pretérito perfeito, "quando o comprei". Em relação a ele, exprime a simultaneidade durativa pelo pretérito imperfeito "tinha".

16. concomitância 3 pela concomitância pontual 2 (presente do futuro pelo pretérito perfeito 2).

> Pedro conheceu sua mulher quando era criança. *Casar-se-á* com ela, quando estourou a Segunda Grande Guerra.

Casar-se indica uma concomitância em relação ao marco temporal pretérito "quando estourou a Segunda Grande Guerra". É expresso pelo presente do futuro para indicar que a ação, que é anterior à narração, é posterior a conhecer, que é tomado como perspectiva a partir da qual se narra.

17. concomitância 3 pela concomitância durativa 2 (presente do futuro pelo pretérito imperfeito).

> Imagine a leitora que está em 1813 [...]. Chama-se Romão Pires; *terá* sessenta anos, não menos (MA, v. 2, 386).

Terá é concomitante durativo em relação ao marco temporal pretérito "1813". Esse fato é expresso pelo presente do futuro, para dar a ideia de incerteza em relação à correção da informação.

18. anterioridade 2 pela anterioridade 3 (pretérito mais-que-perfeito pelo futuro anterior).

> Amanhã, a esta hora, você já acabou o trabalho que *tinha começado* cedo.

Em relação ao marco temporal futuro "amanhã, a esta hora", "tinha começado" indica uma anterioridade. A expressão dessa anterioridade pelo pretérito mais-que-perfeito cria o efeito de sentido de uma certeza absoluta, pois o que vai ocorrer é expresso por um tempo do pretérito.

19. anterioridade 3 pela anterioridade 2 (futuro anterior pelo pretérito mais-que-perfeito).

> Desta (preocupação) é fácil possuirmo-nos, e nela *terei* eu *caído* mais de uma vez (Herculano, apud Dias, 1970: 194).

Cair é anterior ao marco temporal pretérito "mais de uma vez em minha vida anterior a este momento". É expresso pelo futuro anterior, para dar um matiz de dúvida à frase.

Outro exemplo:

> Conta-se também que Tétis recusara unir-se a Zeus, por consideração a Hera, que a criara. Encolerizado e desejoso de a punir, Zeus *terá* então *decidido* casá-la com um mortal, quer ela consentisse quer não (GRL, 361).

20. posterioridade 2 pela posterioridade 3 (futuro do pretérito pelo futuro do futuro).

> Se morresse de fome ou nas pontas de um touro, deixaria filhos robustos, que *gerariam* outros filhos (VS, 169).

No discurso indireto livre, por meio de uma embreagem, transfere-se a fala da personagem de uma situação enunciativa para uma enunciva. Em relação ao momento da enunciação, *morrer de fome* é posterior. Enunciado esse fato, instala-se no enunciado um marco temporal futuro *então*, em relação ao qual *deixar* é concomitante e *gerar*, posterior. Como a situação de enunciação se alterou, os futuros, tanto o presente do futuro quanto o futuro do futuro, são expressos pelo futuro do pretérito.

21. posterioridade 3 pela posterioridade 2 (futuro do futuro pelo futuro do pretérito).

> O silêncio das autoridades supremas da Igreja deixava aos defensores do teatro um argumento que eles *usarão* (Imbs, 1968: 66).

Em relação ao marco temporal pretérito, *usar* expressa posterioridade, assim como *deixar* indica concomitância durativa. Aquela é manifestada pelo futuro do futuro, que, nesses casos, aparece relacionado a um pretérito perfeito 2 ou a um pretérito imperfeito, para assinalar que o fato efetivamente se produziu num tempo posterior, já que o futuro do futuro insere o acontecimento no tempo, enquanto o futuro do pretérito coloca-o numa duração.

Outro exemplo:

> O americano contou como a mãe de Marieta e suas duas irmãs tinham fisgado o agrônomo. Marieta *irá trabalhar* na casa dele (R. Vaillant, apud Imbs, 1968: 67).

196 As astúcias da enunciação

Das 22 possibilidades teóricas de neutralização entre os mesmos termos da categoria topológica só não ocorre a de número 13, pois não há possibilidade de fazer qualquer distinção morfossintática entre o futuro do presente e o futuro do futuro.

C) Neutralizações entre termos diferentes da categoria topológica de subsistemas distintos.

1. concomitância 1 pela anterioridade 2 (presente pelo pretérito mais-que-perfeito).

> Não havia dúvida; as batatas fizeram-se para a tribo que *elimina* a outra a fim de transpor a montanha e ir às batatas do outro lado (MA, v. 1, 657).

Em relação ao momento da posse das batatas, que é pretérito, *eliminar* é anterior. Essa anterioridade é expressa pelo presente para que o verbo ganhe um valor omnitemporal. Essa embreagem pode também ser usada, como no exemplo a seguir, para focalizar um acontecimento mais de perto:

> Tal era a cláusula. Rubião achou-a natural, posto que só tivesse pensamento para cuidar da herança. Espreitara uma deixa, e *sai*-lhe do testamento a massa de todos os bens (MA, v. 1, 654).

2. anterioridade 2 pela concomitância 1 (pretérito mais-que-perfeito pelo presente).

> A verdade é que sinto um gosto particular em referir tal aborrecimento, quando é certo que ele me lembra outros que não *quisera* lembrar por nada (MA, v. 1, 886-887).

Quisera expressa uma concomitância em relação ao momento da fala, pois o enunciador está expondo coisas de que se lembra, mas de que não quer recordar-se. Concerne, pois, a um fato presente, que se enuncia no passado, para atenuar o que se diz.

Alguns autores afirmam que esse pretérito mais-que-perfeito corresponde a um pretérito perfeito 1 (cf. Cunha, 1972: 313; Imbs, 1968: 129). Outros dizem que é equivalente a um presente (cf. Chevalier et al., 1964: 346; Grevisse, 1986: 1296). Na verdade, isso depende da situação de enunciação. No exemplo anterior, ele corresponde, indiscutivelmente, a um presente. No entanto, numa frase como "Tinha vindo lembrar-lhe da pensão para pedir-lhe uma explicação", pode ser equivalente tanto a um presente (por exemplo, proferida no momento da chegada) quanto a um pretérito perfeito 1 (por exemplo, referindo-se a uma vinda ocorrida num momento anterior).

3. concomitância 1 pela posterioridade 2 (presente pelo futuro do pretérito).

> Felizmente, ele reagiu depressa. Um passo a mais e o carro o *esmaga* (adap. de Imbs, 1968: 100).

Esmaga indica posterioridade em relação ao marco temporal pretérito *naquele momento*. A finalidade da construção é sublinhar a fatalidade da consequência em relação à causa expressa. A consequência é apresentada como real, embora seja hipotética.

4. posterioridade 2 pela concomitância 1 (futuro do pretérito pelo presente).

> Estou vendo essas grandes vitrinas. Eu mesmo estou dentro delas, de vez em quando. Já não *teria* mais esses olhos. Já não *choraria* mais assim. Já não *teria* força para carregar tanta coisa em meus braços, em meus ombros, em meu coração (CM, 412).

Ter e *chorar* expressam uma concomitância em relação ao momento da enunciação. Ela é manifestada não pelo presente, mas pelo futuro do pretérito, que dá aos acontecimentos um valor hipotético, imaginário.

Essa embreagem ocorre ainda nos seguintes casos:

a) quando se pretende transmitir uma informação não confirmada sobre um acontecimento que está em curso ou uma informação que o enunciador põe em dúvida:

> Para a frente, os russos se dividem em "atlantistas" e "euroasiáticos". Os primeiros *defenderiam* a aproximação da Rússia com o Ocidente e *seriam* traidores das "tradições". Os militares da frente, que se julgam "euroasiáticos" misturam a adoração a Stálin e ao czar Nicolau II (*Folha de S.Paulo*, 25/9/1993: 2-14).

b) quando se deseja repelir uma hipótese (o denominado futuro do pretérito de indignação ou surpresa):

> *Seria* possível que assim se desvanecessem as esperanças da iminente vitória da verdade à calúnia, urdida contra o pobre moço!... (DO, cap. XVIII, 73).
>
> *Poderia* eu trair meus amigos?

No futuro do pretérito de indignação, a possibilidade é anulada pelo movimento exclamativo-interrogativo de sentido contrário, presente no enunciado.

c) quando se quer indicar uma eventualidade possível ou impossível:

> *Seríeis* capazes, minhas Senhoras,
> De amar um homem deste feitio?
> (Antônio Nobre, apud Cunha, 1972: 316).

d) para atenuar, por polidez ou prudência, uma afirmação:

> *Desejaríamos* ouvi-lo sobre o crime (Drummond, apud Cunha, 1972: 316).
> *Diria* antes que você é um crápula.
> Você *teria* fogo?
> Você *poderia* indicar-me o caminho para a estação?

198 As astúcias da enunciação

Em todos esses casos, o futuro do pretérito tem um efeito de sentido de incerteza e, por causa dele, é adequado para expressar a polidez, a atenuação.

5. concomitância durativa 2 pela anterioridade 1 (pretérito imperfeito pelo pretérito perfeito 1).

"Eram jogados 37 minutos do primeiro tempo", completou o mais folclórico Sílvio Luiz, na Bandeirantes (*Folha de S.Paulo*, 13/6/1993: 5-5).

Os minutos jogados são anteriores ao momento da enunciação. Essa anterioridade é expressa, no entanto, pela concomitância durativa em relação ao pretérito, o que estabelece uma distância entre as instâncias da narração e do narrado.

6. posterioridade 2 pela anterioridade 1 (futuro do pretérito pelo pretérito perfeito 1).

Que fim *teria levado* a bolandeira do Seu Tomás? (VS, 49).

Em discurso indireto livre, ao se passar da situação enunciativa para a enunciva do pretérito, o futuro do pretérito composto tem o valor de pretérito perfeito 1.

7. posterioridade 1 pela concomitância pontual 2 (futuro do presente pelo pretérito perfeito 2).

O general Ott teve três mil mortos e deixou cinco mil prisioneiros. Dessa batalha *sairá*, para o general Lannes, o título de duque de Montebello (Bignon, apud Imbs, 1968: 46).

O futuro marca um fato passado no momento da narração e concomitante em relação ao marco temporal *mais tarde*. No entanto, indica um acontecimento posterior aos eventos antes narrados. Essa embreagem é o chamado futuro dos historiadores ou de perspectiva e serve, ao produzir uma ruptura no desenrolar da narrativa, para mostrar que o acontecimento apresentado no futuro é consequência daqueles que são narrados no passado. Esse uso ocorre com frequência quando o narrador se vale do presente histórico.

8. concomitância durativa 2 pela posterioridade 1 (pretérito imperfeito pelo futuro do presente).

Esta tarde, eu *podia* querer ir ao cinema.

A possibilidade de ir ao cinema é posterior ao momento da enunciação. Expressa-se a posterioridade pelo imperfeito para produzir o efeito de sentido de que se imagina que os fatos futuros se tornaram reais quando se fala e que continuarão a ser. Por isso, aparece nas proposições de jogos de crianças:

Eu *estava* doente e você *chamava* o doutor.

Do tempo 199

9. concomitância 1 pela anterioridade 3 (presente pelo futuro anterior).

> João *conclui* os exames antes de começarem as férias de verão (Mateus, 1983: 105).

A conclusão dos exames é anterior ao marco temporal futuro "antes de começarem as férias de verão". A anterioridade é expressa pelo presente para retirar da frase o efeito de sentido de probabilidade, sempre presente quando se emprega o futuro.

10. anterioridade 3 pela concomitância 1 (futuro anterior pelo presente).

> Ninguém me verá mais falar ou escrever; você *terá sido* objeto de minhas últimas palavras (adap. de Imbs, 1968: 111).

O estilo epistolar usa o futuro anterior para exprimir uma ação em curso no momento da enunciação, mas que se imagina será anterior no momento em que o destinatário receber a carta, quando esse tempo estiver correlacionado a um futuro do presente.

11. concomitância 1 pela posterioridade 3 (presente pelo futuro do futuro).

> Depois que eu voltar, *limpo* a casa.

Limpar é posterior à volta. A posterioridade é expressa pelo presente para indicar a certeza de que o fato enunciado ocorrerá.

Outros exemplos:

> [...] mas, se as duas tribos dividirem em paz as batatas do campo, não *chegam* a nutrir-se suficientemente e *morrem* de inanição (MA, v. 1, 648).

12. posterioridade 2 pela concomitância 1 (futuro do pretérito pelo presente do futuro).

> Existe aí uma pergunta capaz de tirar o sono de muita gente. Quando PC resolver abrir a boca, as instituições *resistiriam*? (*Folha de S.Paulo*, 26/10/1993: 4-7).

Resistir é concomitante ao marco temporal futuro "quando PC resolver abrir a boca". Essa concomitância é expressa pelo futuro do pretérito para marcar a dúvida do enunciador em relação ao fato.

13. posterioridade 2 pela anterioridade 3 (futuro do pretérito pelo futuro anterior).

> Baleia queria dormir. Acordaria feliz num mundo cheio de preás. [...] O mundo todo *teria ficado* cheio de preás (adap. de VS, 134).

Em discurso indireto livre, o futuro do pretérito composto pode expressar um futuro anterior. No exemplo citado, *acordaria* indica uma posterioridade em relação

200 As astúcias da enunciação

ao momento da enunciação. Em seguida, há um marco temporal futuro implícito, *nesse momento*, em relação ao qual há uma concomitância também implícita, "perceberá". "Teria ficado" expressa, pois, uma anterioridade a ela.

Das 44 possibilidades teóricas de neutralização entre termos diferentes da categoria topológica de subsistemas distintos realizam-se apenas 13. Esse fato conduz-nos às seguintes constatações:

a) neutralizam-se todos os tempos que pertencerem a um mesmo subsistema ou que indicarem o mesmo termo da categoria topológica em subsistemas distintos, exceto se o sincretismo das formas impedir que se marque a ocorrência da neutralização;

b) a neutralização só ocorre em circunstâncias muito especiais, quando for preciso, ao mesmo tempo, neutralizar os termos da categoria topológica e os subsistemas (os casos 5, 6, 8, 10 e 13 implicam uma mudança da situação enunciativa na sua globalidade; os casos 7 – futuro do presente pelo pretérito perfeito 2 – e 12 – futuro do pretérito pelo presente do futuro – são idênticos, respectivamente, do ponto de vista mórfico, às neutralizações entre futuro do presente e pretérito perfeito 1 e futuro do pretérito e futuro do presente; os casos 1, 2, 3, 4, 9 e 11 envolvem o presente, que é o tempo de maior mobilidade semântica, já que expressa o presente, o passado, o futuro e a atemporalidade).[49]

A neutralização, ao mesmo tempo, dos traços referentes à categoria topológica e ao subsistema ocorrem em três situações:

a) quando se altera a situação enunciativa;

b) quando há identidade, do ponto de vista mórfico, com um tempo, que admita a neutralização com o outro tempo envolvido;

c) quando um dos tempos da oposição for o presente.

Em síntese, a neutralização acontece quando estiver em jogo apenas um traço distintivo do sistema temporal; se forem dois os traços a serem neutralizados, ela só se dará em situações muito particulares.

Passemos agora às neutralizações dos advérbios de tempo. Em primeiro lugar, é preciso lembrar que uma neutralização de advérbio ocorre muito mais raramente do que a de verbo, porque, no caso deste, altera-se a relação temporal apenas, preservando-se o conteúdo lexical e os outros significados gramaticais, enquanto, no caso daquele, dado que ele tem apenas um significado gramatical, a embreagem implica uma radical alteração de sentido. Por isso, em geral, é o advérbio que se mantém estável e indica a embreagem do tempo verbal. Em segundo lugar, o tempo verbal expressa apenas tempo linguístico e não tempo crônico, enquanto o advérbio manifesta ambos. Ora, como a embreagem pode ocorrer apenas no tempo linguístico e não no crônico, o advérbio será menos passível de manifestar esse fenômeno enunciativo.

Comecemos, apesar disso, por imaginar que se possam teoricamente neutralizar todas as posições do sistema. Como para os advérbios temos um sistema enunciativo e um enuncivo, teremos trinta possibilidades teóricas:

A) Neutralizações dentro de um mesmo sistema = 12 possibilidades.

Enunciativo (1)

1. concomitância pela anterioridade;
2. concomitância pela posterioridade;
3. anterioridade pela concomitância;
4. posterioridade pela concomitância;
5. anterioridade pela posterioridade;
6. posterioridade pela anterioridade.

Enuncivo (2)

7. concomitância pela anterioridade;
8. concomitância pela posterioridade;
9. anterioridade pela concomitância;
10. posterioridade pela concomitância;
11. anterioridade pela posterioridade;
12. posterioridade pela anterioridade.

B) Neutralizações entre os mesmos termos da categoria topológica de subsistemas diferentes = 6 possibilidades.

1. concomitância 1 pela concomitância 2;
2. concomitância 2 pela concomitância 1;
3. anterioridade 1 pela anterioridade 2;
4. anterioridade 2 pela anterioridade 1;
5. posterioridade 1 pela posterioridade 2;
6. posterioridade 2 pela posterioridade 1.

C) Neutralizações entre termos diferentes da categoria topológica de sistemas distintos = 12 possibilidades.

1. concomitância 1 pela anterioridade 2;
2. anterioridade 2 pela concomitância 1;
3. concomitância 1 pela posterioridade 2;
4. posterioridade 2 pela concomitância 1;

202 As astúcias da enunciação

5. anterioridade 1 pela concomitância 2;
6. concomitância 2 pela anterioridade 1;
7. anterioridade 1 pela posterioridade 2;
8. posterioridade 2 pela anterioridade 1;
9. posterioridade 1 pela concomitância 2;
10. concomitância 2 pela posterioridade 1;
11. posterioridade 1 pela anterioridade 2;
12. anterioridade 2 pela posterioridade 1.

Vamos descrever as possibilidades efetivamente realizadas, que são bem poucas.

Só duas neutralizações dentro do mesmo sistema foram atestadas, os casos 1 e 2 do sistema enunciativo. O advérbio *agora*, que indica concomitância em relação ao momento da enunciação, pode ser usado por *há pouco tempo* e *dentro de alguns momentos*, respectivamente, anterioridade e posterioridade em relação ao momento da enunciação, para marcar um passado recente e um futuro iminente, ou seja, para mostrar a proximidade do passado e do futuro em relação ao momento da enunciação. Em português, usa-se *agorinha* para intensificar o caráter recente ou iminente, respectivamente, do passado e do futuro.

> Estou fora dessa, cheguei *agora* – sesquivou Uli (L, 122).
> Com certeza Nestor chegou *agora* da assembleia geral, encontrou em sua casa Hebe, Heloísa, Ricardo e Eusébio, que lhe despejaram no ouvido a notícia (VN).
> Cheguei nesta bosta *agora* (AB).
> O senhor vai ver *agora* quem é a mulher do padeiro (AC).
> [...] *agora* eu vou-me embora daqui (AC).
> Não viu o freguês que se mandou *agorinha*? (AB).
> Saiu inda *agorinha* (PEM).
> [...] foi *agorinha,* não tem dez minutos (AF).
> Vamos começar a lição *agorinha* mesmo (CR).

Podem-se neutralizar todos os termos da mesma categoria topológica de sistemas diferentes:

1. concomitância 1 pela concomitância 2.

> Quincas Borba tivera ali alguns parentes mortos já *agora* em 1867 (MA, I, 645).

O narrador de *Quincas Borba* relata uma história anterior ao momento da narração (cf. "Rubião fitava a enseada, – eram oito horas da manhã"); "1867" é um ano antes do momento em que Rubião contemplava a baía. *Agora* expressa, pois, uma concomitância em relação a um marco temporal pretérito instalado no enunciado, isto é, tem o valor de *então*, para criar um efeito de sentido de proximidade entre o tempo da enunciação e o do enunciado e, assim, denegar esta instância.

Outros exemplos:

O que fez lembrar à rainha o sistema de mondos que *neste momento* [= naquele momento] estaria a ser montado por Kamexi, antecipando a chegada de Kandumba e o começo da preparação do exército (L, 132).

Foi o caminho da síntese que levou o artista à abstração, no início da década de 60. [...] Ianelli encontrou um geometrismo que já estava em gestação nas telas figurativas dos anos 50, já reduzidas à essencialidade. Como se tivesse feito um zoom em um detalhe de suas telas anteriores, *agora* [= no início da década de 60] as composições ortogonais invadiam o plano [...] (LT: 157, T21).

São gozados, hein, os acidentes. Veja você, não sofro nenhum durante cinco, seis meses e, depois, de repente, sofro um *hoje* [= num determinado dia] e *a semana inteira* [= naquela semana] tenho vários (apud Kerbrat-Orecchioni, 1980: 68).

2. concomitância 2 pela concomitância 1.

Àquela hora Sinha Vitória devia estar na cozinha, acocorada junto à trempe, a saia de ramagens entalada entre as coxas, preparando a janta (VS, 6l).

O texto em questão é uma passagem do episódio em que Fabiano, na prisão, pensa em sua família. Como é narrado em discurso indireto livre, *àquela hora* tem o valor de *agora*.

3. anterioridade 1 pela anterioridade 2.

O Presidente eleito Fernando Henrique Cardoso contou ontem que, na primeira reunião do Ministério Sarney (1985), o então chanceler Olavo Setúbal fez uma exposição sobre o narcotráfico. "Ficou todo mundo olhando para ele como se tivesse chegado da Lua *recentemente*", brincou FHC, para deixar claro que o tema era, então, uma questão muito mais política do que de Chancelaria (*Folha de S.Paulo*, 21/10/1994: 1-2).

Em relação ao marco temporal pretérito "então", "recentemente" indica uma anterioridade. Nesse caso, significa *pouco tempo antes*.

4. anterioridade 2 pela anterioridade 1.

Algum tempo antes acontecera aquela desgraça: o soldado amarelo provocara-o na feira, dera-lhe uma surra de facão. [...] Fabiano estava contente e esfregava as mãos [...] Relatava um fuzuê terrível, esquecia as pancadas e a prisão, sentia-se capaz de atos importantes (VS, 106).

O texto é narrado em discurso indireto livre, em que a fala da personagem é transferida da situação enunciativa para a enunciva. Assim, "algum tempo antes", indicador de anterioridade enunciva, expressa a anterioridade enunciativa *há algum tempo*.

204 As astúcias da enunciação

Outros exemplos:

> A culpada era Sinha Terta, que *na véspera* [= ontem], depois de curar com reza a espinhela caída de Fabiano, soltara aquela palavra esquisita, chiando, o canudo do cachimbo preso nas gengivas banguelas (VS, 94).

5. posterioridade 1 pela posterioridade 2.

> Positivamente, era um diabrete Virgília, um diabrete angélico, se querem, mas era-o, e então.
> Então apareceu o Lobo Neves, um homem que não era mais esbelto do que eu, nem mais elegante, nem mais lido, nem mais simpático, e todavia foi quem me arrebatou Virgília e a candidatura, *dentro de poucas semanas*, com um ímpeto verdadeiramente cesariano (MA, v. 1, 560-561).

O narrador instala um marco temporal pretérito no enunciado, "então". "Dentro de poucas semanas" indica, pois, uma posterioridade enunciva, significando, por conseguinte, *poucas semanas depois*.

Outro exemplo:

> Timóteo foi embora (depois de consultar Lu), prometendo voltar *amanhã* [= no dia seguinte] (L, 48).

6. posterioridade 2 pela posterioridade 1.

> As bochechas de Sinha Vitória avermelharam-se e Fabiano repetiu com entusiasmo o elogio. Era. Estava boa, estava taluda, poderia andar muito ainda. Sinha Vitória riu e baixou os olhos. Não era tanto como ele dizia, não. *Nos meses seguintes*, estaria magra, de seios bambos. Mas recuperaria carnes (adap. de VS, 166-167).

O trecho é em discurso indireto livre. Portanto, "nos meses seguintes" indica que se trata dos próximos meses.

Não há caso de neutralização ao mesmo tempo dos termos da categoria topológica e dos sistemas temporais.

Com exceção do caso de *agora*, em que se neutralizam concomitância e anterioridade ou posterioridade do sistema enunciativo, no que concerne aos advérbios só pode haver embreagem entre os mesmos termos da categoria topológica de sistemas diferentes. Isso significa que as condições para a neutralização dos advérbios são bastante restritivas. Só ocorrem quando se desloca o que se narra do sistema enunciativo para o enuncivo ou vice-versa.

Entretanto, com predicados estativos que estabelecem uma localização temporal, qualquer dos casos antes elencados como teoricamente possíveis pode ocorrer. Basta atentar para frases do tipo:

a) Em Minas o amanhã é hoje.
b) Não é amanhã a véspera do grande dia?
c) Estamos agora há trinta milhões de anos (emissão televisiva sobre as origens do homem, apud Kerbrat-Orecchioni, 1980: 13).
d) Hoje já é no dia seguinte.
e) Hoje é sempre ontem (quadro de Wesley Duke Lee).

Nesses casos, tem-se a identificação do tempo enunciativo com o tempo enuncivo ou de termos opostos da categoria topológica. Na frase *a*, um interlocutor diz que o *amanhã* empregado pelo outro é hoje. O mesmo processo é utilizado na frase *d* e *e*. Em *b*, pergunta-se se *amanhã* não é a véspera do dia em que *p* se realiza. Em *c*, localiza-se o *agora* na anterioridade. De qualquer forma, com todos esses processos, nega-se a instância do enunciado e aproxima-se o enunciado da instância da enunciação.

O sistema de tempos organiza-se na língua de maneira absolutamente simétrica. No entanto, tal como ocorre com a categoria de pessoa, o discurso, misturando perspectivas, confundindo os termos da categoria topológica, subvertendo oposições, produz uma "vertigem temporal", de que se vale para criar efeitos de sentido. Estes não se fragmentam numa multiplicidade incontrolável de significações, mas estão subordinados à categoria semântica:

aproximação vs *distanciamento*.

Num primeiro nível de concretização, essa categoria produz três outras: uma para os efeitos de sentido temporais *stricto sensu*: *conjunção* vs *deslocação*; outra para os efeitos de sentido modais: *realidade* vs *virtualidade*; outra para os efeitos de sentido aspectuais: *inacabado* vs *não começado*.

Dessa forma, temos um efeito de sentido básico para cada uma das categorias que incidem sobre o evento expresso pelo verbo.

Se considerarmos *conjunção, realidade, inacabado* vs *deslocação, virtualidade, não começado* como os lugares *a* e *b* do eixo dos contrários, as negações desses termos serão colocadas nos lugares do eixo dos subcontrários e, então, teremos o seguinte quadrado:[50]

206 As astúcias da enunciação

Os efeitos de sentido operam em dois níveis:

a) dentro de um mesmo subsistema, quando se usa, por exemplo, uma posterioridade com valor de concomitância;

b) em subsistemas distintos (assim, por exemplo, a utilização do futuro do pretérito com valor de futuro do presente é a passagem da concomitância, uma vez que o futuro do presente pertence ao sistema que tem como momento de referência o momento da enunciação, para o da anterioridade, já que o futuro do pretérito faz parte do subsistema cujo momento de referência é pretérito; por isso, essa embreagem produz o efeito de sentido de irrealidade).

Na determinação dos efeitos de sentido, o momento de referência predomina sobre os termos da categoria topológica.

Como se manifestam esses efeitos de sentido?

a) A conjunção pode concretizar-se como ressonância no momento de referência; a deslocação, como separação total do momento de referência; a não deslocação, como proximidade e a não conjunção, como distância.

> Tinha vindo do Zaire muito novo, lá nascera. Os pais se tinham exilado no Zaire durante a guerra de independência de Angola e ele *nasceu* em Kinshasa. *Voltou* com a independência, *aprendeu* o português, *esqueceu* o lingala, e se *integrou* (L, 122).

O romance é narrado no pretérito. Em relação a um momento de referência (ano de 1999), a vinda do Zaire, seu nascimento e o exílio dos pais são anteriores e, por isso, são narrados no pretérito mais-que-perfeito. No entanto, são também anteriores a volta, o aprendizado do português, o esquecimento do lingala e a integração. São, entretanto, relatados no pretérito perfeito 2 (concomitância pontual em relação ao momento de referência), porque esses fatos têm ressonância no momento da narrativa, já que, como explica o narrador, os "regressados" não eram bem vistos em Angola depois da independência.

b) A realidade pode manifestar-se como certeza das ações futuras, como inevitabilidade, como necessidade; a virtualidade, como suposição, dúvida, hipótese, incerteza, probabilidade, atenuação dos fatos; a não virtualidade, como inelutabilidade da ação futura; a não realidade, como atenuação da ação presente e evasão da realidade.

> – Ele não quer que eu fique solteira toda a vida, não?
> – Não tem poder para isso. Mas bem que *queria*, acho. Ou não sabes, maninha?
> (L, 136).

O diálogo está ancorado no momento de referência presente. Em lugar de dizer "Mas bem que quer, acho", que indica a realidade, diz-se "Mas bem que queria, acho", que aponta para a não realidade, que se manifesta como atenuação, já que "queria" é um tempo do subsistema da anterioridade.

c) O inacabado manifesta a inevitabilidade da ação futura, porque a mostra como já começada, e a imperfectividade do evento passado; o não começado, o caráter eventual do acontecimento; o começado, a iminência do evento futuro e a perfectividade da resolução tomada; o acabado, o efeito inevitável do que está ocorrendo e a rapidez com que se dá o que está acontecendo.

> – Devem agradecer é a Ndumba uo Tembo, é ele o grande caçador que fez tudo. Além de corajosa, como poucos, também era modesta, como deve ser um eleito pelos espíritos, assim diziam os velhos, e os mais novos concordavam. Ndumba estava com um sorriso contrafeito, pois a vitória lhe *escapava* (L, 134-135).

Todo o povo estava festejando a rainha porque ela teria matado o leão que iria devorar Ndumba uo Tembo. Na verdade, ele é que matara o leão. Assim, quando o povo começa a louvar a rainha, a vitória já lhe tinha escapado. Ao utilizar o imperfeito (concomitância durativa) em lugar do pretérito mais-que-perfeito, o narrador cria um efeito de sentido de imperfectividade do fato passado, de um desenrolar-se longo, que assinala que tudo ia ferindo lentamente o orgulho do guerreiro.

Os tempos, no discurso, fogem das rígidas convenções do sistema, mesclam-se, superpõem-se, perseguem uns aos outros, servem de contraponto uns aos outros, afastam-se, aproximam-se, combinam-se, sucedem-se num intrincado jogo de articulações e de efeitos de sentido. No entanto, como no contraponto, obedecem a regras, a coerções semânticas. O discurso cria o cosmo e abomina o caos.

O tempo desdobrado

> "O tempo é o *elemento* da narrativa, assim como é o elemento da vida; está inseparavelmente ligado a ela, como aos corpos no espaço. É também o elemento da música, que o mede e subdivide, carregando-o de interesse e tornando-o precioso. [...] A narrativa, porém, tem dois tipos de tempo: em primeiro lugar, o seu tempo próprio, o tempo efetivo, igual ao da música, o tempo que lhe determina o curso e a existência; e em segundo, o tempo do seu conteúdo, que é apresentado sob uma determinada perspectiva, e isso de forma tão variável que o tempo imaginário da narração tanto pode coincidir quase por completo, e mesmo inteiramente, com seu tempo musical, quanto dele diferir infinitamente."
> Thomas Mann

Até agora, trabalhamos com o tempo, fingindo ignorar que um texto opera com temporalizações globais diversas, que, no entanto, estão inextricavelmente ligadas, ou falando, sem precisar, em tempo da enunciação e tempo do enunciado.

208 As astúcias da enunciação

Em primeiro lugar, é necessário dizer que, como todos os acontecimentos são temporalizados, há uma microtemporalidade, que ordena cada acontecimento, e uma macrotemporalidade, que organiza as sequências maiores. Em segundo, que, como há diferentes temporalidades, é preciso analisar como elas se articulam.

Nota Genette que o termo francês *récit* (narrativa) é polissêmico, podendo significar:

a) o discurso que conta acontecimentos, ou seja, o enunciado narrativo;
b) a sucessão de acontecimentos que constituem o objeto do discurso narrativo, isto é, o conteúdo da narrativa, aquilo que aconteceu;
c) o ato de narrar, a narração.

Cada um desses significados corresponde a distintos "aspectos da realidade narrativa". Propõe, então, uma denominação diferente para cada um deles. *História* é o conteúdo narrativo, o conjunto dos acontecimentos contados; *récit* (narrativa) é o enunciado, o discurso narrativo, que conta os acontecimentos; *narração* é a enunciação narrativa (1972: 72-73; 1983: 10). Cada um desses aspectos tem uma temporalidade distinta, todas elas internas ao texto e determinadas a partir do enunciado, dado que, "como narrativa, vive de sua relação com a história que conta; como discurso, vive de sua relação como a narração que o profere" (Genette, 1972: 74). Há, pois, segundo o narratólogo francês, um tempo da história (ou do universo diegético), um do enunciado e um da enunciação.[51] Genette diz que vai analisar as relações entre essas três temporalidades, para detectar aquilo que julga realmente significativo no estudo do tempo, ou seja, as discordâncias dos traços temporais pertencentes a cada um desses aspectos.[52] Na verdade, no entanto, Genette estuda as relações entre o tempo da narrativa e o da história, analisando as discordâncias entre os traços temporais dos acontecimentos na diegese e os traços correspondentes na narrativa. Afasta a questão do tempo da narração, analisando-o sumariamente. Entretanto, no que diz respeito ao tempo linguístico, é a instância da enunciação que comanda toda e qualquer temporalização, que rege o tempo do enunciado. Aliás, o próprio Genette não deixa de reconhecer que é preciso integrar o tempo da narrativa a uma outra temporalidade, "que não é mais a da narrativa, mas que em última instância a comanda, a da narração" (1972: 180). Com efeito, as distorções entre o tempo da história e o da narrativa precisam ser atribuídas ao narrador.

A dificuldade de Genette em relacionar as três temporalidades deve-se ao fato de que, em havendo três tempos, é preciso relacioná-los dois a dois. Assim, quando se confrontam a temporalidade da história e a da narrativa, a da narração, que as rege, está afastada e não se pode, pois, perceber como pode ela comandá-las. Ademais, se há três temporalidades, deve-se atribuir à da história a sucessividade dos acontecimentos. Aí, então, dois problemas surgem. De um lado, não resta ao enunciado, que deveria ser o responsável pela concomitância ou sucessividade dos acontecimentos senão um tempo que seria equivalente ao tempo da leitura. "O texto narrativo, diz Genette, como qualquer outro texto, só tem a temporalidade que empresta, metonimicamente, de sua própria leitura" (1972: 78). No entanto, a leitura não pertence à instância do enunciado, mas à da enunciação, dado que esta subsume produção e recepção, enunciador e enunciatário. Por outro lado, quando a narração é narrativizada continuam existindo os três aspectos da narrativa. Aí teríamos uma história, uma narrativa, uma história da narração, uma narrativa da narração e uma narração, o que não traria nenhum problema, se a história da narração e sua narrativa não regessem a história e a narrativa, o que estaria em desacordo com a lógica proposta por ele.

O problema mais sério é o do estatuto do tempo do enunciado, cuja duração é medida em número de páginas ou de linhas, o que torna, de fato, impossível qualquer mensuração, já que o tempo real da leitura não é, a rigor, um tempo linguístico. Só há duas temporalizações linguísticas possíveis: a da enunciação e a do enunciado. A primeira é sempre pressuposta, mas pode ser enunciada pela projeção da categoria topológica *concomitância* vs *não concomitância* (*anterioridade* vs *posterioridade*) num momento de referência coincidente com o momento da enunciação. A segunda é obtida pela aplicação da mesma categoria a marcos temporais anteriores ou posteriores ao momento da enunciação. A instância da enunciação rege ambas as temporalidades, porque os momentos de referência são ordenados em relação ao momento da enunciação. Assim, só se podem resolver as dificuldades teóricas apresentadas pela proposta de Genette reduzindo-se as três temporalidades a duas. Que fazer, então, com a que sobra, já que se poderia pensar que, ao suprimir uma das três temporalidades, estaríamos eliminando da teoria um dos aspectos da narrativa (história, enunciado e enunciação). A novidade da proposta é exatamente esta: manter os três aspectos, mas apenas duas temporalidades.

Em primeiro lugar, é necessário precisar o estatuto teórico da história. Dado que o discurso, que é, como diziam os formalistas russos, a maneira como o leitor toma conhecimento dos acontecimentos, só possui dois componentes, a enunciação e o enunciado, e que a história é, como queria Chklovski, o "material que serve à constituição do assunto" [da trama] (in Todorov, 1966: 54-55), é preciso distinguir o nível da história do nível do discurso. Os acontecimentos pertencem a um nível anterior ao do discurso, onde estão o narrado e a narração. Por isso, acolhemos a proposta de Greimas, que separa, no percurso gerativo de sentido, um nível narrativo de um discursivo. Nesse percurso, que vai do mais simples e abstrato ao mais

210 As astúcias da enunciação

concreto e complexo, o nível narrativo contém um simulacro da ação do homem no mundo, mas anterior à figurativização, ou seja, ele é de um nível de abstração maior do que o nível discursivo, onde os acontecimentos ganham um investimento figurativo mais concreto (Greimas e Courtés, 1979: 249). É esse, pois, o nível dos acontecimentos, que serão tomados pelo enunciador e discursivizados. Nele, como já dissemos, temos estados e transformações, que se organizam num esquema canônico, que contém quatro fases:

a) a manipulação, em que um destinador transmite a um destinatário um querer e/ou dever fazer;

b) a competência, em que um destinador atribui a um destinatário um saber e um poder-fazer;

c) a *performance*, em que o sujeito qualificado nas fases anteriores realiza a ação principal da narrativa;

d) a sanção, em que se dão o reconhecimento e a retribuição.

O esquema tem três percursos narrativos: o da qualificação do sujeito, o da realização e o da sanção. É constituído do encadeamento desses percursos, estando, portanto, na dimensão sintagmática da linguagem. Sendo geral, abstrato e decomposto em percursos, o esquema canônico permite interpretar e articular os diferentes tipos de atividades, sejam elas cognitivas ou pragmáticas (Greimas e Courtés, 1979: 244-245). Cabe agora lembrar com muita ênfase que, no nível narrativo, não há temporalização, já que a sucessão das fases deve ser interpretada "como uma ordem de pressuposição lógica ao contrário" (Greimas e Courtés, 1979: 245). Se se reconhece que uma transformação se deu é porque ela ocorreu; se uma ação foi feita é porque havia um sujeito competente (dotado de poder, saber, querer e/ou dever) para fazê-la. Dessa forma, não há temporalidade no nível dos acontecimentos, mas relações de pressuposição lógica.[53] Quando um sujeito enunciador toma o nível narrativo e transforma-o em discurso, temporaliza-o.

Greimas e Courtés distinguem uma

> programação temporal, cuja principal característica é a conversão do eixo das pressuposições (ordem lógica do encadeamento dos programas narrativos) em eixo das consecuções (ordem temporal e pseudotemporal dos acontecimentos) [...] [uma] localização temporal (ou temporalização em sentido estrito), que utiliza os procedimentos da debreagem e da embreagem temporais, segmenta e organiza as sucessões temporais, estabelecendo, assim, o quadro em cujo interior se inscrevem as estruturas narrativas [e uma aspectualização, que] transforma as funções narrativas (de tipo lógico) em processo que o olhar de um actante-observador instalado no discurso-enunciado avalia (1979: 387-388).[54]

Haveria, então, duas temporalizações: uma do enunciado e outra da enunciação. Esta é a temporalidade em que o narrador conta os eventos; a primeira, aquela em que os acontecimentos ocorreram. Cabe ainda lembrar que o que importa na determinação da temporalização é o tempo linguístico e não o tempo crônico. O narrador pode fixar o tempo da enunciação no momento do tempo crônico que quiser. Por exemplo, Pepetela, em *Lueji* (L), estabelece 1999 como o tempo da narração. A mesma coisa ocorre com os acontecimentos, podem ocorrer em qualquer tempo crônico. Por exemplo, em *Aqueles malditos cães de Arquelau* (1993), de Isaias Pessotti, parte dos acontecimentos passa-se em nossos dias e parte, no início do século XV.

Já vimos que os conceitos de embreagem e de debreagem concernem, na teoria greimasiana, apenas à instância da enunciação e, dessa forma, não dariam conta dos tempos, pessoas e espaços do enunciado enunciado. No que se refere ao tempo, pertencem os tempos do enunciado à programação e não à localização temporal. No entanto, como a programação é regida também pela instância enunciativa, propomos que os conceitos de debreagem e de embreagem sejam aplicados a toda e qualquer temporalização linguística, diferençando-se, no entanto, a temporalidade da narração da temporalidade do narrado. O tempo da narração é sempre o presente, que é o momento em que se fala. Ele é posterior à história contada, que, por conseguinte, é anterior a ele.[55] Se o pretérito é o tempo por excelência do narrado,[56] o narrador pode também criar uma narração em que haja concomitância entre tempo da narração e do narrado (narrativas no presente) e uma, chamada narrativa profética, em que o tempo do narrado é visto como posterior ao da narração. Há, assim, três relações entre o tempo da enunciação e o do enunciado. Este pode ser concomitante, anterior ou posterior àquele. Por outro lado, como, em relação a cada momento de referência, há uma concomitância, uma anterioridade e uma posterioridade, os tempos da enunciação, caso essa instância seja narrativizada, são o presente, o pretérito perfeito 1 e o futuro do presente. Já os tempos do enunciado são o presente, o pretérito perfeito 1 e o futuro do presente, nas narrativas em que há concomitância entre narração e narrado; o pretérito perfeito 2, o pretérito imperfeito, o pretérito mais-que-perfeito e o futuro do pretérito, nas narrativas em que a narração é posterior ao narrado; o presente do futuro, o futuro anterior e o futuro do futuro, nas narrativas em que a narração é anterior ao narrado. Em nossa proposta, na verdade, estamos transferindo toda e qualquer temporalização linguística para o âmbito do que Greimas chamava a localização temporal e reservando à programação somente aquilo que é manifestado pelo tempo crônico ou que diz respeito à sucessividade ou simultaneidade dos acontecimentos. Mesmo neste último caso, no entanto, a escolha do tempo que vai manifestar essas relações diz respeito à localização temporal.

212 As astúcias da enunciação

Devemos distinguir assim:

a) *debreagem enunciativa da enunciação*: quando, sendo a enunciação enunciada, projetam-se no enunciado os tempos da enunciação, sejam eles o tempo do narrador ou o do narratário:

> Não, não, a minha memória não é boa. Ao contrário, é comparável a alguém que tivesse vivido por hospedarias, sem guardar delas nem caras nem nomes, e somente raras circunstâncias. A quem passe a vida na mesma casa de família, com seus eternos móveis e costumes, pessoas e afeições, é que se grava tudo pela continuidade e repetição. Como eu invejo os que não esqueceram a cor das primeiras calças que vestiram! Eu não atino com a das que enfiei ontem. Juro só que não eram amarelas porque execro essa cor; mas isso mesmo pode ser olvido e confusão.
>
> E antes seja olvido que confusão; explico-me. Não se emenda bem nos livros confusos, mas tudo se pode meter nos livros omissos. Eu, quando leio algum desta outra casta, não me aflijo nunca. O que faço, em chegando ao fim, é cerrar os olhos e evocar todas as cousas que não achei nele. Quantas ideias finas me acodem então! Que de reflexões profundas! Os rios, as montanhas, as igrejas que não vi nas folhas lidas, todos me aparecem agora com as suas águas, as suas árvores, os seus altares, e os generais sacam das espadas que tinham ficado na bainha, e os clarins soltam notas que dormiam no metal, e tudo marcha com uma alma imprevista.
>
> É que tudo se acha fora de um livro falho, leitor amigo. Assim preencho as lacunas alheias; assim podes também preencher as minhas (MA, v. 1, 870-871).

Nesse caso, com os comentários do narrador sobre o que está narrando, aflora no enunciado o presente da enunciação. Em relação a ele, enunciam-se a concomitância (por exemplo, "invejo", "atino", "juro", "explico-me", "faço") e a anterioridade (por exemplo, "enfiei"). A temporalidade não é só a do narrador ("Assim *preencho* as lacunas alheias"), mas também a do narratário ("assim *podes* também [leitor amigo] preencher as minhas").

b) *debreagem enunciva da enunciação*: quando a instância da enunciação não se enuncia, temos apenas a temporalização do enunciado, pois os tempos da narração ficam implícitos. Isso ocorre na chamada narrativa em terceira pessoa:

> Quando, em uma das pequenas cidades de Minas, faleceu a viúva do obscuro e já então esquecido procurador Miranda, o pequenito André, único fruto desse extinto casal, tinha apenas quatro anos de idade e ficaria totalmente ao desamparo, se o pároco da freguesia, o Sr. padre João Estêvão, não o tomasse por sua conta e não carregasse logo com ele para sua casa (CO, 11).

Nesse exemplo, temos o narrado no pretérito. Ocorrem a concomitância e a posterioridade ao momento de referência pretérito, mas nenhum tempo da enunciação.

c) *debreagem enunciativa do enunciado*: ocorre quando os acontecimentos são narrados nos tempos enunciativos, para criar um efeito de sentido de simultaneidade entre a narração e os eventos:

> Romário recebe a bola no meio do campo, passa por um, passa por dois, está diante do goleiro, chuta e goooool (transmissão radiofônica de um jogo de futebol).

Nas transmissões ao vivo, a narração dos fatos no presente cria a ilusão de uma perfeita simultaneidade entre narração e narrado.

Também as narrativas escritas, principalmente as feitas sob a forma de diário, podem produzir esse efeito de simultaneidade, ao valer-se dos tempos enunciativos para narrar:

> Prossigo nas minhas compras. Já tenho amigos em outras mercearias. Em toda parte encontro a mesma cordialidade natural e sem cerimônia, e as mesmas preocupações domésticas. Sei que quase todas estas senhoras têm filhos, maridos e irmãos lutando na Europa e no Pacífico. Muitas delas já receberam o temido telegrama do Departamento da Guerra anunciando-lhe a morte do seu "boy". Mas aqui estão de queixo erguido, continuando a viver como em tempo de paz. Ninguém fala em guerra. Ninguém se lamenta (VGP, 105-106).

d) *debreagem enunciva do enunciado*: ocorre quando os acontecimentos são narrados nos tempos enuncivos. Como há dois subsistemas enuncivos, temos narrativas de antecipação que se organizam ao redor de um marco temporal futuro, e de retrospectiva, que se articulam ao redor de um marco temporal pretérito:

- narrativa de antecipação, em que os fatos são narrados com tempos do subsistema do futuro:

> E do primeiro Ilustre, que a ventura
> Com fama alta fizer tocar os Céus,
> Serei eterna e nova sepultura,
> Por juízos incógnitos de Deus.
> Aqui porá da Turca armada dura
> Os soberbos e prósperos troféus;
> Comigo de seus danos o ameaça
> A destruída Quíloa com Mombaça.
>
> Outro também virá, de honrada fama,
> Liberal, cavaleiro, enamorado,
> E consigo trará formosa dama
> Que Amor por grão mercê lhe terá dado.
> Triste ventura e negro fado os chama
> Neste terreno meu, que, duro e irado,
> Os deixará dum cru naufrágio vivos,
> Para verem trabalhos excessivos (LUS, V, 45-46).

214 As astúcias da enunciação

- narrativa de retrospectiva, em que os acontecimentos são relatados com tempos pertencentes ao subsistema do pretérito:

> Em casa, ao despentear-se, Sofia falou daquele sarau como de uma cousa enfadonha. Bocejava, doíam-lhe as pernas. Palha discordava; era má disposição dela. Se lhe doíam as pernas é porque dançara muito. Ao que retorquiu a mulher que, se não dançasse, teria morrido de tédio. E ia tirando os grampos, deitando-os num vaso de cristal; os cabelos caíam-lhe aos poucos sobre os ombros, mal cobertos pela camisola de cambraia. Palha, por trás dela, disse-lhe que o Carlos Maria valsava muito bem. Sofia estremeceu; fitou-o no espelho, o rosto era plácido. Concordou que não valsava mal (MA, v. 1, 706).

Uma vez que o enunciado contém enunciação enunciada e enunciado enunciado, podem-se encontrar tanto debreagens enuncivas quanto enunciativas no mesmo texto:

> Cinco ou dez minutos depois, *reatávamos* a palestra, como eu *reato* a narração, para desatá-la outra vez (MA, I, 584).

"Reatávamos" é tempo enuncivo do enunciado, enquanto "reato" é tempo enunciativo da enunciação.

O processo de narração pode ser narrativizado e, então, tomado como componente do enunciado. Nesse caso, poderá estar submetido à temporalização do enunciado.

> Antes de iniciar este livro, *imaginei* construí-lo pela divisão de trabalho.
> *Dirigi*-me a alguns amigos, e quase todos *consentiram* em contribuir para o desenvolvimento das letras nacionais. Padre Silvestre *ficaria* com a parte moral e as citações latinas; João Nogueira *aceitou* a pontuação, a ortografia e a sintaxe; *prometi* ao Arquimedes a composição tipográfica; para a composição literária *convidei* Lúcio Gomes de Azevedo Gondim, redator e diretor do *Cruzeiro*. Eu *traçaria* o plano, *introduziria* na história rudimentos de agricultura e pecuária, *faria* as despesas e *poria* meu nome na capa.
> *Estive* uma semana bastante animado, em conferências com os principais colaboradores, e já *via* os volumes expostos, um milheiro vendido graças aos elogios que, agora com a morte de Brito, eu *meteria* na esfomeada Gazeta, mediante lambujem (SB, 61).

Nesse caso, o processo de narração que não se deu, tomado como acontecimento, faz parte do enunciado enunciado. Por isso, é contado com os tempos do subsistema do pretérito (pretérito perfeito 2, pretérito imperfeito e futuro do pretérito).

Cabe agora destacar algo muito importante, para que não pairem dúvidas sobre o estatuto do que chamamos debreagem da enunciação e do enunciado. O que nos obrigou a fazer essa distinção foi o fato de que, em narrativas em que há o que Greimas chama debreagem enunciativa, aparecem verbos do sistema enuncivo e, em narrativas com debreagem enunciva, empregam-se tempos verbais do sistema enunciativo. Essa utilização, evidentemente, não ocorre na instância da enunciação enunciada, mas do enunciado enunciado. Como, no entanto, é o *nunc* da enunciação que rege a temporalidade do enunciado enunciado, devem-se distinguir dois tipos de debreagem. Entretanto, elas não têm o mesmo estatuto. Primeiramente, temos a debreagem da enunciação. É ela que produz, levando em conta apenas a sintaxe da enunciação, um discurso em que aparecem a enunciação enunciada e o enunciado enunciado (debreagem enunciativa) ou apenas o enunciado enunciado (debreagem enunciva). No interior desse enunciado enunciado, engendrado pela debreagem da enunciação, fazem-se debreagens enunciativas, criando um efeito de sentido de simultaneidade entre as instâncias da enunciação e do enunciado, ou enuncivas, gerando uma não coincidência temporal entre elas. Isso significa que a debreagem do enunciado é subordinada à da enunciação. Poderíamos até dizer que se trata de uma debreagem interna, se, nesta, não houvesse a instauração de uma outra instância da enunciação. Por essa razão, não podemos dizer que os dois fenômenos sejam idênticos.

Evidentemente, essa não seria a única solução teórica para o problema. Outra seria considerar que temos um presente, um pretérito perfeito 1 e um futuro do presente enunciativos e um presente, um pretérito perfeito 1 e um futuro do presente enuncivos. Os tempos que consideramos do sistema enuncivo teriam também um valor enunciativo e um enuncivo. No entanto, essa solução seria péssima, pois a teoria perderia toda a capacidade de explicar o sistema verbal da língua. O melhor é, pois, dizer que os tempos pertencem ao sistema enunciativo ou ao enuncivo e que é da ordem do discurso serem enunciativos enunciativos, enunciativos enuncivos, etc.

Voltemo-nos agora para a questão da *embreagem*. Não se trata mais de microembreagens (utilização de um tempo com valor de outro) como as que analisamos até aqui. A embreagem é agora um processo composicional que rege a relação global entre tempo da enunciação e tempo do enunciado. Como este pode ser concomitante, anterior ou posterior àquele, temos seis possibilidades teóricas de "denegação da instância do enunciado" e de retorno à da enunciação:

1. enunciado no subsistema da anterioridade presentificado;
2. enunciado no sistema do presente tornado passado;
3. enunciado no subsistema da posterioridade presentificado;
4. enunciado no sistema do presente tornado futuro;
5. enunciado no subsistema da posterioridade anteriorizado;
6. enunciado no subsistema da anterioridade posteriorizado.

O primeiro caso ocorre quando um tempo do sistema do presente, principalmente no começo ou no final do texto, anula a distância entre enunciação e enunciado, o qual foi ou será apresentado no passado, bem como, quando se usa o chamado presente histórico, ao longo de todo o texto. Esse procedimento é empregado para mostrar que narrar é reviver. Neste caso, temos, como diria Agostinho, o presente do pretérito.

Ressurreição, de Machado de Assis, começa assim:

> Naquele dia, – já lá vão dez anos! – o Dr. Félix levantou-se tarde, abriu a janela e cumprimentou o sol. O dia estava esplêndido; uma fresca bafagem do mar vinha quebrar um pouco os ardores do estio; algumas raras nuvenzinhas brancas, finas e transparentes se destacavam no azul do céu. Chilreavam na chácara vizinha à casa do doutor algumas aves afeitas à vida semiurbana, semissilvestre que lhes pode oferecer uma chácara nas Laranjeiras (MA, v. 1, 117).

O enunciado é temporalizado em relação a um marco temporal pretérito, "naquele dia". Trata-se de uma temporalização enunciva do enunciado. O narrador já precisara, com uma marca crônica ("já lá vão dez anos"), a distância entre o momento da narração e aquele em que ocorreram os acontecimentos relatados no enunciado. No entanto, no último capítulo, quando os acontecimentos passam a ser relatados no presente (por exemplo, "Lívia *entra* serenamente pelo outono da vida"; "Para consolo e companhia de sua velhice *tem* ela o filho, em cuja educação *concentra* todos os esforços"), há uma convergência entre narrado e narração, o que altera a perspectiva inicial de que se tratava de acontecimentos relatados no subsistema temporal enuncivo, sem que houvesse relação com o momento da narração. Temos aí, na verdade, uma embreagem que transforma os acontecimentos pretéritos em anterioridade em relação ao momento da enunciação. Fazendo isso, denega-se a instância do enunciado projetada no texto.

O segundo caso de embreagem pode ser exemplificado com o poema "Profundamente", de Manuel Bandeira, já citado em outra parte deste estudo. Depois de ter narrado a festa de São João numa perspectiva temporal enunciativa ("Quando *ontem adormeci*"), coloca-a numa temporalização enunciva ("Quando eu tinha seis anos/ Não *pude* ver...".) e, então, o *ontem* torna-se *na véspera*. A anterioridade em relação ao presente é transformada em concomitância durativa em relação ao marco temporal pretérito. Assim, o enunciado relatado no sistema enunciativo metamorfoseia-se em enunciado com temporalização enunciva. O enunciador aproximou-o pela lembrança e depois o afastou, colocando os acontecimentos recordados na categoria de fatos passados.

O terceiro caso pode ser exemplificado no seguinte texto de Erico Verissimo:

> É bem possível que dentro de alguns minutos eu a encontre toda de camisolão branco e de asas imaculadas, com uma lira nas mãos que na vida terrena manejaram com tanta eficiência o ponteiro e a palmatória.
> Fecho os olhos e imagino o encontro
> – Bom dia, dona Eufrásia.
> – Bom dia, menino. Sente-se. Já aprendeu a fazer conta de dividir?
> – Não, senhora.

> Estamos ambos sentados numa nuvem cor-de-rosa. Há um silêncio... de quantos segundos? Impossível dizer, pois na eternidade o tempo não existe.
> Fico gelado e mudo. De repente, numa fúria nada angélica, ela rompe:
> – Você não tem mesmo nenhum respeito pela gramática?
> Baixo a cabeça. Dona Eufrásia pigarreia, e o som estridente de seu pigarro corta o ar como um pássaro, rumo das grandes montanhas do Além.
> – Bom – continua ela. – Vamos afinar os instrumentos. Dê um dó.
> Dou um dó. E depois – afinados e em perfeita harmonia – ficamos tocando um dueto de lira, repousado com as coisas eternas, belo como a nunca ouvida música das esferas.
> Abro os olhos e espio para fora (VGP, 14-15).

O marco temporal "dentro de alguns minutos" vai projetar no futuro o encontro com dona Eufrásia. Quando o narrador fecha os olhos e se põe a imaginar o encontro, projeta o marco temporal implícito *quando eu a encontrar*. No entanto, em lugar de relatar esse evento, valendo-se do subsistema da posterioridade, conta-o com o presente. Os verbos "abro" e "espio" da última frase marcam, com uma debreagem enunciativa, o fim da denegação do enunciado. Presentificar o futuro, tornando-o real, é o efeito de sentido produzido pela embreagem.

O quarto caso é o do presente futurizado. No livro *La modification*, Butor trabalha com os três subsistemas temporais. O do presente serve para mostrar o que se passa na viagem de trem Paris-Roma; o do passado relata a evolução do caso entre Léon e Cécile, conta acontecimentos de outras viagens a Roma e narra as duas viagens que fez a essa cidade com a mulher. O do futuro é o lugar dos projetos.

Tomemos um trecho no futuro:

> Na próxima terça-feira, quando esgotado de vossa viagem na terceira classe, tiverdes aberto, com vossa chave, a porta do apartamento, no número quinze da Praça do Panteão, encontrareis Henriette costurando a vos esperar. Ela perguntar-vos-á como foi a viagem e responder-lhe-eis "Como todas as outras" (1957: 161).

A narrativa do encontro de Léon com a esposa prossegue sempre no futuro. Observe-se que ela é feita no subsistema do futuro e constrói-se em torno do marco temporal "quando esgotado de vossa viagem na terceira classe, tiverdes aberto". O uso desse subsistema é comprovado, por exemplo, pelo emprego do futuro anterior.

Nesse texto, Léon imagina como será a cena em que dirá à mulher que irá deixá-la para viver com Cécile. Ele não consegue representar corretamente a cena. Por quatro vezes, precisa retomá-la e, em todas elas, fracassa. Cada tentativa começa com a expressão temporal "na próxima terça-feira", e cada vez ele representa-a um pouco mais tarde. A expressão "na próxima terça-feira" marca uma posterioridade em relação ao momento da enunciação. No entanto, o marco temporal futuro introduzido logo a seguir denega a presentidade, colocando-o na perspectiva do futuro.

218 As astúcias da enunciação

A quinta possibilidade ocorre no poema 64 de Catulo (1984). Depois que, durante as bodas de Tétis e Peleu, os deuses que tinham vindo às bodas, sentaram-se, as Parcas começaram a contar o destino do casal. Essa narrativa vai do verso 323 ao verso 381. Nela, anunciam basicamente o nascimento de Aquiles e seus feitos. A narrativa é feita no subsistema do futuro:

> Nascer-vos-á um filho que não temerá nada [estranho ao temor], Aquiles, conhecido dos inimigos não pelas costas, mas pelo forte peito, que muitas vezes vencedor na competição ondulante da corrida ultrapassará os passos da corça rápida como a chama (338-341).

Quando o narrador, depois das profecias das Parcas, retoma a palavra, diz:

> Esses foram os cantos com que outrora a voz divina das Parcas anunciou a Peleu seu feliz destino. Pois, nesse tempo, os habitantes do céu costumavam visitar as moradas puras dos heróis e mostrar-se às assembleias dos mortais, que ainda não desprezavam a piedade (382-386).

Ao mostrar que o que fora narrado no futuro já é passado, o narrador anterioriza o que é futuro. Para mostrar que temos embreagem, basta comparar o procedimento composicional do poeta latino com o de Camões no episódio do Gigante Adamastor (V, 37-59), em que o narrador não revela que os fatos futuros previstos pelo gigante já são passados:

> A Deus pedi que removesse os duros
> Casos, que Adamastor contou futuros (V, 60, 7-8).

O sexto caso poderia ser exemplificado pelo seguinte texto de Erico Verissimo:

> Medonho desastre. Perdido na procela, o avião precipitou-se no mar, a pouca distância da costa da Flórida. Era noite fechada quando as lanchas do serviço de salvamento da marinha norte-americana chegaram ao local do sinistro. E ali sob a chuva, na negra noite, começaram a pescar os cadáveres dos passageiros e tripulantes. O primeiro a aparecer foi o da Princesa Hindu, que sorria com uma estrela-do-mar aninhada entre os seios. O gordo Homem de Negócios boiava abandonado, como um fofo boneco de borracha e em sua boca mexia-se um caranguejo. Vieram outros. [...] Por fim ficaram faltando apenas os corpos dos brasileiros. Holofotes aflitos varejavam as águas. Longe cintilavam as luzes de Miami. A chuva caía, o mar gemia, o vento dizia – nunca mais, nunca mais, nunca mais... (VGP, 11).

O desastre de avião narrado na primeira página de *A volta do gato preto*, de Erico Verissimo, ocorreria num momento posterior ao instante da enunciação, que é "às seis da tarde de 7 de setembro de 1943". No entanto, é relatado no pretérito, para mostrar que foi realidade na imaginação do narrador, durante o voo do Rio para Miami. Na verdade, só ficamos sabendo que esse fato é imaginário e aconteceria depois do momento da enunciação depois de ele ter sido contado:

Imaginação é coisa do diabo. De mil modos já fantasiei o desastre. Já li em cem jornais e de cem maneiras diferentes a notícia do sinistro.

Faz quatro dias que entramos neste gafanhoto de alumínio que pulou do Rio para Recife, de Recife para Belém, de Belém para Port of Spain, e que agora se aproxima de Miami.

São seis horas da tarde de 7 de setembro de 1943. Voamos sobre o mar a uns mil metros de altura, e já avistamos terra. É o fim da viagem, mas para nós pode ser também o fim de tudo, pois uma tremenda tempestade está prestes a desencadear-se (VGP, 12).

É difícil encontrar os casos 3 e 5, pois, como nota Mendilow, os dois modos básicos de narrativa são a voltada para a frente a partir do passado e a voltada para trás a partir do presente. No primeiro caso, tem-se a ilusão de que a ação está ocorrendo; no segundo, a ação é percebida como tendo acontecido. Acrescenta esse autor:

O romance utópico apresenta dificuldades especiais, pois o seu escrever implícito está mesmo mais além no futuro do que a ação descrita, de modo que os eventos ocorrem no passado relativo do pseudoescritor, embora no futuro do leitor. Enquanto os leitores estão acostumados a realizar uma transferência imaginária do passado em que todos os romances são escritos, para um "presente fictício", transferir o pretérito para um futuro cronológico, sentido na imaginação como um presente fictício, é um pouco excessivo; a ilusão total de futuro é raramente veiculada, e talvez aqui esteja o porquê desses romances começarem da cena contemporânea e recorrerem a ela no clímax da narrativa (1972: 107).

Temos agora que analisar as relações que se estabelecem entre os acontecimentos e a temporalização do enunciado, ou seja, a programação temporal. Já vimos que tudo o que pertence à relação entre a temporalidade da enunciação e a do enunciado está no domínio da localização espacial. Os acontecimentos, que não têm temporalização, podem ser apresentados sucessivamente ou simultaneamente. A sucessão pode respeitar a relação de implicação lógica ou não, pode desenrolar-se de maneira progressiva em seu encadeamento de causa e consequência ou não.[57]

Quando ocorre a sucessão narrativa que respeita o desenrolar progressivo dos acontecimentos, eles são *em geral* temporalizados pelos tempos verbais que indicam concomitância em relação ao momento de referência adotado. Cada verbo indica que um acontecimento é posterior ao outro. Exemplos:

a) presente:

Peço aos visitantes que subam ao andar superior para brincar com meus filhos. Eles *obedecem*. Sem dizerem palavra, *saem* de mãos dadas na direção da escada. *Fico* esperando o resultado do encontro. Poucos minutos depois *ouço* passos apressados nos degraus, e Clara e Luiz *irrompem*, assustados, na sala (VGP, 106-107).

220 As astúcias da enunciação

b) pretérito perfeito 2:

> *Soou* a campainha de jantar; Rubião *compôs* o rosto, para que os seus habituados (tinha sempre quatro ou cinco) não percebessem nada. *Achou*-os na sala de visitas, conversando, à espera. *Ergueram-se* todos, *foram* apertar-lhe a mão, alvoroçadamente (MA, v. 1, 721).

c) pretérito imperfeito:

> Os olhos *fitavam-se, desfitavam-se*, e depois de vagarem ao perto, *tornavam* a meter-se uns pelos outros (MA, v. 1, 823).

d) presente do futuro:

> *Virá* a arrepender-se depois, mas seu orgulho não lhe *deixará* dar o primeiro passo (MA, v. 1, 124).

A simultaneidade dos acontecimentos é indicada, em geral, implícita ou explicitamente, pelo termo *enquanto* ou por expressão equivalente. Exemplos:

a) implícito:

> Palha desconversou, e passou à política, às câmaras, à guerra do Paraguai, tudo assuntos gerais, ao que Rubião *atendia*, mais ou menos. Sofia *escutava* apenas; *movia* tão somente os olhos, que sabia bonitos, fitando-os ora no marido, ora no interlocutor (MA, v. 1, 658).

b) explícito:

> *Enquanto* atravessava o espaço que o separava do seu aposento, formulou um projeto e tomou uma resolução (G, 49).

Pode haver também uma discordância entre a ordem dos acontecimentos e a dos enunciados. Nesse caso, os eventos podem ser ulteriores ou anteriores àqueles que estão sendo relatados. Usando a terminologia de Genette (1972: 82), denominaremos *analepse* a evocação de um acontecimento anterior ao ponto da história que está sendo narrado e *prolepse* a narração de um acontecimento posterior. Os tempos que indicam anterioridade introduzem analepses; os que manifestam posterioridade, prolepses. Podem elas também ser marcadas por expressões adverbiais de tempo:

> Enfim, peguei dos livros e corri à lição. Não corri precisamente; a meio caminho parei, advertindo que devia ser muito tarde, e podiam ler-me no semblante alguma cousa. Tive ideia de mentir, alegar uma vertigem que me houvesse deitado no chão; mas o susto que causaria a minha mãe fez-me rejeitá-la. Pensei em prometer algumas dezenas de padre-nossos; tinha, porém, outra promessa em aberto e outro favor pendente... Não, vamos ver; fui andando, ouvi vozes alegres, conversavam ruidosamente. Quando entrei na sala, ninguém ralhou comigo.
> O Padre Cabral *recebera* na véspera um recado do internúncio (MA, I, 846).

O narrador conta uma sucessão de acontecimentos valendo-se do pretérito perfeito 2. Interrompe a narrativa no momento em que relata que entrou na sala e ninguém ralhou com ele, para, com o pretérito mais-que-perfeito "recebera", introduzir um acontecimento anterior ao ponto da história que está sendo contado. A analepse tem aí uma função explicativa, justifica por que ninguém ralhara com ele e por que todos estavam conversando alegremente.

> Os moços obedeceram prontamente, e acompanharam D. Antônio de Mariz até o seu gabinete d'armas, pequena saleta que ficava ao lado do oratório, e que nada tinha de notável, a não ser a portinha de uma escada que descia para uma espécie de cava ou adega, servindo de paiol.
> *Na ocasião em que se abriram os alicerces da casa*, os obreiros descobriram um socavão profundo talhado na pedra; D. Antônio como homem previdente, lembrando-se da necessidade que teria para o futuro de não contar senão com seus próprios recursos, mandou aproveitar essa abóbada natural e fazer dela um depósito que pudesse conter algumas arrobas de pólvora (G, 156-157).

Nesse exemplo, a analepse é marcada por um adjunto adverbial. Depois de contar o que fizeram os moços, o narrador introduz com o adjunto adverbial "na ocasião em que se abriram os alicerces" um fato anterior ao que está sendo contado: a descoberta do socavão talhado na pedra e seu aproveitamento por D. Antônio de Mariz.

> Saindo do lugar em que deixara oculto o seu tesouro, o aventureiro caminhou direito à casa de D. Antônio de Mariz e pediu hospitalidade que a ninguém se recusava; sua intenção era passar-se ao Rio de Janeiro, onde *concertaria* os meios de aproveitar a fortuna.
> Duas ideias se tinham apresentado ao seu espírito no momento em que se vira possuidor do roteiro de Robério Dias.
> *Iria* à Europa vender o seu segredo a Felipe III ou a qualquer outro soberano de uma nação poderosa e inimiga da Espanha?
> *Exploraria* por sua conta com alguns aventureiros que tomasse ao seu serviço esse tesouro fabuloso que devia elevá-lo ao fastígio da grandeza? (G, 116-117).

O narrador, depois de relatar o que fez o aventureiro após ter saído do lugar em que deixara oculto seu tesouro, antecipa, com o futuro do pretérito, o que poderá fazer mais tarde Loredano.

Os tempos verbais do enunciado enunciado pertencem, então, ao mesmo tempo, à programação temporal, quando estão ordenando os acontecimentos em sucessões, simultaneidades, analepses e prolepses, e à localização temporal, quando se estabelece a relação entre a temporalidade da enunciação e a do enunciado e, portanto, se determina se os acontecimentos serão narrados no sistema enunciativo ou num dos enuncivos.

Além dessas sucessões, simultaneidades, analepses e prolepses no nível que poderíamos chamar microdiscursivo, ocorrem esses mecanismos de programação temporal num nível macrodiscursivo. Nesse caso, as relações temporais estabelecem-se entre as

222 As astúcias da enunciação

grandes sequências. Analepses e prolepses correspondem, no cinema, respectivamente, ao *flashback* e ao *flashforward*. Embora pertençam à programação temporal, são também embreagens, pois são uma presentificação do passado e uma presentificação do futuro.

Em *Senhora*, de Alencar, o segundo e o terceiro capítulos mostram uma sucessão: o segundo narra uma conversa entre Aurélia e Dona Firmina na manhã seguinte a um baile, o terceiro conta o almoço das duas mulheres, o envio de uma carta ao Senhor Lemos, etc. Toda a primeira parte vai, exceto por algumas pequenas analepses, relatando sucessivamente os fatos que culminam no casamento de Aurélia com Seixas. Os capítulos I a VIII da segunda parte constituem uma longa analepse que explica os acontecimentos narrados na primeira parte. O capítulo IX retoma o final da primeira parte para que a narrativa possa continuar. A primeira parte termina assim:

> A moça apontou a Seixas uma cadeira próxima.
> – Sente-se, meu marido.
> Com um tom acerbo e excruciante lançou a moça esta frase *meu marido*, que nos seus lábios ríspidos acerava-se como um dado ervado de cáustica ironia!
> Seixas sentou-se.
> Dominava-o estranha fascinação dessa mulher, e ainda mais a situação incrível a que fora arrastado (G, 66).

O capítulo IX da segunda parte começa da seguinte maneira:

> Tornemos à câmara nupcial, onde se representa a primeira cena do drama original, de que apenas conhecemos o prólogo. Os dois atores ainda conservam a mesma posição em que os deixamos. Fernando Seixas obedecendo automaticamente a Aurélia, sentara-se, e fitava na moça um olhar estupefato. A moça arrastou uma cadeira e colocou-se em face do marido, cujas faces crestava a seu hálito abrasado.

Quando a sucessão é marcada por algum sistema de passagem do tempo, temos uma cronologia. Os acontecimentos narrados em *O nome da rosa* (1983), de Umberto Eco, sucedem-se ao longo de sete dias. A sequência dos eventos de cada dia é marcada pelas horas do ofício divino (matinas, laudes, prima, terça, sexta, noa, vésperas e completas).

Em *O guarani*, o capítulo X termina com o episódio em que Cecília e Isabel vão para o banho no rio e Peri, tendo notado o olhar de ódio que trocaram Álvaro e Loredano, oferece a eles as pistolas que ganhara. O capítulo XI conta o ataque dos índios a Cecília e o que fez Peri para salvá-la. O capítulo XII começa com a frase "Voltemos a casa" e relata o que sucedeu, quando D. Lauriana encontrou a onça que o índio capturara. Os acontecimentos do capítulo XII são simultâneos aos do XI.

Em *Memórias póstumas de Brás Cubas*, a narração começa com a morte do narrador e o seu enterro. Aí o romance se desenvolve analepticamente e o *defunto autor* vai relatando sua vida, do nascimento à morte. O capítulo final, intitulado *Das negativas*, retoma o início do romance reatando suas duas pontas:

Somadas umas cousas e outras, qualquer pessoa imaginará que não houve míngua nem sobra, e conseguintemente saí quite com a vida. E imaginará mal; porque ao chegar a este outro lado do mistério, achei-me com um pequeno saldo, que é a derradeira negativa deste capítulo de negativas: – Não tive filhos, não transmiti a nenhuma criatura o legado da nossa miséria.

As prolepses ocorrem mais raramente, dado que a forma, diríamos, "normal" de contar uma história é situá-la em posição anterior ao presente da enunciação Muitas vezes, porém, ocorrendo uma prolepse, o narrador intervém suspendendo-a:

O efeito não desmentiu sua previsão; lendo o rótulo, cada um dos aventureiros ficara eletrizado; para tocar aquele abismo insondável de riquezas, nem um deles hesitaria em passar sobre o corpo de seu amigo, ou mesmo sobre as cinzas de uma casa ou a ruína de uma família.

Infelizmente aquela voz inesperada, saída do seio da terra, viera modificar aquela situação.

Mas não antecipemos; por ora ainda estamos em 1603, um ano antes daquela cena, e ainda nos falta contar certas circunstâncias que serviram para o seguimento desta verídica história (G, 116).

Depois de antecipar o que ocorrerá no final do romance, a casa reduzida a cinzas e a ruína da família de D. Antônio de Mariz, bem como lembrar a cena em que Peri chama os três aventureiros de traidores, o narrador corta a prolepse e volta ao presente da narração. É interessante notar aqui que a primeira parte termina com o episódio em que os três aventureiros tramam sua conspiração e Peri descobre o que eles faziam. A segunda parte começa com uma longa analepse para explicar como Loredano e Peri se tinham unido à família de Mariz. A rememoração da cena da conspiração é uma prolepse em relação ao presente narrativo da analepse e esta será retomada.

Muitas vezes, o narrador anuncia a prolepse sem fazê-la:

Uma flor, o Quincas Borba. Nunca em minha infância, nunca em toda a minha vida, achei um menino mais gracioso, inventivo e travesso. Era a flor, e não já da escola, senão de toda a cidade. A mãe, viúva, com alguma cousa de seu, adorava o filho e trazia-o amimado, asseado, enfeitado, com um vistoso pajem atrás, um pajem que nos deixava gazear a escola, ir caçar ninhos de pássaros, ou perseguir lagartixas nos morros do Livramento e da Conceição, ou simplesmente arruar, à toa, como dous peraltas sem emprego. E de imperador! Era um gosto ver o Quincas Borba fazer de imperador nas festas do Espírito Santo. De resto, nos nossos jogos pueris, ele escolhia sempre um papel de rei, de ministro, general, uma supremacia, qualquer que fosse. Tinha garbo o traquinas, e gravidade, certa magnificência nas atitudes, nos meneios. *Quem diria que... Suspendamos a pena; não adiantemos os sucessos* (MA, v. 1, 532).

224 As astúcias da enunciação

É possível haver, como constatamos, analepses em prolepses (por exemplo, "Choveria mais tarde, como já vimos") ou prolepses em analepses (por exemplo, "Já tinha acontecido o acidente, como veremos mais tarde").

Analepses e prolepses têm diferentes funções no texto, como mostra Genette. As primeiras completam a narrativa de um acontecimento, colocando-o à luz de um evento anterior; preenchem uma lacuna; explicam um dado acontecimento; retificam uma apreciação anterior. Já as segundas anunciam o que ocorrerá, antecipam as consequências de determinados acontecimentos, etc. (1972: 77-121).

Conforme nota Diana Luz Pessoa de Barros, é preciso distinguir programação temporal, que realiza a sintagmatização dos tempos, da programação textual, em que o sujeito da enunciação "tem, por exemplo, liberdade para reorganizar a cronologia" (1988: 90). Também fazemos essa distinção. Contudo, temos uma concepção um pouco mais restrita do que seja programação textual. Consideramos que toda organização temporal marcada por meio de formas gramaticais e do estabelecimento de relações no interior do texto pertencem ao nível discursivo. São do nível textual somente aqueles procedimentos que visam, de alguma forma, a obedecer às coerções da linearidade ou a evitá-las. Assim, pertence à programação textual o fato de os verbos da frase de César "*Veni, vidi, vinci*" virem um depois do outro para marcar a sucessão. Também é um fenômeno da programação textual contar uma história de trás para frente, como faz Luiz Fernando Veríssimo em "Conto retroativo" (apud Barros, 1988: 90) ou misturar os diálogos que ocorrem ao mesmo tempo em lugares diferentes, como faz Mário Vargas Llosas em "Conversa na catedral" (CCA, 100-104). A programação textual está relacionada tão somente ao plano da expressão. Já simultaneidades, anterioridades e posterioridades são relações do plano do conteúdo e, por conseguinte, pertencem ao nível do discurso.

A temporalização dos acontecimentos é comandada pelo tempo da enunciação, porque é em relação a ele que, por exemplo, uma anterioridade é marcada como pretérito perfeito 1, pretérito mais-que-perfeito ou futuro anterior. Não há, por conseguinte, nenhuma escolha de tempo no discurso que não seja regida pela instância da enunciação.[58]

O discurso, por meio de um complexo jogo, entre as temporalidades da enunciação e do enunciado, entre simultaneidades, anterioridades e posterioridades, cria um tempo que simula a experiência temporal do homem. Se a narrativa é um simulacro da ação do homem no mundo, sua temporalidade é uma simulação da experiência do tempo que se constitui a partir do momento em que o *eu* toma a palavra, em que o presente é o transcurso, o passado é a memória e o futuro é a espera. A fugacidade do tempo é o fulcro da narratividade e da experiência vivida. Nos textos, podemos contemplar o tempo e "a contemplação do tempo é", como diz Simone Weil, "a chave da vida humana" (1950: 148).

NOTAS

[1] A partir dessa regra a respeito da duração desejável da ação dramática, o classicismo estabeleceu a lei da unidade de tempo, parte da lei das três unidades (tempo, lugar e ação) da tragédia (cf. Boileau, *L'art poétique*, III, 1961: 38-46).

[2] Somos tributário, na compreensão do texto agostiniano, da análise que dele faz Paul Ricoeur (1983, v. 1: 19-53). Afastamo-nos dela ao estabelecer a vinculação das teses de Agostinho com uma concepção linguística do tempo.

[3] Não vamos discutir os problemas que a análise agostiniana levanta, pois nosso objetivo é mostrar que as formulações agostinianas contêm o germe de uma teoria linguística do tempo e não discutir as questões epistemológicas ou ontológicas do pensamento de Agostinho. Para isso, ver Ricoeur, 1983: 40-41.

[4] Cabe lembrar que o chamado tempo psicológico, que foi muito estudado na Teoria Literária, é a ênfase na aspectualidade em detrimento da temporalidade.

[5] Essa concepção de que não há experiência temporal fora dos quadros da linguagem teve grande acolhida ao longo da história da Linguística. Basta citar dois autores de orientação filosófica muito diferentes: Whorf (1969) e Bakhtin (1979). Para aquele, as categorias linguísticas determinam a visão de mundo, para este, "sem material semiótico, não se pode falar em psiquismo" (1979: 35). É verdade que certos psicólogos, na esteira das teses piagetianas, concebem a existência de uma experiência do tempo anterior a sua representação linguística, que, por seu turno, seria anterior à expressão linguística, uma vez que Piaget entende que a estrutura do pensamento está fundada numa experiência sensório-motora, o que dá ao pensamento um estatuto independente da atividade linguística (Piaget, 1973: 63-74). É difícil comprovar que a experiência temporal se faz fora dos quadros da linguagem, já que os sujeitos que participaram das experiências levadas a cabo por Piaget não são destituídos de linguagem. O certo é que Agostinho tem razão: só a linguagem dá ser ao que não tem ser e extensão ao que não tem extensão. É a linguagem que estrutura a experiência do *continuum* temporal.

[6] Usa-se o adjetivo "crônico" (e não "cronológico") porque Benveniste, como trata das durações e não apenas das sucessões, emprega o termo *chronique*, e não *chronologique*.

[7] O tempo físico tanto pode ser a medida do movimento exterior das coisas como relação entre o anterior e o posterior, conforme vimos na definição aristotélica, quanto ao processo mesmo da mudança. O tempo crônico é, segundo Benveniste, o tempo dos acontecimentos, que engloba nossa própria vida. Baseado em movimentos naturais recorrentes e, assim, ligado ao tempo físico, constitui o calendário. Além disso, está relacionado a acontecimentos, que lhe servem de eixo referencial.

[8] Note-se que Agostinho também afirmou a centralidade do presente e, ao fazê-lo, pôs em evidência um aspecto essencial do sistema temporal da linguagem, o fato de que o presente, ou seja, a coincidência entre acontecimento e discurso, é a expressão temporal por excelência das línguas e de que, já que está sempre implícito, os outros tempos ordenam-se em relação a ele.

[9] Benveniste (1966: 238-239) notou a presença de dois sistemas temporais na língua. Chamou-os sistema do discurso e da história. Sua descrição, embora muito importante, porque dela são tributários todos os trabalhos posteriores, ainda carece de precisões, uma vez que não estabelece, com clareza, a simetria dos dois sistemas e sua interdependência. Ademais, está calcada nos tempos verbais morfologicamente existentes, o que implica não perceber a existência de dois subsistemas no âmbito do que denominara o sistema da história.

[10] Cabe lembrar que, se Van Dijk vê com muita pertinência a questão do tempo relacionada à sucessão de estados e transformações, embora utilize para isso a terminologia imprecisa "estrutura semântica global do texto", não percebe que os tempos verbais se bipartem em sistemas distintos.

[11] Já Imbs propunha, ao criticar a proposta de Damourette e Pichon de distinguir em francês um sistema nuncal (de *nunc*) e um sistema tuncal (de *tunc*), que os sistemas temporais são dois, o do agora e o do então, sendo o último separado em então passado e então futuro (1968: 176-177). Cabe notar, no entanto, que depois, na ordenação dos tempos, Imbs leva em conta a morfologia e não a semântica (1968: 183-189).

[12] Esses três momentos lembram a proposta de Reichenbach (1947), mas nossa descrição não se confunde com ela, porque os estudos desse autor estão ancorados numa teoria lógica e não numa teoria da enunciação.

[13] Weinrich, em seus estudos sobre o sistema temporal do francês, afirma que as formas temporais não exercem propriamente a função de localização temporal, mas servem para situar o leitor ou o ouvinte no processo comunicacional. O pretérito perfeito (no caso, o *passé simple*), o imperfeito, o mais-que-perfeito, o futuro do pretérito e o passado anterior indicam que o enunciador está narrando, enquanto o presente, o pretérito perfeito (no caso, o *passé composé*) e o futuro do presente mostram que o narrador está comentando os eventos. Por isso, ele afirmava que há dois sistemas temporais nas línguas, o do mundo narrado e o do mundo comentado. Essas funções foram deduzidas principalmente do fato de que os tempos de cada um desses sistemas manifestam, respectivamente, um distanciamento e uma aproximação. Essa diferença entre o narrar e o comentar é presidida pela "situação de locução",

o primeiro dos três eixos de distribuição dos tempos nas línguas naturais. O segundo eixo é a perspectiva de locução, que é a relação de antecipação, de coincidência e de retrospecção entre o tempo do ato e o tempo do texto. Essa perspectiva incide tanto sobre os tempos da narração quanto sobre os do comentário. O terceiro é a colocação em relevo, que consiste em projetar para o primeiro plano certos eventos, colocando outros num plano de fundo. Essa é a distinção, segundo o autor, entre pretérito perfeito e imperfeito e o passado anterior e o mais-que-perfeito. Com ela, o autor pretende desvencilhar-se da noção de aspecto, muito ligada, segundo ele, ao primado da frase e muito dependente da referência temporal. Os traços de relevo temporal só incidem sobre os tempos do mundo narrado e não se combinam com a perspectiva prospectiva. Os três eixos que governam o sistema não são coordenados, mas subordinados uns aos outros (1973: 1989). Nossa proposta lembra os três eixos da proposição de Weinrich. Distinguimos num primeiro eixo o sistema enunciativo e o enuncivo, este com dois subsistemas, um relacionado a um momento de referência pretérito e outro, a um momento de referência futuro. Um segundo eixo distingue em cada sistema ou subsistema uma simultaneidade, uma anterioridade e uma posterioridade. Usaremos ainda um terceiro eixo para diferençar o pretérito perfeito e o pretérito imperfeito. Afastamo-nos da proposta de Weinrich em dois pontos muito importantes: ele não separa subsistemas vinculados a pontos de referência pretérito e futuro e dissocia totalmente os tempos verbais da experiência temporal vivida. Embora reconheçamos a singularidade do tempo linguístico, já mostramos que ele tem algo em comum com os outros tempos. Ademais, é difícil aceitar a diferenciação entre tempos do mundo narrado e do mundo comentado, já que se pode narrar com tempos do comentário e comentar com tempos da narração e só raciocínios muito sibilinos permitem explicar esse fato. Kate Hamburguer (1973), ao discutir a diferença entre ficção e asserção, mostra que naquela existe uma presentificação do passado e, assim, distingue o tempo da ficção do tempo da asserção. Para ela, pois, na literatura narrativa, o pretérito não tem por função designar o passado, mas ficcionalidade. Não acolhemos essa proposta, pois faltam a ela elementos importantes para explicar o jogo dos tempos, tais como a noção de embreagem. Essas "deficiências" teóricas explicam o esvaziamento do valor temporal dos tempos.

[14] Deixamos de lado as formas "pediu" e "demoram", pois, nesses casos, conforme explicaremos mais tarde, temos embreagens.

[15] Discutiremos no momento só os tempos do indicativo, já que os tempos do subjuntivo, por aparecerem apenas em orações subordinadas, estão relacionados ao fenômeno da *consecutio temporum*, que será estudado mais adiante.

[16] Não importa que a simultaneidade seja real ou não. A Linguística não opera com o mundo "real", mas com o mundo da linguagem e, por conseguinte, com efeitos de sentido.

[17] Esse caso representa em relação ao momento de referência presente o que o pretérito perfeito representa no subsistema temporal pretérito.

[18] Como veremos mais adiante, os tempos do sistema enunciativo, diferentemente do que ocorre com os do sistema enuncivo, podem pertencer tanto ao nível da enunciação enunciada, quanto ao do enunciado enunciado. Assim, temos, no discurso, um presente, um pretérito perfeito 1 e um futuro do presente enunciativos enunciativos e um presente, um pretérito perfeito 1 e um futuro do presente enunciativos enuncivos. No entanto, isso pertence à ordem do discurso e, portanto, não se deve fazer essa distinção na descrição do sistema.

[19] Esse uso representa no sistema temporal presente o que o imperfeito representa no subsistema do pretérito.

[20] O latim possuía um futuro do imperativo. O imperativo presente era usado se a ordem devesse ser executada imediatamente após seu recebimento; o futuro, se a ordem devesse ser cumprida após algum tempo ou habitualmente ou se o mandado estivesse em correlação com um futuro. Ex. imperativo presente: *Vos colite hunc virum, imitamini virtutem* (Honrai este homem, imitai seu valor); imperativo futuro: *Servus meus Sticchus, liber esto* (Meu escravo Estico, serás livre), *Cras ad me venitote* (Amanhã, vireis até mim) (Ravizza, 1940: 270).

[21] Estudaremos conjuntamente advérbios e locuções adverbiais, sem estabelecer qualquer distinção entre eles.

[22] Se o substantivo designativo de expressão temporal indicar um lapso de tempo menor do que dia, só expressará anterioridade em contextos bem específicos (por exemplo, "Na última hora, atendi cinco candidatos interessados no cargo"); se for o substantivo dia, necessitará ser precisado (por exemplo, "no último dia 5").

[23] Dispensam-se o numeral cardinal e o pronome adjetivo indefinido, quando o substantivo designativo de intervalo de tempo ou o nome de divisão temporal estiverem no plural.

[24] As expressões *há muito tempo* e *há pouco tempo* podem ser usadas sem a palavra *tempo* (*há pouco*, *há muito*). Nesse caso, ela estará elíptica.

[25] Quando o intervalo de tempo não admite quantificação precisa, por não ser exatamente mensurável, não pode ser combinado com numeral cardinal (por exemplo, *"há três momentos").

[26] Na linguagem falada, combinam-se as expressões com *há* e com *atrás* e diz-se, por exemplo, "há dois anos atrás".

[27] *Aqui*, nesse caso, significa *neste momento*.

[28] Com a palavra *tempo*, prefere-se pospor *próximo* a ela; quando o substantivo designativo de divisão temporal for *dia*, é necessário precisá-lo ("no próximo dia 14"); para expressar que o intervalo de tempo é impreciso, usa-se o indefinido *um*, seguido da preposição *de* (por exemplo, "numa das próximas semanas").

Do tempo **227**

29 Com o pronome indefinido *pouco*, pode-se deixar elíptico o termo *tempo* ("daqui a pouco").

30 Para expressar completa indefinição em relação aos intervalos de tempo, pode-se não utilizar o numeral cardinal nem o pronome indefinido e colocar o substantivo no plural (por exemplo, "daqui a semanas", "daqui a meses").

31 O pronome indefinido *pouco* pode aparecer desacompanhado da palavra *tempo*, mas, nesse caso, será precedido de *dentro em*.

32 Quando o intervalo de tempo não admite quantificação precisa, por não ser exatamente mensurável, não pode ser combinado com numeral cardinal (por exemplo, *"dentro de três momentos"); para indicar indefinição total em relação aos intervalos de tempo, elimina-se o numeral cardinal ou o pronome indefinido e coloca-se o substantivo no plural (por exemplo, "dentro de semanas", "em meses").

33 Em todos os casos em que se utiliza a palavra *tempo*, dado que ela não indica intervalo de tempo e, por conseguinte, não é mensurável, não pode ser combinada com numeral cardinal.

34 Embora o estudo da aspectualização não esteja entre os objetivos deste trabalho, resolvemos apresentar os advérbios de aspecto do português, para distingui-los dos de tempo, já que muitas vezes aparecem misturados. Falaremos também de aspecto nas conjunções, porque, muitas vezes, uma série delas manifesta uma relação temporal, mas uma se distingue da outra pelo valor aspectual.

35 O nome foi sugerido por Weinrich, 1973: 274.

36 O advérbio *ainda* não tem apenas um valor temporal. Como mostra Ingedore Koch (1987: 106), ele pode também servir de introdutor de mais um argumento a favor de determinada conclusão (por exemplo, *Cabe aduzir ainda que...*).

37 A concomitância, a anterioridade e a posterioridade podem também ser expressas, respectivamente, pelos prefixos *sin*, *pré (ante)* e *pós* (por exemplo, "sincronizar", "pré-datar" ("antedatar"), "pospor").

38 O aspecto durativo pode apresentar-se como continuativo ou iterativo. Quando o processo indicado pelo verbo for iterativo, a duratividade mostrada pela preposição será iterativa (por exemplo, "Desde o mês passado, ele chega do trabalho às seis horas").

39 Os adjuntos adverbiais formados com nomes de dias da semana no plural ou com as palavras *tarde* e *noite* podem ser introduzidos com a preposição *a*; os constituídos de nome designativo de parte do dia ou de nome de dias da semana no singular podem ser iniciados com *de*.

40 *Desde que* é conjunção temporal, quando introduz indicativo.

41 No caso de o mesmo tempo exprimir duas relações distintas (por exemplo, simultaneidade e posterioridade), é o contexto que vai indicar qual delas se realiza numa dada passagem.

42 A prova sintática da existência de dois pretéritos perfeitos em português é dada pela concordância dos tempos: a anterioridade na oração subordinada é expressa pelo pretérito perfeito, quando o verbo da principal for o perfeito 1 e pelo pretérito mais-que-perfeito, quando for o perfeito 2.

43 Os casos do presente com valor de futuro do presente ou de presente do futuro serão estudados mais adiante.

44 Compare-se com *Desde que faça isso, estou faltando à minha promessa*.

45 Observe-se que, em nenhum desses casos, a correspondência dos tempos foge aos princípios estabelecidos para a relação entre tempos do indicativo e do subjuntivo.

46 Esse procedimento guarda certa semelhança com uma construção da sintaxe clássica: E se mais mundo *houvera*, lá *chegara* (LUS, VII, 14, 8).

47 O sistema enunciativo será marcado com o índice 1; o sistema enuncivo do pretérito, com 2; o enuncivo do futuro, com 3.

48 Para detectar as diferentes possibilidades de neutralização temporal, consultamos: Imbs, 1968; Charaudeau, 1992; Real Academia, 1986; Chevalier et al., 1964; Mateus et al., 1983; Serianni, 1989; Grevisse, 1986; Cunha, 1972; Baylon e Fabre, 1973; Maingueneau, 1981; Weinrich, 1973 e 1989; Dias, 1970; Călăraşu, 1987; Mancaş, 1991.

49 Os casos 10 e 11 envolvem duas dessas circunstâncias, pois o primeiro ocorre em situação de enunciação não partilhada e trabalha com um presente; o segundo abarca um presente e, ademais, a neutralização do presente com o futuro do futuro é idêntica, do ponto de vista mórfico, à que se dá entre presente e futuro do presente.

50 Concomitância, anterioridade e posterioridade não estão em relação de contrariedade ou de contraditoriedade. Indicam apenas as relações temporais em que os efeitos de sentido se manifestam.

51 Há bastante tempo, a teoria narrativa distingue aspectos no texto narrativo, oscilando entre uma bipartição e uma tripartição. Os formalistas russos já distinguiam fábula e trama. Tomachevski diz que fábula é "o conjunto dos acontecimentos que nos são comunicados no decorrer da obra", enquanto a trama é a maneira "como o leitor toma conhecimento" deles (1971: 173). Todorov estabelece uma diferença entre a narrativa como história e a narrativa como discurso (1971: 213). Brémond separa a narrativa narrante da narrativa narrada (1973: 321). Já Cesare Segre faz uma diferença entre o discurso (o significante), a intriga (o significado de acordo com a ordem da composição literária) e a fábula (o significado segundo a ordem lógica e cronológica dos acontecimentos)

(1974: 13-33). Como já notara Todorov (1971: 214), os pares trama e fábula, discurso e história, narrativa narrante e narrativa narrada, que se recobrem muito bem, poderiam corresponder aos aspectos que a retórica clássica denominava *dispositio* e *inventio*. Por outro lado, Ricoeur pergunta-se se a tripartição não marca o retorno à tríade estoica: o que significa, o que é significado, o que acontece (1984: 122).

[52] No que tange a esse aspecto, vai aprofundar uma ideia, que já fora lançada por Metz, de que as duas temporalidades, a da coisa contada e a da narrativa (do significado e do significante) não só tornam possíveis todas as distorções temporais, mas também mostram que "uma das funções da narrativa é marcar um tempo no outro" (1968: 27).

[53] Já Tomachevski falava em ordem causal dos acontecimentos (1971: 173). Roland Barthes pensa também que o que rege o encadeamento das funções são relações de implicação e de solidariedade. Diz ele que a tarefa da narratologia é dar uma descrição estrutural da "ilusão cronológica" e que a lógica narrativa dá conta do tempo narrativo (1971: 35). Lévi-Strauss explica que "a ordem da sucessão cronológica se resolve numa estrutura matricial atemporal" (1960: 29).

[54] Outro dos problemas que apresenta a teoria de Genette é o fato de não distinguir temporalização de aspectualização, pois muitos dos fatos estudados por ele, como, por exemplo, a duração, a rigor, pertencem ao componente aspectual e não ao temporal. Ademais, não diferencia ele tempo linguístico de tempo crônico e, por isso, a cronologia começa a causar problemas teóricos, quando ela é apenas uma espécie de figurativização do tempo linguístico.

[55] Observe-se como se opõem o "então" do enunciado ao "agora" da enunciação: "A viúva citou quatro ou cinco nomes de moças que *então* andavam no galarim e dos quais não me recordo *agora*" (s, 17).

[56] Lembramos que Kate Hamburguer diz que o pretérito épico não tem valor temporal, sendo apenas a marca de ficcionalidade da ficção (1986: 75-87). Não é possível aceitar a tese de que o pretérito épico não tenha valor temporal, já que ele é a marca de ficcionalidade exatamente pelo fato de que, do ponto de vista teórico, a narração deve ser ulterior ao narrado, sendo outros tipos de relações entre essas duas instâncias construções de determinados efeitos de sentido pelo narrador. Roland Barthes, sem negar que o passado simples tenha valor temporal, mostra que ele conota a literariedade da narrativa (1953: 46-49).

[57] Os formalistas russos consideravam que o que distingue a história do discurso é a deformação temporal. Isso se aproxima da tese de Eisestein de que a montagem constitui o filme em obra de arte. Diz Vygotski o seguinte: "Sabemos que a base da melodia constitui uma correlação dinâmica dos sons que a integram. Do mesmo modo, um verso não é uma simples soma dos sons que o formam, mas sua sucessão dinâmica. Assim como dois sons, ao unir-se, ou duas palavras, ao dispor-se uma depois da outra, formam uma certa relação, que está completamente determinada pela ordem de sucessão dos elementos, desse modo, dois acontecimentos ou ações, ao unir-se, constituem uma certa correlação dinâmica, completamente determinada pela ordem e disposição desses acontecimentos. Assim, por exemplo, os sons a, b, c ou as palavras a, b, c ou os acontecimentos a, b, c mudam totalmente seu significado e seu valor emocional, se os transpomos na ordem b, c, a; b, a, c. Imagine-se que se trata de uma ameaça e sua posterior execução, um assassinato. O leitor terá uma impressão se primeiro comunicamos que o protagonista corre um perigo, mantendo-o na incerteza acerca do fato de ser ou não cumprida tal ameaça, e somente depois de ter criado um estado de tensão narramos o assassinato. Muito diferente será a impressão se começamos o relato com a descoberta do cadáver e, depois, em ordem cronológica inversa, narramos o assassinato e a ameaça. Por conseguinte, a própria disposição no relato, a própria união das frases, representações, imagens, ações, condutas, réplicas acham-se submetidos às mesmas leis de conexão estética que a fusão dos sons numa melodia ou a fusão de palavras num verso" (1968: 189-190). Embora Vygotski tenha percebido um fato muito importante, permanece ainda no nível superficial do arranjo textual. Voltaremos a esse assunto mais adiante.

[58] As questões relativas ao ritmo da narrativa e à repetição ou não dos acontecimentos não serão tratadas neste livro, porque concernem à aspectualização do tempo e não à temporalização propriamente dita. Com efeito, o ritmo é marcado pela condensação ou expansão do enunciado, o que está relacionado à continuidade; a repetição ou não dos acontecimentos diz respeito à descontinuidade iterativa ou não.

Do espaço

> "Não se encontra o espaço, é preciso construí-lo sempre."
> Bachelard

O espaço dominado

> "[...] a simples oposição geométrica se tinge de agressividade. A oposição formal não pode ficar tranquila. O mito a trabalha."
> Bachelard

> "A terra é um ponto no espaço, e o espaço é um ponto no espírito."
> Joseph Joubert

Das três categorias da enunciação, a menos estudada tem sido o espaço. Benveniste, o iniciador da moderna Teoria da Enunciação, estuda detidamente as categorias de pessoa e de tempo em *Problèmes de linguistique générale I* e *II*, mas dedica poucas linhas à questão do espaço (cf. 1966: 279; 1974: 68-69). No âmbito dos estudos literários, há muitas análises sobre o espaço, mas não sobre sua sintaxe (relação entre o espaço da enunciação e o do enunciado e suas projeções) e sim a respeito de sua semântica.

Os mais célebres estudos sobre a Semântica Espacial foram produzidos por Gaston Bachelard. Em sete obras – *La psychanalyse du feu* [A psicanálise do fogo] (1949); *Fragments d'une poétique du feu* [Fragmentos de uma poética do fogo] (1988a); *L'eau et les rêves* [A água e os sonhos] (1963); *L'air et les songes* [O ar e os sonhos] (1962); *A terra e os devaneios da vontade* (1991); *La terre et les rêveries du repos* [A terra e os devaneios do repouso] (1953); *A poética do espaço* (1988b) –, o teórico francês mostra que o investimento semântico da espacialidade metaforiza, mediata ou imediatamente, os quatro elementos fundamentais da natureza segundo a filosofia pré-socrática, o fogo, a água, a terra e o ar. A Semântica Espacial revela reminiscências arquetípicas do ser humano. Por isso, a topoanálise de Bachelard é um "estudo psicológico sistemático dos lugares físicos de nossa vida íntima" (1988b: 114). Admitindo a metáfora jungiana de que a alma humana é constituída de muitas camadas que se vão superpondo, a topoanálise vai

230 As astúcias da enunciação

desfolhando-a com vistas a chegar ao nível mais profundo (1988b: 108). *A poética do espaço* analisa os espaços da casa e os temas a eles associados (por exemplo, ao porão estão ligados os temas da irracionalidade, da obscuridade, da morte, do mistério, enquanto ao telhado, os da liberdade, da claridade, da racionalidade, da abertura); a oposição pequenez/imensidão; a relação entre exterioridade e interioridade e a fenomenologia do redondo.

Ricardo Gullón dedicou uma obra ao espaço (1980), e basta percorrermos o índice para ver que ele se debruça também sobre sua semântica (por exemplo, as ilhas, o labirinto, o caminho, o rio, etc.). No Brasil, um autor que se ocupou do espaço foi Osman Lins, em seu *Lima Barreto e o espaço romanesco* (1976). A partir de conceitos como espaço e ambientação (oblíqua, franca e reflexa), analisa, de maneira muito aguda, a espacialização no romance de Lima Barreto, principalmente em *Vida e morte de M. J. Gonzaga de Sá*.

Cabe indagar, então, por que, na Teoria da Enunciação, os estudos do espaço ocupam uma posição secundária e, nos estudos literários, eles voltam-se para uma análise da semântica. Isso se deve ao fato de que, comparada às do tempo e da pessoa, a categoria do espaço tem menor relevância no processo de discursivização. Com efeito, não se pode deixar de utilizar, em hipótese alguma, o tempo e a pessoa na fala, mesmo porque essas duas categorias são expressas por morfemas sufixais necessariamente presentes no vocábulo verbal. Como, porém, o espaço é expresso por morfemas livres, pode não ser manifestado. Parece que a linguagem valoriza mais a localização temporal que a espacial, pois podemos falar sem dar nenhuma indicação espacial, quer em relação ao enunciador, quer em relação a um ponto de referência inscrito no enunciado. A propósito da espacialização na narrativa, assim se exprime Genette:

> Por uma dissimetria cujas razões profundas nos escapam, mas que está inscrita nas próprias estruturas da língua (ao menos das grandes "línguas de civilização" da cultura ocidental), posso muito bem contar uma história sem precisar o lugar onde ela se passa e se esse lugar é mais ou menos afastado do lugar em que a conto, enquanto me é quase impossível não situá-la no tempo em relação ao meu ato narrativo, pois devo necessariamente contá-la num tempo do presente, do passado ou do futuro. Daí decorre talvez que as determinações temporais da instância narrativa são manifestamente mais importantes que suas determinações espaciais. Com exceção das narrações em segundo grau, cujo quadro é geralmente indicado pelo contexto diegético (Ulisses diante dos faécios, a hospedeira de *Jacques le fataliste* em sua estalagem), o lugar narrativo é muito raramente especificado e não é, por assim dizer, muito pertinente: sabemos mais ou menos onde Proust escreveu sua obra *À la recherche du temps perdu*, mas ignoramos onde Marcel produziu a narrativa de sua vida e nem sequer sonhamos em nos preocupar com isso. Em troca, importa-nos saber, por exemplo, quanto tempo se passa da primeira cena de *À la*

recherche (o "drama do deitar-se") até o momento em que ela é evocada nestes termos: *Il y a bien des années de cela. La muraille de l'escalier où je vis monter SA bougie n'existe plus depuis longtemps*, etc. [= Faz muitos anos que isso aconteceu. A parede da escada onde vi subir sua vela não existe mais há muito tempo], porque essa distância temporal, e o que a preenche, e o que a anima são aqui um elemento capital da significação da narrativa (1972: 228).

Quando a narrativa se ocupa do espaço, não se interessa tanto em produzir uma sintaxe espacial, mas em criar o que Osman Lins chamava uma ambientação, que ele entendia "como o conjunto de processos conhecidos ou possíveis, destinados a provocar na narrativa a noção de um determinado ambiente" (1976: 77). A ambientação é da ordem da Semântica da Espacialidade.

Vejamos agora como o homem tratou a questão do espaço nos primórdios de nossa civilização. Vernant mostra que, na representação dos doze deuses gregos, Héstia forma par com Hermes:

> Se formam par, na consciência religiosa dos gregos, é porque as duas divindades se situam num mesmo plano, porque sua ação se aplica ao mesmo domínio do real, porque assumem funções conexas. [...] Pode-se dizer que o casal Hermes-Héstia exprime, em sua polaridade, a tensão que se observa na representação arcaica do espaço: o espaço exige um centro, um ponto fixo, com valor privilegiado, a partir do qual se possam orientar e definir direções, todas diferentes qualitativamente; o espaço, porém, se apresenta ao mesmo tempo como lugar do movimento, o que implica uma possibilidade de transição e de passagem de qualquer ponto a um outro (1973: 117).

O espaço articula-se, então, em torno das categorias *interioridade* vs *exterioridade, fechamento* vs *abertura, fixidez* vs *mobilidade*, que são homólogas à categoria *feminilidade* vs *masculinidade* (Vernant, 1973: 132). Todas as atividades e papéis masculinos e femininos definem-se em função de seu espaço. Por exemplo, no domínio econômico, a atividade masculina é a aquisição e a feminina, a tesaurização (Vernant, 1973: 140 e 153). O *omphalós* de Delfos era considerado o trono de Héstia (Vernant, 1973: 136), o que significa que todo e qualquer espaço é construído a partir de um ponto central, que é visto como feminino.

O que foi dito corresponde ao espaço humano. No entanto, a primeira cosmologia grega concebe um universo com níveis. O espaço de cima é o dos deuses; o do meio, o dos homens; o de baixo, o da morte e dos deuses subterrâneos. Não se pode passar de um a outro, a não ser em condições muito especiais. Por outro lado, no mundo dos homens as direções têm valores diferentes: "a direita é propícia; a esquerda é funesta" (Vernant, 1973: 159). Com Anaximandro surge uma concepção geométrica do espaço, uma concepção esférica do universo. Por outro lado, mostra ele que as relações espaciais são simétricas e reversíveis. E Vernant continua seu

232 As astúcias da enunciação

belo artigo, mostrando que o surgimento da *pólis* se deu no quadro de uma organização "igualitária" do espaço social, o que implicou o aparecimento de uma nova concepção do espaço e de uma nova cosmologia.

A aventura humana da compreensão do espaço vai da Mitologia à Geometria. Diz-se que essa ciência teria sido inventada pelos egípcios em razão da necessidade de restabelecer os limites das propriedades agrícolas depois da cheias do Nilo. O certo é que as fórmulas fundamentais para as medidas já eram conhecidas de egípcios e babilônios. Na Grécia, sucedem-se os geômetras: Tales, Pitágoras, Eudóxio, Euclides, Arquimedes, Diocles, Menecmo, Apolônio, Hiparco... Os conceitos vão sendo criados: o ponto, a reta, os triângulos semelhantes...

Abandonemos esse breve percurso pelas concepções gregas de espaço. Conseguimos já detectar elementos importantes para caracterizá-lo:

1. o espaço é um objeto construído a partir da introdução de uma descontinuidade numa continuidade (na concepção arcaica, a descontinuidade era um centro);
2. as relações espaciais são simétricas e reversíveis, em função do ponto em que se organiza o espaço;
3. o espaço é pluridimensional.

As características 2 e 3 distinguem espacialização e temporalização. As relações temporais são simétricas e irreversíveis. Com efeito, se a está à esquerda de b para x, estará à direita de b para y, se este estiver de frente para x e do lado oposto de a. No entanto, se a é anterior a b, se-lo-á tanto para x quanto para y. Por outro lado, o espaço é tridimensional, enquanto o tempo é unidimensional.

Muitos autores afirmam que tempo e espaço são interdependentes. Samuel Alexander, por exemplo, diz que "não há espaço sem tempo, nem tempo sem espaço [...]; o espaço é por natureza temporal e o tempo, espacial" (1966: 44). Independentemente de o espaço e o tempo poderem ou não ser considerados entidades distintas, a verdade é que as línguas têm morfemas distintos para designá-los, embora, muitas vezes, eles se neutralizem.

O esforço humano para dominar o espaço desemboca na Linguística. Dado que uma das funções da enunciação é localizar no espaço, todas as línguas devem conter uma categoria espacial e é preciso compreendê-la para perceber qual é a experiência de espacialidade presente na linguagem.

O espaço demarcado

> "Não! Olha ali! Naquela vastidão glauca, espumante, que, com enormes escorços, se perde no horizonte, surge uma vela. Ali? Que significa esse "ali"? Quão longe? Quão perto? Não sabes dizer. De modo vertiginoso, isso se subtrai à tua avaliação. Para computar a distância que separa esse navio da praia, deverias saber qual o seu tamanho. Pequeno e próximo? Grande e longínquo? Tua vista turva-se em dúvida, pois nenhum dos órgãos e dos sentidos que possuis te informa sobre o espaço. Caminhamos, caminhamos... Desde quando? Até onde? Tudo incerto. Nada se modifica, por mais que avancemos. O "ali" é igual ao "aqui", o passado é idêntico ao presente e ao futuro."
>
> Thomas Mann

Assim como as línguas expressam o que Benveniste chamou um tempo linguístico propriamente dito e um tempo crônico, ou seja, um tempo, direta ou indiretamente, relacionado ao momento da enunciação, e um tempo que exprime as divisões do tempo físico, também conceptualizam dois tipos de espaço, que denominaremos espaço linguístico e espaço tópico.

Comecemos com as semelhanças entre eles. Ambos concernem a um conjunto de coisas ordenadas pelas relações espaciais básicas, ou seja, dizem respeito à localização dos "corpos" no espaço.[1] Ambos são ainda simétricos e reversíveis.

O espaço linguístico ordena-se a partir do *hic*, ou seja, do lugar do *ego*.[2] Todos os objetos são assim localizados, sem que tenha importância seu lugar no mundo, pois aquele que os situa se coloca como centro e ponto de referência da localização.

O espaço tópico conceptualizado nas línguas marca a emergência da descontinuidade na continuidade. As línguas estabelecem esse espaço seja como uma posição fixa em relação a um ponto de referência, seja como um movimento em relação a uma referência. Da mesma forma que o tempo crônico pode ser assinalado a partir do momento da enunciação (por exemplo, "há dois dias", "dentro de três semanas") ou de um marco temporal instalado no enunciado (por exemplo, "dois meses antes", "mil anos depois"), o espaço tópico é determinado quer em relação ao enunciador (por exemplo, "à minha esquerda", "atrás de mim"), quer em relação a um ponto de referência inscrito no enunciado (por exemplo, "na frente da igreja", "à direita da estátua"). Quando nenhum actante está presente no enunciado para servir de ponto de referência, é preciso construir um: "à esquerda, descendo a Brigadeiro" (= à esquerda de quem estiver descendo a Brigadeiro); "à direita, de frente para a Catedral". Alguns actantes do enunciado têm orientação definida. Por exemplo, a margem esquerda de um rio determina-se em relação a seu curso, a frente de um edifício é sua fachada.

As noções de posição e de movimento são aqui fundamentais. No espaço linguístico propriamente dito, não se estabelecem nem posições determinadas, nem movimentos numa dada coordenada do espaço geométrico, mas apenas o espaço dos actantes da enunciação em relação aos do enunciado. No espaço tópico, os corpos são dispostos em relação a um ponto de referência, segundo um determinado ponto de vista, isto é, uma dada categoria espacial. Isso permite estabelecer a posição do corpo ou a direcionalidade de seu movimento com base numa das dimensões do espaço. Temos, então, uma espacialidade tópica estática e uma cinética. Essa espacialidade diz-nos onde estamos e onde estão os corpos na vastidão do universo, para onde vamos ou vão os corpos.

O que o espaço linguístico tem de radicalmente singular é a mesma característica que Benveniste apontara para o tempo: "sendo organicamente ligado ao exercício da *parole*, define-se e ordena-se como função do discurso" (1974: 73). Ele, assim como o tempo, tem um centro gerador e axial no espaço da enunciação, que será sempre um *hic*. Cada vez que o enunciador usa os morfemas gramaticais do *hic* situa os corpos no seu espaço. Evidentemente, ele não é nem uma posição fixa nem um movimento que se efetua sobre uma dada dimensão do espaço, porque ele os admite todos e não determina nenhum. É reinventado cada vez que alguém toma a palavra, porque, em cada ato enunciativo, temos um espaço novo, ainda não habitado por ninguém. O *aqui* é o fundamento das oposições espaciais da língua. Esse *aqui*, que se desloca ao longo do discurso, permanecendo sempre *aqui*, constitui os espaços do *não aqui*. Chega-se, assim, à constatação de que o único espaço inerente à linguagem é o espaço axial do discurso, que é sempre implícito. Ele é que determina os outros.

O espaço linguístico é o do *eu*, mas, quando falo, meu interlocutor aceita-o como seu. Quando ele se transforma em enunciador, sua espacialidade converte-se na minha. Isso é condição de inteligibilidade da linguagem. Parafraseando ainda uma vez Benveniste, o espaço do discurso não remete nem a posições nem a movimentos numa dimensão determinada nem se fecha numa subjetividade solipsista, mas funciona como fator de intersubjetividade (1974: 77).

Específico, o espaço linguístico comporta suas próprias demarcações e seus próprios limites, independentes daqueles do espaço tópico. Um *aqui* é o lugar de onde alguém fala, podendo estar à esquerda ou à direita, em cima ou embaixo de *x*. Para sabermos onde é o *aqui*, é preciso saber onde se dá a enunciação, pois, isolado, esse termo não remete a nenhuma posição do espaço tópico e subsume-as todas. Por isso, quando a situação enunciativa não é partilhada, é necessário especificar, com uma posição do espaço tópico, o lugar da enunciação, como se faz, por exemplo, nas cartas, em que se indica o lugar de onde se escreve.

Os dêiticos espaciais fazem diferentes recortes do espaço tópico. Isso nos permite dizer "X está aqui, lá adiante". *Aqui* indica um lugar idêntico (por exemplo, na sala) e *lá*, um lugar diferente (por exemplo, na outra extremidade da sala).

O espaço linguístico não é pluridimensional, o tópico, sim. As categorias fundamentais na análise deste espaço são *direcionalidade* e *englobamento*.[3]

A direcionalidade é determinada por um modelo antropológico, que reproduz o corpo humano; é delimitada principalmente pelo olhar. Essa categoria articula-se em *verticalidade* vs *horizontalidade*. Esta, por sua vez, subsume a *lateralidade* e a *perspectividade*. As articulações da categoria da direcionalidade estão relacionadas às três dimensões do espaço: altura, largura e comprimento.

O englobamento é a colocação numa posição de um espaço considerado em sua bi ou tridimensionalidade. Articula-se em *englobante* vs *englobado*.

Essas categorias são, além disso, dinamizadas por duas operações de movimento, *expansão* e *condensação*, que permitem descrever as mudanças de posição.

Os movimentos podem ser simples ou complexos. Os primeiros são uma modificação de posição numa dada categoria espacial. Temos, assim, os seguintes movimentos simples:

a) numa relação direcional, a expansão produzirá um *afastamento* e a condensação, uma *aproximação*;

b) numa relação de englobamento, a expansão gerará uma *extensão* no espaço e a condensação, uma *concentração*, cujos resultados extremos seriam a nuclearização e a pontualização.

Afastamento e aproximação dão origem à *distância*, que é o efeito da aplicação de um movimento direcional a uma relação direcional. Extensão e concentração fazem aparecer a *ocupação*, que é consequência da aplicação de um movimento de englobamento a uma relação de englobamento.

Os movimentos complexos são aqueles em que o tipo de movimento é feito com base numa categoria espacial e a análise do espaço em que ele ocorre, com base em outra. Temos, pois, os seguintes movimentos complexos:

a) um movimento direcional aplicado a uma relação de englobamento ocasionará uma *transposição* do espaço: se ela for uma expansão, teremos uma *saída*; se for uma condensação, haverá uma *entrada*;

b) um movimento de englobamento aplicado a uma relação direcional determinará uma *difusão* no espaço: se ela se der em expansão, será uma *dispersão*; se ocorrer em condensação, será uma *reunião*.

236 As astúcias da enunciação

Para definir uma dada posição no espaço, a língua usa, ao mesmo tempo, uma categoria espacial (por exemplo, a horizontalidade), sobre a qual aplica uma escala de avaliação homogênea, que pode ser medida pelo movimento (por exemplo, próximo e longínquo) ou pode representar um ponto numa dada perspectiva espacial (por exemplo, superatividade e inferatividade). Essa escala é do âmbito da aspectualização do espaço. Por isso, o espaço tópico é mais de ordem aspectual do que espacial. O que é mais propriamente espacial neste espaço é o ponto de referência: enunciativo (o enunciador ou o enunciatário) ou enuncivo (ponto de referência inscrito no enunciado). Isso significa que ele funciona como um especificador do espaço linguístico propriamente dito. Quando se usa um espaço tópico, estará ele sempre precisando um espaço linguístico explícitamente manifestado ou não:

> Roubaram a bolsa de uma mulher num bar *aqui perto* (AFA).
> Se vocês topam, a gente faz um troca-troca geral *aqui em cima* (CNT).
> *Lá longe*, virou e, não podendo abanar, gritou (DE).
> Pois outro dia não foi pedir dinheiro emprestado ao gerente do Banco *ali em frente*? (FE).

Isso nos conduz à conclusão de que o conceito de debreagem só se aplica ao espaço linguístico e não a seu especificador. Teremos, assim, uma debreagem enunciativa, quando o ponto de referência for o espaço do enunciador:

> Vou-me embora pra Pasárgada
> *Aqui* eu não sou feliz
> *Lá* a existência é uma aventura (MB, 222).

A debreagem será enunciva, quando tivermos *algures/alhures*, figurativizado ou não, instalado no enunciado:

> Reunira-se *na casa das Laranjeiras*, a convite de Aurélia, uma sociedade escolhida e não muito numerosa para assistir ao casamento (S, 59).

O espaço sistematizado

> "O ambiente é tudo que não seja eu."
> Einstein

Dos demonstrativos e dos advérbios espaciais linguísticos propriamente ditos

> "Todos os sítios são únicos e se repetem, se repetem, sendo únicos."
> Pepetela

O espaço linguístico é expresso pelos demonstrativos[4] e por certos advérbios de lugar. Como já dissemos, o espaço linguístico não é o espaço físico, analisado a partir das categorias geométricas, mas é aquele onde se desenrola a cena enunciativa.

O *pronome demonstrativo* atualiza um ser do discurso, situando-o no espaço.[5] Segundo inúmeros linguistas, essa classe de palavras tem duas funções distintas: uma de designar ou mostrar (dêitica) e uma de lembrar (anafórica). A primeira função é muito importante, pois da mesma forma como não se pode discursivizar sem temporalizar, também não se pode falar do mundo sem singularizar os seres a que nos referimos. Não se podem construir discursos apenas com referências universais. O demonstrativo partilha com o artigo a função de designar seres singulares, mas não tem como este a função de generalizar. Por outro lado, ainda o diferencia do artigo sua capacidade de situar no espaço.[6] A função anafórica, por seu lado, ao retomar (relembrar) o que fora dito é um dos mecanismos de coesão textual. Ao lado dessa, há também a função catafórica, ou seja, de anunciar o que vai ser dito. Todas essas funções são faces de um mesmo papel desempenhado pelos demonstrativos: designar seres singulares que estão presentes para os actantes da enunciação seja na cena enunciativa, seja no contexto.

O português, assim como o espanhol e diferentemente do francês, do romeno e do italiano,[7] tem um sistema tricotômico de demonstrativos. Em função dêitica, *este* e *esse* indicam o espaço da cena enunciativa e *aquele*, o que está fora dela. *Este*, por sua vez, marca o espaço do enunciador, isto é, o que está próximo do *eu*; *esse*, o espaço do enunciatário, ou seja, o que está perto do *tu*:

> *Este* cachorro é meu! – gritei, chorando, o animalzinho apertado contra o peito (ANA).
> Você se esquece que *esse* cálice aí era o seu e não o dela (AFA).
> Sabe quem é *aquele* ali? (ANB).

Nota Mattoso Câmara que, em função dêitica, no português moderno, está havendo uma neutralização da oposição *este/esse*. Os dois demonstrativos tornaram-se equivalentes e estão em variação livre, sendo que, no Rio de Janeiro (e também em

238 As astúcias da enunciação

São Paulo acrescentaríamos), há um nítido predomínio do segundo sobre o primeiro. Isso significa que o português está transitando de um sistema tricotômico para um dicotômico, em que haverá os seguintes valores: *esse* (*este*) assinala proximidade dos actantes da enunciação e *aquele*, distância desses actantes (1970: 114):[8]

> Então, pode levar *esse* uísque falsificado (A).
> *Esse* cheiro, o que é? (ANB).
> Na certa, *aquele* vendedor havia desconfiado (AFA).

Em função coesiva, a doutrina tradicional ensina que *este* é empregado em função catafórica; *esse*, em função anafórica, indicando o que acabou de ser dito e *aquele*, também em função anafórica, marcando o que foi dito há algum tempo e noutro contexto:

> E, em vão lutando contra o metro adverso,
> Só lhe saiu *este* pequeno verso:
> Mudaria o Natal ou mudei eu? (MA, v. 3, 167)
> Cada qual prognosticava a meu respeito o que mais lhe quadrava ao sabor. Meu tio João, o antigo oficial de infantaria, achava-me um certo olhar de Bonaparte, cousa que meu pai não pôde ouvir sem náuseas; meu tio Ildefonso, então simples padre, farejava-me cônego. [...]
> Digo *essas* cousas por alto, segundo as ouvi narrar anos depois; ignoro a mor parte dos pormenores *daquele* famoso dia [= o de seu nascimento, a que já se referira anteriormente] (MA, v. 1, 525).
> Mas ficou de boca aberta, ouvindo a velha dizer *aquilo* que o amigo lhe contara (L, 166).

Afirma, no entanto, Mattoso Câmara que essa normatização tem muito de convencional, pois, na função anafórica, desaparece a oposição *este/esse*, havendo, no primeiro, um matiz de ênfase, que não está presente no segundo. Conclui Mattoso que a diferença linguística se tornou uma distinção estilística. Dessa forma, também em função anafórica, o sistema seria dicotômico (1970: 113-114). É verdade, conforme mostram os exemplos a seguir, que se usam indistintamente *esse* e *este*, para retomar o que se acabou de dizer:

> Compraram o papagaio com a garantia de que era falador. Não calava a boca. Ia ser divertido. [...] Mas *este* papagaio era diferente (ANB).
> Penetrara em sua vida como os venenos letais que terminaram por reduzi-la a trapos e o estavam matando sem piedade. Morreria com ele. Antevendo *este* fim, sentia-se mais infeliz (AV).

No entanto, é preciso matizar um pouco as afirmações de Mattoso Câmara. Em primeiro lugar, não nos parece verdadeiro que a doutrina tradicional sobre o uso dos demonstrativos em função anafórica tenha muito de convencional. *Aquele* marca o que foi dito há algum tempo (portanto, num momento não concomitante ao da enunciação) ou num outro contexto (fora do contexto da enunciação), porque seu valor básico, em função dêitica, é situar fora da cena enunciativa. *Esse* assinala o que acabou de ser dito, porque isso está ainda na situação de enunciação, mas, já tendo sido recebido pelo enunciatário, pertence já ao seu espaço. *Este* tem função catafórica, porque, anunciando o que será dito, indica algo que está ainda apenas no espaço do enunciador. A perda de distinção entre *este* e *esse*, em função dêitica, é que ocasiona uma neutralização dessas formas em função anafórica.

Em segundo lugar, é preciso notar que há alguns casos em que essa oposição parece ainda bem marcada, em que dificilmente se usa *esse* no lugar de *este*:

a) quando dois termos devem ser retomados, *este* refere-se ao que foi dito por último (estando, por conseguinte, mais próximo do enunciador) e *aquele*, ao que foi dito primeiro (estando, pois, mais afastado do enunciador):

> O resto é saber se a Capitu da Praia da Glória já estava dentro da de Mata-cavalos, ou se *esta* foi mudada *naquela* por efeito de algum incidente (MA, v. 1, 944).
> Vem comigo leitor; vamos vê-lo, meses antes, à cabeceira do Quincas Borba. [...] *Este* Quincas Borba, se acaso me fizeste o favor de ler as *Memórias Póstumas de Brás Cubas*, é *aquele* náufrago da existência que ali aparece (MA, v. 1, 644).

b) quando se emprega a oposição *este/aquele* separada por *ou*, para indicar uma alternativa entre duas possibilidades equivalentes, ou em sucessão ou unida pela copulativa *e*, para marcar uma série:

> Ninguém conseguia entender como ela sabia indicar qual o sapato ou a bolsa que ia melhor com *este ou aquele* vestido (BH).
> [...] leva já antes esta raiz, mais este bocado de pemba, mais esta pedra, mais *isto*, mais *aquilo* (L, 166).[9]

Numa enumeração do tipo substantivo plural + especificadores em que se fala de seres de diferentes espécies ou em construções similares, como o anafórico retoma o conjunto de seres compreendidos pelo substantivo, para referir-se somente aos do último tipo, usa-se *este* (*esse*) *último*:

> Assim, varia necessariamente o valor biológico das proteínas animais e vegetais. *Estas últimas* são geralmente menos utilizáveis que as outras (FF).
> Olhava para o teto, e suas mãos ou afastavam da testa um fio de cabelo ou esticavam a orla da colcha. *Este último* gesto era muito esquisito (L).
> Essa – compreensível – estranheza vem do fato de que por dose entende-se cerca de trezentos e sessenta de cerveja, cento e cinquenta de vinho e quarenta de destilados. Mas, na prática, *esse último* tipo de bebida é servido em quantidades equivalentes a duas ou três doses (FOC).[10]

240 As astúcias da enunciação

O português tem uma série de demonstrativos neutros: *isto, isso, aquilo*. Caracterizam-se por não ter nunca a função de determinante e por referir-se sempre a coisas:

> Está pensando que *isto* aqui é a Inglaterra (AFA).
> Não, não. *Isto* que estou bebendo (ANB).
> Sorriu. Fixou o sorriso e ficou olhando os dentes. Amarelos. *Isso* é cigarro (AF).
> Estou muito ocupado agora. Amanhã eu vejo *isso*. Amanhã, meu amigo, deixa *isso* para amanhã. Boa noite, viu? (AF).
> *Isso* é o bicarbonato dele, Serpa. Ele mesmo me deu outro dia para guardar (AFA).
> Que é *aquilo* na mão dele? Um caneco, não é? (CNT).

Como nessa série se neutralizam as oposições de gênero e de número, seus componentes não se prestam bem à função de remeter a um elemento específico do contexto. Por isso, são usados para reportar-se a todo um segmento do texto, que comporta vários lexemas, ou a uma situação complexa. É por essa razão que, após uma longa argumentação, em conclusão, emprega-se *isso*, que retoma o conteúdo nocional que o precede, ou *isso dito*, que recupera o plano da expressão e o do conteúdo do que acabou de ser exposto:

> [...] e em troca levou mais raízes e pemba e pedras e paus, cuidado, meu filho, *isso* ganha muita força se passa por cima da água (L, 166).
> Pode crer, Padre, *isto* não é só um quiproquó (AM).
> *Isto* é um absurdo (AM).
> *Isto* que vou declarar é ordem: não permito que me contrariem (AM).
> Por hoje, basta. Você já ouviu bastante e vai pensar sobre tudo *isso* que eu lhe falei (AA).
> "Eliodora está morrendo..." Nada respondi. Aguardei. Imóvel. Como se *aquilo* pouco ou nada me dissesse (AA).

Quando se emprega *isto/isso/aquilo* com referência a seres humanos, produz-se um efeito de sentido de coisificação:

> Meu filho, *isto* é gente do finado Casemiro. Eu fui obrigado a fazer um serviço no infeliz, fui no júri e me deram razão (CA).
> *Isso* é um ingrato. Um desalmado. Eu cuido dele, moço. Trago ele arrumadinho. Limpinho (UC).
> *Aquilo* ganhava dinheiro para maltratar as criaturas inofensivas (VS, 145).

Passemos ao estudo dos *advérbios de lugar*. Eles são enunciativos ou enuncivos. Os primeiros constituem duas séries: uma tricotômica, *aqui, aí, ali*, e uma dicotômica, *cá, lá*. *Aqui* e *aí* marcam o espaço da cena enunciativa, sendo que este assinala o espaço do *eu* e aquele, o do *tu*; *ali* indica o espaço fora da cena enunciativa:

> *Aqui*? Mas os teus filhos estão *ali* (CCI).
> De lá? *Ali* é uma rua sem saída? Deve ter sido por *aqui* (CCI).
> Sabia que ia te encontrar *aí* sentada como uma vaca prenha (AB).

Cá marca o espaço da enunciação e *lá*, o espaço fora do lugar da cena enunciativa. *Acolá* opõe-se a *lá* para que se possam distinguir dois locais fora do espaço da enunciação:

> – Não, passeemos um pouco. Por que não aparece *cá*? (MA, v. 1, 126).
> Eu e o Henrique Régis viemos para *cá* na época completar o time da Difusora (ANI).
> Eu sei que tu, Célia, os homens *lá* em baixo, os que me ajudam a tomar conta das minhas putas, os policiais, todo mundo tem raiva de mim (AB).
> Você vai pra *lá* que eu vou pra *acolá* (UC).

Como ensina Mattoso Câmara, as duas séries interferem uma na outra, o que ocasiona os seguintes resultados: *cá* e *aqui* tornam-se variantes livres, sendo que o português do Brasil prefere o segundo ao primeiro;[11] *lá* acrescenta-se à série *aqui, aí, ali*, para assinalar um lugar além do *ali* (1970: 114):

> Já vi que cabe muita gente aqui. (Aponta para o compartimento de Isabel). *Ali* cabe mais uns três. *Lá* em cima cabe o dobro (IN).[12]

Os advérbios enuncivos são *algures, alhures, nenhures*, que, modernamente, são de preferência expressos pelos adjuntos adverbiais *em algum lugar, em outro lugar, em nenhum lugar*. Também são enuncivos *aí, ali, lá* ou *naquele lugar*, quando, em função anafórica, retomam um espaço inscrito no enunciado.[13]

> Os cães da casa dormiam *algures* e até o gato Pimpão desaparecera atrás de algum vaso de begónia (L, 157).
> – Realmente, rainha, não sei quem disse. Mas não foi coisa inventada ali onde eu estava, foi notícia vinda de *algures* (L, 368).
> [...] a irradiação do poder exigia *alhures* o dobro e mais um (PFV).
> Assim é com este conto muito interessante que a sábia macróbia colheu *alhures* (RO).
> Mas quem do humano sangue derramado
> Por ventura se peja? – em que logares
> A glória da peleja horror infunde?
> Ninguém, *nenhures*, ou somente aonde,
> Ou só aquele que já viu infunde
> Cruas vagas de sangue; e os turvos rios
> Mortos por tributo ao mar volvendo.
> VI-as eu, inda novo; mas tal vista
> do humano sangue saciou-me a sede (GD, 775-776).
> [...] a essa hora Geraldo estaria livre, esperaria por ela, iriam beber *em algum lugar* (BB).
> E também não se pode ir abandonando a cidade velha para construir nova cidade *em outro lugar* (CT).
> Em volta dele o mercado, as pessoas indo e vindo, gritando e comprando, os tapetes misturados com avelãs, as alfaces junto às bandejas de cobre, os homens de mãos dadas pelas ruas, as mulheres de véu, o cheiro de comida estranha, e *em nenhum lugar*, mas *em nenhum lugar* mesmo, o rosto de seu companheiro (OA).

242 As astúcias da enunciação

> Continuando a descer, chegava-se à beira do rio, que se curvava em seio gracioso, sombreado pelas grandes gameleiras e angelins que cresciam ao longo das margens. *Aí*, ainda a indústria dos homens tinha aproveitado habilmente a natureza para criar meios de segurança e defesa (G, 2).
> Um cônego da capela imperial lembrou-se de fazer-me entrar *ali* de sacristão (MA, v. 2, 154).
> Pensando bem, a procura da avó começara bem antes, tinha sido em Paris. Foi *lá* que se interessou a sério por Lueji (L, 154).[14]

Por aí ou *aqui* combinado com *ali*, *lá* ou *acolá* indicam um espaço enuncivo indeterminado.

> Vestiu uma camisa listrada e saiu *por aí* (Assis Valente, "Camisa listrada").
> Vá, doutor, e mais tarde volte cá, se não o agarrarem *por aí* (MA, I, 127).
> Aires Gomes, fiel executor das ordens de seus amos, corria o mato havia boas duas horas; todos os incidentes cômicos, possíveis ou imagináveis, tinham-se como que de propósito colocado em seu caminho.
> *Aqui* era uma casa de maribondos que ele assanhava com o chapéu, e o faziam bater em retirada honrosa, correndo a todo estirão das pernas; *ali* era um desses lagartos de longa cauda que filhado de improviso se enrolara pelas pernas do escudeiro com uma formidável chicotada (G, 142).
> Não disse? Eu conheço a catimba, a manha, Mestre Egeu, papo, botequim, arranha *daqui*, cutuca *acolá*, mas no fim termina mesmo é lá no travesseiro da Joana (GA).

Os advérbios de lugar mencionados anteriormente podem indicar posições no interior do texto ou retomar algo que foi dito. Distinguem-se pelo grau de distância daquilo que o enunciador está dizendo.

> *Aqui* [= neste ponto da história] o tens agora em Barbacena (MA, I, 644).
> Como vemos *aqui* [= nesta passagem], Freeman não limita a ação modificadora do ambiente aos primeiros oito anos (AE).
> Nota-se *aí* [= nessa passagem] o caso curioso em que A defende a tese que Roberto Carlos é péssimo e B acha que ele é bom (ANC)
> *Lá* [= naquela passagem] lemos que Deus tirou a mulher do lado do homem, simbolizando que deveria estar ao seu lado (LE-O).
> Não poderíamos concluir *daí* [= desse fato apontado] que os Tupi tivessem conhecido organização dual (IA).
> Uma coisa é certa, nada há que nos prove a necessidade da traição contra a pessoa de Jesus. Judas chegou até *lá* [= a traição] pelo caminho da liberdade (NE-O).

Dos advérbios espaço-aspectuais e das preposições

> "Não há caminho real para a Geometria."
> Euclides

Os advérbios de que trataremos agora, bem como as preposições, expressam espacialidade e aspectualização do espaço. A maioria dos advérbios desse tipo faz parte de locuções prepositivas de sentido equivalente (*fora/fora de*, *dentro/dentro de*, *além/além de*, *aquém/aquém de*). A diferença entre ambos reside no seguinte: usa-se o advérbio, quando o ponto de referência, quer enunciativo, quer enuncivo, for implícito; quando for explicitado, emprega-se a locução prepositiva correspondente:[15]

> Aqui ninguém entra e quem está *dentro* só pode sair (AM).
> Encontrando resistência *dentro de* casa (ANA).
> O céu se iluminou como um relâmpago, criei coragem, olhei *para dentro* e vi um vulto esticado no chão (ANA).
> Procurava, por baixo desses raciocínios, descobrir as razões ocultas desse estado de tensão, que se ia criando *dentro de* mim (AV).

As *posições* são manifestadas pelos seguintes advérbios e preposições, a partir da visão de um sujeito observador:[16]

a) visão concentrativa: marca uma posição que coincide com um lugar considerado como um ponto. Em português, é manifestada pela preposição *em*:

> Ficar *em* São Paulo? Onde? (AA).
> [...] encontrá-lo-ia *em* casa (AA).
> Estava *em* minha frisa (BB).

b) visão extensiva: o espaço é considerado em sua bi ou tridimensionalidade:

- *dentro* (*de*), *por dentro* (*de*), *no interior* (*de*), *internamente*, *interiormente* indicam um lugar englobado de um espaço tridimensional (*de dentro* (*de*) marca um ponto de vista interno; *lá dentro* (*de*), um ponto de vista externo):

> [...] nós aqui *dentro* só sabemos lidar com gente morrida e gente matada (AFA).
> Já com o corpo *dentro do* quarto, Dona Leonor falou (AA).
> A camisa estava *por dentro da* calça.
> [...] adivinhou o que a Senhora [...] trazia *no interior de* um camafeu (BOC).
> Os próprios moradores não acreditam, pois o edifício *internamente* lhes parece bastante seguro e confortável (CV).
> [...] conquanto *interiormente* lacunosa, a parte aérea [da planta] exibe folhas rígidas (TF).
> Lá *de dentro* a voz da mãe gritou (BP).
> Vá correndo buscar uma faca *lá dentro* (ANA).

244 As astúcias da enunciação

- *entre* assinala uma posição num lugar delimitado por vários pontos de referência constituídos de elementos idênticos (nesse caso, expressos por palavra no plural) ou não:[17]

> [...] segurou minha mão *entre* as suas (AA).
> Colocou o prato sobre o forro americano, *entre* os talheres (AF).
> Estendi o braço *entre* o armário e a parede (AFA).
> [...] a meio caminho *entre* São Paulo e Rio (AFA).

- *no centro* (*de*), *no meio* (*de*), *no coração de* marcam um ponto englobado equidistante dos limites de um lugar:

> *No centro* tocaram as luvas [...], cumprimentando (DE).
> Da parede, *no centro da* cabeceira da cama, pendia um soquete em formato de pera (ANA).
> *No meio*, uma mesa tosca, cadeiras (FAN).
> Dona Leonor e eu formávamos um terceiro grupo, bem *no meio do* aposento (AA).
> *No coração da* cidade, há um lugar muito tranquilo (VEJ).

- *em redor* (*de*), *ao redor* (*de*), *em volta* (*de*), *em torno* (*de*), *em roda* (*de*), *ao derredor* (*de*), *em derredor* (*de*) indicam um espaço englobante em relação a um ponto de referência tomado como englobado:

> [...] os colegas *em redor* esperando serviço (BOC).
> [...] guardou-o, novelo e nó, *em redor da* cabeça (AVE).
> A região *ao redor* progredia também (DES).
> [...] vão tomando todo o espaço, se juntando *ao redor da* cama (ANB).
> Pior que a Máfia que só joga as pessoas no rio com um pouco de cimento *em volta* (ANB).
> A mão coçava *em volta do* saco, do pênis, brincava (AF).
> Sérgio correu o olhar *em torno* (AA).
> Senti que tudo vacilava *em torno de* mim (AA).
> Juntavam-se *em roda* para ouvir (BOI).
> [...] o pai andava *em roda do* fogão (DE).
> [...] ao pé da barragem nasceu uma vila que já tem vigário; *ao derredor* muitas fazendas onde se planta algodão (CT).
> *Ao derredor do* palácio sempre havia pedintes (FN)
> [...] tudo *em derredor* apoteosa saúde (NE-O).
> O mundo todo se estará desagregando *em derredor de* nós (NE-O).

- *fora* (*de*), *por fora* (*de*), *exteriormente*, *externamente* indicam um espaço situado no exterior de um ponto de referência tomado como interioridade (*de fora* marca um ponto de vista externo; *lá fora*, um ponto de vista interno):

> Aí *fora* estão um menino, uma mulher de bucho grande e um soldado (AM).
> [...] prevendo as dificuldades que ia ter de enfrentar para sair e encontrá-lo *fora de* casa (AA).

Calça de mescla mais escura que a camisa também de mescla, *por fora da* calça (GE).
Um prédio de apartamentos, situado não muito longe de Paris, é a nova sensação
da arquitetura francesa [...]. *Exteriormente*, é um edifício de nove andares, maciço,
de aspecto vulgar (REA).
[...] os fosfolipídios devem estar dispostos *externamente* (BC).
Pelo barulho que *de fora* se ouve (AM).
[...] meu ímpeto era pular da cama e ir *lá fora* agarrá-lo pelos ombros (AFA).

c) visão de orientação horizontal:

- *adiante* (*de*), *diante de*, *antes* (*de*), *defronte* (*de*), *defronte* (*a*), *por diante*, *pela frente*, *em frente* (*de*), *em frente* (*a*), *frente a*, *à frente* (*de*), *perante*, *ante* indicam uma posição no eixo da perspectividade, a partir de um ponto onde está ou se supõe estar o olhar do observador, orientada na direção do prolongamento do olhar (*de frente (para)* marca um ponto de vista oposto ao do lugar de referência):

Mais *adiante* a gente toma um táxi (AA).
E o Senhor ia *adiante d*eles, de dia numa coluna de nuvem, para os guiar pelo
caminho e, de noite, numa coluna de fogo, para os alumiar (OE).
Agora, ali estava no salão um Mickey Mouse, *diante de* um Sérgio já quase
bêbado (AA).
Ele está *antes* na fila.
Havia uma pessoa *antes de* mim na fila, que parecia muito doente.
[...] pois não houve ainda os quilômetros de aterro e a vaga quebrada *defronte* (CF).
Defronte do sobrado [...] algumas mulheres apanhavam água (CAS).
[...] e bem *defronte à* janela [...] a panela de barro com o craveiro (BP).
Elogiou a Corália: uma perfeição de mulher vista *por diante* ou por detrás (PH).
[...] põe-se a chutar tudo o que encontra *pela frente* (HO).
Mas *em frente* havia um prédio enorme de escritórios (BH).
Tem um baita aviso bem *em frente do* cinema (ANA).
Vera postou-se *em frente à* mãe (ANA).
Virou-se de um lado e do outro *frente ao* espelho (AF).
A sala de projeção ainda clara, eu era transferida para os braços de Maria Negra,
sentada algumas cadeiras mais *à frente* (ANA).
De repente, reparou na partitura, colocada *à frente de* Geraldo (BB).
[...] rebentava agora Valério com voz de estentor a sair pela boca ensanguentada,
nem por isso menos veemente *perante* Cipriano (PFV).
Mas o que via *ante* seus olhos horrorizados eram as grossas mãos de Piano manando
sangue e lama (CBC).
Olho bem *de frente* seus olhos (CH).
Formávamos, os de cada divisão do lado da sua respectiva sala, todos *de frente
para* o centro do prédio (CF).

- *frente a frente, face a face* assinalam a mesma posição que *diante de*, mas indicam
que há dois pontos de referência, que são, ao mesmo tempo, os objetos localizados:

246 As astúcias da enunciação

[...] estava *frente a frente* com Eliodora (AA).
Uma família se instalou na gleba do Tatu, outra na gleba da Saúva, ambas quase *face a face* em antigo território goiano (VN).

- *em face* (*de*), *face a* assinalam a mesma posição que *diante de*, mas indicam que o olhar está dirigido do objeto localizado para o ponto de referência:

> Depois do treinamento prévio, é bem distinto o comportamento do animal, seja *em face da* luz vermelha, seja da luz azul (FF).

- *atrás* (*de*), *detrás* (*de*), *por trás* (*de*), *por detrás* (*de*), *depois de*, *após* denotam uma posição no eixo da perspectividade, a partir de um ponto de referência onde está ou se supõe estar o olhar do observador, mas orientada no sentido oposto ao do eixo do olhar:

> [...] logo *atrás* entrou Manolo (BP).
> [...] entrou na fila *atrás d*ela (BP).
> Esconde-se *detrás de* umas árvores (CC)
> [...] um homem se colocou *por trás* (BE).
> Ela viu, *por trás do* cenógrafo, a silhueta passar pelo corredor (BB).
> Ao contrário, viu a mãe sorrir alegremente, erguer-se, abraçar *por detrás* a cabeça do pai (CC).
> A rua estreita "*por detrás da* ladeira" está deserta (CH).
> Não queira furar a fila, você está *depois de* mim.
> *Após* um quadro turvo, sem nenhuma claridade, um outro de luz muito viva, de cintilante beleza (OS).

- *ao longo de* marca uma posição que acompanha o eixo da perspectividade:

> [...] maletas e volumes que haviam trazido com eles, amontoados, *ao longo de* seus improvisados leitos (GRE).

- *ao fundo* (*de*), *no fundo* (*de*), *à frente*, *na frente* (*de*) assinalam posições extremas de um dado espaço no eixo da perspectividade:

> [...] *ao fundo*, [...] vemos a fachada de uma igreja (ANA).
> O investigador acompanhava tudo junto ao garçom, *ao fundo do* bar (AFA).
> *No fundo*, o retrato do chefe distrital é a única coisa que existe (CCI).
> *No fundo do* quarto, um imenso cão policial balançava grossa corrente partida (ANA).
> *À frente*, aparecem os morros.
> As mulheres bonitas demais são colocadas sempre *na frente* (AF).
> Ele estava lá, *na frente da* casa da namorada (AA).

- *ao lado* (*de*), *do lado* (*de*), *lateralmente*, *à esquerda* (*de*), *à direita* (*de*) marcam uma posição no eixo da lateralidade, que pode ser precisada em direita e esquerda, a partir de um ponto de referência onde está ou se supõe estar o observador:[18]

Um menino [...] passava *ao lado* (AM).
Deixou o braço cair *ao lado da* poltrona (AF).
Você tá aí *do lado*? (IN)
O regimento postava-se *do lado* oposto *das* tribunas (CF).
Vim ali pela Glória, *à esquerda*, o morro, o outeiro, *à direita*, o mar de ressaca (E).
[...] um grupo grande [...] se organizaria *à esquerda da* praça (AF).
[...] o sol já vai rasante *à direita d*eles (DES).

d) visão de orientação vertical:

- *sobre, por cima (de)* indicam posição superativa de um objeto em relação a um ponto de referência (não é preciso que haja contato entre o objeto e o ponto de referência):

Dirige-se à tela, que está *sobre* um cavalete (HP).
[...] darei início à construção de uma ponte monumental *sobre* o Capibaribe (C).
[...] tínhamos deixado o cobertor *por cima* (BE).
Andaria mais dois anos de calça às vezes *por cima do* joelho (BH).
Um avião passava *por cima das* casas.

- *acima (de)* marca posição superativa em relação a um ponto de referência (nesse caso, o objeto não tem contato com o ponto de referência):

Em todos os lados, *acima* e abaixo, paredes que suavam (ML).
Acima dos quadros, relógio grande de parede (MO).
[...] que delícia estar naquela frisa, *acima da* plateia (BB).

- *em cima (de)* assinala uma posição superativa em relação a um ponto de referência (nesse caso, o objeto tem contato com o ponto de referência):

O dinheiro estava ali *em cima* e você afanou (AA).
Três dias passei *em cima de* uma cama (AC).

- *de cima (de)*, *de sobre* denotam uma visão para baixo a partir de um ponto de referência elevado:

Lá *de cima* eu ouço você falando (AFA).
De cima do muro, o menino devassa o quintal vizinho (CBC).
A mesma folha em meio me contempla *de sobre* a mesa (CH).

- *sob, por baixo (de)*, *por debaixo (de)*, *debaixo (de)*, *embaixo (de)* indicam posição inferativa de um objeto em relação a um ponto de referência (nesse caso, pode haver ou não contato físico entre o objeto e o ponto de referência):[19]

[...] os dois sexos fremiam, um de encontro ao outro, desejavam-se *sob* as roupas (AF).
[...] conseguiu enfiar a mão *sob* suas saias (AF).
[...] ocultava *sob* os móveis objetos como se não fossem meus (AFA).
[...] recebem o reflexo do sol *por baixo* ou por cima (BP).

248 As astúcias da enunciação

> Não demorei muito a descobrir o ferimento: era *por baixo* do coração (CCA).
> [...] as pernas encaroçadas de músculos retesos saindo *por baixo* do saiote (CBC).
> Não sei, está aí *por debaixo* (CAN).
> Ele mesmo sentia-se outra vez o menino do Padre Amâncio. Na companhia do irmão, nas tardes mornas, *por debaixo das* oiticicas (CAN).
> [...] escrevem *debaixo* o nome do partido que preferem (SC).
> Eu também, *debaixo de* uma marquise, tinha esperado a chuva melhorar (AFA).
> Dorme com o revólver *debaixo do* travesseiro (CE).
> Lá *embaixo* a voz impaciente do investigador (AFA).
> Eu me distanciava um pouco e ia espiar, *embaixo do* lampião, as figurinhas de "O Tico-Tico" (ANA).
> [...] o marido, num repente de entusiasmo e burrice, fez gravar *embaixo da* cobra o nome de sua querida esposa (CV).

- *abaixo* (*de*) marca posição inferativa em relação a um ponto de referência (nesse caso, o objeto não tem contato com o ponto de referência):

> É exatamente como naquelas tardes em que o avião decolava e eu ficava no azul e não havia nada no mundo que me perturbasse, todo o resto estava *abaixo*, tão *abaixo* como se não existisse (DE).
> O casario da cidade branquejava *abaixo da* mata rala do barranco (CAS).

- *de baixo* (*de*), *de sob* denotam uma direção para o alto, a partir de um ponto de referência colocado em posição inferativa:

> [...] bateu em cheio no rosto dela, iluminando-a *de baixo* para cima (BB).
> Hosana lhe oferecia várias lâminas de cirurgia tiradas *de baixo de* redomas de vidro cintilante (Q).
> O vento agitava-lhe algumas mechas de cabelo que escapavam *de sob* a boina (CCA).

e) visão de proximidade/afastamento:

- *contra* indica que há contato físico entre o objeto e o ponto de referência:

> [...] apertávamos os sexos um *contra* o outro (AF).
> Aperta o pedaço de pão *contra* chão acimentado (AVE).

- *a* marca contiguidade entre o objeto e o ponto de referência:

> [...] veio encostar-se *à* parede de vidro (AVE).[20]

- *junto a, junto de, ao pé de* assinalam grande proximidade entre o objeto e o ponto de referência, sem que haja necessariamente contato entre eles:

> Indicou-me uma cadeira *junto à* cama (AA).
> O investigador acompanhava tudo *junto do* garçom, no fundo do bar (AFA).
> Sentada na cadeira *ao pé do* leito, D. Orminda curvava a cabeça sobre o colchão (BP).

- *perto* (*de*) marca uma proximidade entre o objeto e o ponto de referência, sem que haja qualquer contato entre eles:

> Não cheguei *perto* porque começou a sair tiro (AF).
> Já *perto de* casa, tomei-o nos braços (AFA).

- *de perto* denota também uma proximidade entre o objeto e o ponto de referência, mas a direção é daquele para este:

> Parei para ver *de perto* a efígie (AV).

- *a distância* indica afastamento indeterminado entre o objeto e o ponto de referência, que pode ser precisado com *de* + medida de distância:[21]

> [...] fixa o olhar *a distância* (MAR).
> [...] *à distância de* cem metros funciona o distrito policial (GLO).

- *longe* (*de*) indica grande distância entre o objeto e o ponto de referência:[22]

> Carlos foi levá-los em casa, *longe*, num desses subúrbios distantes (A).
> Muitas vezes fui procurada e encontrada *longe de* casa (ANA).

- *de longe* também denota distância entre o objeto e o ponto de referência, mas a direção é daquele para este:

> [...] acenou *de longe* que o seguisse (BH).

- *ao longe* indica um lugar distante do espaço do observador:

> Mas já se avistava *ao longe* o que devia ser São João Nepomuceno (BH).

f)   visão de transposição do espaço:

- *aquém* (*de*) assinala posição anterior a um ponto de referência tomado como limite:

> Vai de *aquém* a além-mar (VP).
> *Aquém dos* morros está minha fazenda.

- *além* (*de*) marca posição posterior a um ponto de referência tomado como limite:[23]

> Mas já se anunciava *além* um riacho (BH).
> [...] mais para longe, sempre à direita, era o luar de Veneza, tremeluzindo sobre a laguna, *além do* campanile da igrejinha (CF).

Os *movimentos* são expressos da seguinte maneira:

250 As astúcias da enunciação

1. O movimento direcional produz aproximações e afastamentos, bem como uma direcionalidade do movimento.

a) a aproximação assinala o deslocamento em direção a um ponto de referência:

- *a*, *para* marcam o ponto de chegada de um movimento e também que se considera que ele será atingido (essas duas preposições não são intercambiáveis na indicação do termo do movimento de aproximação. *A* combina-se com os verbos que significam a ação de atingir o ponto de chegada, como *chegar*, e *para*, com aqueles cujo semantismo leva em consideração o ponto de partida, como *partir*, *sair*, *fugir*, *ir embora*; com os verbos *ir* e *vir*, *para* marca o termo definitivo do movimento e *a*, o termo provisório):[24]

> Chegou *a*o cinema pouco antes das seis (BH).
> Gregório de Matos [...], quando partiu *para* Portugal, levou consigo a intenção de conhecer padre Vieira (BOI).
> Sofia fugiu *para* a casa de uma filha (CE).
> [...] saiu *para* a rua (BH).
> [...] foi embora *para* a Alemanha (BE).
> Foi *a* Paris, ao encontro de sua mulher (VA).
> Levou os filhos e foi *para* a casa da mãe dela (ANB).
> Juju Bezerra [...] veio *a*o Sobradinho em missão de harmonia (CL).
> Veio *para* a Capital (CJ).

- *para* une-se a advérbios ou preposições para significar movimento em direção a um ponto de chegada, que é uma posição marcada por eles: *para cima*, *para baixo*, *para longe*, *para perto*, *para frente*, *para trás*, etc.:[25]

> Andava *para cima* e *para baixo* (ANA).
> Com a mudança da cocheira *para longe*, seu Roque [...] passou a responsabilidade da empresa aos filhos mais velhos (ANA).
> Flag veio *para perto do* leito (BB).
> [...] olhe *para frente* (BB).
> [...] ela abandonava-se um pouco *para trás* (AF).
> [...] acabei seguindo Carlos e indo *para junto do* leito de Eliodora (AA).

- *em direção a*, *na direção de* indicam somente a orientação do movimento para o ponto de referência, sem que se leve em conta o fato de atingi-lo ou não:

> Saiu *em direção ao* cruzeiro.
> Saiu *na direção do* açude (CAN).

- *até* (*a*) denota que o ponto de referência foi atingido ou considerado como atingido:

> Depois, veio *até* mim, pousou levemente as mãos sobre meus ombros (AA).
> [...] já veio *até* a mesa (CH).
> Depois vai *até à* porta (AQ).

- *contra* marca que o ponto de referência foi atingido e que o objeto veio em direção contrária a ele:

> [...] avançou desajeitadamente *contra* o comissário (AVE).
> Assim, investimos um *contra* o outro (CR).

- *sobre* denota o ponto de chegada, considerado em posição inferativa, de um movimento:[26]

> O exército avançou *sobre* a cidade.

- *ao encontro de*, *de encontro a* assinalam um movimento de aproximação, mas enquanto a primeira põe em perspectiva o ponto de chegada, a segunda evidencia que o objeto vem em direção contrária ao ponto de referência:[27]

> Correra *ao encontro de* ambas assim que as viu (CP).
> [...] quase ia *de encontro a* uma carroça (DE).

b) o afastamento marca o deslocamento a partir de um ponto de referência:

- *de* assinala o ponto de partida de um movimento e que o objeto estava em contato com ele:

> Ora bem, faz hoje um ano que voltei definitivamente *da* Europa (MA, v. 1, 1097).

- *desde* indica o ponto de partida e que o movimento prossegue de maneira contínua desde sua origem.

> Fizera a caminhada a pé, praticamente *desde* Fortaleza (BH).

- *a partir de* focaliza o ponto de referência, mas pressupõe que, antes da referência, ocorria algo diferente do que acontece depois:[28]

> Eu me lambia com essas idas a Copacabana. *A partir do* Jardim da Glória parecia outra cidade (CF).

c) a direcionalidade do movimento é assinalada, marcando-se ou não o eixo em que se dá.

252 As astúcias da enunciação

- *por* indica a passagem, num movimento unidirecional, de um ponto a outro da referência:

> Você já passou *pelo* guichê (ANB)
> Quando Geraldo se dirigia ao lago, passou *pela* casa (BB).
> [...] passou *pela* rua do Thesouro (BOI).

- *por* pode combinar-se com advérbios ou preposições para especificar a posição em que se deu o movimento: *por sobre, por sob, por baixo* (*de*), *por debaixo* (*de*), *por cima* (*de*), *por trás* (*de*), *por detrás* (*de*), *por diante* (*de*), *pela frente* (*de*), *por dentro* (*de*), *por fora* (*de*), etc.:

> [...] dentro em pouco passariam *por baixo da* ponte (CAS).
> Madruga mencionava-lhe o talento, seu faro de perdigueiro, capaz de passar *por debaixo da* porta (REP).
> Uma águia estava voando *por cima de* nosso jardim (ANA).
> Bola Sete vem *por detrás* e dá-lhe uma palmada nas nádegas (IN).
> [...] levaram-no *por diante* no arrastão (TR).
> [...] passando *pela frente da* casa (FO).
> [...] atravessaram *por dentro de* um país que já foi deles (BE).
> Passa [...] lá *por fora* (GE).

- *adentro*, posposto a substantivos, indica que o movimento se dá de fora para dentro:

> [...] munido de enorme serrote, disparou a correr casa *adentro* (ANA).

- *afora, em fora*, pospostos a substantivos, marcam que o movimento se dá de dentro para fora, ao longo de um eixo perspectivo ou num espaço bi ou tridimensional:

> Aliás nenhum homem se aventuraria de porta *afora* de casa sem gravata e paletó (CT).
> [...] pregando mundo *afora* como se fosse um evangelizador (SE).
> Bentinho largou-se estrada *afora* com mais aquela (CAN).
> [...] levou-o beco *em fora*, sob risadas (N).

- *acima*, posposto a substantivos, marca movimento em direção superativa no eixo da verticalidade:

> [...] o pirarucu me arrastou rio *acima* três dias (AC).

- *abaixo*, posposto a substantivos, denota movimento em direção inferativa no eixo da verticalidade:

> [...] o calor me jogou daquela escada *abaixo* (CF).

- *avante*, posposto a substantivos, assinala movimento no eixo da perspectividade, orientado na direção do prolongamento do olhar do observador:

> Levava o barco *avante* a duras penas (ANA).

2. Movimento de transposição do espaço:

- *por* denota uma transposição de limite considerado em sua unidimensionalidade:

> [...] quando deu de acontecer que passou *pela* porteira o seu vigário (CBC).
> [...] a bala entra *por* um ouvido e sai *pelo* outro (CAN).
> E o criminoso entrou *pelas* paredes (GAT).

- *por* combina-se com outros advérbios e preposições para indicar a posição em que ocorre a transposição:

> Camilo saiu *por trás*, rodeou a varanda (ED).

- *através de* assinala uma transposição de limite visto em sua bi ou tridimensionalidade:

> Laura espreita-nos *através das* paredes (CBC).

- *por entre* indica que o limite é uma posição englobada marcada por vários pontos de referência:

> [...] assoma *por entre* as finas grades a cabecinha (AVE).

3. Movimento de dispersão:

- *por* denota uma expansão em diferentes direções.

> Continuava a gargalhar, os olhos passeando *pela* sala (BH).

O espaço transformado

> "Sou o espaço onde estou."
> Noël Arnaud

Como já se viu, o discurso direto caracteriza-se por uma delegação de voz efetuada pelo narrador, que se dá por meio de uma debreagem de segundo grau. Em contrapartida, o discurso indireto não apresenta essa debreagem interna. Daí decorre que os dêiticos espaciais estão submetidos a uma dupla instância de enunciação no discurso direto (pertencem à cena enunciativa da narração ou à da interlocução) e a uma única no discurso indireto (a da narração). Por isso, na passagem do discurso direto para o indireto, é preciso, às vezes, transformar os dêiticos, para ajustá-los à mudança de uma situação enunciativa dupla para uma simples.

Rocha Lima diz que os demonstrativos *este* ou *esse* transformam-se em *aquele* (1968: 197). Celso Cunha, além de apontar a transformação do demonstrativo, afirma que o advérbio *aqui* muda para *ali* (1972: 453). Na verdade, a questão está mal equacionada em nossas gramáticas.

Podemos ter duas situações distintas: as cenas enunciativas da narração e da interlocução são idênticas ou diferentes. Se forem espacialmente idênticas, não há nada a mudar. Os dêiticos espaciais se mantêm.

> Vim com Pedro visitar *esta* casa abandonada. Quando *aqui* chegamos, ele disse:
> – *Este* lugar me dá medo. Não me sinto bem *aqui*.
> Vim com Pedro visitar *esta* casa abandonada. Quando *aqui* chegamos, ele disse que *este* lugar lhe dava medo e que não se sentia bem *aqui*.
>
> Estava *aqui* em São Paulo com Andreia e ela disse:
> – *Lá* no Rio a situação está difícil. *Aquela* cidade está muito violenta.
> Estava *aqui* em São Paulo com Andreia e ela disse que *lá* no Rio a situação estava muito difícil e que *aquela* cidade estava muito violenta.

Se as situações de narração e de interlocução forem distintas, do ponto de vista espacial, os dêiticos de espaço devem sofrer transformações. Se o *aqui/aí* e o *este/esse* da interlocução não forem idênticos aos da narração, tornam-se *ali/lá* e *aquele*.

> Quando estava no Rio, João disse-me:
> – *Aqui* me sinto bem. Vou vir morar *nesta* cidade, quando me aposentar.
> Quando estava no Rio, João disse-me que *lá* se sentia bem e que iria morar *naquela* cidade, quando se aposentasse.

Se o *ali/lá* e o *aquele* da interlocução forem o *aqui/aí* e o *este/esse* da narração, assumem as formas dos dêiticos espaciais da cena narrativa.

> Quando estava no Rio, João disse-me:
> – *Lá* em São Paulo eu não poderia viver, pois *naquela* cidade não há mar.
> Quando estava no Rio, João disse-me que não poderia viver *aqui* em São Paulo, pois *nesta* cidade não há mar.

No discurso indireto livre, temos marcas da fala do enunciador do discurso citado como no discurso direto e situação enunciativa única como no discurso indireto. Isso configura uma debreagem no nível narrativo e uma embreagem no nível interlocutivo, pois, na fala da personagem, neutralizam-se as oposições entre marcas da situação enunciativa e da enunciva em proveito das últimas. Isso significa que os dêiticos *aqui, aí, cá, este, esse* deveriam passar a *ali, lá, aquele*.

Chegara naquela situação medonha – e *ali* estava [= e *aqui* estou] forte, até gordo, fumando o seu cigarro de palha (VS, 54).

Baleia voou de novo entre as macambiras, inutilmente. As crianças divertiram-se, animaram-se, e o espírito de Fabiano se destoldou. *Aquilo* é que estava certo [= *Isso* é que está certo] (VS, 56).

Provavelmente estava na cozinha, entre as pedras que serviam de trempe. Antes de se deitar, Sinha Vitória retirava *dali* [= *daqui*] os carvões e a cinza, varria com um molho de vassourinha o chão queimado, e *aquilo* [= *isto*] ficava um bom lugar para cachorro descansar (VS, 133).

Por que *aquele* [= *este*] safado batia os dentes como um caititu? (VS, 145).

O espaço subvertido

> "Pois estamos onde não estamos."
> Pierre Jean Jouve

Assim como ocorre com as demais categorias da enunciação, podem-se neutralizar as oposições espaciais. Essa neutralização produz embreagens espaciais. Temos um sistema enunciativo espacial, em que estão demarcados três lugares, e um sistema enuncivo, em que não se distinguem diferentes espaços linguísticos. Por conseguinte, temos dois tipos teóricos distintos de neutralização: entre espaços diferentes no sistema enunciativo e entre os lugares do espaço enunciativo com o espaço enuncivo.

Se todas as possibilidades teóricas se realizarem, teremos os seguintes casos de embreagem:

A) entre lugares distintos do sistema enunciativo:

1. espaço do enunciador pelo do enunciatário;
2. espaço do enunciatário pelo do enunciador;
3. espaço do enunciador pelo espaço fora da cena enunciativa;
4. espaço fora da cena enunciativa pelo do enunciador;
5. espaço do enunciatário pelo espaço fora da cena enunciativa;
6. espaço fora da cena enunciativa pelo do enunciatário.

B) entre espaços do sistema enunciativo e enuncivo:

1. espaço do enunciador pelo espaço enuncivo;
2. espaço enuncivo pelo do enunciador;
3. espaço do enunciatário pelo espaço enuncivo;
4. espaço enuncivo pelo do enunciatário;
5. espaço fora da cena enunciativa pelo espaço enuncivo;
6. espaço enuncivo pelo espaço fora da cena enunciativa.

256 As astúcias da enunciação

Vamos descrever as possibilidades que efetivamente se realizam.

A) Entre lugares distintos do sistema enunciativo:

1. espaço do enunciador pelo do enunciatário:

> [...] deixe para mim *estas* lágrimas, Carino (apud Serianni, 1989: 275).

Se quem chora é o interlocutário, em lugar de "estas" deveria ser usado *essas*, já que as lágrimas estão no espaço do enunciatário. O emprego de "estas" indica que o enunciador vê as lágrimas e sente-as como suas.

Outro exemplo:

> Estela riu, e bateu-lhe na testa com a ponta do dedo:
> – *Esta* cabecinha! disse ela. Há aqui dentro muita cousa que é preciso capinar... (MA, v. 1, 456).

2. espaço do enunciatário pelo do enunciador:

> O guarda livros, num repelão, ordenou:
> – Tire *esse* bandido da minha frente, João! Tome conta dele (Ferreira de Castro, apud Cunha, 1972: 235).

Como a pessoa chamada de bandido está diante do enunciador e não junto do enunciatário, o falante deveria ter utilizado o termo *este* em lugar de "esse". O emprego de "esse" assinala o desinteresse do enunciador por aquele de quem fala, a ponto de colocá-lo fora de seu espaço.[29]

Outro exemplo:

> Olha *essa* terra toda, que se habita *dessa* gente sem lei, quase infinita (Camões, apud Said Ali, 1964: 193).

3. espaço do enunciador pelo espaço fora da situação enunciativa:

> Eu só queria estar lá para receber *estes* cachorros a chicote (FM, 212).

O advérbio "lá" denota que o espaço em que estão as pessoas que o enunciador queria receber a chicote está fora da situação enunciativa. Não obstante, ele emprega "estes" e não *aqueles*. Esse uso revela o interesse particular do enunciador no evento, o que o faz torná-lo presente na cena enunciativa.

Outros exemplos:

> O meu pai falava desta guerra de 48. Mataram um primo do Barão de Goiana, um tal de Nunes Machado. O pai do Coronel Lula andou com este povo. Acabaram com ele. A mulher ficou amalucada, o filho é *isto* que o senhor conhece (FM, 14).
> A eleição vem aí. [...] Vamos dar com *esta* canalha dos Machados no chão (FM, 194).

Do espaço 257

4. espaço fora da cena enunciativa pelo espaço do enunciador:

> Fabiano queria berrar para a cidade inteira, afirmar ao Doutor Juiz de Direito, ao delegado, a seu Vigário e aos cobradores da Prefeitura que *ali* dentro ninguém prestava para nada (VS, 74).

O texto anterior é em discurso indireto livre. Portanto, "ali" significa *aqui*, pois é o lugar de onde fala a personagem, cuja voz está mesclada à do narrador.

5. espaço do enunciatário pelo espaço fora da cena enunciativa:

> A Terra existia desde que a luz se fizera, a 23, na manhã de todas as manhãs. Mas já não era *essa* Terra primordial, parda e mole, ensopada em águas barrentas, abafada numa névoa densa (EQ, v. 1, 776).

O narrador conta a criação do mundo. A Terra a que se refere não é a do espaço da cena enunciativa, mas a de um espaço outro, que existia antes do tempo enuncivo da criação. Designá-la com "essa" em lugar de *aquela* significa torná-la visível e presente na situação enunciativa.

Outros exemplos:

> Sabem o que é uma missa cantada; podem imaginar o que seria uma missa cantada daqueles anos remotos. [...] Não falo sequer da orquestra, que é excelente; limito-me a mostrar-lhes uma cabeça branca, a cabeça *desse* velho que rege a orquestra, com alma e devoção (MA, v. 2, 386).
>
> Porta na taramela, ligeirinho pedi ao major notícia de Dona Bebé de Melo:
> – Seu compadre, onde anda *essa* beleza (CL, 239).

6. espaço fora da cena enunciativa pelo do enunciatário:

> Ei, você *lá*, que é que você está fazendo na minha sala?

Quando a situação de enunciação não está criada, mas será produzida por um apelo, colocar o enunciatário fora da cena enunciativa com um *lá* assinala um matiz de insolência na fala do enunciador.

Outros exemplos:

> Pois venha de *lá* esse primor. Aqui estou para ouvir-te e para proclamar-te sem inveja a rainha do canto (CN, 38).
> Que é que você traz *lá*?

B) Entre espaços do sistema enunciativo e enuncivo:

1. espaço do enunciador pelo espaço enuncivo:

> À diferença das obras de sua exposição anterior, sempre verticais e representações do masculino, *aqui* Baravelli encontrou nas linhas horizontais uma espécie de forma arquetípica da feminilidade (LT, 143, T24).

258 As astúcias da enunciação

O "aqui" significa *na exposição que está fazendo atualmente*. O dêitico anula a oposição enunciado e enunciação e coloca o enunciador no espaço em que estão as telas, indicando, assim, uma concomitância entre o ver e o comentar.

2. espaço enuncivo pelo do enunciador:

> Mas os outros brancos eram diferentes. O patrão atual, por exemplo, berrava sem precisão. Quase nunca vinha à fazenda, só botava os pés *nela* para achar tudo ruim (VS, 58).

Esse texto é em discurso indireto livre. Nele, a fazenda é especificação de um *aqui* neutralizado. Por conseguinte, "nela" significa *aqui*. Não se trata de um anafórico, dado que, em discurso direto, o habitual seria dizer "só bota os pés aqui para achar tudo ruim".

3. espaço do enunciatário pelo espaço enuncivo:

> Pensando bem, a procura da avó começara bem antes, tinha sido em Paris. Foi lá que sinteressou também a sério por Lueji. Efeitos da civilização pós-industrial? As pessoas que desprezavam os outros, nem neles reparavam ao andar nas ruas? Gente que nem olhava para o que morria de fome na esquina? Nunca poderia precisar, mas a busca começou *aí* (L, 154-155).

Em Paris é o espaço enuncivo. *Lá* é um anafórico. Poder-se-ia pensar, então, que "aí" seja também um anafórico que se refere a Paris. No entanto, duas razões levam a pensar que "aí" seja um dêitico. A primeira é que, se fosse anafórico, a personagem continuaria empregando "lá". A segunda, e determinante para a interpretação, é que a personagem trava um diálogo consigo mesma, como mostram as interrogações, e, por conseguinte, cinde-se em enunciador, a personagem no momento atual, e enunciatário, a que morara em Paris. Nega-se, nesse momento, o espaço enunciado, que é transformado em espaço do enunciatário, e o enunciador refere-se a ele como *aí*.

Algumas observações devem ser feitas sobre as embreagens espaciais:

a) É mais frequente a embreagem com demonstrativos do que com advérbios, pois, assim como ocorre com o tempo, no caso do espaço, os advérbios servem, muitas vezes, para marcar que a neutralização se fez. É o que acontece no exemplo a seguir, em que *"aí"* assinala que *desta* está empregado no lugar de *dessa*.

> [...] mainéis rendados, peças dos fustes, capitéis góticos, laçarias de bandeiras, cordões de arcadas, *aí* estavam tombados sobre grossas zorras ou ainda no chão, endurecidos pelo contínuo perpassar de trabalhadores, oficiais e mais obreiros *desta* maravilhosa fábrica (AL, 202-203).

b) O não aparecimento dos casos B4 (espaço enuncivo pelo do enunciatário), B5 (espaço fora da cena enunciativa pelo espaço enuncivo) e B6 (espaço enuncivo pelo espaço fora da cena enunciativa) é explicável. Os dois últimos não ocorrem, porque, como *aquele, ali* e *lá* funcionam, não em casos excepcionais, mas sempre, nos sistemas enunciativo e enuncivo, sendo a distinção feita a partir da relação com o espaço da enunciação ou com um marco espacial inscrito no enunciado, não podem ser neutralizados, pois, quando isso ocorresse, estariam realizando a função que têm no outro sistema. No exemplo a seguir, "lá" significa *no plano silencioso*. No entanto, não é embreagem, pois se trata de um "lá" enuncivo em função anafórica.

Chega ao plano silencioso e autorreferente – face alterada, mas com o único significado em si mesmo. E é para *lá* que se dirige nosso olhar (LT: 145, T40).

O caso B4 só poderia ocorrer no caso de haver um diálogo em discurso indireto livre, o que é quase impossível, dado que há nele uma embreagem actancial, que anula a presença dos actantes da enunciação, o que faz que esse tipo de técnica seja usado para apresentar o que se passa no íntimo da personagem e não a troca enunciativa.

A embreagem espacial produz, assim como a que ocorre nas demais categorias enunciativas, um dado efeito de sentido. Já se viu que a categoria semântica de base que subjaz a esses diferentes efeitos de sentido é *proximidade* vs *distanciamento*. No caso da espacialidade, essa categoria manifesta-se como *presentificação* vs *absenteização*. Aplicando-se a esses termos *a* vs *b* uma operação de negação, temos o eixo dos subcontrários, *não absenteização* vs *não presentificação*. Podemos, agora, descrever os diferentes efeitos de sentido engendrados pelas embreagens espaciais:

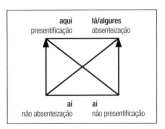

A presentificação torna presente, visível, concreto, no espaço do enunciador, algo que estava no espaço enuncivo, fora da situação de enunciação, ou no espaço do enunciatário, o que indica o interesse do enunciador por aquilo que ele "pôs" perto dele:

[...] agora vejo
Que tu me vens buscar. Beijo *estas* mãos
Reais tão piadosas (Antônio Ferreira, in MM, 126).

260 As astúcias da enunciação

A absenteização retira da cena enunciativa o que estava dentro dela, o que denota desagrado ou certo menosprezo do enunciador por aquilo que foi tornado ausente:

Venha de *lá* um abraço, menina bonita! (SM).

A não presentificação afasta alguma coisa do enunciador, sem retirá-la da situação enunciativa, o que assinala certo desinteresse do enunciador por ela:

Fortunato! Leve *esse* homem daqui! (AFA).

A não absenteização coloca algo na cena enunciativa, sem aproximá-lo totalmente do enunciador, o que mostra certo interesse da parte deste pelo que foi tornado um pouco mais próximo:

Revia na imaginação *esse* filho tão querido.

O espaço desdobrado

> "O espaço é um corpo imaginário
> como o tempo é um movimento fictício."
> Valéry

Assim como o tempo, o espaço desdobra-se no texto num espaço da enunciação ou da narração e num espaço do enunciado ou do narrado. O primeiro é o espaço onde se dá a narração e o segundo, onde ocorrem os fatos narrados. Greimas e Courtés, para explicar essa dupla espacialidade, distinguem a localização espacial da programação espacial. A primeira é

> a construção, com a ajuda da debreagem espacial de um certo número de categorias semânticas, de um sistema de referências que permite situar espacialmente, uns em relação aos outros, os diferentes programas narrativos do discurso (1979: 215).

Segundo esses autores, o *algures* e o *aqui* são considerados posições espaciais zero, a partir das quais se emprega a categoria topológica tridimensional *horizontalidade* (*perspectividade* vs *lateralidade*) vs *verticalidade*. Aqui começamos a afastar-nos das posições de Greimas e Courtés. Acolhemos a ideia de que a localização espacial constrói dois sistemas de referência, cada um com uma posição zero. No entanto, uma vez que separamos o espaço linguístico do espaço tópico, por verificar que este serve de especificador para aquele, retiramos o estabelecimento de posições no espaço tridimensional do âmbito da localização espacial *sensu stricto*, pois o colocamos num domínio que pertence, ao mesmo tempo, ao domínio da espacialização e da aspectualização e, por conseguinte, atribuímo-lo a um actante observador. Ao narrador compete a localização no espaço linguístico propriamente dito.

A programação espacial, por sua vez, é concebida pelos autores citados como o procedimento que consiste, na sequência da localização espacial dos programas narrativos, em organizar o encadeamento sintagmático dos espaços parciais. Em Semiótica do Espaço, a programação espacial efetua-se pelo correlacionamento dos comportamentos programados dos sujeitos (dos seus programas narrativos) com os espaços segmentados que eles exploram (cf. cozinha + sala de jantar + quarto + banheiro) (1979: 298-299). Não nos interessa aqui a programação espacial, porque ela diz respeito apenas ao espaço enuncivo, onde ocorrem os eventos narrados, e porque já pressupõe um investimento semântico do espaço, que está fora do escopo de nosso trabalho.

O problema dessa distinção é que ela não deixa claro que tanto o espaço da narração quanto o do narrado podem ser seja um espaço enunciativo, seja um enuncivo e que essas diversas localizações (quando linguísticas *stricto sensu*) são determinadas pelo *hic* da enunciação. O espaço da narração é sempre um *aqui*, projetado ou não no enunciado. Isso leva a postular quatro tipos de debreagem:

a) *debreagem enunciativa da enunciação:* quando se projeta no enunciado o espaço de onde fala o narrador:

> D. Sancha, peço-lhe que não leia *este* livro; ou, se o houver lido até aqui, abandone o resto. Basta fechá-lo; melhor será queimá-lo, para lhe não dar a tentação e abri-lo outra vez. Se, apesar do aviso, quiser ir até o fim, a culpa é sua; não respondo pelo mal que receber. O que já lhe tiver feito, contando os gestos daquele sábado, esse acabou, uma vez os acontecimentos, e eu com eles, desmentimos a minha ilusão; mas o que agora a alcançar, esse é indelével. Não, amiga minha, vá envelhecendo sem marido nem filha, que eu faço a mesma cousa, e é ainda o melhor que se pode fazer depois da mocidade. Um dia, iremos *daqui* até à porta do céu, onde nos encontraremos renovados, como as plantas novas, *come piante novelle*,
> > *Rinovellate di novelle fronde.*
> O resto em Dante (MA, v. 1, 930-931).

Nesse texto, o narrador comenta, dirigindo-se a D. Sancha, o mal que poderia fazer a ela a descoberta da relação de Escobar com Capitu. Esse comentário pertence à narração. Por conseguinte, *este* e *aqui* constituem o espaço da enunciação projetado no enunciado.

b) *debreagem enunciva da enunciação:* quando não se projeta no enunciado o *aqui* de onde fala o narrador, o que dá a impressão de que ele enuncia de um espaço indeterminado, um *algures*:

> Daí a pouco, em volta da bica era um zunzum crescente; uma aglomeração tumultuosa de machos e fêmeas. Uns após outros, lavavam a cara, incomodamente, debaixo

262 As astúcias da enunciação

> do fio de água que escorria da altura de uns cinco palmos. [...] os homens, esses não se preocupavam em não molhar o pelo, ao contrário metiam a cabeça bem debaixo da água e esfregavam com força as ventas e as barbas, fossando e fungando contra as palmas da mão (C, 42).

Nesse texto, temos apenas o lugar onde se passam os fatos, "em volta da bica". A instância da enunciação está ausente do enunciado. O narrador não localiza nada a partir do *hic*. O demonstrativo que aparece no texto tem função anafórica e não dêitica.

c) *debreagem enunciativa do enunciado:* quando os fatos se passam na localização enunciativa. Quando os fatos são narrados no sistema pretérito ou futuro, é fácil distinguir a narração do narrado, pois aquela deve, por definição, dar-se no presente e este deve estar correlacionado a marcos temporais pretéritos ou futuros inscritos no enunciado:

> Menos de um ano depois dessa última visita – continuou Pablo – recebi a notícia de que havia sido transferido para *esta* embaixada (SE, 48).

Recebi e *havia sido transferido* denotam, respectivamente, concomitância e anterioridade em relação ao marco temporal pretérito "menos de um ano depois dessa última visita". São, portanto, da ordem do narrado. *Esta* assinala que o lugar do evento corresponde ao da enunciação, a embaixada de Sacramento em Washington.

Há um texto de Machado em que a debreagem enunciativa do enunciado faz que um episódio do passado pareça estar ocorrendo no espaço da narração, no momento em que ele é relatado:

> A voz era a mesma de Escobar, o sotaque era afrancesado. Expliquei-lhe que realmente pouco diferia do que era, e comecei um interrogatório para ter menos que falar e dominar assim a minha emoção. Mas isto mesmo dava animação à cara dele, e o meu colega de seminário ia ressurgindo cada vez mais do cemitério. *Ei-lo aqui* diante de mim, com igual riso e maior respeito; total, o mesmo obséquio e a mesma graça. Ansiava por ver-me. A mãe falava muito em mim, louvando-me extraordinariamente, como o homem mais puro do mundo, o mais digno de ser querido (MA, v. 1, 942).

No caso de narrativas que simulam uma simultaneidade entre narração e narrado, pertence a este o que deveria ser relatado em outro sistema temporal, se houvesse uma não concomitância entre os dois níveis:

> Milagrosamente Clara e Luiz já estão falando inglês. Nos primeiros meses vinham para casa repetindo palavras ou frases, como papagaios. Agora *aqui* estão à mesa do café, falando fluentemente, não direi a língua de Shakespeare, mas pelo menos a de Jimmy Durante, pois está claro que os companheiros de colégio lhes ensinam palavras e ditos da rica e pitoresca gíria americana (VGP, 167-168).

Nesse exemplo, *aqui* é do domínio do narrado, pois se houvesse uma anterioridade dos eventos em relação ao ato narrativo o período poderia ser reescrito assim: "Hoje de manhã, à mesa do café, estavam falando fluentemente inglês".

d) *debreagem enunciva do enunciado:* quando os fatos narrados se passam num espaço enuncivo:

> Ia a entrar *na sala de visitas*, quando ouvi proferir o meu nome e escondi-me *atrás da porta*. A casa era a da Rua de Mata-cavalos, o mês novembro, o ano é que é um tanto remoto, mas eu não hei de trocar as datas à minha vida só para agradar às pessoas que não amam histórias velhas; o ano era de 1857 (MA, v. 1, 811).

Nesse texto, embora narrado em primeira pessoa, o enunciador instala no enunciado os espaços enuncivos onde vão dar-se os acontecimentos: "a sala de visitas" onde parlamentavam D. Glória e José Dias e "atrás da porta", onde Bentinho ouviu a conversa que lhe revelou o amor que sentia por Capitu.

Passemos agora à embreagem. Como já vimos, ela é uma denegação do enunciado e uma volta à instância da enunciação. Além das microembreagens já estudadas, que aparecem em pontos isolados do texto, há também macroembreagens, que dizem respeito a um episódio mais longo ou à totalidade do discurso. Nestas, o narrador altera a localização espacial que vinha utilizando. Dado que o lugar da enunciação é sempre um *aqui*, podemos ter seis possibilidades de macroembreagens:

a) o espaço enuncivo torna-se espaço enunciativo;
b) o espaço enunciativo converte-se em enuncivo;
c) o *aqui* transforma-se em *lá*;
d) o *lá* metamorfoseia-se em *aqui*;
e) o *aqui* modifica-se em *aí*;
f) o *aí* transmuda-se em *aqui*.

Exemplifiquemos o jogo de embreagens num texto de Cecília Meireles:

Romance XII ou de Nossa Senhora da Ajuda

Havia várias imagens
na capela de Pombal:
e portada de cortinas
e sanefa de damasco
e, no altar, o seu frontal.

[...]

Aquilo que mais valia
na capela de Pombal
era a Senhora da Ajuda,
com seu cetro, com seu manto,
com seus olhos de cristal.

Sete crianças, *na capela*,
rezavam, cheias de fé,
à grande Santa formosa.
Eram três de cada lado,
os filhos do almotacé.

[...]

  (Mas esse, do meio,
  tão sério, quem é?
  – Eu, Nossa Senhora,
  sou Joaquim José.)

Ah! como ficam pequenos
os doces poderes seus!
Este é sem Anjo da Guarda,
sem estrela, sem madrinha...
Que o proteja a mão de Deus!

Diante *deste* solitário
na capela de Pombal,
Nossa Senhora da Ajuda
é uma grande imagem triste,
longe do mundo mortal.

(Nossa Senhora da Ajuda,
entre os meninos que estão
rezando *aqui* na capela,
um vai ser levado à forca,
com baraço e com pregão!)

  (Salvai-o, Senhora,
  com o vosso poder,
  do triste destino
  que vai padecer!)

(Pois vai ser levado à forca,
para morte natural,
esse que não estais ouvindo,
tão contrito, de mãos postas,
na capela de Pombal!)

Sete crianças se levantam.
Todas sete estão de pé,
fitando a Santa formosa,
de cetro, manto e coroa,
– No meio, Joaquim José.

(Agora são tempos de ouro.
Os de sangue vêm depois.
Vêm algemas, vêm sentenças,
vêm cordas e cadafalsos,
na era de noventa e dois.)

> (Lá vai um menino
> entre seis irmãos.
> Senhora da Ajuda,
> pelo vosso nome,
> estendei-lhe as mãos!) (CM, 428-430).

Nesse poema, como numa película cinematográfica, o narrador, por meio de embreagens espaciais, vai apresentando as imagens em planos distintos: geral, americano, *close*. Começa por instalar no enunciado um plano geral, um espaço enuncivo, "na capela de Pombal". Vai descrevendo-o e narrando o que nele acontece, como se não estivesse dentro dele. Quando, porém, diz "*Este* é sem Anjo da Guarda" e "Diante *deste* solitário", coloca-se no espaço da capela, denegando o espaço enuncivo e convertendo-o em espaço enunciativo (possibilidade *a*). É como se a câmara focalizasse uma das crianças em *close*. Em seguida, abre-se um plano geral, *na capela de Pombal*, e o espaço enunciativo converte-se novamente em enuncivo (possibilidade *b*). Mais uma vez, o espaço enuncivo converte-se em enunciativo com o *aqui* do verso "rezando *aqui* na capela". Dessa forma, num movimento de aproximação, passa o narrador a participar do que ocorria na capela e, como narra os fatos no pretérito, sabe o que vai ocorrer e, por isso, pode pedir a Nossa Senhora da Ajuda para salvar o menino de seu "triste destino". Em seguida, continuando ainda no espaço enunciativo, a câmara abre um plano médio, ou seja, o narrador, como que se afasta do menino, para colocá-lo no espaço do enunciatário, Nossa Senhora da Ajuda, pois o situa com "esse" no verso "*Esse* que não estais ouvindo" (possibilidade *e*).

Temos, nesse texto, um jogo de aproximações e distanciamentos, de alta intensidade dramática, em que o narrador participa do narrado numa tentativa de mudar-lhe o curso.

Se o narrador tivesse invertido o jogo espacial final, ou seja, tivesse utilizado *aí* e depois *este* nos versos "rezando *aí* na capela" e "*este* que não estais ouvindo", teríamos a possibilidade *f*.

266 As astúcias da enunciação

Joseph Joubert diz: "Entre as três extensões, é preciso contar o tempo, o espaço e o silêncio. O espaço está no tempo, o silêncio está no espaço" (1994: 253). Se o tempo deve ser obrigatoriamente manifestado no discurso e o espaço não necessariamente, podemos dizer que, ao menos do ponto de vista da manifestação linguística, o espaço está no tempo. Por outro lado, dado que o enunciador se acha num espaço, que se denomina *hic*, o dizer é a outra extensão que se leva em conta e ela acha-se no espaço. Mas, como mostra Eni Orlandi, o silêncio é constitutivo da linguagem, é o "princípio de toda significação", é fundador do sentido (1992: 70-74). Por isso, pode-se afirmar que o silêncio é uma das extensões do discurso, a do enunciador. O tempo e o espaço são as outras.

NOTAS

[1] Nesse sentido, a espacialização da linguagem natural está muito mais vinculada a uma teoria relacional que a uma teoria absoluta do espaço, já que esta postula que ele é distinto dos objetos físicos. Para um estudo acurado dessa questão, ver Làcey, 1972.

[2] Somos tributário, nessa análise dos dois espaços, das indicações dadas por Benveniste a respeito da categoria do espaço e de seus estudos sobre o tempo (1974: 67-78).

[3] Baseamo-nos para elaborar nossa proposta de análise do espaço tópico em Greimas, 1973: 46; Fontanille, 1989: 56-58.

[4] Nosso objetivo não é fazer um estudo detalhado dos demonstrativos, mas estudá-los apenas naquilo que se relaciona, de algum modo, com a espacialização. Por isso, não nos interessam os pronomes *o, a, os, as*, pois essa série neutraliza as oposições espaciais, nem certos pronomes como *tal, mesmo* ou *próprio*, que determinados gramáticos consideram demonstrativos, mas que deveriam ser classificados diferentemente (por exemplo, como pronomes de identidade).

[5] Já mostramos na parte deste livro referente ao tempo que *este* remete ao tempo enunciativo; *esse* e *aquele*, aos tempos enuncivos, sendo que o primeiro se refere a um tempo mais próximo em relação ao contexto ou à situação e o segundo, a um menos próximo: "E também a você não vou enganar *neste momento*" (A); "*nesse mesmo ano* de mil, novecentos e sessenta voltou a Alagoas para buscar sua mulher e filha" (AF); "*naquele dia* do fogo eu compreendi que Candinho não estava bom da cabeça" (AF). Poderíamos dizer que, quando um demonstrativo indica tempo, temos uma embreagem heterocategórica.

[6] Peirce dizia que a terceiridade pressupõe a secundidade e esta, a primeiridade. Embora todos os signos da língua sejam do domínio da terceira, os demonstrativos, ao singularizar a referência, têm características da segunda e isso faz deles operadores da passagem da língua para o discurso.

[7] O sistema tricotômico do italiano (*questo, codesto, quello*) está limitado, na língua falada, apenas à região da Toscana e, mesmo na língua escrita, seu emprego é sinal de afetação. Mantém alguma vitalidade apenas no chamado estilo administrativo. No entanto, o sistema tripartite toscano é encontrado nos dialetos meridionais (ex. *chisto, chisso, chilo*) (Serianni, 1989: 276).

[8] No uso diário da língua, a situação é um pouco mais complexa. É verdade que os falantes parecem estar levando em conta duas posições. No entanto, *esse* pode opor-se tanto a *aquele* quanto a *este*, como na frase seguinte: "Bem, seu moço, se o senhor vai torar *dessa* banda de lá, nós temos de se desapartar, meu rumo é *este* aqui" (SA).

[9] No segundo caso, encontra-se com um pouco mais de facilidade o emprego de *isso* por *isto*: "Não faça *isso*! Não faça *aquilo*! Afinal, não sou nenhuma criança" (A).

[10] Evidentemente, muitas vezes *este* (*esse*) *último* é empregado apenas por ênfase: "O realismo é mais cru que o maquiavelismo, pois *nesse último* ainda podiam ser invocadas certas justificativas com vinculação no interesse coletivo" (CRU); "Outros setores indicados são o metalúrgico, o eletrônico, o químico-farmacêutico, o agrícola, *este último* pelos seus reflexos na vida econômica do país" (PT).

[11] Essa afirmação não é totalmente verdadeira, pois há casos, como, por exemplo, indicação de movimento para, em que o português do Brasil prefere *cá* e não *aqui*: vir para *cá* e não para *aqui*.

[12] *Aqui, cá, aí, ali, lá* têm valor temporal: os dois primeiros indicam temporalidade enunciativa e os outros, temporalidade enunciva. Os três últimos diferenciam-se pela distância do tempo assinalado. "[...] *daqui* em diante

aquilo vai ficar um brinco" (FO); "Pois muito bem: de *lá* para *cá* as coisas pioraram muito" (FE); "Residindo na mesma rua, sua preocupação única, *daí* por diante, foi vigiar nossa casa" (ANA); "*Dali* para *cá*, nunca mais teve firmeza para papéis de importância" (BB). Nesse caso, temos embreagens heterocategóricas.

[13] Cabe lembrar que, na maior parte das vezes, a primeira inscrição do espaço enuncivo no enunciado não se faz com advérbios, mas com figuras toponímicas.

[14] Muitas vezes, usam-se *aí, ali, lá* com o valor de *naquele lugar*, para indicar lugares, que por se suporem sabidos na relação intersubjetiva não precisam ou não devem ser mencionados: "Isso mesmo: uma cueca provocantemente acompanhada por um tweed clássico, com o célebre logotipo dos dois "c" entrelaçados e, como transgressão final, a camélia que se tornou um dos ícones do estilo Coco Chanel fincada bem *ali, ali* mesmo" (*Veja*, 1259, 28/10/1992: 75).

[15] Para analisá-los, colhemos subsídios em Grevisse, 1986: 1473-1477, 1503-1555, Vandeloise, 1986: Weinrich, 1989: 330-334, 373-387 e Charaudeau, 1992: 413-441.

[16] O actante a partir de cuja visão se marcam posições e movimentos é um observador, porque o espaço tópico tem um caráter aspectual.

[17] Desse sentido decorre o significado equivalente ao do *chez* francês: "Nem tão alta cortesia/ vi eu jamais praticada / *Entre* os Tupis" (GD, 520).

[18] Diferentes posições (fora, dentro, cima, baixo, frente, trás) podem ser colocadas no eixo da lateralidade com a expressão *do lado de*: "*do lado de fora*, quiosques cobertos de sapé" (ANA); "*Do lado de dentro*, Steven acaba de passar a aliança de platina no dedo esquerdo de sua amada" (CRU).

[19] *Aqui embaixo* pode significar *neste mundo*, *na Terra* em oposição a *além*, a *céu*.

[20] A diferença de construções como *afixado em* e *afixado a* reside no fato de que, na primeira, leva-se em conta apenas o ponto de referência, enquanto, na segunda, leva-se em consideração a contiguidade entre o objeto e o ponto de referência.

[21] As distâncias podem ser precisadas por meio da preposição *a* e de uma expressão que designe medida de espaço: "Ilhabela fica *a* 250 quilômetros de São Paulo" (CRU). A preposição *a* indica posição precisada por coordenadas geográficas: "A cidade está *a* 5° de longitude".

[22] *Perto, longe* e *junto* podem ser usados no diminutivo para significar uma diminuição da distância expressa pela forma não diminutiva: "Já ouvíamos *pertinho* as vozes do mulherio" (cr); "O próximo ponto é *longinho*"; "Quem falar que não, tem cova garantida *juntinho* da dele" (FO).

[23] Os prefixos *cis* e *trans* significam, respectivamente, *aquém* e *além de*: província cisplatina, região transalpina.

[24] Usa-se, em português brasileiro, também a preposição *em*, em lugar de *a*, para indicar um movimento de aproximação: "[...] era só questão de chegar *em* casa (AA); "[...] o sapo chegou *no* céu" (SA); "Impossibilitado de arranjar as "meninas" no próprio teatro, foi *nos* submundos da Praça Tiradentes e de Copacabana, pagou com boa verba a noitada do governador e de seus amigos" (BB); "É isso que ele não sabe. Vem *na* cabeça dele e apaga antes de chegar na língua" (CNT). Essas duas preposições não são exatamente intercambiáveis. Com os verbos *ir* e *vir*, que indicam apenas a direcionalidade do movimento, *a* enfoca o movimento, enquanto *em* focaliza o ponto de partida ou de chegada.

[25] *Para* combinada com esses advérbios ou preposições pode marcar uma posição resultante de um movimento: "[...] viu aberta a mão de Manolo, com a palma *para cima*" (BP); "A mão espalmada *para frente* [...] dizia tudo" (ANA).

[26] Daí a nuança semântica de oposição ou de hostilidade.

[27] Daí os sentidos que assumiram essas preposições de *em favor de* e *contra*: "[...] ela ia *ao encontro do* que pensava ser o coração da luta de classes" (CRE); "Isso vem *de encontro às* ideias do diretor".

[28] Por isso, essa preposição tem um valor temporal muito acentuado.

[29] Embora a embreagem seja um fato da linguagem humana, portanto universal, as possibilidades concretas de neutralização sofrem as coerções do sistema linguístico em que ocorrem. Por isso, se é verdade que o sistema dêitico espacial do português está transitando de uma estrutura tricotômica para uma dicotômica, os casos 1 e 2 deixarão de ser embreagens. No entanto, é nossa posição que, enquanto a língua mantiver as formas *este/esse*, casos como os seguintes devem ser considerados embreagens: "Ana: Aí mesmo. (Pega umas seis garrafas de leite e lata e põe junto dela). *Isto* aí são seus filhos. Zefa: (Espantada) Vije! Isto *aí*, fio?" (COR); "Estás vendo *isso* aqui? O revólver do Timbaúba, que eu comprei..." (BO); "Sabe onde estamos? No maior estacionamento da cidade. Logo mais *isso* aqui será um inferno" (CCI); "Sabe, *isso* aqui é um mictório público. Você parece que está numa igreja" (CCI). Enquanto existirem as três formas, a embreagem existe. Quando uma das formas desaparecer, será considerada embreagem a neutralização em autores que empregam, de maneira sistemática, as três formas. Nesse momento, teremos variantes diacrônicas no uso do demonstrativo.

Atando as duas pontas

A conclusão é o momento de atar as pontas, não as duas pontas da vida, restaurando na velhice a adolescência, como queria Dom Casmurro (MA, v. 1, 810), mas as intenções e o produto, mostrando como neste estão aquelas. Por isso, a conclusão fica sendo o último esforço de persuasão. Vamos a ele.

1. As categorias de pessoa, espaço e tempo regem-se pelos mesmos princípios, porque:

   a) os actantes, os tempos e os espaços linguísticos *stricto sensu* não refletem as pessoas reais, nem o tempo físico, nem o espaço geométrico, mas são criados na e pela enunciação;

   b) cada uma dessas categorias apresenta um sistema enunciativo e um enuncivo: o primeiro contém os actantes, os tempos e os espaços relacionados diretamente aos actantes, ao momento e ao lugar da enunciação; o segundo, os actantes do enunciado, os espaços não relacionados ao *aqui* e os tempos ligados a um marco temporal instalado no enunciado;

   c) as pessoas, os tempos e os espaços do sistema enuncivo são determinados indiretamente pela instância da enunciação, já que o *ele*, o *então* e o *algures* ganham sentido pela relação com o *ego-hic-nunc* da enunciação;

   d) como o discurso se compõe de uma enunciação enunciada e de um enunciado enunciado, as pessoas, os espaços e os tempos são nele desdobrados, pois há uma actorialização, uma temporalização e uma espacialização tanto numa quanto noutro;

   e) as categorias da enunciação podem projetar-se no enunciado (debreagem enunciativa da enunciação) ou estar ausentes dele (debreagem enunciva da enunciação);

   f) os eventos podem ocorrer com actantes do enunciado, num tempo e num espaço enuncivos (debreagem enunciva do enunciado) ou simulam dar-se com actantes idênticos aos da enunciação, num tempo e num espaço também idênticos aos da enunciação (debreagem enunciativa do enunciado);

270 As astúcias da enunciação

g) a debreagem do enunciado não tem o mesmo estatuto que a debreagem da enunciação, pois é subordinada a esta;

h) no texto, por um processo de delegação de vozes, podem-se criar diferentes instâncias da enunciação (cf. discurso direto); cada uma delas é um *ego-hic-nunc*;

i) na passagem do discurso direto para o indireto muda-se de uma situação de enunciação dupla para uma simples: por conseguinte, as pessoas, os espaços e os tempos de segundo grau que não coincidirem com os correspondentes de primeiro grau se transformam em seus equivalentes;

j) as três categorias estão sujeitas a instabilidades no discurso.

2. As instabilidades das categorias de pessoa, de espaço e de tempo no discurso obedecem a certas coerções e engendram, no nível profundo, os mesmos efeitos de sentido:

a) neutralizam-se as oposições espaciais, temporais ou actanciais, quando pertencem ao mesmo sistema (enunciativo ou enuncivo) ou quando, mesmo sendo de sistemas diferentes, expressam o mesmo termo categorial;

b) a instância da enunciação denega o enunciado, seja alterando a perspectiva enunciativa enunciada, seja convertendo o enuncivo em enunciativo ou vice-versa;

c) essas embreagens geram os efeitos de sentido de *aproximação* ou *distanciamento*, que se concretizam como *subjetividade* e *objetividade* na categoria de pessoa; como *presentificação* e *absenteização* na de espaço; como *conjunção* e *deslocação*, *realidade* e *virtualidade*, *inacabado* e *não começado* na de tempo;

d) a *aproximação* e suas concretizações estão relacionadas ao enunciativo e o *distanciamento*, e suas manifestações mais superficiais, ao enuncivo.

Na enunciação enunciada, como, por definição, o narrador é sempre um *eu*, a pessoa a quem ele se dirige é um *tu*, o espaço é um *aqui* e o tempo é um *agora*, as categorias são sempre concordes, ou seja, se a embreagem for enunciativa, aparecerão necessariamente um *eu*, um *aqui* e um *agora*, não podendo, em hipótese alguma, aparecer debreados, por exemplo, um *eu*, um *algures* e um *então*. Se, por outro lado, a debreagem for enunciva, não aparecem nem *eu*, nem *aqui*, nem *agora*. A coisa, no entanto, complica-se, quando se pensa nos actantes, nos tempos e nos espaços do enunciado, pois, como podem participar dos eventos, tanto actantes da enunciação quanto do enunciado, em tempos e espaços enunciativos e enuncivos, podemos combinar, no nível do enunciado enunciado, categorias enunciativas com enuncivas: por exemplo, um *eu* com um *então* e um *aqui*, um *ele* com um *agora* e um *aqui* e assim sucessivamente. Essas combinações geram diferentes efeitos de sentido e podem talvez até fundar uma tipologia de discursos. Quem sabe a lírica não se caracterize por uma combinatória particular, o diário por outra, e assim por diante... Mas isso é matéria para outro trabalho.

Talvez se possa dizer que algumas possibilidades de embreagem são meramente teóricas. Por isso, em alguns casos (poucos, é verdade), tivemos que adaptar exemplos. Defendemo-nos com duas vozes autorizadas: Borges e Genette. É do primeiro a afirmativa de que "basta que um livro seja passível de concepção para que ele exista" (1989: 82). Genette diz que

> Cézanne, Debussy, Joyce estão cheios de traços que Ingres, Berlioz e Flaubert teriam declarado inaceitáveis – e assim por diante. Ninguém sabe onde param as "possibilidades" teóricas ou reais do que quer que seja (1983: 87).

Há possibilidades não realizadas, como "um romance em terceira pessoa, em forma de diário, escrito no futuro e apresentando os acontecimentos em ordem não cronológica", no entanto, não se pode "apressar-se em proclamar incompatibilidades definitivas: Natureza e Cultura produzem a cada dia milhares de monstros, que se portam como algo encantador" (Genette, 1983: 89). Não fomos tão longe, o que nos autorizou foi o "sistema" de instabilidades. Seguimos a tradição: o que é autorizado pelo sistema existe. No entanto, cabe ainda lembrar que o discurso, sendo da ordem da História, pode mudar o sistema.

Bibliografia

ACADEMIA REPUBLICII POPULARE ROMÎNE. *Gramatica limbii romîne.* Bucareste: Academiei Republicii Populare Romîne, v. I, 1966.

ADAM, J. M. *Le texte narratif. Traité d'analyse textuelle des récits.* Paris: Fernand Nathan, 1985.

AGOSTINHO, Santo. *Confessions.* Paris: Les Belles Lettres, t. 2, 1989.

ALBÉRÈS, R. M. *Michel Butor.* Paris: Editions Universitaires, 1964.

ALEXANDER, Samuel. *Space, Time and Deity.* New York: Dover, v. I, 1966.

ANSCOMBRE, Jean Claude; DUCROT, Oswald. L'argumentation dans la langue. *Langages.* Paris, 42: 5-27, jun. 1976.

ARISTÓTELES. *Physique.* Paris: Les Belles Lettres, 1926.

_____. *Poétique.* Paris: Les Belles Lettres, 1952.

AUTHIER, J. Hétérogénéité montrée et hétérogénéité constitutive: éléments pour une approche de l'autre dans le discours. DRLAV: *Documentation et recherche en linguistique allemande contemporaine.* Vincennes, 26: 91-151, 1982.

AVRAM, Mioara. *Gramatica pentru toţi.* Bucareste: Editura Academiei Republicii Socialiste România, 1986.

BACHELARD, Gaston. *Psychanalyse du feu.* Paris: Gallimard, 1949.

_____. *La terre et les rêveries du repos.* Paris: José Corti, 1953.

_____. *L'air et les songes: essais sur l'imagination du mouvement.* Paris: José Corti, 1962.

_____. *L'eau et les rêves: éssai sur l'imagination de la matière.* Paris: José Corti, 1963.

_____. *Fragments d'une poétique du feu.* Paris: PUF, 1988a.

_____. *O novo espírito científico. A poética do espaço.* São Paulo: Nova Cultural, 1988b. (Col. Os pensadores.)

_____. *A Terra e os devaneios da vontade.* São Paulo: Martins Fontes, 1991.

BAKHTIN, Mikhail. *La poétique de Dostoïewski.* Paris: Seuil, 1970a.

_____. *L'oeuvre de François Rabelais et la culture populaire au Moyen Âge et sous la Renaissance.* Paris: Gallimard, 1970b.

_____. *Marxismo e filosofia da linguagem.* São Paulo: Hucitec, 1979.

_____. *Questões de literatura e estética (a teoria do romance).* São Paulo: Hucitec/Editora da Unesp, 1988.

BALLY, Charles. *Linguistique générale et linguistique française.* Berna: Francke, 1932.

BARROS, Diana Luz Pessoa de. La cohérence textuelle. In: PARRET, H.; RUPRECHT, H. G. (orgs.) *Reccueil d'hommages pour Algirdas Julien Greimas.* Amsterdam: John Benjamins, v. I, 1985.

_____. *Teoria do discurso: fundamentos semióticos.* São Paulo: Atual, 1988.

_____. Dialogismo, polifonia e enunciação. In: BARROS, Diana Luz Pessoa de; FIORIN, José Luiz (orgs.). *Dialogismo, polifonia e intertextualidade*: em torno de Bakhtin. São Paulo: Edusp, 1994.

BARTHES, Roland. *Le degré zéro de l'écriture.* Paris: Seuil, 1953.

_____. Introdução à análise estrutural da narrativa. In: BARTHES, Roland et al. *Análise estrutural da narrativa.* Petrópolis: Vozes, 1971.

_____. Entrevista. *Le magazine littéraire.* 97: 32, fev. 1975.

BAYLON, Christian; FABRE, Paul. *Grammaire systématique de la langue française.* Paris: Fernand Nathan, 1973.

BENVENISTE, Emile. *Problèmes de linguistique générale.* Paris: Gallimard, v. 1, 1966.

_____. *Problèmes de linguistique générale.* Paris: Gallimard, v. 2, 1974.

BERTINETTO, Pier Marco. *Tempo, aspetto e azione nel verbo italiano. Il sistema dell'indicativo.* Florença: Academia della Crusca, 1986.

BERTRAND, Denis. Du figuratif à l'abstrait. *Actes sémiotiques. Documents.* Groupe de Recherches Sémio-linguistiques. EHESS, CNRS, IV, 39, 1982.

274 As astúcias da enunciação

_____. *L'espace et le sens*. Paris/Amsterdam: Hadès-Benjamins, 1985.

BILAC, Olavo. *Poesias*. 19. Ed. Rio de Janeiro: Francisco Alves, 1942.

BOILEAU, Nicolas. *Oeuvres de Boileau*. Paris: Garnier, 1961.

BOOTH, Wayne C. Distance et point de vue. *Poétique*. Paris: Seuil, 4: 511-524, 1970.

BORGES, Jorge Luís. *História universal de la infamia*. Buenos Aires: Emecé, 1954

_____. *Ficções*. 5. Ed. São Paulo: Globo, 1989.

BREMOND, Claude. *Logique du récit*. Paris: Seuil, 1973.

BRUNOT, Ferdinand. *La pensée et la langue*. 3. ed. Paris: Masson, 1936.

BUTOR, Michel. *La modification*. Paris: Minuit, 1957.

_____. *Répertoire II. Études et conférences 1959-1963*. Paris: Minuit, 1964.

_____. *Degrés*. Paris: Gallimard, 1978.

BUYSSENS, Eric. *Semiologia e comunicação linguística*. São Paulo: Cultrix/Edusp, 1972.

CALAME, Claude. *Le récit en Grèce Ancienne:* énonciations et représentations de poètes. Paris: Méridiens-Klincksieck, 1986.

CĂLĂRAȘU, Cristina. *Timp, mod, aspect în limba româna în secolele al XVI-lea - al XVIII-lea*. Bucareste: Facultatea de Filologie, 1987.

CÂMARA JR., Joaquim Mattoso. *Estrutura da Língua Portuguesa*. Petrópolis: Vozes, 1970.

CARAGIALE, Ion Luca. *Momente, schițe, amintiri:* opere complete. Bucareste: Minerva, 1908

CATULO. *Poésies*. Paris: Les Belles Lettres, 1984.

CERVONI, Jean. *L'énonciation*. Paris: PUF, 1987.

CÉSAR, Júlio. *Commentaires sur la guerre des Gaules*. Paris: Hachette, 1908.

CHARAUDEAU, Patrick. *Grammaire du sens et de l'expression*. Paris: Hachette, 1992.

CHEVALIER, Jean Claude et alii. *Grammaire Larousse du français contemporain*. Paris: Larousse, 1964.

CHKLOVSKI, V. A arte como procedimento. In: TOLEDO, Dionísio de Oliveira (org.). *Teoria literária:* formalistas russos. Porto Alegre: Globo, 1971.

CHOMSKY, Noam. *Aspectos de la teoría de la sintaxis*. Madrid: Aguilar, 1971.

COQUET, Jean-Claude. L'implicite de l'énonciation. *Langages*. Paris, 70: 9-14, jun. 1983.

CORTÁZAR, Julio. *Final do jogo*. 3. Ed. Tradução Remy Gorga Filho. Rio de Janeiro: Expressão e Cultura, 1974.

COURTÉS, Joseph. *Sémantique de l'énoncé:* applications pratiques. Paris: Hachette, 1989.

CULIOLI, Antoine. Sur quelques contradictions en linguistique. *Communications*. Paris, 20: 83-91, maio 1973.

CUNHA, Celso. *Gramática do Português contemporâneo*. 3. ed. Belo Horizonte: Bernardo Alvares, 1972.

_____; CINTRA, Lindley. *Nova gramática do português contemporâneo*. Lisboa: Edições João Sá da Costa, 1984.

DANON-BOILEAU, Laurent. *Produire le fictif*. Paris: Klincksieck, 1982.

DARDANO, Maurizio; TRIFONE, Pietro. *La lingua italiana*. Bolonha: Zanichelli, 1985.

DIAS, Augusto Epiphanio da Silva. *Sintaxe histórica portuguesa*. Lisboa: Livraria Clássica Editora, 1970.

DOSTOIEVSKI, Fedor Mikhailovitch. *Crime et châtiment*. Verviers: Gerard, 1867.

DUBOIS, J. et al. *Retórica geral*. São Paulo: Cultrix/Edusp, 1974.

DUCROT, Oswald. *Princípios de semântica linguística*: dizer e não dizer. São Paulo: Cultrix, 1977a.

_____. Notes sur la présupposition et le sens littéral. Post-face. In: HENRY, Paul. *Le mauvais outil. Langue, sujet et discours*. Paris: Klincksieck, 1977b.

_____. *O dizer e o dito*. Campinas: Pontes, 1987.

ECO, Umberto. *O nome da rosa*. Rio de Janeiro: Nova Fronteira, 1983.

FEDRO. *Fables*. Texto estabelecido e traduzido por Alice Brenot. Paris: Les Belles-Lettres, 1961.

FIORIN, José Luiz. *O regime de 1964*: discurso e ideologia. São Paulo: Atual, 1988a.

_____. As figuras de pensamento: estratégia do enunciador para persuadir o enunciatário. *Alfa: Revista de Linguística*. São Paulo, 32: 53-67, 1988b.

FONTANILLE, Jacques. *Le savoir partagé*. Paris/Amsterdam: Hadès-Benjamins, 1987.

_____. *Les espaces subjectives. Introduction à la sémiotique de l'observateur*. Paris: Hachette, 1989.

_____. *Les figures de l'instabilité*. Xerog., 1992

FUCHS, Catherine. Variations discursives. *Langages*. Paris, 70: 15-33, jun. 1983.

_____. As problemáticas enunciativas: esboço de uma apresentação histórica e crítica. *Alfa: Revista de Linguística*. São Paulo, 29, pp.111-129, 1985.

GALVÃO, Walnice Nogueira. *As formas do falso*. São Paulo: Perspectiva, 1972.

GENETTE, Gérard. *Figures III*. Paris: Seuil, 1972.

_____. *Nouveau discours du récit*. Paris: Seuil, 1983.

GORDON, David e LAKOFF, George. Postulats de conversation. *Langages*. Paris, 30: 32-55, jun. 1973

GREIMAS, Algirdas Julien. *Semântica estrutural*. São Paulo: Cultrix/Edusp, 1973.

_____. *Maupassant. La sémiotique du texte:* exercices pratiques. Paris: Seuil, 1976.

_____. *Du sens II*. Paris: Seuil, 1983.

_____; COURTÉS, Joseph. *Sémiotique:* dictionnaire raisonné de la théorie du langage. Paris: Hachette, v. 1, 1979.

_____. *Sémiotique: dictionnaire raisonné de la théorie du langage*. Paris: Hachette, v. 2, 1986.

GREVISSE, Maurice. *Le bon usage*. 12. éd. Paris-Gembloux: Duculot, 1986.

GRICE, H. Paul. Logique et conversation. *Communications*. Paris, 30, pp. 57-72, 1979.

GUILLAUME, Gustave. *Temps et verbe*. Paris: Champion, 1968.

GULLÓN, Ricardo. *Espacio y novela*. Barcelona: Antoni Boschi, 1980.

HAMMAD, Manar. L'énonciation: procès et systèmes. *Langages*. Paris, 70, pp. 35-46, 1983.

_____. L'architecture du thé. *Actes sémiotiques:* documents. Paris, pp. 84-85, 1987.

HAMBURGUER, Kate. *Logique des genres littéraires*. Paris: Seuil, 1986.

HJEMSLEV, Louis. *Prolégomènes à une théorie du langage*. Paris: Minuit, 1968.

IMBS, Paul. *L'emploi des temps verbaux en français moderne. Essai de grammaire descriptive*. Paris: Klincksieck, 1968.

JAKOBSON, Roman. Principes de phonologie historique. In: TROUBETZKOY, N. S. *Principes de phonologie*. Paris: Klincksieck, 1949.

_____. *Essais de linguistique générale*. Paris: Minuit, 1963.

_____. *Linguística e comunicação*. São Paulo: Cultrix/Edusp, 1969.

JOUBERT, Joseph. *Carnets*. Paris: Gallimard, v. 1, 1994.

KERBRAT-ORECCHIONI, Catherine. L'*énonciation. De la subjectivité dans le langage*. Paris: Armand Colin, 1980.

KOCH, Ingedore. *Argumentação e linguagem*. 2. Ed. São Paulo: Cortez, 1987.

_____ ; TRAVAGLIA, Luiz Carlos. *A coerência textual*. São Paulo: Contexto, 1990.

KRYSINSKI, Wladimir. L'énonciation et la question du récit. In: ARRIVÉ, Michel; COQUET, Jean-Claude. *Sémiotique en jeu*. Paris/Amsterdam: Hadès/Benjamins, 1987.

KUENTZ, Pierre. Parole/discours. *Langue Française*. Paris, 15: 18-28, set. 1972

LACEY, Hugh M. *A linguagem do espaço e do tempo*. São Paulo: Perspectiva, 1972.

LAFONT, Robert; GARDES-MADRAY, Françoise. *Introduction à l'analyse textuelle*. Paris: Larousse, 1976.

LANDOWSKI, Eric. Simulacres en construction. *Langages*. Paris, 70, pp. 73-81, jun. 1983.

_____. *La société réfléchie*. Paris: Seuil, 1989.

LAUSBERG, Heinrich. *Elementos de retórica literária*. Lisboa: Gulbenkian, 1966.

_____. *Manual de retórica literária*. Madrid: Gredos, v. 2, 1976.

LÉVI-STRAUSS, Claude. Sur la structure et la forme. *Cahiers de l'Institut de science économique appliquée*. 99, Série M, n. 7, pp. 3-36, 1960.

LINS, Osman. *Lima Barreto e o espaço romanesco*. São Paulo: Ática, 1976.

LINTVELT, Jaap. *Essai de typologie narrative*: le point de vue. Paris: José Corti, 1981.

LOTMAN, Iuri et al. *Ensaios de semiótica soviética*. Lisboa: Livros Horizonte, 1981.

LUKÁCS, Georg. *Balzac et le réalisme français*. Paris: Maspero, 1967.

LYONS, John. *Semantics*. Cambridge: Cambridge University Press, v. 1, 1977.

MAINGUENEAU, Dominique. *Approche de l'énonciation en linguistique française*. Paris: Hachette, 1981.

_____. *Genèses du discours*. Bruxelas: Pierre Mardaga, 1984.

_____. *Éléments de linguistique pour le texte littéraire*. Paris: Bordas, 1986.

_____. *Nouvelles tendances en analyse du discours*. Paris: Hachette, 1987.

MANCAŞ, Mihaela. *Limbajul artistic românesc în secolul XX*. Bucareste: Editura Ştiinţifică şi Enciclopedică, 1991.

MARINHO, Maria Celina Novaes. *A imagem da linguagem na obra de Graciliano Ramos: uma análise da heterogeneidade discursiva nos romances Angústia e Vidas secas*. São Paulo: Humanitas/FFLCH-USP, 2000.

MARTINS, Nilce Sant'Anna. *Introdução à estilística*. São Paulo: T. A. Queiroz/Edusp, 1989.

MARX, Karl; ENGELS, Friedrich. *Cultura, arte e literatura:* textos escolhidos. São Paulo: Expressão Popular, 2010.

MATEUS, Maria Helena Mira et al. *Gramática da Língua Portuguesa*. Coimbra: Almedina, 1983.

MENDILOW, A. A. *O tempo e o romance*. Porto Alegre: Globo, 1972.

METZ, Christian. *Essai sur la signification au cinéma*. Paris: Klincksieck, 1968.

MORIN, Edgar. *Le paradigme perdu: la nature humaine*. Paris: Seuil, 1973.

NUNES, Benedito. *O tempo na narrativa*. São Paulo, Ática, 1988.

OLIVEIRA, Ana Maria P. de et al. Verbos introdutores de discurso direto. *Alfa: Revista de Linguística*. São Paulo, 29, pp. 91-96, 1985.

276 As astúcias da enunciação

ORLANDI, Eni Pulccinelli. *As formas do silêncio*: no movimento do sentido. Campinas: Editora da Unicamp, 1992.
PARRET, Herman. *Enunciação e pragmática*. Campinas: Editora da Unicamp, 1988.
PÊCHEUX, Michel. *Analyse automatique du discours*. Paris: Dunod, 1969.
PESSOTTI, Isaías. *Aqueles malditos cães de Arquelau*. São Paulo: Editora 34, 1993.
PIAGET, Jean et al. *Problemas de psicolinguística*. São Paulo: Mestre Jou, 1973.
RAGON, E. *Gramática latina*. São Paulo: Editora do Brasil, 1960.
RAPOSO, Eduardo Paiva. *Teoria da gramática*: a faculdade da linguagem. Lisboa: Editorial Caminha, 1992.
RAVIZZA, João *Gramática latina*. Niterói: Escola Industrial Dom Bosco, 1940.
REAL ACADEMIA ESPAÑOLA (Comisión de gramática) *Esbozo de una nueva gramática de la lengua española*. Madrid: Espasa-Calpe, 1986.
RECANATI, François. *La transparence et l'énonciation*. Paris: Seuil, 1979.
REICHENBACH, Hans. *Elements of Symbolic Logic*. New York, MacMillan, 1947.
RICOEUR, Paul. *Temps et récit I*. Paris: Seuil, 1983.
_____. *Temps et récit II. La configuration du temps dans le récit de fiction*. Paris: Seuil, 1984.
_____. *Temps et récit III. Le temps raconté*. Paris: Seuil, 1985.
ROCHA LIMA, Carlos Henrique da. *Gramática normativa da língua portuguesa*. Rio de Janeiro: Briguiet, 1968.
RÓNAI, Paulo. *Dicionário universal de citações*. São Paulo: Círculo do Livro, 1985.
SAID ALI, M. *Gramática secundária e gramática histórica da Língua Portuguesa*. Brasília: Editora da UNB, 1964.
SAUSSURE, Ferdinand de. *Curso de Linguística Geral*. São Paulo: Cultrix/Edusp, 1969.
SCHAFF, Adam. *Linguagem e conhecimento*. Coimbra: Almedina, 1974.
SCHWARZ, Roberto. *Um mestre na periferia do capitalismo*: Machado de Assis. São Paulo: Duas Cidades, 1990.
SEARLE, John. *Les actes de langage*. Paris: Herman, 1972.
SEGRE, Cesare. *Le strutture e il tempo*. Turim: Einaudi, 1974.
SERIANNI, Luca. *Grammatica italiana*. Turim: Utet, 1989.
SILVA, Ignácio Assis da. A dêixis pessoal. São Paulo: 1972. Tese (Doutorado) –Faculdade de Filosofia, Letras e Ciências Humanas da USP.
_____. *Figurativização e metamorfose: o mito de Narciso*. São Paulo: Editora da Unesp, 1995.
SIMONIN-GRUMBACH, Jenny. Para uma tipologia dos discursos. In: JAKOBSON, Roman et al. *Língua, discurso e sociedade*. São Paulo: Global, 1983.
SPITZER, Leo. Le style de Marcel Proust. In: _____. *Études de style*. Paris: Gallimard, 1970.
TÁCITO. *Annales*. Paris: Les Belles Lettres, 1958.
TAINE, Hippolyte. *Histoire de la littérature anglaise*. Paris: Librairie de L. Hachette, 1866.
TODOROV, Tzvetan. *Théories de la littérature. Textes des formalistes russes*. Paris: Seuil, 1966.
_____. *Grammaire du Décameron*. La Haye/Paris: Mouton, 1969.
_____. Problèmes de l'énonciation. *Langages*. Paris, 17, pp. 3-11, MAR. 1970.
_____. As categorias da narrativa literária. In: BARTHES, Roland et al. *Análise estrutural da narrativa*. Petrópolis: Vozes, 1971.
_____. *Mikhail Bakhtine: le principe dialogique*. Paris: Seuil, 1981.
TOMACHEVSKI, Boris. Temática. In: TOLEDO, Dionísio de Oliveira (org.). *Teoria literária:* formalistas russos. Porto Alegre: Globo, 1971.
VANDELOISE, Claude. *L'espace en français*. Paris: Seuil, 1986.
VAN DIJK, Teun A. *Pragmatics of Language and Literature*. Amsterdam: North Holand, 1976.
VERNANT, Jean-Pierre. *Mito e pensamento entre os gregos: estudo de psicologia histórica*. São Paulo: Difusão Europeia do Livro/Edusp, 1973.
VYGOTSKY, Lev Semenovich. *Psicología del arte*. Barcelona: Barral, 1970.
_____. *Pensamento e linguagem*. Lisboa: Antídoto, 1979.
WEIL, Simone. *La connaissance surnaturelle*. Paris: Gallimard, 1950.
WEINRICH, Harald. *Le temps*. Paris: Seuil, 1973.
_____. *Grammaire textuelle du français*. Paris, Alliance Française/Didier/Hatier, 1989.
WHORF, Benjamin Lee. *Linguistique et anthropologie*. Paris: Denoël, 1969.
YAGUELLO, Marina. *Les fous du language*. Paris: Seuil, 1984.

Siglas do exemplário

A. Carrol, Lewis. *Aventuras de Alice.* 3. ed. São Paulo: Summus, 1980.

AH Herculano, Alexandre. *Eurico, o presbítero.* Rio de Janeiro: Ediouro, 1967.

AL Herculano, Alexandre. *Histórias heroicas.* Rio de Janeiro: Ediouro, 1966.

AT. Pompeia, Raul. *Trechos escolhidos.* Rio de Janeiro: Agir, 1957.

BAR. Calvet, Louis-Jean. *Roland Barthes: uma biografia.* Trad. Maria Ângela Villela da Costa. São Paulo: Siciliano, 1993.

C. Azevedo, Aluísio. *O cortiço.* São Paulo: Martins, 1957.

CA. Lima, Jorge de. *Calunga. O anjo.* 3. ed. Rio de Janeiro: Agir, 1959.

CC. Dantas, Júlio. *A ceia dos cardeais.* 45. ed. Lisboa: Clássica, 1955.

CCA. Llosas, Mario Vargas. *Conversa na catedral.* São Paulo: Círculo do Livro, 1969.

CH. Balzac, Honoré de. *A comédia humana.* 9. ed. São Paulo: Globo, v. 7, 1990.

CL. Carvalho, José Cândido de. *O coronel e o lobisomem.* 8. ed. Rio de Janeiro: José Olympio, 1971.

CM. Meireles, Cecília. *Obra poética.* Rio de Janeiro: Nova Aguilar, 1985.

CN. Coelho Neto, Henrique Maximiano. *Fabulário.* Porto: Chardron, 1907.

CO. Azevedo, Aluísio. *O coruja.* 13. ed. São Paulo: Martins, s.d.

DO. Olímpio, Domingos. *Luzia-Homem.* São Paulo: Ática, 1983.

DT. *Grande enciclopédia Delta Larousse.* Rio de Janeiro: Delta, v. 8, 1974.

E. Fernandes, Millôr. *É...* Porto Alegre: L&PM, 1977.

EQ. Queiroz, Eça de *Obras de Eça de Queiroz.*, Porto, Lello, v. 1, 1966.

FM. Rego, José Lins do. *Fogo morto.* 36 ed. Rio de Janeiro: José Olympio, 1990.

FMA. Hammett, Dashiell. *O falcão maltês.* São Paulo: Nova Cultural, 1988.

FP. Pessoa, Fernando. *Obra poética.* Rio de Janeiro: Nova Aguilar, 1983.

G. Alencar, José de. *O guarani.* São Paulo: Saraiva, 1968.

GD. Dias, Gonçalves. *Poesias completas.* São Paulo: Saraiva, 1957.

GM. Matos, Gregório. *Obras de Gregório de Matos.* I *Sacra.* Rio de Janeiro: Oficina Industrial, 1929.

GRI. Grimal, Pierre. *Dicionário de mitologia grega e romana.* Lisboa: Difel, 1992.

GSV. Rosa, João Guimarães. *Grande sertão: veredas.* 22. ed. Rio de Janeiro: Nova Fronteira, 1986.

JF. Diderot, Denis. *Jacques le fataliste et son maître.* Paris: Presses Pocket, 1989.

L. Pepetela. *Lueji.* Luanda: União de Escritores Angolanos, 1989.

LF. La Fontaine. *Fables.* Tours: Alfred Mame et Fils, 1918.

LI. Camões, Luís de. *Lírica.* 4. ed. São Paulo: Cultrix, 1972.

LT. Teixeira, Lúcia. *As cores do discurso: análise do discurso da crítica de arte.* Niterói: EDUFF, 1996.

LU. Alencar, José de. *Lucíola.* Rio de Janeiro: Ouro, 1964.

LUS. Camões, Luís de. *Os Lusíadas.* Lisboa: Imprensa Nacional, 1931.

M. Sousa, Inglês de. *O missionário.* Rio de Janeiro: Ouro, 1967.

MA. Assis, Machado de. *Obra completa.* Rio de Janeiro: Nova Aguilar, v. 1, 2 e 3, 1979.

MB. Bandeira, Manuel. *Poesia completa e prosa.* Rio de Janeiro: Nova Aguilar, 1983.

MC. Ramos, Graciliano. *Memórias do cárcere.* 7. ed. São Paulo: Martins, v. 1, 1972.

MM. Moisés, Massaud. *A literatura portuguesa através dos textos.* 29. ed. São Paulo: Cultrix, 2004.

MO. Butor, Michel. *La modification.* Paris: Minuit, 1957.

MP. Renault, Mary. *O menino persa.* Trad. Cláudia Martinelli Gama. São Paulo: Siciliano, 1993.

278 As astúcias da enunciação

PA. RADICE, Marco L.; RAVERA, Lídia. *Porcos com asas.* Trad. Maria Celeste M. Leite Souza. São Paulo: Brasiliense, 1981.

RA. PIGLIA, Ricardo. *Respiração artificial.* São Paulo: Iluminuras, 1987.

RIR. MOOG, Viana. *Um rio imita o Reno.* 8 ed. Porto Alegre: Globo/MEC, 1973.

S. ALENCAR, José de. *Senhora.* 6. ed. São Paulo: Ática, 1975.

SB. RAMOS, Graciliano. *São Bernardo.* 17. ed. São Paulo: Martins, 1972.

SE. VERISSIMO, Erico. *Senhor embaixador.* 2. ed. Porto Alegre: Globo, 1967.

SER. CUNHA, Euclides da. *Os sertões: campanha de Canudos.* 31. ed. Rio de Janeiro: Francisco Alves, 1982.

SG. STARLING, Heloísa Maria Murgel. *Senhores das Gerais.* Petrópolis: Vozes, 1986.

T. ALENCAR, José de. *Til.* São Paulo: Saraiva, 1968.

TR. PROUST, Marcel. *O tempo redescoberto.* Trad. Lúcia Miguel Pereira. 8. ed. Rio de Janeiro: Globo, 1988.

V. MACEDO, Joaquim Manuel de. *Vicentina.* Rio de Janeiro: Pongetti, 1944.

VGP. VERISSIMO, Erico *A volta do gato preto.* Porto Alegre: Globo, 1947.

VI. VIEIRA, António. *Sermões.* Porto: Lello, v. 2, 1959.

VS. RAMOS, Graciliano. *Vidas secas.* 29. ed. São Paulo: Martins, 1976.

Siglas do exemplário do projeto DUP

AA. FARIA, Octavio. *Angela ou as areias do mundo*. Rio de Janeiro: José Olympio, 1963.

AB. MARCOS, Plínio. *Abajur lilás*. 3. ed., São Paulo: Global, 1979.

AC. SUASSUNA, Ariano. *Auto da compadecida*. Rio de Janeiro: José Olympio, 1963.

AE. LEÃO, A. C. *Adolescência e sua educação*. São Paulo: CEN, v. 50, 1950.

AF. ÂNGELO, Ivã. *A festa*. São Paulo: Vertente, 1978.

AFA. SABINO, Fernando. *A faca de dois gumes*. Rio de Janeiro: Record, 1985.

AGF. FOLHA DE S. PAULO. *Agrofolha. Caderno Agrícola*. 19.08.88.

AM. JARDIM, Luís. *O ajudante de mentiroso*. Rio de Janeiro: José Olympio, 1980.

ANA. GATTAI, Zélia. *Anarquistas, graças a Deus*. Rio de Janeiro: Record, 1979.

ANB. VERÍSSIMO, Luís Fernando. *O analista de Bagé*. Porto Alegre: L&PM, 1982.

ANC. MARCUSCHI, Luiz Antônio. *Análise da conversação*. São Paulo: Ática, 1986.

ANI. SCHUBERT, Pedro. *Análise de investimentos e taxa de retorno*. São Paulo: Ática, 1989.

AP. A PROVÍNCIA DO PARÁ. Belém, 26.01.80.

AQ. BOSCH, Ronaldo. Ascensão e queda da família mineira. *Revista de Teatro*. Rio de Janeiro, 470, jun. 1989.

AR-O. ARRAES, Miguel. *Palavra de Arraes*. Rio de Janeiro: Civilização Brasileira, 1963.

AST. MULLER, J. A. C. e MULLER, L. M. P. *O que é astrologia*. São Paulo: Brasiliense, 1988.

AV. LEITE, Ascendino. *A viúva branca*. Rio de Janeiro: O Cruzeiro, 1966.

AVE. ROSA, João Guimarães. *Ave, palavra*. Rio de Janeiro: José Olympio, 1970.

B. BRAGA, Rubem. *A borboleta amarela*. Rio de Janeiro: Editora do Autor, 1955.

BB. CONY, Carlos Heitor. *Balé branco,* Rio de Janeiro: Civilização Brasileira, 1966.

BC. PINSETTA, D. E. et al. *Biologia celular*. São Paulo: Anglo, 1985.

BE. BRANDÃO, Ignácio de Loyola. *O beijo não vem da boca*. Rio de Janeiro: Global, 1985.

BF. D'INCAO, Maria da Conceição *Boia fria: acumulação e miséria*. Petrópolis: Vozes, 1975.

BH. LESSA, Orígenes. *Balbino, homem do mar*. Rio de Janeiro: José Olympio, 1970.

BN. MONIZ, Edmundo. *Branca de Neve*. Rio de Janeiro: Revista dos Tribunais, 1954.

BO. RODRIGUES, Nélson, *O Boca de Ouro. Teatro quase completo*. Rio de Janeiro: Tempo Brasileiro, 1966.

BOC. ANDRADE, Carlos Drummond. *Boca de luar*. Rio de Janeiro: Record, 1984.

BOI. MIRANDA, Ana. *Boca do Inferno*. São Paulo: Companhia das Letras, 1989.

BP. QUEIROZ, Rachel de. *O brasileiro perplexo*. Rio de Janeiro, Editora do Autor, 1963.

CAN. REGO, José Lins do. *Cangaceiros*. 5 ed. Rio de Janeiro: José Olympio, 1961.

CAS. SALLES, Herberto. *Cascalho*. Rio de Janeiro: O Cruzeiro, 1966.

CBC. BOSI, Alfredo. *O conto brasileiro contemporâneo*. 2. ed. São Paulo: Cultrix, 1977.

CC. PEREIRA, Lúcia Miguel. *Cabra-cega*. Rio de Janeiro: José Olympio, 1954.

CCA. CARDOSO, Lucio. *Crônica da Casa Assassinada*. Rio de Janeiro: Bruguera, 1954.

CCI. ESCOBAR, C. H. *Caixa de cimento*. Rio de Janeiro: Civilização Brasileira, 1977.

CE. TREVISAN, Dalton. *Cemitério de elefantes (Contos)*. Rio de Janeiro: Civilização Brasileira, 1975.

CF. NAVA, Pedro. *Chão de ferro*. Rio de Janeiro: José Olympio, 1976.

CH. MENDES, Sulema. *Chagas, o cabra*. Rio de Janeiro: Civilização Brasileira, 1965.

CJ. DANTAS, Paulo. *Capitão Jagunço*. São Paulo: Brasiliense, 1959.

CL. CARVALHO, José Cândido. *O coronel e o lobisomem*. Rio de Janeiro: José Olympio, 1978.

280 As astúcias da enunciação

CNT. ANGELO, Ivan et al. *Contos da repressão*. Rio de Janeiro: Record, 1987.

CONC. CALLADO, Antonio. *Concerto carioca*. Rio de Janeiro: Nova Fronteira, 1985.

COR. SEGALL, Maurício. *Coronel dos coronéis*. Rio de Janeiro: MEC/DA/Funarte, 1978.

CP. TELLES, Lygia Fagundes. *Ciranda de pedra*. São Paulo: Martins, 1955.

CR. HOMEM, Homero. *Cabra das rocas*. São Paulo: Ática, 1973.

CRE. GABEIRA, Fernando. *O crepúsculo do macho*. Rio de Janeiro: Codecri, 1980.

CRU. O CRUZEIRO. Rio de Janeiro, n. 5, 31/1/1973.

CS. CIDADE DE SANTOS. Santos, 2 e 3/8/1967; 16/10/1967.

CT. QUEIROZ, Rachel. *O caçador de tatu*. Rio de Janeiro: José Olympio, 1967.

CV. SABINO, Fernando. *A cidade vazia, crônicas e histórias de Nova York*. Rio de Janeiro: O Cruzeiro, 1950

DE. TREVISAN, Dalton et al. *Os 18 melhores contos do Brasil*. Rio de Janeiro: Bloch, 1968.

DES. MACHADO, Dyonelio. *Desolação*. São Paulo: Moderna, 1981.

ED. LEMOS, Gilvan. *Emissários do diabo*. Rio de Janeiro: Civilização Brasileira, 1968.

EL. FERNANDES, Millôr. *Um elefante no caos*. Rio de Janeiro: Editora do Autor, 1955.

EM. ESTADO DE MINAS. Belo Horizonte: 4/3/1966; 16 e 29/9/1966; 17/2/1981.

F. PEDROSO, Bráulio. *O fardão*. Rio de Janeiro: Saga, 1967.

FA. FATOS E FOTOS. Rio de Janeiro, 931, jun. 1979.

FAN. VERISSIMO, Erico. *Fantoches*. Porto Alegre: Globo, 1956.

FE. SABINO, Fernando. *A falta que ela me faz*. Rio de Janeiro: Record, 1980.

FF. SILVA, M. R. *Fundamentos de farmacologia*. 3. ed. São Paulo: Edart, 1973.

FN. ARAÚJO, Alceu Maynard. *Folclore nacional*. São Paulo: Melhoramentos, 1964.

FO. CALLADO, Antonio. *Forró no Engenho Cananeia*. Rio de Janeiro: Civilização Brasileira, 1964.

FOC FOLHA DE S.PAULO. *Caderno Ciência*. São Paulo: Várias edições de 1989-1990.

G-O. GOULART, J. *Desenvolvimento e independência: discursos-1962*. Brasília: Departamento de Imprensa Nacional, 1963.

GA. BUARQUE, Chico e PONTES, Paulo. *Gota d'água*. Rio de Janeiro: Civilização Brasileira, 1980.

GAT. NAVA, Pedro. *Galo das trevas*. Rio de Janeiro: José Olympio, 1981.

GE. GONDIM FILHO, Isaac. *A grande estiagem*. Rio de Janeiro: Dramas e Comédias, 1955.

GRE. BELTRÃO, Luiz. *A greve dos desempregados*. São Paulo: Cortez, 1984.

GTT. DIAFÉRIA, Lourenço. *Um gato na terra do tamborim*. São Paulo: Símbolo, 1977.

HO. REZENDE, S. *O homem da capa preta (roteiro do filme)*. Porto Alegre: Editora Tchê!, 1987.

HP. WANDERLEY, J. C. *O homem que perdeu a alma*. Rio de Janeiro: MEC, 1960.

IA. RAMOS, Arthur. *Introdução à antropologia brasileira*. Rio de Janeiro: Casa do Estudante do Brasil, v. 1, 1951.

IN. GOMES, Dias. *A invasão*. Rio de Janeiro: Civilização Brasileira, 1962.

IS. ISTO É. São Paulo, 296, ago. 1982.

JL-O. LINS, J., *Discursos. Anais da Câmara dos Deputados*. Rio de Janeiro: Serviço Gráfico do IBGE. v. 11, 1958.

L. VIEIRA, José Geraldo. *A ladeira da memória*. São Paulo: Saraiva, 1970.

LE-O. LESSA, Roberto Vicente Cruz Themudo. *Eu era cego e agora vejo*. São Paulo: Pendão Real, 1976.

M. LISPECTOR, Clarice. *A maçã no escuro*. Rio de Janeiro: J. Álvaro, 1970.

MAN. MANCHETE. Rio de Janeiro: Bloch, ns. 1027 e 1222, dez. 1971/dez. 1975.

MAP. ACCIOLLY, Breno. *Maria Pudim*. Rio de Janeiro: José Olympio, 1955.

MAR. PEREIRA, Antonio Olavo. *Marcoré*. Rio de Janeiro: José Olympio, 1965.

ML. FILHO, Adonias. *Memórias de Lázaro*. Rio de Janeiro: Civilização Brasileira, 1974.

MO. ANDRADE, Jorge. *A moratória,* Rio de Janeiro: Agir, 1980.

N. VERISSIMO, Erico. *Noite*. Porto Alegre: Globo, 1957.

NE-O. NERY, José de Castro. *A rua da amargura*. São Paulo: Escolas Profissionais Salesianas, 1975.

O. MORAES, Vinicius de. *Orfeu da Conceição*. Rio de Janeiro: São José, 1960.

OA. COELHO, P. *O alquimista*. Rio de Janeiro: Rocco, 1989.

OE. HOLAND, Gastão de. *Os escorpiões*. São Paulo: Comissão do IV Centenário, s/d.

OG. O GLOBO. Rio de Janeiro, 18/2/1980.

OM. BUARQUE, Chico. *Ópera do malandro*. 3 ed. São Paulo: Cultura, 1980.

OS. FILHO, Adonias. *Os servos da morte*. Rio de Janeiro: GRD, 1965.

PEM. KUHNER, Maria Helena. Pedro Malazarte. *Revista de Teatro*. Rio de Janeiro: 469, março 1989.

PFV. ARAGÃO, João Guilherme de. *Paixão e fim de Valério* Caluete. Rio de Janeiro: Agir/MEC, 1978.

PH. LEÃO, Ângela Tonelli Vaz. *O período hipotético iniciado por se*. Belo Horizonte: Imprensa da UFMG, 1961.

Siglas do exemplário do projeto DUP 281

PP. GOMES, Dias. *O pagador de promessas.* 3. ed. Rio de Janeiro: Civilização Brasileira, 1967.

PT. CHIAVERINI, Vicente et al. *Pesquisa tecnológica na universidade e na indústria brasileiras.* São Paulo: Pioneira, 1968.

Q. CALLADO, Antonio. *Quarup.* 6. ed. Rio de Janeiro: Civilização Brasileira, 1973.

R. MIRANDA, Macedo. *Roteiro da agonia.* Rio de Janeiro: Civilização Brasileira, 1965.

REA. REALIDADE. Rio de Janeiro, n. 23, fev. 1968.

REP. PIÑON, Nélida. *República dos sonhos.* Rio de Janeiro: Francisco Alves, 1984.

RO. PONTE PRETA, Stanislaw. *Rosamundo e os outros.* 2. ed. Rio de Janeiro: Editora do Autor, 1963.

SA. ROSA, João Guimarães. *Sagarana.* Rio de Janeiro: José Olympio, 1951.

SC. RANGEL, Flávio. *Seria cômico se não fosse trágico.* 2. ed. Rio de Janeiro: Civilização Brasileira, 1981.

SE. ROSA, João Guimarães et al. *Os sete pecados capitais (contos).* Rio de Janeiro: Civilização Brasileira, 1964.

SM. ALMEIDA, Abílio Pereira de. *Santa Marta Fabril S. A.* São Paulo: Martins, 1955.

TEG. FIGUEIREDO, Guilherme. *Um deus dormiu lá em casa (Quatro peças de assunto grego).* Rio de Janeiro: Civilização Brasileira, 1964.

TF. PIQUEIRA, José Roberto Castilho et al. *Termofísica.* São Paulo: Anglo, n. 28, 1985.

TG. AMADO. Jorge. *Tocaia Grande,* Rio de Janeiro: Record, 1984.

TR. LOPES, Edward. *Travessias.* São Paulo: Moderna, 1980.

UC. NEVES, João das. *O último* carro. Rio de Janeiro: MEC, 1976.

VA. FONSECA, Rubem. *Vastas emoções e pensamentos imperfeitos.* São Paulo: Companhia das Letras, 1988.

VEJ. VEJA. São Paulo, ns. 533, 536, 565, 568.

VN. TEIXEIRA, Maria de Lourdes. *A virgem* noturna. São Paulo: Martins, 1965.

VP. MONIZ, Edmundo. *Vila de Prata.* Rio de Janeiro: São José, s/d.

O autor

José Luiz Fiorin é mestre e doutor em Linguística pela Universidade de São Paulo. Fez pós-doutorado na École des Hautes Études en Sciences Sociales (Paris) e na Universidade de Bucareste. Fez livre-docência em Teoria e Análise do Texto na Universidade de São Paulo e atualmente é professor-associado do Departamento de Linguística da FFLCH da mesma universidade. Foi membro do Conselho Deliberativo do CNPq (2000-2004) e representante da Área de Letras e Linguística na Capes (1995-1999). Além de muitos artigos em revistas especializadas, publicou, pela Editora Contexto, capítulos nos livros *Comunicação e análise do discurso*, *Enunciação e discurso*, *Bakhtin: outros conceitos-chave* e *Ethos discursivo*. Também é autor de *Em busca do sentido*, *Elementos de análise do discurso*, *Argumentação* e *Figuras de retórica*, além de organizador de *Introdução à Linguística* (volumes I e II), *África no Brasil* e *Linguística? Que é isso?*, todos igualmente pela Editora Contexto.

INTRODUÇÃO AO PENSAMENTO DE BAKHTIN

José Luiz Fiorin

Mikhail Bakhtin continua na moda. Ele é falado, citado, discutido. Alguns dos seus conceitos penetram até mesmo no discurso pedagógico dos níveis fundamental e médio de ensino. Porém, sua obra é bastante complexa, pois o filósofo não criou uma súmula de sua teoria com todos os conceitos acabados e bem definidos.

Nesta obra, José Luiz Fiorin esmiúça os conceitos mais fundamentais e difundidos de Bakhtin para ajudar o leitor a compreender seu projeto teórico. O autor faz um breve relato da vida do pensador e elucida as noções de dialogismo, de gêneros do discurso, trata do conceito de poesia e prosa, da carnavalização, do romance, apresentando exemplos de análises e incluindo uma bibliografia comentada.

Uma obra de mestre sobre um dos grandes pensadores da linguagem do século XX.

Cadastre-se no site da Contexto
e fique por dentro dos nossos lançamentos e eventos.
www.editoracontexto.com.br

Formação de Professores | Educação
História | Ciências Humanas
Língua Portuguesa | Linguística
Geografia
Comunicação
Turismo
Economia
Geral

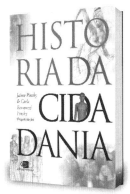

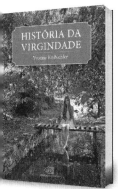

Faça parte de nossa rede.
www.editoracontexto.com.br/redes

Promovendo a Circulação do Saber